충분하지 않다

NOT ENOUGH: Human Rights in an Unequal World
by Samuel Moyn

충분하지 않다

불평등한 세계를 넘어서는 인권

새뮤얼 모인 지음 | 김대근 옮김

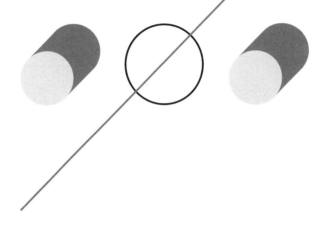

글항아리

일러두기

원서에서 이탤릭체로 강조한 것은 고딕체로 표시했다.

머리말

역사는 절대 고정될 수 없다. 모든 시대가 그 시점에서 과거를 돌아봐야 하기 때문이다. 기원에 대한 우리의 관점은 변하기 마련이며, 바로 그 이유에서(단지 새로운 사실이 발견되어서가 아니라) 현재가 어떻게 드러나는지에 대한 그 어떤 설명도 오랫동안 확정적일 수 없다. 그러나 인권의 역사가 저술되기 시작한 이래 나는 그 역사를 쓰는 일이 우리의 현재가 얼마나 빨리 변하고 있는지를 놓치지 말아야 한다는 특히 어려운 책무를 직면하고 있음을 느끼곤 한다. 인권은 최고의 이상 중 하나이며, 인류가 살아온 역사가 더욱 빠르게 가속화되어 역사가 기록되는 속도가 변화의 속도를 따라잡을 수 없는 이 시대에도 그러하다.

인권 원칙들은 불과 몇십 년 전에 국제 무대에서 도덕적 공용어의 지위를 갖게 되었고, 이전에는 역사가들이 인권의 기원과 행로에 대해 글을 쓴 적이 없었다. 1990년대에 들어 비로소 인권의 배경에 대한 연구가 시작되자마자 학자들은 연구 수행 방식에 대해 논쟁하기 시작했다. 탈냉전 시대 초기의 희망찬 자유주의적 국제주의가 이라크 전쟁과 그로 인해 촉발된 혼란 이후 갑자기 매우 달라 보이게 되었던 것이다. 인권의 발명이 어떻게 역사의 종언의 발단이 되었는지를 기리는 일에 처음으로 임하게 된 학문은 이제 해외에서의 자유주의적 개입주의의 적절성, 비정부적 지지라는 진보적 신임장, 그리고 대량 잔학 행위의 참상에 대한 논쟁의 장이 되었다. 낭만적 숭배를 받았던 인권은 이제 강국과 얽혀 있다는 이유로 거친 비방을 받았다. 인권은 냉전이라는 정치적 타협의 어두운 평원으로부터 도덕적 순수성의 밝은 고원으로 나아가는 발걸음이 아니라, 양극 세계로부터 일방적인 미국 패권의 세계로 나아가는(이득과 손실을 모두 떠안고서) 발걸음이었던 것이다.

나는 몇 년 전, 특히 2008년 금융 위기의 모든 결과가 더욱 완연해진 뒤에 그런 논쟁들에 참여했다. 논쟁들이 뒤늦은 감이 있긴 했지만 말이다. 역사는 필연적으로 현재에 뒤처질 수밖에 없을지 몰라도, 현재를 따라잡으려 노력해야 한다. 자유주의 성장의 시대에서 자유주의 위기의 시대로의 전환에 직면해, 인권이라는 우리 최고의 이상이 어디서 비롯되었는지 다시 생각해볼 필요가 있다는 데는 의심의 여지가 없다. 국가 시민권으로부터 세계주의로, 냉전 정치로부터 21세기의 윤리로 나아가는 것은 중요하다. 그러나 다른 많은 개념 및 행동과 마찬가지로 "인권"이 20세기 후반에 겪은 우여곡절을 이야기하는 데 있어서 당장은 복지국가 시대로부터 신자유주의 경제 시대로의 변화가 가장 중요한 배경이 되는 것 같다.

이 주제에 대한 내 첫 저서인 『마지막 유토피아』 이후, 내가 제시하려고 한 것처럼 정말로 인권에 대한 오늘날의 이상주의가 그 형성에 좌우되고 뿌리가 얕은지에 대해, 그리고 1970년대에 어떤 북대서양 연안 국가에서 일어난 도덕 감수성, 정치적 수사, 비정부적 지지에서의 혁명(주로 라틴아메리카의 독재와 동유럽의 전체주의에 대응하는)을 중심으로 내가 가려낸 인물들과 지역들이 적절한지에 대해 많은 논의가 이루어졌다. 내가 강조한 것들에 대해 후회는 없지만, 그럼에도 나는 두 가지 비판 앞에서 겸허해질 수밖에 없었다. 우선, 나의 역사 서술은 전개가 막 흥미로워 보이기 시작한 시점이자 유례없이 밀도 높은 인권 정치가 사실상 시작된 시점인 1980년도 직전에 끝났다. 인권이 출현하기 이전의 세기들, 즉 인권이 출현한 역사적 시점인 1970년대 이전의 세기들은 의심의 여지 없이 매혹적이었다. 하지만 인권이 강화된 몇십 년간의 복잡한 시기는(특히 냉전 종식 이후의) 한층 더 매혹적이다. 또 다른 비판은, 내가 정치경제에서 일어난, 복지국가에서 신자유주의 시대로의 전환의 연대기라 할 만한 어떤 연대기를 확인했을 뿐 전환과 인권 혁명의 관계, 혹은 전환 이전이나 이후에 인권이 분배 결과 및 정치경제와 맺고 있던 관계에 대해서는 언급하지 않았다는 것이다. 특히, 일부 마르크스주의자들이 말했듯이, 인권의 탄생 이야기는 "자본주의"라는 기반(그 위에 수립된 모든 것을 결정하게 된다)에 관심을 기울이는 경우에 한해서만 이치에 맞는 "상부 구조" 변화의 또 다른 예가 아니었을까?

이 인권의 역사 다시 쓰기는 어떤 새로운 시대에 대한 또 하나의 관점을 제공한다. 말하자면, 거센 이데올로기적 저항에 직면한 자유주의 정치 패권의 모든 인내에도 불구하고, 정치 패권이 자초한 위기들이 전보다 더 명확해 보이고 자유주의의 생존이 분배의 공정성과 불가피하게 관련돼 있는 그런 시대에 대한 한 가지 관점을 제공하는 것이다. 역사 연구를 흥미롭게 만들어줄 수 있는 것은 무한한 자료와 관점의 변화로 인해 같은 사람이 같은 주제로 거의 닮지 않은 두 가지 책을 쓸 수도 있다는 점이다. 비록 역사 서술이라는 지적 도전과 기회는 그것이 봉사해야 하는 공적·정치적 용도의 중요성에 비하면 하찮은 것일 수도 있지만 말이다. 두 가지 측면 모두에서 이 책은 경제·사회권(직업, 교육, 사회 원조, 건강, 주거, 식량, 물에 대한 권리)의 궤적을 중심에 놓는다. 이 책은 그런 기준들이 시간이 지남에 따라 도덕, 정치, 법과 어떻게 관련을 맺게 되었는지에 대해 지금까지 알려진 것을 종합하면서, 경제·사회권의 부상을 공정한 분배를 둘러싼 더 광범위한 논쟁들과 결부시켜 이야기한다.

이 책은 여전히 제2차 세계대전 전후 시대의 한복판에 중심을 두고 있다. 그것은 바로 반식민주의적 국가주의가 정의를 세계화하려는 계획에서 좌절을 겪고, 재분배적 사회주의가 위기를 맞이했으며, 인권과 신자유주의 경제학의 선행 노력들에 대한 쌍둥이 대안이 우리의 현재를 규정하기 시작한 시점이었다. 그러나 내 목표는 자기만족적 옹호론과 통렬한 공격에 모두 맞서서, 인권이 정치경제 및 분배의 부정의와 관련이 없다고(물론 그것들을 제어하는 필수 도구가 되어준다는 것을 제외하고) 주장하는 사람들과 인권 혁명은 비인도적 지배inhumane domination를 숨기는 가식에 불과하다고 생각하는 사람들 사이에 위치하는 어떤 온건한 입장을 분명히 밝히는 것이다.

냉전 시대 후기부터 오늘날까지 인권 정치와 인권법의 위세가 신자유주의라는 인권의 분신과 운명을 같이해왔음은 매우 의미심장하다. 그러나 그것은 인권이 분신의 승리를 직접적으로 부추겼기 때문이 아니다. 그것은 오히려 점점 더 신자유주의로 기울어가는 정치경제와 이에 따른 분배의 부정의에 직면해 인권 혁명이 야망의 위기와 함께 진행되었기 때문이고, 바로 이 점이 개혁의 외관과 범위에 영향을 미쳤다. 인권 정치와 인권법은 신자유주의 시대에서의 그들의 현저한 중요성 때문에 성공을 누리기도 하고 한계에 이르기도 했다. 인권 정치와 인권법은 독재적·전체주의적 국가들의 끔찍한 억압과 가시적인 빈곤의 참상에 대한 인류의 감수성을 일깨우는 데는 어느 정도 성공을 거두었지만, 국민 복지의 위기, 중산층의 정체, 전 지구적 위계질서의 지속에 관련해서는 그렇지 못했다. 인권 규범과 인권 정치는 충분한 보호에 초점을 두어, 결국 사회 정의의 한쪽 면만을 선택적으로 강조하고 특히 부자들의 분배적 승리를 경시했다. 마치 인권이 물질적 부정의를 약간이라도 강조한다면, 도덕적으로든 전략적으로든, 우리의 최고 윤리 중에서 오직 빈자의 물질적 이득만이 중요해지기라도 할 것처럼 말이다.

　바로 이러한 이유에서 인권 운동은 우리 시대의 진정 야심차고 성공적인 도덕 프로그램, 즉 자유 시장이라는 "마지막 유토피아"와 나란히 공존해왔다. 실제로 일부 자유 시장에서는 중국의 후원하에 이루어진 자유 시장화가 극히 심각한 빈곤에 대해 기초적인 사회적 보호를 제공하려는 열망을 훨씬 많이 실현했다. 그 열망에 특별히 헌신한 어떤 법 제도나 정치 운동보다 훨씬 많은 성취를 이루어낸 것이다. 인권 정치는 '삶의 좋은 것들'의 최저치 지급에 선택적으로 관심을 기울였고, 이 때문에 결국 신자유주의 운동에 위협이 될 수 없었다. 신자유주의 운동은 때때로 선택적인 목표를 성취시키거나 용인하면서, 물질적 위계를 강화하는 데 확실하게 기여했다. 인권의 시대에 많은 사람은(결코 전부는 아니지만) 이전보다 덜 가난해졌지만, 부자들은 오히려 승자의 입지를 더욱 굳혔다. 따라서 오늘날 우리가 처한 도덕적 위기의 정도를, 그리고 우리가 도덕적 위기에 맞설 다른 이상과 운동을 창안하는 데 실패했다는 쓸쓸한 진실을 인식하기 위해서는 인권을 우상화하지도 깔아뭉개지도 않는 적절한 관점을 취해야 한다. 모든 사람을 위한 충분한 보장에 초점을 둔 인권은 필수적이지만, 그것만으로는 충분하지 않다.

차례

서론

1981년, 공산주의 국가 체코슬로바키아의 극작가 즈데나 토미노바는 서방을 장기 방문하던 중 더블린에서 강연을 했다. 자국의 정치 체제에 대해 비판적이던 토미노바는 국제 인권 운동을 자극한 최초의 유력한 반체제 조직들 중 하나인 77헌장의 대변인이었다. 앞선 몇 년 동안에 77헌장은 조직의 선도적 운동의 바탕이 된 국제법 아래서 많은 서방 사람을 개인의 기본적 권리라는 총체적 개념으로 이끌었다. 몇십 년 전 유엔은 세계인권선언(1948)을 발표했고, 이제는 그것이 유명해져 도덕 의식 및 실천의 방향을 바꾸고 있었다. 그러나 토미노바는 자신이 공산주의 국가 정책의 수혜자로서, 젊은 시절에 접했던 이상들과 물질적 평등의 정치에 대해 여전히 고맙게 생각한다고 밝혔다. 그녀는 어렸을 때 겪은 계급 평준화를 회상하며 이렇게 말했다. "나는 혜택을 받지 못한 계층이 아니었으며, 무엇이든 할 수 있었다."[1]

이어서 토미노바는, 자신이 특히 1968년의 '프라하의 봄 개혁' 진압 이후 현실을 제대로 보게 되었고 자국의 압제를 규탄할 수 있게 되었다고 밝혔다. 토미노바는 77헌장에 속해 있다는 이유로 길거리에서 두들겨 맞았고 길바닥에 머리가 처박혔다. 하지만 구금당하지 않으려면 한동안 체코슬로바키아를 떠나 있으라고 정부가 제안했을 때도 토미노바는 시민권을 포기하지 않았다(비록 강연 직후 그것은 없었던 일이 되었지만). 심지어 그녀는 자기 세대에게 너무나 큰 의미가 있는 사회주의를 계속 지지했다. 그녀는 아일랜드 청중에게 이렇게 말했다. "이 세계에 미래가 있다면 그것은 사회주의 사회로서의 미래이며, 내가 이해하는바 사회주의 사회는 누구도 단지 부유한 집안에서 태어났다는 이유로 우선권을 거머쥐지 않는 사회를 의미한다." 그리고 이 사회주의는 국지적 이상에 그치는 것이 아니었다. "모든 사람에게 사회 정의가 실현되는 세계가 곧 도래할 것이다"라고 그녀는 덧붙였다.[2]

토미노바는 사회주의가 인권을 박탈하는 구실이 될 수 없음을 명확히 했다. 그러나 마찬가지로, 자국의 경우든 세계의 경우든 인권에 대한 새삼스러운 관심이 물질적 평등을 포기하는 핑계가 될 수는 없었다. 몇십 년이 지난 오늘 토미노바의 연설은 역설적으로 보인다. 데이터는 20세기 후반까지 모든 언어에서 인권이라는 단어보다는 사회주의라는 단어가 압도적으로 많이 사용됐음을 보여준다. 77헌장이 창설된 바로 그때부터 후자가 줄어들고 전자가 급증했다. 두 용어의 상대적 대중성의 지표를 보여주는 두 개의 선은 정확히 1989년 냉전이 끝났을 때 교차했다. 최근 버니 샌더스가 사회주의 구호를 내걸고 미국 대통령 후보로 나섰음에도 불구하고, 우리의 시장근본주의 시대는 거의 사회주의가 존재한 적이 없는 것처럼(그리고 이상理想의 영역에서 인권만이 정의로운 사회와 정의로운 세계의 최고의 기준이 되는 것처럼) 계속되고 있다.[3]

이런 결과는 결코 언어사history of language의 문제가 아니다. 토미노바의 동유럽뿐만 아니라 다른 지역들에서도 다른 방식으로, 새로운 정치경제가 승리하면서 인권이 급부상했다. 국지적으로든 세계적으로든 인권 도덕 및 인권법이 경제적·사회적 보호를 명하는 범위 내에서는 그것은 불평등을 제한하는 것이 아니라 충분한 지급을 보장하는 것이다. 오랜 무지의 세월이 지나고 2008년 이후 불평등에 대한 관심이 급증했으며, 신문들은 말도 안 되는 통계로 1면을 흉하게 장식하면서 모든 국가에서 불평등이 널리 일반화되었고 때로는 가속화되고 있다고 보도했다. 세계 역사상 가장 덜 빈곤한 이 시대에도 단 여덟 명의 사람이 세계 인구 절반(몇십억 명)의 재산을 합친 것보다 많은 부를 소유하고 있다는 이야기가 인터넷을 떠돌고 있다.

인권의 시대는 동시에 부자가 승리한 시대이기도 했으므로 제대로 된 분배 정의에 호의적이지 않았다. 규제에서 최대한 벗어난 자유 시장 유형에 대한 강경한 지지자들이 존재했지만, 자유 시장을 억제하고 관리하기를 바라는 사람들조차 물질적 평등이라는 목표를 포기하고 빈자들을 구제하는 보다 기본적인 최소한의 염원들을 우선시했다. 열정적으로 분배의 평등에 투신한 부모 세대의 지고의 이상들에 급제동을 건 셈이었다. 때로는, 분배의 평등을 성취하기 위해 역사에서 저질러져온 방대한 잘못들에 대해 사죄하는 아픔도 감내하면서 말이다. 대조적으로, 오늘날에는 사람들은 치솟는 막대한 불평등을 외면하며 인권에 희망을 (그리고 돈을) 쏟아 붓는다. 불가결한 인권 및 분배의 공정성의 확대 중에서 하나만을 선택해야 하는 현실을 원치 않았던 토미노바의 꿈은 산산이 부서졌다. 그러나 이 결과에 순응할 이유는 없다.

그 누구도 어떤 종류의 사람인지에 따라, 예컨대 성별이나 인종에 따라 다른 대우를 받아서는 안 된다. 이러한 신분의 평등은 아무리 오랫동안 그 반대가 존중되었을지라도, 지금은 다행스럽게도 과거 어느 때보다 잘 받아들여지고 있다. 인간이라는 높고 평등한 지위가 표현할 권리와 고문당하지 않을 권리 같은 몇 가지 기본적인 정치적 자유를 누릴 자격을 인간들에게 부여해준다는 데 어느 때보다 큰 합의가 이루어져 있다. 그러나 사람들이 '삶의 좋은 것들'을 얼마만큼 나누어 가져야 하는지에 대해서는 합의를 이루어내기가 훨씬 어렵다.[4]

역사가들은 신분의 평등이나 정치적 권리가 어떻게 상상 가능한 것이 되었는가에 비해 경제·사회권(흔히 간단하게 사회권으로 불리는)의 역사에 대해서는 간과해온 편이다. 그러나 '인권의 분배적 상상과 정치경제학'이라 일컬을 만한 것을 떼어놓고 신분의 평등이나 정치적 권리를 연구할 방법은 없다. 사회권은 세계인권선언에 바쳐진 이상들의 일부였고, 한동안은 조직화된 인권 운동의 중심이 되었다. 그러나 엄밀히 말해서 인권이 꼭 최소한의 분배의 평등을 요구하는 것은 아니다. 그리고 경제·사회권을 포함하는 인권에 대한 관심은 분배의 평등에 대한 도덕적 헌신이 무너지면서 일어났다.

따라서 근본 과제는 경제·사회권의 역사를 기록하는 것에 그치지 않는다. 근대사에 걸쳐 경제·사회권이 어떻게 분배의 두 가지 절대 원칙(충분성sufficiency과 평등equality)을 논하고 정착시키려는 보다 광범위한 투쟁과 맞물리는지도 기록해야 한다. 사회권이 응분의 대우를 받았어도, 우리 시대에 물질적 평등이라는 이상은 실패했다. 인권의 시대가 오기 전, 평등의 꿈은 국가적으로나 세계적으로나 매우 진지하게 받아들여졌다. 인권의 시대에 와서는 충분성을 넘어서는 공정성의 타당성은 잊혀졌다.

충분성과 평등은 원래 함께 등장했고, 프랑스 혁명기에 첫 국민복지국가의 이상들로서 서로 대립했다. 한데 이 둘이 다른 것임을 인식하는 것이 중요하다. 충분성은 개인이 아무것도 없음 상태에서 얼마나 멀리 떨어져 있으며, 삶의 좋은 것들의 최저치 지급minimum of provision과 관련해 얼마나 원활한지에 대한 것이다. 평등은 개인들이 가진 좋은 것들의 몫이 서로 얼마나 다른지에 대한 것이다. 충분성이라는 이상은 그것들이 어떻게 할당되는지에 대한 운영 원칙으로서든 그것들의 분배 사후의 운영 원칙으로서든, 재화와 용역의 (또는 보편적 기본소득 제안에서처럼 돈의) 최저 한계선을 정해 누구라도 그 아래로 내려가지 않게 하는 것이 중요하다고 규정한다. 이는 완전한 극빈과 비교해 개인들이 적절한 지급이라고 정의된 선에 다다랐는지를 판별한다. 충분성만이 중요하다면 위계는 비도덕적이지 않을 것이다. "나는 일부 사람들이 얼마나 부유할 수 있는지에 신경 쓰지 않는다. 그로 인해 비참한 사람이 아무도 없는 한." 토머스 페인은 일찍이 1796년에 이렇게 씀으로써 충분성에 국한된 의지를 드러냈다. 이러한 시각에서는, 충분한 것으로 충분하다.[5]

그러나 평등의 이상이라는 관점에서 보면, 단지 모두가 충분히 가졌고 가장 못한 이들도 빈곤은 면했다는(노숙이나 기아나 질병은 물론이고) 것은 중요하지 않다. 평등주의자들의 도덕에서는 가장 기본적인 욕구가 충족되더라도 심각한 위계는 계속 존재할 수 있는 그런 사회가 배제된다. 이러한 입장에 따르면, 적어도 삶의 좋은 것들에 대한 분배에서 약간의 평등은 필수적이다. 그렇지 않으면 두 개의 사회가 생겨나는 것처럼 되어 버릴 수도 있다. 기본 욕구가 충족되는 한 도덕성이 충족되기 때문에, 부자들이 경제적으로 열등한 이들 위로 우뚝 솟아 있어 삶의 방식이 다른 사회가 나타나는 것이다. 불충분성으로부터 보호하는 하한선만이 아니라 불평등을 제한하는 상한선, 혹은 아예 중산층을 보편화하려는 노력도 필요하다. 물질적 결실의 절대적 평등에 대한 책무가 반드시 수반되는 것은 아니지만, 만약 당신이 최저한도에 대한 논의를 떠나서 부자를 제외한 나머지 사람들 모두가 품위 없는 상태에서 벗어났다 해도 부자가 나머지보다 얼마나 높이 솟아 있는지가 윤리적으로 중요한 문제라고 주장한다면, 당신은 충분성 지지자로부터 평등 지지자로 넘어간 것이다. 이러한 시각에서는, 충분한 것으로는 충분하지 않다.

이 구별은 필수적이다. 물론 충분성과 평등이라는 두 필수 요소는 심지어 이론적으로도 반드시 극명한 경쟁 관계에 있는 것은 아니다. 많은 전근대의 종교적 금욕주의자와 근대의 혁명적 금욕주의자를 제외하면, 역사 속의 거의 모든 평등주의자는 충분한 지급의 가치에도 커다란 관심을 보였다. 그러나 18세기의 페인이나 오늘날의 철학자 해리 프랭크퍼트처럼 훨씬 더 많은 충분성 지지자는, 일반적으로 최저치 분배라는 기준을 거부하지 않는 평등 지지자들과 달리 오로지 자신들의 이상만을 채택한다. 사실, 충분성 지지자들이 충분성에 우선순위를 두고 평등은 다음 단계로 미뤄야 할 가치라고 주장하는 것은 전적으로 있을 수 있는 일이지만, 충분성 달성이라는 목표가 더 많은 불평등을 포용할 것인가에 달려 있다고 믿는 것이 훨씬 더 일반적이다.[6]

또한 충분성과 평등은 이론에서뿐만 아니라 실제 생활에서의 상호 작용에서도 옳고 그름을 판단할 수 있는 도덕적 이상으로서 흔히 상호 의존적으로 여겨진다. 가장 기본적인 욕구를 충분한 지급으로 채운 사람들이 자력으로 '삶의 좋은 것들'을 균등하게 성취할 가능성이 높다는 것이 사실로 밝혀진다면 이론상의 어려운 선택이 사실상 사라질 것이다. 아니면, 당신이 가장 중요한 것들의 충분한 양으로 간주될 정도를 상향 조정할 경우, 당신은 간접적으로 평등주의자가 되는 길에 한층 더 가까워지고 있는 것이다. 결과적으로 누군가는 당신이 상향 설정한 높은 수준의 욕구에 대한 비용을 지불해야 하고, 그러자면 부자는 불가피하게 하강해 상승하는 빈자의 수준에 보다 가까워져야 할 것이다.

하지만 충분성만을 강조하거나 충분성을 우선적으로 강조해도 실질적인 손해가 없다고 너무 성급하게 결론 내리기 전에, 정반대 결론에 도달하는 논증이 얼마나 쉬운지(특히 오늘날) 기억할 필요가 있다. 누군가는 충분성이 (특히 상향 설정될 경우) 평등으로 이어지는 것을 바랄 수도 있겠지만, 빈자들이 충분한 지급에 가까워지는 동안 부자들이 스스로를 위한 더 큰 이익을 거두어들이는 일도 있을 수 있다. 사실상 충분성은 평등보다는 위계와 더 잘 공존한다. 평등에 대한 관심이 실제로 충분성을 달성할 더 좋은 방법이라는 것(아니면 적어도 극빈층에게 충분한 최저치를 지급하려는 우리의 바람이 전면적 평등주의 정책이 폐기되는 수준에 이를 정도로 위험에 처했다는 것) 역시 점점 더 신빙성을 얻고 있다. 사회나 세계의 구성원들을 위한 보다 평등한 환경이 구축되지 않는 한 사회나 세계의 빈곤층을 위한 충분한 재화에 대해 정치적 지지를 얻을 방법이 없다면, 특히 사람들이 기본적 최저치에 대한 보장도 도입할 수 없을 정도로 스스로를 동료 인간들과 너무 다르게 느낀다면 어떻게 될까? 그런 이야기에 따르면, 소득이 없는 사람들의 기본적 의료 서비스에 대한 권리가 노동자 계층과 중산층 내에서 불공정함에 대한 팽배해진 인식의 볼모가 된 시기에 도널드 트럼프가 미국 대통령에 당선되었다. 유럽인들은 기본권을 위한 광범위한 결과들을 초래할 가능성이 있는 포퓰리즘 지도자들을 널리 선택해왔는데, 이는 극빈 때문이 아니라 부자들의 부가 전례 없이 치솟는 가운데 유럽인들이 침체에 빠져 있기 때문이다. 당신은 심지어 생존에 꼭 필요한 욕구를 충족시키기 위해서라도 보다 평등한 사회를 위해 분투해야 할지 모른다.

충분성과 평등의 구분은 인권의 시대가 얼마나 심각하게 주로 부자의 황금시대가 되었는지(최악의 상황에 있는 일부 사람들에게는 좋은 것이었다 해도) 알려준다. 평등주의 열망이 꺾이면서 인권의 의미는 서서히 변해왔다. 평등주의 열망은 과거에 오랜 기간 동안 강력하게 지속되었을 뿐만 아니라 지역 공동체들로부터 세계 전체로 퍼져나가기도 했다. 대공황과 제2차 세계대전이 새로운 종류의 국민 공동체를 불러왔을 때, 충분한 지급과 평등주의적 시민권을 제공하는 복지국가에 대한 프랑스 혁명의 꿈이 적어도 일부 지역에서 되살아났다. 그 시기에 인권은 각 국가 내의 분배의 평등이라는 이상을 품고 있었다. 이와 달리 오늘날에는 인권이 오직 전 지구적 충분성과(넘쳐나는 끔찍한 지도자들 및 비통한 잔학 행위의 참상과 함께) 결부돼 있을 뿐이다. 널리 보급된 인권은 야망이 줄어든 시대에 전 세계적인 구호가 되었다. 다시 말해, 인권의 정신과 인권에 결부된 정치 사업은 시간이 흐르면서 국가 차원의 평등주의적 시민권에서 세계 차원의 최저생활선으로 바뀌었다. 인권은 우리의 세계주의적 열망이 강하다는 것을 나타내는 언어이자 특정 국가의 경계에서 멈추지 않는 언어가 되었다. 인권은 성별, 인종, 성적 지향에 기초한 차별 대우에 반대하는 캠페인의 기치가 되었다. 그러나 인권은 또한, 우리의 동료 인류와의 결속이 여전히 약하고 값싼 것으로 남아 있어도 충분하다고 암시하는(적어도 시작에서는) 언어가 되었다. 인권은 놀라운 수준으로 현 불평등 시대의 포로가 되었다. 그러므로 최우선적인 목표는 인권의 전개를 기록함으로써 어떻게 인권이 이러한 포로 상태에 이르게 되었는지를 (아마도 대부분의 인권 지지자들이 생각하기에 이는 의도하지 않은 부적절한 결과이겠지만) 살펴보는 일이다.

충분성과 평등이라는 이상들은 20세기 훨씬 이전에 공존하며 대립했다. 적어도 프랑스 혁명으로 거슬러 올라가면 개인의 사회경제적 권리를 충분한 지급의 책무로서 공식화하는 것이 가능했다. 그러나 그 시기에 충분성은 평등과 연결되었다. 그리고 프랑스 혁명과 국민복지국가의 발생 사이에 위치하는 자유지상주의 세기 이후에 충분성과 평등의 연관은 확고해졌다. 고대 그리스·로마시대부터 19세기에 이르는 두 이상에 대한 초기 단계에서의 모든 관심에도 불구하고, 20세기 중반의 복지국가 출현 이야말로 두 이상의 진전에서 핵심이 되는 사건이었다.

국민 복지가 부상할 당시 인권 개념은 현 신자유주의 시대에 비하면 거의 중요성을 띠지 못했다. 그러나 충분성과 평등 사이에서 타협해 이 둘을 동시에 추구하기로 한 당시의 새로운 복지국가들의 생태계 안에서 인권 옹호자들은 인권을 재정의했다. 개인의 권리라는 개념이 흔히 19세 기의 고전적 자유주의 정치경제에 부합해 계약과 신체의 자유, 재산과 거래의 신성함을 보호했듯이 인권은, 특히 1948년의 세계인권선언에서, 국민 복지의 새 시대를 위해 재해석되었다. 심지어 1940년대에 회의주의 자들이 인권이 사람들을 전보다 더 평등하게 할 수 없다고 우려할 때도 다른 이들은 인권이 바로 그 사명을 뒷받침해준다고 주장했다.

오늘날 해외 국가들의 손아귀에서 겪는 끔찍한 고통에 대한 공감을 정당화하기 위해 소환되곤 하는 세계인권선언은 각국의 시민들이 새롭 고 강력한 국가를 요구했다는 합의의 일환으로서 정치·사회권을 인정한 것이라고 가장 잘 이해된다. 복지국가들은 대공황과 제2차 세계대전의 생존자들 스스로가 누릴 자격이 있다고 믿은 새로운 시민권을 제공했고 세계인권선언은 그러한 시민권 형태를 인정했다. 요컨대 사회권은 더 큰 평등주의 꾸러미의 일부로서 등장했다. 충분성과 평등이 흔히 어떤 일원 화된 계획 내의 각기 다른 강조점으로 이해되었다는 것은 복지국가가 시 도하고 성취한 것이 무엇인지 돌아봐야 하는 주된 이유다. 어쨌든, 복지 국가의 모든 타협과 한계에도 불구하고 복지국가는 단지 빈곤층을 돕는 일에서만 진전을 이룬 것이 아니다. 복지국가는 또한 지금까지 분배의 평등을 조금이라도 확보했던(특히 가장 부유한 이들의 이익을 제한하면서) 유일의 정치 사업이었다.[7]

그러나 복지국가는 일부 지역에서만, 게다가 퇴색된 형태로 달성되었는데, 성별, 인종, 혹은 다른 기득권을 이유로 너무 많은 이를 종속시켰기 때문이다. 세상 사람들 대부분이 제국에서 살고 있었고, 따라서 어떤 종류의 복지국가도 갖고 있지 않았다. 선진 세계의 복지국가 황금기는 유럽 국가들이라는 세계 제국들과 힘의 정점에 오른 미국의 세계 패권을 막지 않았고, 세계인권선언도 마찬가지였다. 그럼에도 불구하고 탈식민주의가 진행되면서 인류 대부분은 가장 부유한 국가들이 이제 막 수립하기 시작한 사회적 시민권을 꿈꿨다. 제국에 맞선 투쟁을 통해서 태어난 신생 국가들은 주저 없이 평등주의 이상을 들어(그리고 사회주의 강령을 채택하며) 자국의 국민 복지에 대해 더 큰 꿈을 꾸는 경향이 있었다. 신생 국가의 지도자들은 더 급진적으로, 세계 무대에서 성장과 부의 위계가 계속 심화되는 한 자국에 분배 정의에 대한 토론장이 들어설 수 없으리라는 결론에 이르렀다. "전 지구적 정의"라는 관념이 태어난 것이다.

제2차 세계대전 후, 스웨덴의 경제학자 군나르 뮈르달은 복지국가들의 상위에 "복지 세계"가 건설되어야 한다고 주장했다. 탈식민지화 시대는 이러한 생각을 미래에 대한 아주 흥분되는 전망으로 만들었다. 반식민주의의 상징적 국가들에서 평등주의적 열망은, 원래의 복지국가들에서 평등주의적 열망이 가졌던 것보다 훨씬 큰 강점을 갖고 있었고, 충분한 최저치에 대한 관심이 가졌던 것보다 훨씬 큰 강점을 갖고 있었다. 그 나라들은 전 지구적으로 평등주의적 분배를 실현한다는 선구적인 구상을 펼쳤다. 그러나 경제적으로 발전한 국가들(제2차 세계대전 후 물질적 풍요 속에서 충분성과 평등이 모두 증진된) 대부분과 달리 탈식민지 국가들에서는 성과가 훨씬 좋지 않았고, 그들의 복지 세계 요구는 분명 강력하고 부유한 국가들의 인정을 받지 못했다. 그 잔해로부터 충분성이 분리되었고, 전례 없는 새로운 전 지구적 빈곤 퇴치 윤리가 우리 시대를 손짓해 불렀다. 세계의 분배 윤리를 생각하는 철학자들은 이 일이 어떻게 일어났는지에 대한 귀중한 초점을 제시한다. 우리 시대의 인권 혁명은 "지구상의 비참한 사람들"에 대한 전 지구적 관심과 밀접한 관련이 있는 것이지, 그 문구를 사용한 탈식민지 사회주의자들이 원래 말하고자 했던 평등주의의 의미를 띤 것이 아니었다.

1970년대부터는 전 지구적 정의 대신에 시장근본주의가 승리를 거두면서, 인권을 보다 세계주의적이고 초국경적으로 이해하는 새로운 시야가 펼쳐졌다. 그리고 인권은 또다시 당대의 정치경제에 순응해, 그것을 정의하는 대신에 반영했다. 세계 복지의 꿈이 버려지고 국민복지국가가 점점 더 공격받게 되면서 이 의존적인 관계가 각기 다른 곳에서 각기 다른 시간에 각기 다른 방식으로 다시 수립되었다. 1970년대 및 이후의 전례들과 함께, 1989년 후의 첫 10년은 시장근본주의가 전 세계적으로 굳건한 가운데 인권 정책이 급증한 10년으로서 두드러진다. 공산주의의 본산에서 공산주의가 사라졌고, 중국 자체가 자유시장화되었다. 그렇게 함으로써 중국은 세계 역사상 다른 어떤 행위자가 해낸 것보다 더 많은 사람을 빈곤에서 구제하는 동시에(그리하여 그들을 사회권에 의해 부여받은 충분성 보장이라는 하한선 위에 올려놓는 동시에) 더욱 큰 불평등을 감내하게 되었고, 전 지구적 정형성에 들어맞게 되었다.

인권과 시장근본주의의 협력은 필연적인 일이 아니었다. 그럼에도 많은 요소가 그렇게 되도록 맞물렸다. 인권은 남반구 자체가 1970년대에 지지했던 전 지구적인 공정한 분배라는 꿈으로부터 단절되었다. 과거의 야망의 폐허 위에서 모든 규모의 복지에 반대하는 신자유주의 캠페인이 인권을 볼모로 삼았다. 그렇다고 해서, 인권과 시장근본주의 모두가 윤리적으로 개인주의에 근거를 두어, 국가를(특히 탈식민지 국가를) 어떤 집단주의 윤리의 배경이 아니라 세계적이면서 개인주의적인 어떤 계획의 성취를 위한 기술적 매개로 보았다는 것이 아니다. 오히려 인권이 복지국가의 도가니에서 해방되어 재정의되었다는 것이다. 경제·사회권을 동원하려는 시도는, 냉전 종식으로 이러한 동원이 시작될 수 있게 된 이래, 특히 헌법 재판관들과 국제적인 비정부 압력 단체들이 그 권리의 집행을 위해 분투할 때도, 계속 미미했다. 더 나쁜 일은, 인권이 오히려 충분한 지급에 집중해, 더 큰 평등주의적 열망과의 애초의 관련성을 잃었다는 것이었다.

여성 인권을 비롯해 특별히 억압받는 집단들의 인권이 제2차 세계대전 후 복지국가들의 편견 및 탈식민지 국가주의와 국제주의의 편견을 극복하고 어느 때보다 진지하게 받아들여진 것은 대단히 중요했다. 그러나 신분의 평등에 대한 열망이 커졌어도 분배의 평등은 흔히 방치되었다. 미국은 20세기 중엽에 지정학적으로 최고의 지위에 올랐음에도 불구하고 복지국가로 나아가지 못하며 지배적인 추세에 역행했다. 그러나 미국 사례는(그리고 미국의 힘은) 이어지는 신자유주의 시대의 열망들을 더 뚜렷하게 구체화했다. 국민복지국가들이 부과했던 불평등의 상한선을 없애는 것도, 전 세계의 부자들로 하여금 자기 아래 있는 사람들과 과거 어느 때보다 큰 격차를 벌리며 도약하게 하는 것도, 미국이나 기타 다른 곳의 시장근본주의자들에게는 한층 쉬운 일이 되었다. 다른 한편에서는, 가장 뚜렷한 윤리 운동이 단지 극빈층을 위한 전 지구적인 보호의 하한 선을 마련하고자 투쟁하고 있었다. 평등주의적 이상과 실천이 죽어버리면서 인권이라는 관념은 인도적으로 변할 수는 있어도 전복되지는 않는 그런 지배적인 정치경제에 부응했다.

평등의 폐허 속에서 어떻게 인권이 세상에 왔는지에 대한 이 이야기에서 주인공은 가장 분명한 입장을 취한 사람들, 특히 정치가들과 철학자들이다. 이들은 때때로 대중의 이상과 실천적 노력을 분명하고 깊이 있게 표명했다. 특히 철학을 빼놓을 수 없는데, 철학은 좀더 폭넓은 전개를 이해하는 대용품proxy이 될 수 있기 때문이다. 이는 학자들이 미래의 선봉장 역할을 하는 데 성공했다는 의미가 아님은 말할 것도 없고, 학자들에게 변화에 대한 공동의 책임이 있다는 의미도 아니다. 사상가들은 기존의 원인들을 현실의 투쟁 상황으로부터 도덕 원칙이라는 창공으로 끌어올리려다 사회 정의에의 열망을 실현하기 위해 가장 많은 일을 한 행위자들이나 운동들에 대한 감각을 잃곤 한다. 학자들은 어떤 이상들은 채택되고 나머지는 폐기되어온 더 넓은 역사를 살면서, 신뢰할 만한 윤리적 기준들을 상상하는 데 도움을 주었다. 이 책은 단순한 충분성에 대한 불만족을 바탕으로 저술되어 보다 야심찬 목표인 평등을 기약하는 하나의 정신사史이자 이념사로서 두 가지 의제를 추구한다. 하나는, 정치적 행동에 내포된 윤리 원칙과 사상가들이 종종 표명하는 사회적 공상을 탐구하는 것이다. 다른 하나는, 우리 윤리를 현실로 끌어내려, 윤리를 고취하거나 방해한 정치에 윤리가 얼마나 가까이 있는지를 보여주는 것이다. 역사에서는 하루하루가 매우 빨리 흐르므로, 역사 속에서가 아니면 옳고 그름을 판별할 수가 없다. 적어도 지금, 인권의 역사는 논할 가치가 있다. 정치와 경제에서 다루기 어려운 위기들이 계속 증가하는 상황에서 우리의 운동이 충분성만을 선택함으로써 얼마나 불완전한 것이 되어왔는지를 보여주기 때문이다.

그러한 결과는 우리의 최고 이상에 대한 극렬한 도전이 되며, 오늘날 재조정을 필요로 한다. 인권 혁명은 사회 정의라는 이상을 맨 처음의 지극히 배타적인 형태에서 구해냈다는 점에서 분명 공로를 인정받을 만하다. 독재자들이 복지국가의 탄생을 도왔다 해도, 오늘날 독재적 복지를 지지하는 사람은 거의 없을 것이다. 그리고 심지어 민주적 복지국가들도 처음에는 성별, 인종, 기타 요소들에 근거한 다방면의 배척을 묵인했다. 복지국가가 그 전이나 후의 어떤 정치 기획보다 분배 정의를 잘 갖추었다 해도, 만약 그것이 하나의 도덕적 이상을 똑같이 중요한 어떤 도덕적 이상을 위해 희생시키는 것을 뜻한다면, 독재적 복지국가에 대해서든 민주적 복지국가에 대해서든 향수를 느끼기는 힘들 것이다. 신분의 평등은 분배의 평등과 똑같이 중요하다.[8]

그러나 역도 마찬가지로 진실이며, 복지국가의 분배에 대한 약속을 상기하는 것은, 그렇지 않을 경우 인권의 시대에 자신들의 다원주의와 관용을 칭송했을 사람들에게 일련의 질문을 제기한다. 인권이 전 세계적 충분성에 관심을 기울인 것은, 많은 국가에서 그리고 (어떤 면에서는) 전 세계에서 불평등이 폭증한 것에 대해 책임이 있는가? 오래됐지만 공허한 연대를 위하여 전 지구적 정치 언어로서의 인권이 우리 시대에 재정의되고 부상하는 것 말고 대안이 있었을까? 인권이 분배의 평등과의 애초의 관계로 돌아갈 방법, 혹은 심지어 분배의 평등을 세계 무대로 확장할(토미노바가 많은 탈식민지 국가의 목소리에 공명하며 바랐듯이) 방법이 있을까?

인권의 이상들은 인권이 지금까지 시장근본주의 및 불평등한 결과와 맺어온 협력 관계에 계속 머물러 있을 이유가 없다. 인권이 보호하는 자유, 안전, 지급의 최저 기준을 불평등이 위협할 때, 인권은 불평등의 결과들을 간접적으로 고발하는 데 도움이 될 수 있다. 그러나 이는 인권 규범들도, 그리고 우리가 인권 규범들과 결부시킬 줄 알게 된 움직임들도("공개적으로 망신 주기"의 알림 활동에 관여하고, 전문가적 작용을 하고, 법관들을 기본 규범들의 이상적 집행자로 존중하는 등) 모두 이론이나 실천에서 평등으로 충분성을 보완하는 것에 달려 있다는 의미가 아니다. 인권의 이상들이 우위를 차지하게 된 것이 신자유주의 시대에 일어난 일인 만큼, 나는 인권의 통상적인 대표자들이 자력으로 시대를 빠져나갈 통로를 찾아낼 가능성은 대단히 낮지 않을까 생각한다. 다른 사람들이 인권의 한계를 지적하더라도, 인권 지지자들은 평등을 꿈꿀 때 이론과 실천 모두에서의 평등의 중요성을 되새기기 위해 신자유주의와의 동맹 관계에서 벗어나려고 노력할 수 있다. 두 집단이 모두 성공을 거둔다면, 인권이라는 이상을 탐탁지 않은 운명으로부터, 즉 세상을 보다 인도적이지만 영속적으로 불평등한 곳으로 만들었다는 운명으로부터 구해낼 수 있다.

1장

자코뱅파의 유산: 사회 정의의 기원들

1941년, 영국 국민은 추축국에 홀로 맞서 전쟁을 치르고 있었고, 대중적 지지를 받는 복지국가가 건설되기 직전이었다. 사면초가 상황이라는 고독한 역경이 부른 고통과 희생은 새로운 형태의 사회적 시민권에 대한 필요를 낳았다. 그해에 요크의 (그리고 머지않아 캔터베리의) 대주교 윌리엄 템플이 "복지국가"라는 용어를 만들었다. 복지국가는 독일 국가사회주의자들이 도입한 단순 "강대국"과 달리, 개인의 자유를 해치지 않으면서도 재분배 정책과 사회보장제도를 이루어내는 나라였다. 아돌프 히틀러를 진압하기 위한 소련과의 불가피한 동맹에도 불구하고, 복지국가는 "서방"이 동방에 보여준 다양한 외피 중에서 전체주의 국가에 제안해야 할 유일한 대안으로 떠올랐다. 결국 복지국가는 전 세계를 매혹시킬 것처럼 보였다.[1]

그러나 현실을 이야기하자면, 근대적 경제 상황이 필요로 하는 듯한 그런 복지국가 형태를 자유민주주의가 감당할 수 있을지가 여전히 미지수였고, 또한 이른바 전체주의 국가들 역시 이러한 성취를 위해 움직이고 있었다. 미국(뉴딜 정책이라는 실험이 진행되고 있었지만 전쟁뿐만 아니라 사회적 시민권의 연령에 대해서도 여전히 논쟁 중이던)에서 R. R. 파머라는 교수는 이 새로운 국가의 기원과 이 국가를 정확히 어떻게 조직해야 하는지에 대한 논쟁의 기원을 반추했다. 그는 혁명이 진행 중이던 1793~1794년의 프랑스로, 즉 자코뱅파 집권기의 프랑스로 거슬러 올라갔다. 파머에 따르면 자코뱅파의 프랑스는 급박한 상황에서 독재 국가에 가까워지고 있었다. 몇몇 20세기 국가들이 그랬던 것처럼, 그리고 심지어 미국의 위대한 민주주의 대통령인 프랭클린 루스벨트가 그 같은 이유로 비난을 받았던 것처럼 말이다. 민주주의와 독재 사이에서 자코뱅파는 "사회 복지 사업을 제공하는 개입주의자"로서의 국가를 주창했고, "국가는 보통 사람들을 향상시키기 위한 입법을 통해서 국가 기관들을 계획하고 지도해야 한다"고 주장했다. 프랑스 혁명은 근대 국가들에서 정치 용어의 하나가 된 인권이라는 말을 일찍이 도입했을 뿐만 아니라, 사회 복지를 위한 논쟁을 시작했다.[2]

　거의 기록된 적이 없는 경제·사회권의 역사는 이 권리들을 내포하는 정치 사업의 완전한 포부를 담아내는 틀에 의해 결정된다. 오늘날엔 일반화되어 있는 사회권들 각각의 등장(맨 처음에 교육 및 공적 부조에 대한 권리, 그다음에 노동 및 노동 환경 보호에 대한 권리, 그리고 마지막에 수많은 다른 권리)을 추적해보는 것은 중요하다. 그러나 이러한 권리들이 차례로 혹은 심지어 함께 등장했다는 것은 이치에 맞지 않는다. 이 권리들의 역사에 필요한 것은 오히려, 복지국가의 주요 이데올로기적 기원들에 대한 설명, 그리고 결국 19세기에 "사회 문제"라고 불린 것에 대한 팽팽한 대응들에 대한 설명이다. 그러한 설명은 복지국가의 기원과 사회 문제의 해법을 보다 한정적인 초기 단계의 경제·사회권으로 환원하는 것이 중대한 실수가 되리라는 것을 보여주는데, 부분적으로 이는 권리가 사회 정의를 추구하는 데 효과적인 언어로 작용했는지에 대한 오랜 불확실성 때문이다. 사실 제2차 세계대전이 끝날 때까지, 적절한 최소 보호를 제공할 수 있는 정치 체제가 어떤 것인지는 매우 불분명했다. 그러한 정치 체제는 노동 환경을 보다 인도적으로 만들어야 했을 것이고, 경제의 난기류에 대비해 실업 보험과 같은 보호 장치들을 만들어야 했을 것이다. 또한, 노동으로 충분한 소득을 얻을 수 없는 사람, 혹은 너무 어리거나 병들었거나 나이 들어서 노동을 할 수 없는 사람을 위해서 건강과 주거 같은 영역에서의 기본 지급을 모색해야 했을 것이다. 그러나 더욱 중요한 것은, 사회권이 다른 이상들과, 특히 물질적 평등이라는 분배적 이상과 궤를 같이해 출현했다는 점이다. 자코뱅파의 국가로부터 독재의 모습을 하거나 민주주의의 모습을 한 20세기 복지국가에 이르기까지, 경제·사회권은 '충분한 분배'의 이상을 포착할 하나의 방법을 제공하지만 그 이상은 다양한 대안적인 희망에 발맞추어야 했다. 이러한 희망들 중에는 최소한의 분배의 평등(기본 지급을 통해서 최악의 결과로 떨어지지 않게 보호해주는 하한선뿐만 아니라 부의 상한선 및 물질적 위계에 대한 제한도 포함하는)을 이루어내겠다는 시민들의 바람도 있었다.[3]

유엔이 1948년의 세계인권선언을 통해 경제·사회권을 공표한 것은 결국 제2차 세계대전에서 승리한 민주적 복지국가를 봉헌한 것이나 마찬가지였다. 그러므로 세계인권선언은 일련의 기본적 권리들을 통해 분명히 한 분배적 충분성이라는 이상을 드높이는 데 그치지 않았다. 그것은 분배의 평등이라는 야심찬 정치 사업을 드러내는 일이기도 했다. 나치 복지국가의 집단 학살 정책은 폐기되었지만, 승리한 민주적 복지국가들 역시 국가 공동체 내의 일부 수혜자만을 위해 설계되어 있었다. 또한 복지국가를 향해 가장 많이 나아간 서유럽 국가들이야말로 자국 영토 내의 엄청나게 많은 사람을 수혜의 범위에서 배제한 더 큰 제국들이었다. 새로운 복지국가들은 또한 자국에 특히 인종과 성별에 근거한 특권의 위계를 형성했다. 1940년대에 자격을 갖춘 시민들을 위한 민주적 복지를 달성한 바로 그 국가들이 히틀러 이후 오랫동안 전 지구의 영토와 인구의 많은 부분을 계속 통치했고, 세계인권선언은 이를 바꾸는 데 아무런 기여도 하지 못했다. 복지국가는 누구보다도 남성, 그중에서도 민족적으로나 인종적으로나 유리한 남성을 지원하는 부담을 짊어졌다. 여성과 아동도 분명 중요했지만, 복지국가의 틀에서는 그들의 곤경이 파생적인 것으로 취급되었으며, 복지국가의 아량이란, 특히 복지국가가 인구 증가 정책을 펼 때, 남성 노동 중심 국가의 운명에 그들이 종속돼 있음을 확고히 해주는 것이었다. 오랫동안 세계인권선언의 차별 금지는 놀라울 정도로 이러한 현실에 별다른 영향을 미치지 못했다. 요컨대, 복지국가에서의 사회권의 증진에 관한 흐름은 국가의 평등화뿐 아니라 차별과도 분리해서 이해할 수 없는 문제다.

　자코뱅파의 국가는 근대사에서의 공정한 분배에 관한, 특히 시민들의 대강의 물질적 평등을 이루어내는 것을 소홀히 하지 않으면서도 '삶의 좋은 것들'을 충분한 정도로 지급해야 하는 난국에 관한 끊임없는 논쟁을 불러일으키는 데 이론적으로나 실천적으로나 큰 역할을 했다. 사회주의 사상의 공헌과 19세기 후반부터 목표한 이상들을 주창하기 시작한 새로운 정당들 및 노동조합들의 공헌에 대해 평가하는 것은, 계급 타협이라는 20세기 복지국가들의 보다 중요한 이데올로기적 기원 및 이 국가들이 기획한, 빈곤층을 위한 충분한 지급이라는 목표와 평등주의적 목표들의 결합으로 우리를 인도한다. 자코뱅파의 복지국가 이후, 일단 사회 지도자들과 약자들의 연합이 아무것도 하지 않음과 모든 것을 변화시킴이라는 양 극단 사이에서 자신들이 절충할 수 있을지, 어떻게 절충할 수 있을지를 탐색하기 시작하자, 충분성과 평등의 균형을 이루고 이들을 결합하려는(그러므로 이들 간의 긴장을 제어하려는) 시도가 본격화되었다. 이 새로운 정치 형태는 19세기의 자유주의 환경과 21세기의 신자유주의 환경에 비해 풍요로운 근대의 상황에서 전례 없는 사회경제적 평등을 이루어냈다. 새로운 정치 형태는 시민권의 사회화에서는 뚜렷한 배제를 수반했다. 왕당파뿐만 아니라 여성, 유색인, 기타 비특권층을 배제한 것이다. 그러나 새로운 정치 형태에 내포된 약간의 평등주의는 우리의 신자유주의 시대가 도래하기 이전에 세계 도처로 퍼져나가게 되었고, 복지국가들이 계획한 물질적 평등이 실패해도 복지국가들의 그러한 역사적 배제들을 바로잡아준 잘 알려진 역사적 인권 운동 또한 마찬가지였다.

사회 정의正義를 정의定義하고 추구하는 것은 고대와 근대 사이에 결정적으로 바뀌었다. 성장의 전망이 나타났고, 신이 내린 혹은 사회적으로 필수적인 제약들이 서서히 무너졌다. 빈곤층 부조와 평등한 분배라는 오랜 도덕적 이상들에도 불구하고, 가난을 근절하거나 공정한 사회를 위해 노력하는 것은 실현 가능해 보이지 않았다. "땅에는 언제나 가난한 자가 그치지 아니할 것이다"라고 「신명기」는 쓰고 있다(15:11). 그리고 플라톤은 자신의 이상적 도시의 수호자로 "공산주의"를 소환했지만, 그도 아리스토텔레스도 초기 전제로부터 분배 정의의 이론을 발전시킬 수 없었다. 부분적으로 이는, 어떤 정부 형태든 누가 무엇을 갖는지를 조정하려 힘쓴다는 것은 상상도 할 수 없는 일이기 때문이었다.

도덕적·종교적으로는, '삶의 좋은 것들'을 충분한 정도로 지급하는 일이 가장 필수적이고 도덕적인 바람의 하나라는 것이 오랫동안 납득될 수 있었다. 인도적 연대를 통해, 각기 다른 일신교들 모두가 가장 억압받는 이들을 위한 자선(주로 종교 단체를 통한)을 명해왔고, 그것을 설파하는 것을 허용해왔다. "곡물을 베풀지 아니하는 자가 있다면 군중이 그를 벌할 것이다"(잠언 9:26). 종교 공동체들은 심지어 불충분성을 방지하기 위한 지급을 제도화할 수도 있었다. 그러나 철저한 위계가 거의 반대 없이 득세하고 있었다. 「레위기」 25장에서, 신은 불평등한 분배를 정기적으로 바로잡기 위해서 50년마다 이스라엘 민족을 동등한 출발선으로 돌려놓는 (아마도 한 번도 시행되지는 않았을) 규칙(회년─옮긴이)을 일러주었다. 예수는 부자들에게 애착을 갖지 않았던 것이 분명하지만, 일평생을 설교로 보낸 열성적인 종교 선동가로서의 무게에 걸맞지 않게 경제적 평등도, 심지어 정치적 평등도 자극하지 못했다. 적어도 수세기 동안

은 그랬다. 산상수훈에서 예수는 추종자들에게 생명 유지를 위한 먹을
것, 마실 것, 입을 것의 필요를 걱정하는 대신에 그것들을 지급받을 수
있도록 올바른 국가를 추구하라고 설파했다(마태복음 6:25~33; 누가복
음 12:22~31). 예수의 제자인 사도 바울은 상호 부조를 통한 기근 안정
이라는 이상을 위해 그리스의 정치적 평등 개념을 가져왔다. "이는 다른
사람들은 평안하게 하고 너희는 곤궁하게 하려는 것이 아니요, 균등하게
하려 함이니, 이제 너희의 유여한 것으로 저희 부족한 것을 보충함은 후
에 저희 유여한 것으로 너희 부족한 것을 보충하여 평균하게 하려 함이
라"(고린도후서 8:13~14). 그렇지 않으면 부의 위험성은 이 세상의 정의
에 대한 모욕에 있는 것이 아니라 개인적 구원의 기회에 대한 것이리라.
기독교가 벽지 팔레스타인에서 지중해 세계를 중심으로 하는 제일의 도
시 환경으로 옮겨 오면서 기독교와 함께 알려진 것은 빈곤층과의 한층
더 강력한 연대 규범이었다. 로마 세계에서 시행된, 시민의 긍지를 위한
공적 자선(식사와 오락을 제공하는 문화)은 신앙 공동체 밖에 있는 사람
들까지 포함하는 빈곤 구제라는 선행으로 바뀌었다.[4]

  "충분성" 개념은 일신교 수용 이전의 고대 언어에는 존재하지 않았던
것으로, 원래 「잠언」(30:8)에 나오는 신을 향한 간청, 즉 빵이 모두에게
제공되게 해달라는 간청의 암시를 (잘못) 번역한 것이다. 히브리어 성서
에서 관습 혹은 법에 따라 "할당된" 양이 제공되게 해주기를 신에게 간청
하며, 여기에 그 양을 생명 유지에 필요한 정도로 맞춰야 한다는 암시는
없다. 그러나 당대의 일부 번역(그리스어 70인역 성서, 그리고 몇몇 라틴
어 번역과 이후의 토착어 번역들)에서 이 용어는 가끔 만족스러운 양을

암시하는 것으로 받아들여졌다. 예수의 연대기들인 「마태복음」(6:11)과 「누가복음」(11:3)은 "할당된"을 "일용할"로 대체했다. 그리고 이러한 구절들의 초기 해석 이래 신의 관대함은 최저 생활과 연관되어왔다. 부를 규탄하고 가난 역시 매도하는 5세기의 급진적인 펠라기우스주의 논문 『부에 대하여』는, 신의 힘에 의해서든 인간의 힘에 의해서든 모든 사람이 더도 말고 딱 적절한 양만큼만 받아, 결과적으로 분배에서 최저 하한선과 최고 상한선이 일치하는 것이 가장 좋다고 보았다. 심지어 부유함이 사라지면 빈곤이 더 이상 존재하지 않을 것 같았고, 따라서 평등과 충분성은 실천적으로 같은 것이었다. 그러나 이러한 표준이 정치적 권위를 통해 달성되어야 한다는 주장은 누구도 하지 않았다. 인류에게는 분배 정의를 시행하고 제도화할 근대 국가가 없었을 뿐만 아니라, 분배 정의가 공동체의 규범에 의하지 않고도 시행되고 제도화되어야 한다는 신념도 없었다. 풍부한 혹은 충분함보다 높은 수준의 평등주의적 분배를 강조하는 수세기에 걸친 다양한 공산주의적 계획은 여전히 천년왕국이나 유토피아에나 어울릴 만한 것이었다.[5]

고대, 중세, 초기 근대의 문헌들은 빈부의 대립과 위계를 넘어선 세상을 공상적인 것으로 다루어, 적정한 최저치의 필수품 같은 것을 기대하는 방향으로 한층 더 나아갔다. 비록 개인의 권리가 그런 필수품으로 지목되는 일은 거의 없었고, 정치적 책무가 지목되는 일은 더더욱 없었지만 말이다. 대부분 지역에 기반을 둔 다양한 수준의 기관들에서 자선은 이 세상이 존재해온 만큼이나 오랫동안 계속되었다. 중세 사상에서는 심지어 절박한 욕구에서 저질러진 어떤 절도 사건들 때문에 필수품 요구를 기획했다. 토마스 아퀴나스가 생존을 위한 가장 기본적인 최저치에 대한 입수 불가능성이 재산을 "공통의" 것으로 만든다고 믿었다면, 이어진 수세기 동안 프란체스코회 영성파는 재산을 소유할 수 없는 예수의 추종자들이 다른 이들의 재산으로 생존할 수 있다고 설명했다. 빈곤층의 천부적 권리에 대한 주장이 점점 드물어지던 근대 초기의 유럽에서는 탁발승을 위한 자선을 정책적으로 강화하려는 시도들이 있었는데, 그것은 본질적으로 사회의 해체를 막는 보험과 같은 것이었다. 이는 주로 널리 퍼진 관습이나 짜깁기한 조례들—특히 엘리자베스 시대의 영국 빈민구제법(1601)에 나오는—의 일이었다. 1640년대의 영국 혁명에서 수평파와 디거파 운동이 일어났을 때만 해도, 분배의 평등을 상상하는 시시한 예언가들에게 분배의 평등이란 종말의 날까지 유보된 성서의 예언이나 도덕적으로 정의롭긴 하지만 종종 이상한 이들을 위한 지역적 실험처럼 보였다. 세속의 정치사상에서는, 지나친 불균형은 파멸을 부른다는 분별 있는 우려 때문에 공화국 유지를 위해서는 불균형한 부를 막는 방패막이가 필요하다는 주장이 오랫동안 존재하고 있었는데, 근대 초기에 와서 이러한 주장이 되살아났다. 그리스 사람들로부터 17세기의 제임스 해링턴에 이르기까지(미국 혁명가들 중 그를 추종한 사람들은 말할 것도 없고) 모두가 극심한 빈부 격차에 반대했으나, 이는 사회 안정을 위해서였지 정의나 물질적 평등을 위해서는 아니었다. 근본적으로 유럽에서는 18세기가 되어서야 정치 질서 내에서의 분배 정의 같은 것을(충분성을 목표로 하든 평등을 목표로 하든) 널리 상상할 수 있게 되었다.[6]

이 일이 마침내 일어나면서, 책무적 충분성이라는 정치의 신뢰성은 거의 처음부터 책무적 평등이라는 정치의 타당성과 경쟁했다. 근대적 분배 정의에 대한 이상을 창안하면서 뒤따라온 것은 사람들이 어떤 식으로 어울려 살아야 하는지에 관한 우리 생각에 모종의 근본적인 변화였다. 18세기에 일어난 다른 많은 단절과 마찬가지로 이러한 단절은 사회 영역이 뚜렷해지면서 일어났다. 그 전에는, 신이나 자연을 인간이 순응해야만 하는 초인간적 권위로서 우선시하는 시각 때문에 "사회"라는 개념이 배제되었고, 정치 체제는 신의 계획이나 자연법과의 관계에 따라 정의되었다. 이와 대조적으로, 인간에 관한 새로운 이해를 발명한 계몽주의 시대 사람들은 사회 제도들의 구조가 삶의 방식의 대부분을(사람들이 신에 대해 무엇을 믿으며 어떤 종류의 정치적 권위를 수용하는가를 포함해) 결정한다고 주장했다. "그 시대에 인간관계라는 말로 일컬어지던 것에 근본적인 변화"가 생겼다. 새롭게 탄생한 "사회" 개념은 "종교적이거나 정치적인 어떤 권위에도, 또는 사실상 외부의 어떤 원칙에도 존재의 덕을 보지 않은 실체"를 말했다. 이는 유럽인들이 "자신들을 둘러싼 세계를 상상한 방식"에서의 근본적인 변화, 즉 "인간 세상의 질서를 외부의(특히 신의) 결정에 종속되는 것으로 보는 관점에서 자율적이고 자기 통제적인 것으로 보는 관점으로의" 근본적인 변화를 의미했다. 그리고 "사회"보다 먼저 "사회 정의"가 있을 수는 없었다.[7]

이러한 국면은 근대의 분배 논쟁의 고조를 이해하는데 중요하다. 정치학자 제임스 스콧은 1970년대에 영향력 있지만 오해를 부르는 주장을 했는데, 현시대뿐만 아니라 역사에 기록된 시대들에서도 농촌 사회들은 최저 생활에 관한 도덕적 기대와 심지어 "사회권"에 관한 암묵적인 정치적 계약을 중심으로 조직되어왔다는 것이었다. 소작농들은 불확실성의 세상에서 생존을 보장받기 위한 다양한 전략을 취했고, 충분한 지급에 관한 자신들의 끈질긴 전략들이 실패할 경우에 작동할 지역 정치적 권위를 기대했다. 당시 소작농의 불안이 고조되던 것과 관련해 스콧은 "최저 생활의 권리는 마을의 근본적인 사회 규범이다"라고 설명했다. 예로부터 통치 방식이 소작농들의 기본적인 최저치를 보장하지 못할 때 폭동이 촉발될 가능성이 있었다. 스콧에게는 최저 생활의 가망성을 "사회권"으로 명명하는 것이 매우 중요했지만, 최저치를 지급받는 데 실패했을 때 소작농들에게는 분노와 혁명 말고는 아무런 방안이 없었고 누구도 정치적으로 중요한 어떤 권리를 언급하지 않았다. 그럼에도 스콧은 다음과 같이 설명했다. "농촌 계급 관계의 체계들 중에서 가장 강압적인 체계를 제외한 모든 체계에는 (…) 권리들의 (…) 일정한 패턴이 있다. (…) [이] 질서는 정치적 권리와 시민권이 부재할 때 최소한의 사회권을 보장하는 것에 기반을 두었다." 나아가 스콧은 소작농이 사실상 평등보다는 충분성에의 기대가 충족되길 바란다고 주장하기까지 했다. 모두가 거처와 생계 수단을 가져야 한다고 기대하는 것이지 모두가 평등해야 한다고 기대하는 것은 아니라는 것이다.[8]

그러나 시간과 공간의 차이를 고려하지 않은 일반화의 위험은 차치하고, 물질적 최저 생활 추구로부터 책무적 정의正義의 문제로서 정치적 의무들을 부과하는 사회권에 대한 신념으로 도약하는 것은 쉽지 않은 일이다. 만약 그게 쉬웠다면, 그와 같은 권리들이 근대 정치하고만 그렇게 관련성을 가지지 않았을 것이다. 그런 의무들이 분배적 평등의 의무보다 다소간 더 기본적이라거나 원시적이라고 가정하는 것은 더욱더 의구심이 든다. 일부 소작농 공동체가 특히 기아 직전에 스스로를 돌보는 이야기를 하는 것은, 물질적 평등에 대한 동등하게 새로운 책무 없이, 국가의 발생과 무관한 사회권이라는 태고의 규범을 상정하는 것과는 다른 일이다. 사실 사회 정의라는 책무들로서의 충분성과 평등 모두 18세기, 즉 사회 자체가 구성원들에게 새롭게 가시화되었고 공정한 사회관계가 정치와 시장을 통해 야기되었을 때, 시야에 들어오기 시작했다. 도덕에 대한 견해의 연대기에서 평등에 대한 공상적 암시가 부재하는 것과 마찬가지로 극빈의 고난에 따른 절망도 부재한다. 그러나 전근대의 상상은 평등보다 충분성을 사회 정의의 목표로서 우선시할 수 없었는데, 이는 단지, 인간이 살고 있는 사회가 바로 인간에 의해 만들어지고 인간만이 바꿀 수 있는 그런 사회라는 것을 아직 이해하지 못했기 때문이었다.

스콧은 18세기의 신흥 시장 사회들에 와서야 중요성이 커진, 생존과 최저 생활에 관한 광범위한 새로운 대중적 기대 사항들이 회복되는 것에서 영감을 얻었다. 상업화에 대한 초기 대응은 극빈에 대한 윤리적 관심(종교적 상상이 더욱 바람직하고 자발적인 것으로 만들었던)을 정치 사상과 정치 행동의 핵심으로 만들려 애쓰는 것이었다. 영국의 마르크스주의 역사가 에드워드 파머 톰프슨은 영국 소작농에 관한 글에서, 충분한 최저치에 집중하는 "도덕 경제"가 존재함을 보여주었다. 스콧은 후에 이에 대한 톰프슨의 이론을 일반화하고 세계화했다. 최저치에 이르지 못하게 되었을 때(특히 자유무역의 장점을 강조하는 새로운 정치경제가 도덕 경제를 대체함에 따라) 종종 분노의 반란이 뒤따를 수 있었다. 톰프슨은 사회권의 본격적 의미가 도덕 경제에 내포되어 있다고까지 생각하지는 않았다. 대신에, 그는 빵과 같은 기본 물품의 가격을 제한하며 옳고 그름에 대해 보통 사람들이 가진 의식의 핵심을 차지하는 "공정 가격"에 대한 널리 퍼진 믿음을 기록했다. 톰프슨이 보지 못한 것은, 시장 이데올로기(임시변통적이고 임시방편적인 자선을 공식화하는, 조각을 기워 만든 조각보 같은 관습과 법을 폐지할 것을 권하는)의 부상은 인간들에 의해 만들어졌고 그래서 개혁할 수 있는(보다 중요한 점) 사회 질서의 새로운 의미에서 비롯되었다는 점이다. 분배의 윤리 원칙들을 제기하는 것이 가능해짐에 따라 이제 사회 정의는 도덕 경제를 초월할 수 있었다.[9]

따라서 정의의 기대 사항들로 급부상한 충분성(사회권에 대한 주장을 포함하는)과 평등 모두가 18세기 후반에 사회 질서로 자리 잡게 된 것은 놀라운 일이 아니다. 당시는 특히 경제적 사회성이라는 개념이 등장한 시대였고, 근대의 도래를 알리는 새로운 상업적 과정들이 스스로 공정성을 획득하리라는 추측이 점점 더 강해지고 있었다. "자본주의"라 불리게 된 새로운 문화가 머지않아 이전의 도덕 경제보다 빈곤층의 처지를 개선할 것이라고 점점 더 많은 사람이 기꺼이 믿고 있었다. 장자크 루소 같은 논평자들은 자본주의에 대해 회의적이어서, 상업의 융성이 부의 위계를 심화했으며, 이러한 위계는 설령 빈곤층의 형편을 더 낫게 만들어준다 해도 부를 도덕적으로 약화시키고 무질서를 키울 뿐이라고 불평했다. 루소의 글은 개혁주의적 반발을 부르는 데 중추적 역할을 했는데, 초기의 문제작 『인간 불평등 기원론』(1755)에서 그가 계급 구분을 끔찍이 견고하고 도덕적으로 불건전한 것으로 보이게 한 것이 가장 큰 이유였다. 루소는 "필요로 하는 모든 것"에 대한 개인의 권리를 제기했지만, 사회적 최저치를 감당해야 하는 국가의 직접적 책무를(그것의 간접적 결과들과는 별개로) 강조하지는 않았다. 또한 루소는 물질적 평등을 정의의 한 가지 요건으로 보는 근대적 의미에 전념하지도 않았다. 공화주의 맥락에서 쓰인『사회계약론』(1762)에서 루소는 "어떤 시민도 다른 사람을 살 수 있을 정도로 부유하지 않고, 어떤 사람도 스스로를 팔아야 할 정도로 가난하지 않을 것"을 권고했다. 부의 양 극단은 자멸적이다. 부유층은 필수적인 정치적 평등을 거절할 것이고 빈곤층은 살아남고자 그 뒤를 따를 것이기 때문이다. 따라서 정의로운 사회는 "지극히 부유한 사람도 지극히 가난한 사람도 모두 허용하지 않는다"고 루소는 설명했다. 무질서를 피하는 데 필요한 정도로 부의 양극화 수준을 조정하자는 이러한 신공화주의 요구는 곧 평등의 본질적인 도덕적 중요성에 대한 직접적 주장으로 무르익었다.[10]

이론은 실천과 협력하면서 진화했지만, 20세기 복지국가들의 시대에 다시 등장하게 될 충분성과 평등 간의 긴장이 자코뱅파 통치기인 1793~1794년에 지속될 정도로 충분히 빠르게 진화했다. 미국 혁명은 인권 언어가 통용되는 데 중요한 역할을 했음에도 불구하고, 한나 아렌트(그리고 보다 독특한 비평가들)의 영향을 받은 미국 혁명 숭배자들이 늘 주장했듯이 "사회 문제"에 크게 관여하지 않았다. 미국 혁명이 경제 발전을 위한 활동적인 정부의 대의를 추진했음에도 정신적으로 자유지상주의적이지 않았을지는 모르지만, 그렇다고 해서 정당한 구제나 공평한 결과를 위해 부와 소득의 공평한 분배에 관여한 것은 아니었다. 이와 대조적으로, 프랑스 혁명은 처음부터 "필요를 넘어서는 세계에 대한 약속"과 평등주의적 공동체를 설정했다. 상업적 근대성과 사실상 세계화 시대라는 새로운 시대에 일어난 프랑스 혁명은, 공화주의적 공약의 상대적 두드러짐과 호사스러운 풍요를 철저하게 비판한 루소에 대한 숭배 때문에라도, 지금껏 사회 문제의 출현을 빼고 해석할 수 없었다. 20세기에 들어와 프랑스 혁명의 유산은 정치적 봉건제와 경제적 봉건제를 분리하는 것을 어렵게 만들었다. 양자 모두 혁명과 밀접한 관련이 있었기에 계승자들이 그것들을 구분하기란 쉽지 않았다. 만약 지금 사회 질서가 인간의 통제 아래 있는 것처럼 보인다면, 사회 질서는 정치(초기의 입헌군주정으로의 이동을 포함해)뿐만 아니라 물질적 결과에서도 교정될 수 있을 것이다.[11]

프랑스 혁명의 개혁과 초기 공헌은 영국의 급진주의자 토머스 페인의 극적인 궤적에 반영되었다. 그는 물질적 책무와 관계없이 1770년대에 미국 혁명에 불을 댕겼고, 15년 뒤에는 새로운 분배 의식과 함께 미국 혁명의 자매 혁명에 대한 최고 선전자가 되었다. 페인은 미국으로 이주하기 이전 시기에 미국 혁명의 태동에 큰 보탬이 되었다. 당시, 필라델피아 대중이 도덕 경제의 전통에 뿌리를 둔 채 사회적 최저치 보장을 요구하고 있었다면 그는 규제받지 않는 경제를 확고하게 지지하고 있었다. 그러나 페인은 1791~1792년에 프랑스 혁명의 초기 국면을 옹호하며 쓴 『인간의 권리』에 와서는 이미 가난을 끝내기 위한 사회 보험 정책에 대한 최초의 상상을 펼치는 데 많은 시간을 들였다. 이는 공포 정치를 피해 은신해 있다가 이내 체포되어 자살로 생을 마감한 것으로 추정되는 프랑스의 콩도르세와 유사한 면이었다. 콩도르세는 모든 프랑스 시민의 충분성을 달성하기 위한 계획을 펼쳤다. 콩도르세와 페인 둘 다 도덕 경제의 일부였던 이전의 영국 빈민구제법 모델을 기반으로 했으나, 자신들이 계획한 지급의 규모에서 그 모델을 훨씬 넘어섰다. 그들은 빈곤 구제뿐만 아니라 공공 교육의 핵심적인 중요성도 강조했다. 자코뱅파 이전의 1791년 헌법에서 이미 정책으로 통하고 있던 이 두 규범이 1793년의 자코뱅파 인권 선언으로 세계사에서 첫 두 개의 사회권이 된 것은 우연이 아니다.[12]

그러나 1793~1794년의 자코뱅파는 충분한 지급에 대한 새로운 권리나 콩도르세와 페인의 자극에서 멈추지 않았다. 자코뱅파가 권력을 잡기 전인 프랑스 혁명 초기는, 사회 정의에 대한 왕정의 배신이 왕정의 명성에 악영향을 미치고 왕정의 파멸을 도왔음에도 불구하고 분배의 권리를 주요 의제로 삼기에 좋은 상황이 아니었다. 집권한 자코뱅파는 이제, 반란자들('상퀼로트'라 불린)의 압력을 받아, 그리고 상대적으로 자유지상주의 경제로 기울었던 출발점과 대조적으로, 기아에 대비해 상품 가격 조정에 돌입했다. 자코뱅파 통치기 동안에나 자코뱅파 몰락 후에나 내내 최저생활선 충족은 나라 전역에서 정치 논쟁과 대중 참여의 중심을 차지했다. 사람들은 소리 높여 "식량"을 이야기했다. 그것은 곧 "최후 수단, 생존할 권리"를 뜻했으며, 가난한 자와 그의 가족이 감자로 버티거나 "뿌리, 열매, 쐐기풀, 민들레잎"으로 연명할 만큼 비루해지지 않게 하고, 기근 상황에서 벗어나게 해주는, "좋고 다양하고 풍부한 음식"을 암시했다. 그러나 이는 결코 인민의 상황이 아주 좋지 않은 국가는 적정한 사회 정책이 존재하는 한 부를 평등주의적 관심 대상에서 배제한다는 단순한 경우가 아니었다. 심지어 혁명 지도자들조차 스스로를 위해 요구한 특권에의 선망 때문이든, 충분성을 넘어서는 사회 정의 형태에 대한 미완의 공약 때문이든, 공포 정치에 대한 지지는 부의 절박한 필요뿐만 아니라 부의 위계화에도 기인하는 정치적 요구에 달려 있었다. "생존권"은 상퀼로트들 사이에서 "평등한 소득"에의 요구로 확대되었다.[13]

분명 현실의 정부 정책은 충분하고 평등주의적인 지급의 높은 이상들에 부합된 적이 없었지만, 이 이상들은 서로 결합해 유례없이 제도화되었다. 물론, 이것이 최초의 복지국가였다 해도, 그것은 실행되기보다는 염원에 머물렀다. 가격 조정에도 불구하고 기아가 발생했고, 구제와 공공 교육으로 확대된 권리는 열망의 대상이었다. 마찬가지로, 자코뱅파의 정책은 구체제의 권력이 혁명 과업을 상대로 선포한 전쟁의 한가운데서 충분한 최저치를 충족시키려 분투하면서도 충분한 최저치에 머물러 있지는 않았다. 오히려 충분성과 평등이라는 요구들 사이에서 왔다 갔다 하면서, 그리고 이 두 요구를 조화시키려 애쓰면서, 모두를 위한 "공정한 분배"를 약속했다. 1941년에 파머가 "20세기까지 유럽에 나타났던 어떤 것보다 더욱 철저한 계획 경제"를 요구하면서 자코뱅파의 국가를 세계 최초의 복지국가로 명명한 것도 놀랍지 않다. 복지국가에 대한 초기 자극이 혁명에 기원을 두고 있다는 것은 쉽게 잊혔지만, 혁명의 기원은 20세기 중반 사회 정의의 배경을 위해서나 현시대의 폭증하는 물질적 불평등에 대한 탐구를 위해서 되찾아야 할 중요한 유산으로 남아 있다.[14]

물질적 평등에 대한 자코뱅파의 시각은 그런 시각들 대부분이 그렇듯이 결코 완전하지 않았다. 그러나 자코뱅파의 정책은 구체제가 남겨놓은, 그리고 프랑스 혁명의 초기 단계가 거의 손대지 않은 물질적 위계를 완화하기 위해 다방면으로 노력했다. "공정한 분배"는 충분성을 넘어서는 것이었다. 1793년의 자코뱅파 인권 선언은 기본적 충분성의 시각으로 옮겨 갔고, 이는 그보다 더 나아가야 한다는 막시밀리앵 드 로베스피에르의 반대를 넘어선 것이었다. 자코뱅파의 통치가 계속되면서 공정한 분배에 대한 관심은 뒤죽박죽이 되었다. 평등화를 위한 농지 개혁에의 우려는 원래 로마 시대에 만연했는데, 자코뱅파는 감히 그런 것을 제안하는 사람에게는 심지어 사형을 부과했다. 하지만 그러면서도 그들은 재분배의 평등화를 위해 상속법 개혁을 진행했고, 나아가 공용 공간의 분할과 몰수된 봉토들의 분할을 허용했다. 사유 재산에 관한 자신들의 여전한 보수적인 견해를 어느 정도 상쇄하고자, 자코뱅파 협의회는 대단히 진보적인 조세 제도의 수립으로 곧장 열심히 나아갔다. 의회의 어떤 의원이 설명한 것처럼, "자기를 둘러싼 모든 것을 집어삼키는 것인 불평등을, 정치 통일체의 가공할 왜곡을 파괴"하기 위해서였다.[15]

이는 후에 "재산소유민주주의"라 불리게 되는 것과 통하는 관점으로, 공유 재산의 공정한 분배를 이루기 위해, 약간의 토지 소유권과 모든 남성의 경제 참여(공정한 임금, 혹은 노동할 수 없는 이들을 위한 대안을 갖춘)를 보장하기를 바랐다. 이후의 복지국가들과 마찬가지로 자코뱅파의 국가 또한 결코 모든 인간을(특히 여성을) 동등하게 대하지 않았다. 그러나 건강과 교육 분야의 계획을 비롯한 대부분의 국가 계획들은, 비록 추상적이거나 중구난방이긴 해도, 시대를 앞선 평등주의 체제로 나아가는 수단들이었다. 20세기의 사회학자 해럴드 래스키가 말했듯이, "자코뱅파는 (…) 부의 차이가 입법적 발명품이며, 위기가 요구하면 평등주의적 혁신이 신중하게 시도되어야 한다는 것을 이해하도록 대중을 교육했다."[16]

자코뱅파 국가는 단명했지만, 같은 시기의 아이티 혁명이 프랑스제국을 포함한 당대의 제국들이 전 지구적 규모로 자유와 평등에의 새로운 요구에 부응하는 것이 얼마나 어려운 일인지를 부각한 것만큼이나 심오한 유산을 남겼다. 그러나 분배 정의라는 정녕 전 세계적인 이상이 후일을 기약해야 했음에도, 프랑스 급진주의자들은 자코뱅파 국민복지국가가 몰락하고 남은 잔해로부터 물질적 평등주의의 요소를 구해내기 위해 (사실상 확장하기 위해) 즉시 움직였다. 공증인이자 독학 사상가였던 프랑수아노엘 "그라쿠스" 바뵈프는 근대 최초의 절대적 평등주의자로서, 단지 불평등을 제한하는 데 그치지 말고 끝까지 밀고 나가야 한다고 주장했다. 로베스피에르의 몰락 직후 감옥에서 풀려난 바뵈프는 전시 독재 정권의 험난한 시기 이후 자코뱅파 인권 선언의 원칙들과 이에 따른 사회 정책이 실현될 마지막 기회가 왔음을 자각했다. 바뵈프는 루소가 돌아갈 수 없다고 믿은 원시 상태로부터 루소가 가능하다고도 바람직하다고도 여기지 않았던 근대 과제의 지위로 완전하게 발달한 평등을 끌어올려 원칙으로서 결과의 평등을 요구했다.[17]

역사의 무대에 짧게 나섰던 바뵈프는 상퀼로트의 충분성 이상에 대해 그다지 호의적으로 말하지 않았는데, 「평민들의 선언」(1796)에서 예컨대 목표란 "아무리 많을지라도 개인과 그의 자손들에게 충분한 정도만 보장하고 그 밖에는 아무것도 보장하지 않는 것"이어야 했다고 썼다. 그러나 마지막 절에서는 평등도 살짝 보이는데, 평등은 빈곤층이 빵을 비롯한 '삶의 좋은 것들'을 얻는 것보다는, 그 누구도 다른 사람들보다 더 좋은 것과 더 많은 것을 갖지 않는 것이 중요하기 때문이다. 바뵈프는 평등화 토지 개혁의 가장 유명한 지지자인 로마의 그라쿠스에 대한 충성을 다하는 의미로 자신의 로마식 이름을 지었다. 그러나 어떤 의미에서는 바뵈프는 고대 후기의 『부에 대하여』의 이상을 되살리는 데 근접했다. 말하자면, 그 이상은 사람들의 기본 욕구를 평등하게 충족시키는 것이고 그것을 넘어서지 않는다. 그는 평등주의 목표를 보편적 풍족함이라는 꿈과 연결 짓지 않았고, 사유 재산 폐지(사람들에게 '삶의 좋은 것들'을 "분배하는 간편한 방법")가 다른 어떤 세세한 제도 설계보다 효과적일 것이라고 믿었다. "평등한 사람들의 음모"를 꾸미다가 자신의 급진주의로 인해 처형당한 바뵈프는, 반동反動의 시대가 왔을 때 그의 뜻을 지키려 안간힘 쓴 동료들과 제자들 덕분에 족적을 남기게 되었다. "평등한 사람들의 선언"이라 할 만한 것을 쓴 공모자 실뱅 마레샬과 마찬가지로, 바뵈프는 복지국가의 창시자보다는 절대적 평등주의의 창시자로 평가되는 것이 더 어울린다. 그들의 극단주의는 혁명기에, 특히 자코뱅파 통치기에, '삶의 좋은 것들'의 분배에서의 모종의 "합리적" 평등이 실현 가능한 일이자 꼭 필요한 일이라는 생각이 점점 상식이 되었음을 시사한다.[18]

그것은 근대의 사회 정의에 추가된 중요한 요소였는데, 왜냐하면 그것으로 인해 단지 충분한 양이나 충분한 필수품을 지급하는 방안들이 더욱더 많은 주류 군중의 눈에 불충분한 것으로 비치게 되었기 때문이다. 바뵈프는 기본적 최저치를 위한 제안들에서 벗어나지 않은 채 평등의 실현 가능성을 주장한 콩도르세를 싫어했다. 콩도르세는 공포 정치에서 살아남지 못했다. 페인은 바뵈프의 "평등한 사람들의 음모"에 대응해 최저 충분성에의 공약을 강화함으로써 보다 확고한 평등을 거절했다. 두 가지 이상은 정책 제안과 제정에서뿐만 아니라 대중의 의식에서도 암암리에 혼란스러운 관계에 있었다. 페인이 둘 중 하나를 지지하고 다른 하나를 거절함으로써 선을 긋기 전에는 그 누구도 사실상 평등에 맞서 충분성을 특별히 옹호하지 않았다. 페인은 『토지 분배 정의』(1796)에서 "나는 몇몇 사람들이 얼마나 부유할 수 있을지에 신경 쓰지 않는다. 그 결과로 인해 비참한 사람이 아무도 없는 한"이라고 똑똑히 썼다. (그러므로 그는 분명 훗날 스콧이 시간과 공간을 초월하는 소작농 도덕의 일면으로 본 태도에 가장 먼저 도달한 인물이다.) 권리에 기초한 사회적 최저치를 논하며 페인은 이를테면 공적 구제처럼, 자코뱅파가 제기했던 구체적인 사회권을 지지하는 자신의 이전 주장들을 확장했다. 성서는 신이 인류에게 땅을 주고 공유하게 했다고 가르쳤으며 누구도 이를 잊지 않았다. 나중에 땅이 분할되자, 페인은 재산과 상업이 부와 성장을 허락하는 한 땅은 빈곤 방지를 지속적으로 보장할 것을 대가로 한 것이라고 주장했다. 이에 기초해 그는 조세를 통한 보편적 기본 소득뿐만 아니라 빈곤층, 청년층, 노년층, 장애인을 보호하는 국가 역할도 옳다고 획기적으로 찬성했다. 그러나 아무리 획기적이어도, 페인의 계획에서 방어적 요소들을 유념해야 한다. 그의 의도는 오직 누구도 한계치 밑으로 떨어지지 않아야 한다고 주장하려는 것이지, 어떤 종류든 분배의 평등이 우세해야 한다고 주장하려는 것이 아니었으며, 심지어 자코뱅파의 실험이 그를 앞지르지 않았다면 이 관대함도 그리 대단치 않았을 것이다.[19]

100년 후인 1886년에 오스트리아의 사회주의 법학자 안톤 멩거는 프랑스 혁명 실험 이후 발전해온 사회주의 개념의 질주를 되돌아보았다. 사회권의 역사에서 사회주의가 차지하는 위치는 대체로 부정적으로 받아들여진다. 근대의 출발과 현시대의 출발 사이에 사회주의 분배의 이상에 대해 멩거보다 나은 관점을 제시하는 사람은 없다. 사회주의자들은 역사상 다른 어떤 집단들보다 적절한 빈곤층 지원에 전념했으나, 사회권을 제기할 것인지 말 것인지를 놓고 갈라졌다. 자코뱅파의 복지국가가 개척한, 충분성을 넘어서는 평등주의적 분배의 책무는 사회주의 목표들 속에서 오랫동안 눈에 띄지 않았다. 최저 생활과 충분한 최저치에 대한 연구는 중요했지만, 단지 경쟁적인 이상들과 관련해 중요할 뿐이었다. 사회주의자들은 적절한 지원에 대한 주장을 권리 차원에서 공식화하기를 주저했을 뿐만 아니라, 20세기 복지국가의 계급 타협을 지지하기 전에는 물질적 평등과는 다른 열망으로 그 열망을 보완했다.[20]

근대 초기의 역사에 도덕 경제가 존재했다면, 그 도덕 경제는 "사회 문제"의 세기에 고장이 나 있었음이 분명한데, 기본 욕구를 충족시키기 위한 관습과 법들이 그것들이 제공하는 원조에 대한 찬사의 원천인 만큼이나 그것들의 한계에 대한 분노의 원천이기도 한 것으로 드러났기 때문이었다. 걷잡을 수 없는 급속한 도시화는 이방인 공동체들을 만들어냈고, 지역 돌봄 정신이 유입되지 않은 거대 빈민가들은 말할 것도 없었다. 정치경제학이라는 새로운 학문은 처음부터 충분한 지급에 대한 도덕적 고려를 드러냈다. 애덤 스미스는 "사람들의 온몸을 먹이고 입히고 거주시키는 이들은 자신들이 꽤 잘 먹고 잘 입고 잘 거주할 수 있을 만큼 자신들의 노동 생산물에 대한 몫을 가져야 한다"고 말했다. 그러나 이로써 정치경제학은 늘어나는 국가의 부가 양측 내에, 양측 간에 불평등을 초래하게 될 것을 받아들인 셈이었다. 정치경제학은 본격적으로 활약하게 되면서 최저 생활에 대해 점점 더 무심한 태도를 드러냈고, 이는 결국 근대의 경제생활에 수반된 궁핍에 대한 인도주의적이고 급진적인 대응을 촉발했다. 1803년에 토머스 맬서스는 (많은 악평을 받아 스스로 빼버린 어떤 구절에서) "만약 [개인이] 부모에게 정당하게 요구할 수 있는 최저 생활을 부모로부터 제공받지 못한다면, 그리고 사회가 그의 노동을 원치 않는다면, [그는] 최소한의 음식에 대한 권리도 주장할 수 없다. (⋯) 자연의 웅장한 잔치에 그를 위한 자리는 없다. 자연은 그에게 가라고 말한 뒤 곧바로 자신의 명령을 시행할 것이다"라고 썼다.[21]

이러한 무정함에 대항해, 사회주의자들은 어디서나 충분한 최저치라는 이상을 지지하며 자신들 대의의 근간으로 삼았다. 분배를 위해 소환된 "능력에 따라 각자로부터, 필요에 따라 각자에게"라는 유명한 원칙은 놀라울 정도로 강력했고, 프랑스의 공상적 사회주의자 에티엔 카베(더 거슬러 올라가지 않는다면)에서 루이 블랑을 거쳐 「고타 강령 비판」(1875)을 쓴 카를 마르크스에 이르기까지 이를 증명했다. 기본 지급에 대한 약속은 때때로 권리 차원에서 표명되었다. 충분한 최저치를 누릴 권리 혹은 인간의 기본 욕구의 목록이 1790년대까지 거슬러 올라가는 것이긴 했지만(멩거는 프랑스 혁명의 여파 속에서 최초로 이것을 제기한 인물로 영국의 급진주의자 윌리엄 고드윈을 꼽았다), 그것은 사회주의자들이 중시하는 다른 우선 사항들과의 영구적인 경쟁선상에 있었다. 사실, 사회주의자들이 때때로 우선시한 바로 그 사회권은 좀더 광범위한 목표들을 제시했다.

프랑스 혁명 이후 가장 중요한 권리는 노동권이었다. 정부 및 사회는 일자리가 없는 사람에게 고용을 제공할 의무가 있었다. 프랑스의 1793년의 인권 선언(사회로부터 공적 구제를 받을 권리가 포함된)에 "불운한" 시민의 "생계유지"를 위한 일자리 확보 수단에 대한 언급이 있음에도 불구하고, 보수가 주어지는 일에 대한 개인의 권리는 혁명 정치에서는 사실상 구체화되어 있지 않았다. 자코뱅파 국가의 목표와 여파에 대해 성찰한 독일의 철학자 J. G. 피히테는 일종의 노동권을 처음으로 제안했다. 이후 독자적으로, 초기 프랑스 사회주의자 샤를 푸리에가 노동권을 명명해, 근대에 노동권이 달성한 화려한 경력을 열어주었다. 정치가이자 푸리에주의자인 빅토르 콩시데랑은 프랑스에서 1848년 혁명 이전 몇 해 동안에 이 권리를 널리 알렸고, 혁명기에 이 권리는 지지와 입법 모두에서 핵심적인 역할을 했다. "우리는 하층 계급 사람들의 정치적 권리와 무의미한 주권을 쟁취하는 것보다는 그들에게 적절한 보수가 따르는 일자리를 보장함으로써 그들의 행복과 그들의 진정한 해방 및 진보에 더 많은 도움을 줄 수 있을 것이다. 사람의 권리들 중에서 가장 중요한 권리는 노동권이다." 콩시데랑은 이렇게 기술했다. 프랑스의 1848년 혁명에서는, 루이 블랑의 유명한 국영 작업장들에서처럼, 돈벌이가 되는 활동을 제공하도록 정부를 조직화하는 것이 주요 목표였다.

당시와 이후에 사회주의자들이 국가의 고용 보장을 요구하는 것의 크나큰 잠재력을 알아차린 반면에 멩거는 노동권을 충분성이라는 이상의 한 가지 "부산물"로 인식했는데, 이는 즉 국가의 일자리 프로그램state jobs program이 최소한의 보장 이상以上을 제공하기 위한 수단이 아니라 충분성이라는 이상理想을 위한 수단으로 기능하기 때문이었다. 사실, 노동할 권리를 말하는 것은 보수주의자들에게도 도움이 될 수 있었는데, 특히 독일 통합 이후 총리 오토 폰 비스마르크가 자코뱅파의 실험 이후 최초로 현실 복지국가를 수립했을 때 그랬다. 비스마르크는 꽤 유명한 1884년의 국회 연설에서 "노동자가 건강한 한 그에게 노동할 권리를 주라"라고 말했다. 물론 그가 가장 먼저 환자 및 노년층을 위한 대규모 국가 기구를 창설하면서도 고용 제도화에는 거의 노력을 기울이지 않았지만 말이다.[22]

사회주의자들에게서 노동권이 유일하게 최저 생활의 권리와 우선권을 다투는 것이었다면, 그들의 초기 계획은 직접적으로든 간접적으로든 충분한 최저치의 추구를 중심으로 통합되었을 것이다. 하지만 그들은 목표를 더 높이 잡았다. 그러나 멩거의 주장에 따르면 그 목표는 '삶의 좋은 것들'의 평등한 분배를 달성하는 데 있지 않았다. 초기 사회주의자들은 최저 생활을 넘어서 다른 새로운 권리로 나아갔다. 그것은 바로 노동전수익권right to the whole product of labor으로, 멩거는 자신의 유명한 저서의 제목을 이 권리에서 따왔다. 사회주의자들은 자본 소유자가 노동하지 않고 지대를 누리는(마르크스가 잉여 가치라 명명한) 생산 체계 대신에 노동자가 자신의 노동 대가를 전부 소유하는 체계를 위해 애썼다. 멩거는 이 윤리 원칙 또한 고드윈에게 거슬러 올라가는 것으로 보았다. (이처럼 버릇없게도 마르크스를 인정하기를 거부함으로써 그는 격한 항의를 불러일으켰다.) 멩거는 각자가 자신의 노동의 결실 전부를 가질 권리는 "우리 시대의 근본적인 혁명 개념으로, 프랑스 혁명의 정치적 평등 사상과 거기서 파생된 사상들만큼이나 지배적인 부분을 차지한다"고 보았다. 다시 말해, 사회주의자들은 정치적 평등의 결과가 으레 분배적 평등이라고 보지 않았다. 개인의 기질과 상황에 따라 욕구가 다르기 때문에 최저 생활은 평등주의적이지 않았다. "수많은 공산주의자가 공산주의 국가 내에서의 부의 평등한 분배를 이야기할 때, 그들이 말하는 것은 욕구와 이를 충족시킬 현존하는 수단에 비례하는 분배다. 나이, 성별, 개성에 따른 욕구의 엄청난 차이에 직면해 누구도 정말로 평등한 분배를 위해 진지하게 노력할 수 없었기 때문이다." 멩거는 이렇게 기술했다. 개인의 노동 생산물 전체에 대한 권리 또한 평등주의적이지 않았다. 그것은 개인의 노동량에 좌우되었던 것이다.[23]

물질적 평등주의가 초기 사회주의에서 설 자리를 찾지 못했다고 하면 틀린 말일 것이다. 그러나 물질적 평등주의는 거의 구체화되지 못한 이상으로서 스며들어, 공상주의자들과 혁명주의자들 사이에서 널리 퍼지게 되었다. 그들은 이상 사회에 대한 청사진을 마련하는 사람들이자, 이 때문이든 아니면 현존하는 부정의에 대한 도덕적 격분이라는 우선 사항 때문이든, 미래 사회사업의 도덕 원칙들을 영구적으로 제도화하는 데 그다지 깊이 생각하지 않는 사람들이었기 때문이다. 19세기에도 또다시 프랑스는 그런 사람들의, 특히 바뵈프가 남긴 불씨를 지키려는 사람들의 조국으로 남았다. 단명한 인권협회는 1789년의 선언이 아니라 1793년의 선언을 복지국가로의 발돋움으로 여기며, 프랑스 왕 루이필리프의 "부르주아 왕정" 때인 1830년대에 혁명의 대의를 받아들였다. 장자크 피요 같은 바뵈프주의 운동가들은 바뵈프의 평등주의적 분배에의 헌신을 지켜나갔고, 단지 필수적인 것들만이 아니라 '삶의 좋은 것들'이 공정하게 분배될 수 있도록 더 높이 나아갔다. 그는 "사회 목표는 구성원 각자의 진정한 욕구의 충족을 보장함으로써 구성원 각자에게 최대한의 좋은 삶을 베푸는 것이다. (…) 유용하고 좋은 것이 필요한 것과 같은 비율로 분배될 것이다"라고 설명했다.[24]

마르크스의 경우, 분명 욕구에 기초한 최저 생활을 위한 여지를 남겼고 개혁을 위한 실천적 운동들을 지지하긴 했지만, 이후의 평등주의 정의의 흐름과의 그의 모든 관련을 살펴볼 때 그가 공산주의 국가의 물질적 공정성을 추구했다는 증거는 없다. 마르크스는 지배와 계급을 없애 시장 사회 이후로 나아가고자 했다. 그는 혁명 전에는 분배의 평등이 계급 통치의 볼모가 된다는 이유에서, 혁명 후에는(사유 재산 폐지 외에 그가 무엇을 계획했는지가 분명한 한) 사람들 각자의 욕구와 노동이 서로 매우 다르다는 이유에서, 분배의 평등을 수용하지 않았다. 그만큼이나 중요한 사실은, 마르크스와 특히 "과학적" 마르크스주의자들이 부르주아처럼 단지 분배의 이상들과 같은 윤리 원칙들의 추구를 거부한 것이 아니라, 인권이라는 개념 자체를 거부했다는 것이다. 그들은 "자본주의" 타도가 필수 과업임을 전제로 활동했다. 마르크스의 중요한 동료였던 프리드리히 엥겔스가 멩거를 혹평한 것처럼, 그들이 판단하기에는 최저 생활을 넘어 노동 산출물 전부를 소유할 권리의 개념화조차, 지배와 착취의 종

식을 위해 타도되어야 하는 생산 체계에 대한 혁명에 별다른 영향을 주지 못했다.[25]

여기에 남아 있는 수수께끼는, 20세기에 충분한 지급에 대한 권리가 어떻게 물질적 평등주의의 계획에 깃들었는가 하는 것과 함께, 자코뱅파가 보여준 분배에서의 충분성과 평등의 종합이 어떻게 되살아났는지에 대한 것이다. 그러한 종합은 요컨대 복지국가의 기원에서 벌어진 계급 타협의 일환이었고, 사회주의자들은 그로써 자신들의 지평이 바뀌게 됨에도 그러한 계급 타협이 이루어지도록 도왔다. 그렇다 하더라도, 그것은 모든 종류의 개혁가들이 권리 보호의 틀 안에서 충분성을 추구해야 할지 말지 갈피를 못 잡게 했다. 그들이 점점 더 적극적으로 평등을 요구 조건으로 받아들였기 때문이었다.

미국과 유럽연합 모두에서 19세기 말과 20세기 초에 경제적 자유주의가 첫 번째 정점을 찍으면서, 어떤 사회에서도 보지 못한 크나큰 빈부 격차가 생겼다. 사회주의자들이 목표와 전략에 대한 논쟁을 벌이면서, 그리고 많은 부분에서 그렇게 눈에 띄도록 행했기 때문에, 자유지상주의적 계약과 사유재산법을 근간으로 하는 시장 경제에서의 사회경제적 보호의 하한선을 마련하는 일에 그 어느 때보다 완강하게 착수하는 그런 "재분배의 세기"가 시작되었다. 당시 제안된 근본 대안은 분배의 평등이 아니라 정치적 혁명이었다. 그러나 평등주의적 재분배의 윤리가 계급 간 타협의 계획에 서서히 침투해, 부유한 사람들은 적을 매수했고 나머지 사람들은 자기 몫을 늘리려고 압력을 행사했다.[26]

처음에 정책은 불평등을 키우게 될지라도 충분성을 보장하도록 계획되었다. 한 분석가의 회고에 따르면, 사회권은 "고귀한 계보를 자랑할 수 없다. 사회권은 빈곤 현실을 일시적으로 완화해주고 감춰주기 위한 질 낮은 임시방편으로서, 점차 유감스러운 존재가 되어갔다." 사회권이 크게 팽창하는 위대한 시대를 만드는 것은 바로 이러한 결합인데, 훗날의 신자유주의 시대를 연상시키는 19세기 후반이 특히 그런 시대였다. 당시에는 지역 차원에서 전 지구적 차원에 이르기까지 가장 부유한 이들과 나머지 인류 사이의 물질적 격차가 점점 커져도 충분성의 이점들이 이와 종종 공존할 수 있었다. 기본 욕구에 관한 원초적으로 사회주의적인 담론은 국가 주도 복지를 위한 초기 노력들의 상투적인 요소가 되었고, 점점 더 많은 사람이 자선으로는 절대 해결할 수 없는("인간의 노동 욕구"를 고려할 때) 빈곤 문제에 국가가 나서주기를 요구하고 있었다. 동시에, 충분성에 대한 요구는 자연과학과 초기 "사회과학" 내에서 인간의 생존과 번영에 절대적으로 필요한 재화와 서비스가 무엇인지(예컨대 '몇 칼로리'인지를 포함해), 총체적 부와 관련해 기준이 바뀌어야 하는지에 대한 논쟁을 촉발했다.[27]

가장 지지하기 쉬운 것은 무상의 의무 초등 교육으로, 신흥 복지국가들에서 주어지는 권리들 중 가장 먼저, 가장 널리 제도화되었다. 이것은 여러모로 도움이 되었다. 자코뱅파의 공약에 반영된 교육에 대한 계몽주의의 신념, 훗날 산업화가 더욱 진행된 사회에서 적어도 아직 십 대가 되지 않은 자녀들을 두고 일터에 나가야 하는 부모들의 필요, 또한 최소한의 교육을 받은 노동자의 사회적 가치, 이 모두가 교육권의 초기 부상에 기여했다. 영국 사회학자 T. H. 마셜은 복지국가의 기원에 관한 고전적 에세이에서, 그처럼 초등 교육이 널리 보급된 것에 대해 "시민의 사회권"으로 나아가는 "결정적 첫걸음"이었다고 썼다. 그러나 정확히 말해서 그것은 험난한 길이었는데, 각각의 사회권은 이해관계들을 새로이 조정해 그것을 제도화하는 데 달려 있었고, 첫 사례였던 교육과 달리 다른 사례들에서는 통합을 이루어내기가 그리 쉽지 않았기 때문이었다.[28]

권리들의 확대를 위해서, 비스마르크는 사회주의적인 노동권을 그저 말로만 인정하는 데 그치지 않고, 대서양 연안 국가들 중 처음으로 병들고 아프고 나이 든 사람들을 위해 국가 차원에서 최소한의 보호를 제도화하려 했다. 1870년대에 선구적인 사회정책협회가 비스마르크 정책들의 기초를 세웠다. 위계와의 인도적 타협이 보다 완전한 힘을 추구하는 의제들에 견주어 끔찍한 실수라고 생각하는 사람들이 루요 브렌타노 같은 사회정책협회의 주요 인사들을 "강단 사회주의자"라고 비난했음에도, 얼마 지나지 않아 사회정책협회는 다른 국가들에 지적으로 발맞추게 되었다. 이제 비스마르크는 사회주의 조직들을 금지하면서 사회정책협회의 정책 제안들에 의지했고, 단명한 자코뱅파의 실험 이래 최초의 국민복지 국가가 탄생했다.[29]

유럽 대륙의 다른 곳에서는 사회개혁 프로젝트들이 이 시기 동안 우후죽순처럼 늘어나 일찍이 적정한 구현을 가늠해보고 있었다. 영국(1834년의 빈민구제법 개정에서 잘 알 수 있듯이)과 특히 미국은, 국가에 대해 더욱 커지는 반감을 감내하느라, 그리고 원조 제공이라는 미명하에 지독한 나태가 초래될 위험성을 항상 저울질하면서, 정책과 관련된 전문 지식에서나 그것의 제도화에서나 뒤처져 있었다. 하지만 보수적인 독일이 사회 보험에서 앞서 있었다면, 개혁적인 영국은 노동 환경 기준과 초보 노동자의 보수에서 서서히 두각을 나타냈다. 18세기의 그 분배 윤리의 기원들이 그랬던 것처럼, 사회 정의의 증진을 위한 두 가지 프로그램 모두 사회적인 것─이제 이전부터 존재해온 개인들의 계약 관계(경제적인 것이든 정치적인 것이든)라는 보다 친숙한 외피를 벗은─의 부상에 달려 있었다. 이제 "사회"는 개인과 불가분의 관계에 있는(개인이 사회에 우선하기는커녕) 하나의 공동체 혹은 조직체를 의미했다.

바로 이것이, 권리에 대한 정치적 언어가 충분성의 추구에서 계속 논란이 되는(그리고 계급 평등의 추구에 절대 걸맞지 않아 보이는) 가장 중요한 이유(그러나 많은 사람에게서 전면에 드러나지 않을 수도 있는 이유)였다. 그러나 개혁가들 사이에서는 몇몇 다른 이유도 크게 작용했다. 실제로, 불가침 사유 재산에 관한 권리와 "자유" 시장 관계에 대한 권리는 지배적인 권리들이었고, 심지어 자본주의를 전복하는 데 나서지 않은 개혁가들에게는 이 두 가지 지배적 권리에 대응하는 권리들을 늘리는 것이 그리 유용해 보이지 않았다. 오히려 자연권을 지닌 이전 시대 개인들의 형이상학이야말로 도전의 대상이었다. 국민 복지의 시대와 다가올 신자유주의 불평등의 시대에서 그랬던 것처럼 이 근대 정치경제의 고전적 자유주의 시대에도 권리들은 시대정신에 들어맞았다. 인간의 권리가 무엇보다 자유 기업에 대한 권리와 불가침 재산에 대한 권리라면, 권리들을 보충하기보다 권리라는 총체적 개념을 반대하는 것이 최선이라고 많은 사람이 생각할 것이다. 따라서 사회권이라는 폭넓은 개념은 20세기 중반 이전에는 사실상 대유행하지 않았다.

맹거는 다른 식으로 보았다. "정치적 권리를 인정하는 데 과도한 중요성을 부여해왔지만, 이에 어울리지 않게 이 권리들의 실질적 효과는 너무나 빈약하다. 그럼에도 불구하고 이러한 권리들을 공식화하는 것이 가치 없는 일은 아닌데, 이 권리들이 정치적·사회적 운동들의 주요 목표들을 암호로 구체화하기 때문이다." 그는 이렇게 주장했다. 그러나 그는 오랫동안 논쟁에서 이기지 못했다. 영국과 미국의 경우에도 그랬듯이, 진보적 도구로서의 권리를 논쟁 대상으로 만든 사고의 사회주의화는 심오했다. 그리고 일찍이 마르크스가 혁명을 위해 권리에 대한 도전을 시작했다는 점에서, 복지국가의 초기 지지자들이 혁명의 대안을 제시하는 과정에서 권리에 대한 도전을 시작했다는 것은 똑같이 혹은 그 이상으로 중요했다. 개혁가들은 각기 다른 지적 배경에 따라, "이상주의적"이든 사회학적이든, 다른 용어를 사용했다. 대체로, 사회개혁이라는 명분에서 권리에 대한 비판이 너무 나아가(이 개념에 대한 맹거의 호의에도 불구하고), 1901년에 이른바 "새로운 자유주의자" J. A. 홉슨이 사회 정의의 진전을 위해 권리의 진보적 이용을 모색하는 것은 거의 상상조차 할 수 없게 되었다고 토로할 정도였다. 그는 다음과 같이 말했다. "근대의 사회개혁가들은 18세기 정치철학의 토대가 된 개인의 양도 불가능한 자연권 이론에 반기를 드는 경향이 있는데, 개인의 권리를 사회개혁의 기초로 인정하는 것의 유용함을 거부할 정도다."[30]

그러나 복지국가의 기원에서 개인의 권리들이 주변적인 위치에 머물렀던 결정적인 이유는 충분성만이 매혹적인 게 아니었다는 데 있다. 평등 또한 영감을 주었다. 평등은 평등을 옹호하는 좀더 집단주의적인 언어와 무엇보다 계급 타협 이데올로기들을 수반했고, 일반적으로 공통 욕구와 최대 혜택의 관점에서 기술되었다. 로마가톨릭교에서는, 교황 레오 13세의 고전적인 사회적 회칙 『새로운 것들에 대하여』(1890)에 표현되었듯, 재산에 대한 개인의 권리를 넘어서는 중요한 권리는 개인의 권리가 아니라, 공동의 이익을 고려해 개인들의 이해관계를 조정하는 "자본"과 "노동"의 권리였다. 이는 개인의 권리가 불안정한(완전히 강등되지 않았다면) 복지국가에서 핵심이 되는 집단주의적 화합 정신을 대변하는 것이었다. 또한 '삶의 좋은 것들'의 평등주의적 분배에 대한 개인의 권리는 누구도 공식화하지 않았다.

물론 노동조합들은 언제나 결사, 파업, 교섭의 권리를 총체적으로 우선시했는데, 단지 그것이 그들의 특정한 목적에 기여해서가 아니었다. 노동조합들을 위한 파업권의 중요성은 강력한 만큼 또한 불분명했다. 노동자 계급의 운동들에서 권리가 조금이라도 중요한 한, 집단적 파업권(처음에는 대부분 불법적이었던)은 19세기 중반부터 20세기 중반까지 모든 국가에서 단연코 가장 관심을 끌었다. 그것은 단지 권리들의 목록에 오른 한 항목에 그치는 것이 아니었다. 오히려 그것의 기능은, 더욱 공정한 계급 화합을 이루는 데 도움이 되는지 전면적 혁명을 이루는 데 도움이 되는지 확실하지는 않았지만, 충분한 지급과 그 이상의 결과를 얻어낼 수 있도록 노동조합들에 힘을 실어주는 데 있었다. 노동권과 달리 파업권은 단지 이름만 다른 기본 지급 요구가 아니었다. 그것은 더 많은 것을 예고했지만, 정확히 말해서 불명확한 것을 예고했다. 파업권은 많은 논란

을 불러일으켰기에 세계인권선언(1948)에서 정식으로 거론되지는 못했다.[31]

  몇몇 급진적 노동조합들에도 불구하고, 노동 운동은 궁극적으로 화합 지향적 복지국가로의 길을 열었다. 이는 절대 필연적으로 이루어진 것이 아니었고, 일부 노동조합들과 정당들이 폭력혁명을 주장하는 다른 사람들의 영향 아래 협상과 대의(代議)의 권한을 획득하고자 투쟁한 곳에서 가장 크게 달성되었다. 노동조합들과 사회주의 정당들은 충분성과 평등을 똑같이 목표로 삼은 복지국가 입법의 주요 대리인이 되었고, 그들이 대표하는 남성 노동자 계급은 주요 수혜자가 되었다. 1917년 이후에야 혁명에 성공한 곳들이 존재하게 된 만큼, 사회주의 정당들이 살아남지 못했거나 노동조합들이 좀처럼 혁명을 지향하는 체하지 않은 곳들(특히 미국)이 있었다. 몇몇 정당과 노동조합은 계속해서 혁명을 공식 목표로 삼았다. 비스마르크에게 제재를 받았다가 다시 합법 정당이 된, 막강해진 독일 사회민주당은 에두아르트 베른슈타인과 로자 룩셈부르크 같은 활동가들이 사회주의 목표들을 규정하기 위해 경쟁할 때 사실상 갈팡질팡했지만, 에르푸르트 강령(1891)에서 마르크스주의를 이론으로 채택했다. 프랑스에서는 일부 "무정부주의적 노동조합주의자들"이 체제를 일격에 무너뜨릴 총파업의 그날을 요구하고 있었고, 노동조합들의 중심 조직인 노동총동맹은 뒤늦게 1928년에 사회개혁 입법을 부르주아의 위선이라며 반대했다. 그러나 전략에 대해 논쟁하는 노동자들과 그들의 대표자들의 영향 아래, 또 어쩌면 그들이 그렇게 해서, 충분성의 규범들이 확고해지기 시작했고, 노동 환경과 초기 사회보장제도에 대한 입법이 제도화되었으며, 평등이 새로운 국가 형태의 믿을 만한 의제로 떠올랐다.

권리에 대해 논쟁할 것인지 말 것인지, 그리고 기본 욕구의 충족과 함께 추구해야 할 야심찬 이상들이 무엇인지에 대한 좌파의 논쟁이 끝이 없었음에도 불구하고, 복지국가는 궁극의 목적이 되었다. 비스마르크 이후, 특히 사회주의자들과 노동조합주의자들이 결과의 평등화를 근본 이상의 하나로 받아들이고 복지국가에 의해 적극적인 참여자로 변모함에 따라, 충분한 지급과 평등주의적 분배라는 자코뱅파 원래의 이상들이 진보적 복지에 대한 전 계급적 승인을 통해 마침내 되살아났다. 복지국가의 부상은 다른 성과들을 집적거리던 세력에 역으로 보다 평등주의적인 목표들을 부여하는 데 큰 역할을 했다. 자본과 노동의 타협은 자유지상주의와 혁명 사이의 중간 경로로서, 복지국가들이 '삶의 좋은 것들'의 충분한 지급과 함께 성취하려 애쓴 물질적 평등에의 열망을 자아냈다.

사회권은, 어쨌거나 권리에 대해 이야기할 용의가 있는 사람들에게는, 복지 타협의 한 형태였다. 1982년, 인권에 대한 발언이 역사상 최고의 정점에 이른 가운데 영국의 걸출한 마르크스주의 사회사가 에릭 홉스봄은 에머리대학에 초빙되어 노동이 기여해온 바에 대해 이야기했다. 홉스봄은 청중에게, 노동자들의 운동이 단체 교섭, 민주적 대표, 혹은 (그들이 마르크스주의 혁명가라면) 국가 포획을 통해서든 아니든, 권리에서 비켜나 권력에 초점을 두었던 다양한 이유를 상기시켰다. 따라서 "모순"이라고 그는 결론지었다. "노동 운동은 인권을 옥죄었던 정치-법률적·개인주의적 구속복을 풀어 젖히는 데 다른 어떤 세력보다 큰 보탬이 되었다. (…) 유엔 인권선언에 경제권, 사회권, 교육권이 포함돼 있다면 (…) 그것은 무엇보다 노동 운동이 역사에 개입했기 때문이다. 동시에 노동 운동은 정치에 대한 '인권'적 접근의 한계를 보여준다."[32]

제1차 세계대전 이후 구 러시아제국의 영토에서 자라난 공산주의 국가는 자국에 자코뱅파의 유산을 받아들일 것을 분명히 요구했으나, 1960년대와 1970년대에 실질적인 자코뱅파의 유산이 사회경제 문제에서 가장 강력하게 힘을 발휘한 곳은 서구 복지국가들이었다. 자코뱅파의 유산이 추구하는 것은, 자코뱅파의 실험을 좇아, 평등주의적 시민권의 부분적 성취를 위해서 모든 시민의 충분한 최저치를 넘어서는 것이었다. 어떤 식으로 추구되든 평등주의의 목표들은 특히 유럽 대륙에서 두드러졌는데, 이른바 "국민 경제"의 전통, 국내 사회주의의 힘, 그리고 새로운 소비에트 실험과의 근접성 때문이었다. 그러나 심지어 영국에서도, 사회 개혁의 목표들 중 자유의 가치에 매우 예민한 "새로운 자유주의자들" 같은 윤리적 사회주의자들이 평등주의 결과를 주장하는 데 돌입했다. 페이비언 비어트리스 웹은 후기 빅토리아 시대의 빈민구제법 개혁 계획에 대한 유명한 반대 의견서에서, "전 국민의 최소한의 문명화된 삶"에 대한 급진적 요구를 내놓았다. 20년 후 대공황으로 평등주의 시기가 펼쳐지자, 기독교 사회주의자 R. H. 토니는 매우 감탄하는 어조로 그 중요성을 설명했다. "수단과 기회가 허락하는 한 삶의 외관을 평등화하는 이유는 삶의 발판이 성지聖地보다 중요하다거나, 경제적 이해관계가 그 떠들썩한 요구와 주장에 걸맞게 (…) 독특하고 거창한 중요성을 띤다거나 하는 데 있지 않다. [그것은] 모두의 영혼을 해방시키기 위한 것[이고] 인간관계에서 매우 필요한 개선[을 이루기 위한 것이다]."[33]

복지국가 탄생의 연대기와 작동 원리는 시간과 공간에 따라 크게 달랐다. 서로 다른 국가들이 충분성으로 시작해 점차 불평등을 억제하는 것으로 끝났고, 그것이 궁극적으로 나름의 목표처럼 되었다. 심지어 제2차 세계대전 후의 복지국가 전성기에도 선택된 서유럽 국가들에서 복지국가는 "대단히 평등주의적인" 적이 없었고, "또한 그러려고 정말로 노력하지도 않는다"는 것이 분명한 사실이다. 심지어 복지국가의 재분배 효과가 최고조에 이르렀을 때도 복지국가가 실제로 충분성의 성취를 넘어 평등주의적 결과까지 나아간 정도는 흔히 미미했던바, 사실 이는 한때 널리 퍼진 조롱의 원천이었다. 한편으로는, 과거에 복지국가가 역부족을 드러내며 가장 격렬한 비판을 받았던 것이 바로 충분성을 넘어선 평등이라는 계획에 착수했을 때였다. 그리고, 성숙한 국민복지국가(늘 그랬지만 배제로 가득한)가 근대 인류가 이룰 수 있었던 어떤 다른 정치적 조치보다 물질적 불평등의 억제를 이뤄냈다는 것은 이제 일련의 접근을 통해 분명해졌다. 복지국가의 목적들, 즉 결과의 평등을 무시하지 않으면서 충분한 지급에 마땅히 주의를 기울이는 자코뱅파의 정책에 대한 지금까지의 완전한 실현이라는 목적을 달성하기 위한 많은 도구가 근본적으로 얼마나 평등주의적인지를 가늠하기 위해서는 기대 수준이 정확하게 설정될 필요가 있다. .[34]

대공황 이전과 대공황에 대한 실험적 대응들 이후에는 1880년대에 비스마르크가 도입한 사회 보험 체계가 줄곧 욕구를 충족하는, 그리고 나중에는 평등을 증진하는 지배적 형태였다. 집단 위험의 공동 부담이 실질적으로 얼마나 재분배적인지에 따라 프로그램이 매우 달라질 수 있었기 때문이다. 비스마르크의 한정적이고 인색한 형식은 이내 변형되었는데, 단지 여러 가지 취약성이 인식된 것 때문만은 아니었다. 1917년의 선구적인 멕시코 헌법은 1793년과 1848년의 프랑스 헌법 조항들을 빛나는 이상으로 격상시키면서, 헌법에서 사회권이 우위를 점하게 되는 세계적인 국면을 열었다. 방향을 선도하는 바이마르공화국 헌법(1919)은 다수의 사회권을 제기했다. 바이마르공화국 헌법은 심지어, 좌파 정당들의 한때 우세했던 국제주의(모든 나라의 노동자들이 제1차 세계대전에서 무기를 들면서 심각한 타격을 입은)를 수긍하면서, "노동자 계급 대중의 최소한의 사회권을 보호하기 위해 노력하는, 노동자들의 권리에 대한 국제 규정"을 언급하기까지 했다. 노동 규제를 위한 권리들의 승인은 양차 대전 사이의 헌법들에 널리 퍼졌고(아마도 1921년의 유고슬라비아 헌법에서 가장 관대하게), 제2차 세계대전 이후 크게 달라지지 않았다. 비교헌법이라는 학문의 원조인 보리스 미르킨구에체비치가 1928년에 쓴 바에 따르면, 헌법 제정의 가장 특징적인 "새로운 경향들" 중 하나는 제1차 세계대전 이후 유럽 전역에서 정치적 권리와 시민권을 높이 받들었을 뿐만 아니라 기존의 권리 목록에 경제·사회권을 새로 추가했다는 것이다. 또한 새로운 헌법이 없는 곳들에서는 그렇게 해야 한다는 압력이 있었다. "20세기에 법의 사회적 의미는 더 이상 어떤 파벌의 원칙이나 구호가 아니고 삶 그 자체다. 또한 정치적 개인과 사회적 개인을 구분하는 것도 불가능하며, 따라서 우리는 국가에 대한 일반 이론의 변화뿐만 아니라 개인의 권리에 대한 신념의 변화 또한 목격하게 된다." 미르킨구에체비치는

이렇게 설명했다.[35]

　그러나 사회권의 명목으로든 아니든 반드시 평등주의의 압력과 관련해 단편적인 개혁 이상을 이루기 위해서는(무엇보다 유례없는 그 유명한 "북유럽 모델"을 따라) 자본주의의 최대 위기가 필요했고, 그러고 나서야 제2차 세계대전을 계기로 나머지 국가들이 과거 어느 때보다 성큼 앞으로 나아갈 수 있었다. 무엇보다 사회민주주의 정당들이 조세와 재분배 정책들을 장악할 수 있었을 때, 노동 운동의 끊임없는 사회적 압력이(그것이 의도하는 바가 무엇이었든) 이전(혹은 이후)보다 평등주의적인 결과에 대체로 더 크게 기여했다는 데는 의심의 여지가 없다. 그동안, 노동자 계급 혁명의 가능성(얼마나 과장됐든 간에)과 소련이라는 혁명의 새로운 상징은, 감동과 우려의 뒤엉킴에 대응해 평등주의적 관대함을 이끌어냈다. 러시아 혁명과 잇따른 소련의 실험만큼 많은 사람에게 물질적 평등주의의 꿈을 가져다준 사건은 없었다. 1918~1919년, 레닌은 자본가에 맞서 노동자의 특권을 주장하는 "노동 피착취 인민의 권리 선언"을 발표했다(부하린과 스탈린이 수정). 20여 년 후 소련의 새로운 "스탈린" 헌법(1936)은 사회권의 긴 목록에 아주 특별히 주의를 기울여, 전례 없는 가장 완벽한 권리 목록을 제시했다. 그러나 정확히 말해서 그것은 사회 정의가 정치적 혁명을 필요로 한다는 주장을 펴기 위한 것이었기 때문에, 소련이 기본적인 경제적 권리들을 행사하는 데 지지를 표명하는 것이라고는 누구도 생각하지 않았다.[36]

　이제 이 새로운 국가는 사회주의 제도화를 주장하면서 마르크스가 투쟁하지 않았던 수많은 문제와 싸웠고, 다른 곳의 사회주의자들처럼 평등의 이상을 통치 철학으로 받아들였다. "부르주아" 국가에서 계급 타협으로서 시작한 평등은 최초의 노동자 국가에서 분배의 이상이 되었다. 강력한 사회적 평등화가 이루어진 시기가 두 차례 있었다. 사유 재산 폐지와 의무적 공영화가 시행된 1917년 직후와, 집단 학살을 부른 "쿨라크(부농)"와의 전쟁이 벌어진 1930년대다. 레닌은 착취가 폐지된 후 소득과 부의 계속되는 격차를 조정하기 위한 "1단계"가 필요할 것으로 내다봤다. 이 단계가 무한정 계속되어 소련의 새로운 계급 구조가 생겨나자, 그의 후계자 스탈린은 1931년에 "평등에의 집념"을 비판하는 매우 유명한 연설을 했다. 그러나 평등은 혁명이 고취한 유토피아적 사상의 "중심 요소"였기에, 새로운 국가 소련은 자코뱅파의 국가가 그랬듯이, 차이를 조정하면서 더 많은 평등이라는 원대한 꿈을 키웠다.[37]

그러나 대부분의 사람들이 기꺼이 인정해왔듯이, 충분성과 평등에 집중하는 복지국가를 만들어낸 것은 의회 정치와 절연한 우파 정권들이었다. 우파 정권의 복지국가들은 제2차 세계대전 후 파시스트 복지가 좌절되기(이베리아 반도 밖에서, 그리고 나중에는 라틴아메리카에서) 전에는 사실상 서구 국가들에게 소련보다 더 직접적인 영향을 미친 모델이었다. 1930년대에 모든 사회 정의 옹호자는 복지와 심지어 사회권도 비자유주의 국가들과 더 큰 관련이 있다는 것을 알고 있었는데, 그 국가들은 대공황 후 재빨리 재분배 정책을 벗어났으며, 이는 좌파뿐 아니라 우파에게서도 두드러졌다. 주식 시장 붕괴 전에 파시스트의 지원을 받은 이탈리아 노동헌장(1927)은—포르투갈 헌법(1933), 스페인 노동헌장(1938), 그리고 주식 시장 붕괴 후 독재자 제툴리우 바르가스 치하에 전개된 브라질 헌법 개혁(1943)과 마찬가지로—헌법뿐만 아니라 사회권도 분명 반동 국가들의 의제에 속한다는 것을 보여주었다. 평등 또한 극우 정권들이 이전의 진보의 근원들로부터 지지를 빼돌리게 했다. 여전히 널리 쓰이고 있는 국가 불평등 측정법을 고안한 이탈리아 통계학자 코라도 지니가 파시스트였다는 것은 우연이 아니다.[38]

사실, 국가사회주의자들은 개인의 권리라는 개념 자체를 비난했고 (1933년 나치가 집권한 직후에 나치 선전자 요제프 괴벨스는 "이로써 1789년이라는 해는 역사에서 지워졌다"고 부르짖었다), 모든 복지국가에서 나타나는 인종 차별적 사회 정책 구조를 취해 집단 학살이라는 극한으로까지 몰고 갔다. 그러나 이 정권은 수많은 사람을 배제하는 방향으로 나아가기는 했지만(결국 치명적일 정도로), 민족 공동체를 위해 놀라울 정도로 인상적인 평등주의적 행보를 취했다. 봉쇄로 인해 수십만 명이 목숨을 잃고 뒤이어 하이퍼인플레이션이 일어났던 제1차 세계대전의 고통스러운 기억 때문에, 공황을 겪으면서 독일인들은 이전의 군주정과 민주정이 제공하지 못했던, 정책적으로 보장되는 최저 생활에 대한 바람을 갖게 되었다. 그리고 아돌프 히틀러가 세운 국가는 다른 우익 포퓰리즘들처럼 사회주의와 노동자들에게 헌신하고, 경제 민족주의를 자급 경제의 경지까지 끌고 가면서, 단지 우파의 단적인 예가 된 것이 아니라, 복지국가들이 의도적으로 평등주의적 결과를 창출하기 위해 얼마나 멀리 갈 수 있는지에 대한 정치적 스펙트럼을 보여주는 단적인 예가 되었다. 히틀러는 "모든 독일 인종 구성원을 위한 (…) 최고 수준의 사회적 결속"을 원했으며, 독일 인종이 타 인종들의 "절대 주인"이 될 것임을 무자비하게 천명했다. 한 역사가의 언급에 따르면 "국가사회주의독일노동자당은 인종들이 서로 간에 불평등하다는 신념 위에 수립되었다. 그러나 또한 이 정당은 독일인들에게 빌헬름제국이나 바이마르공화국에서 누렸던 것보다 더 큰 자국민 간 평등을 약속했다." 그리고 4배의 법인세와 같은 장치들을 통해서, 국비에 의한 군비 증강이 한창인 가운데(누가 부채를 떠맡을지에 대한 많은 생각 없이), 재분배 효과는 정권에 대한 대중적 지지의 큰 이유가 되었다.[39]

이 모든 극단적 경향에도 불구하고, 히틀러의 복지국가는 역사상 전례가 없는 수준으로 불평등을 제한하는 행로를 같이 걸은 다른 나라들과 아주 많은 것을 공유했다. 계속되는 세계 제국의 시대에 재분배 공동체가 국경으로 제한된다는 것은 관대함의 행사를 마지못해 제한한다는 것 이상의 훨씬 많은 것을 담고 있었다. 이오시프 스탈린은 공산화된 동방에서 "일국사회주의" 정책을 발표했으며, 복지를 위한 투쟁 또한 각 국가에서 일어났다. 인도와 이스라엘을 비롯해 제2차 세계대전 후에 생겨난 신생 국가들은 보통 민주주의 국가였지만 흔히 국가사회주의노동자당들에 의해 세워졌다. 그리고 20세기의 각 국민복지국가 내에서는 백인 남성에게 특권을 부여하는(특히 짐크로법이 시행되고 있던 미국에서) 것이 배제의 패턴이었는데, 이 때문에 분배의 평등도 차별적 배제의 제약을 받았다. 그 유명한 스웨덴 복지국가가 장기간 지속된 우생학 정책(심지어 훗날 복지 개념을 세계 무대로 확장할 것을 주장하는 군나르 뮈르달도 처음에는 이를 지지했다)과의 밀접한 관련 속에서 성장한 것은 우연이 아니었다. 나아가 백인 남성들 중에서도 특히 사회주의 정당과 노동조합이 복지로 가는 길을 닦는 역할을 맡았다는 것은, 탄생하는 복지국가들이 대체로 가장 빈곤한 사람들인 도시 룸펜프롤레타리아트와 시골 소작농(마르크스 자신이 처음에 매우 가치 없게 여겼던 범주)이 아니라 산업 노동자들을 가장 우선적으로 선호함을 의미했다. 수적으로 가장 두드러진, 인구의 절반을 차지하는 여성에 대해 말하자면, 그들을 평등하게 대우하는 정책을 취한 복지국가는 없었다. 대부분의 복지국가는 돈벌이를 하는 남편의 이득이 아내의 이득을 대신하는 것으로 간주했다. 배제되고 무시된 존재들은 더 많은 고통을 당했다.

충분성과 평등이 함께 도래해 자코뱅파의 이상이 되살아났지만, 사회 정의의 모델로서의 20세기 중반의 국민복지국가는 아쉬운 점이 많았다. 국민복지국가는 충분성과 평등의 균형과 이행에 도달하려는 높은 열망을 품었지만, 히틀러 복지국가의 배제 정신을 상당 부분 공유했다. 외국인 희생양들뿐만 아니라 성별, 인종, 장애, 성적 지향 등에 근거해 통제를 받는 자국인들을 위해서도 인권이 표어가 될 수 있는 곳인 민주주의 국가에서는, 장기적으로 인권에 대한 이상이 그런 타협을 금할 것이다. 그러나 이 모든 결함에도 불구하고 국민 복지 이데올로기는 분배 정의를 표방하는 공동체 안에 어느 때보다 많은 사람을 포함시켰다. 분배의 충분성이라는 이상은 봉헌되어 오늘날까지도 영향력을 발휘하고 있다. 그러나 최소한의 물질적 평등이라는 공약은 전례 없는 합의를 이루며 받아들여졌지만 이후 상실되었다.[40]

파머가 자코뱅파에 기원을 둔 평등주의적 복지국가에 대한 연구를 시작한 지 30년 후, 그의 연구가 시작될 무렵 그가 몸담고 있던 대학의 학생이었던 존 롤스는 획기적인 책『정의론』(1971)을 출간했다. 국민복지국가의 한 시대가 지난 후, 롤스는 활동가들과 정치인들이 실제로 성취하기 시작한 것을 분배의 윤리 이론으로 공식화하면서 복지국가의 평등주의를 새로운 방식으로 정당화하기 시작했다. 롤스는 전근대의 사회 계약 이론을 되살려, 공정한 분배는 "차등 원칙"을 따라야 한다고 주장했다. 그의 잘 알려진 "차등 원칙"은, 단순히 잘사는 이들이 아니라 최소수혜자들의 상태를 상당히 개선하지 않는다면 물질적 불평등을 금지한다는 것이다. 후에 롤스는 영국의 논쟁에서 한 구절을 끌어다가 변형하면서, 자신이 "재산소유민주주의"에 대한 지지를 표명하고 있는 것이라고 주장했다. 그러나 그의 견해가 자코뱅파의 사례에 기원을 둔 복지국가들의 성취를 반영한다는 것에는 의심의 여지가 없다.[41]

제2차 세계대전 후, 특히 미국 민권 운동 후의 미국은 롤스가 보기에는 완전히 포용적이었다. 자유주의자로서 그는 개인의 자유를 가장 중요한 가치로 여겼고, 다음으로 중시한 것이 공정한 분배였다. 신생 탈식민지 국가들의 개발주의 의제와 관련해서는 자유주의 우선성이 완화될 수 있음을 암시하긴 했지만 말이다. 그러나 돌이켜볼 때 주목할 만한 부분은, '삶의 좋은 것들'의 분배의 위계를 제한하는, 한때 지배적이었던 평등주의를 롤스가 어떻게 포착했느냐 하는 것이다. 역설적이게도, 그는 최고의 자유주의 복지국가들의 성취에 대해 사유했다. 롤스가 주장한 차등 원칙은 아마 그의 책이 출간된 때보다 더 현실성을 띄는 일이 결코 없을 것이고, 그의 나라에서는 더욱 그럴 것이다. 그의 견해는 분배 정의의 본질과 범위에 대한 대대적인 철학적 논쟁을 불러일으켰으나, 이는 대서양 연안 국가들에서 국민 불평등이 커지고 때때로 폭증하던 신자유주의 시대의 일이었다. 심지어 어떤 사람들은 공정한 분배의 평등주의를 정당화하는 방식에 관해 신자유주의적인 전제를 내포하고 있는 롤스의 약속이 평등주의를 지키려는 그의 최후 시도를 망쳐버릴 것을 우려했다.[42]

그러나 장기적으로 보면, 이는 아마도 롤스의 견해에서는 충분성이 보이지 않는다는 것을 가장 잘 보여준다. 공정한 분배는 가장 못사는 사람들이 얼마나 부유해지는가를 중심으로 계획되었다. 그러나 도덕 원칙이라는 초기 단계에서나 정치 제도라는 후기 단계에서나 공정한 분배는 '삶의 좋은 것들'을 분배할 때 최저치의 충족이 갖는 절박한 도덕적 중요성과는 관련이 없었다(심지어 그것이 평등주의 여정의 첫걸음임에도). 공정한 분배는 오직 최소수혜자들을 위해서만 완전한 평등으로부터의 이탈을 허용했으나, 그들이 최저 지급의 선을 넘어서는지 여부는 고려 대상이 아니었다. 롤스의 가장 뛰어난 초기 비판자들 중 한 사람인 법학자이자 하버드 동료 교수 프랭크 마이클먼이 공정한 분배에 대한 롤스의 원칙을 설명하면서 지적했듯이, 롤스는 기본적인 최저치 지급에 대해 모호한 입장을 취했다. 최저치의 기준을 시민의 권리로서 보호해달라는 헌법재판관들을 향한 호소의 일환으로 마이클먼은 다음과 같이 말했다. "그처럼 기본 욕구에 대한 요구를 묵살하는 물질적 사회 재화의 분배 수칙은 (…) 우리 대부분에게 불완전해 보일 것이다."[43]

빈곤층을 돕는 법관들이 사회를 변화시키는 노동자들 대신에 개혁에 대한 상상의 중심에 자리하게 될 때, 충분성이라는 목표는 세계의 정치적 상상에서 어느 때보다 큰 자리를 차지하게 될 것이다. 그 목표는 마이클먼이 대법원의 활약을 보고 싶어했던 미국에서는 큰 진전을 보지 못했지만, 결국 오늘날 세계 인권 운동에서 필수적인 것이 되었다. 그러나 그것은 충분성에의 요구가 평등에의 강조를 조정하고 보충하는 것이 아니라 이를 대체하고 간과하며 일어난 것이다. 롤스는 인권이라는 말을 사용하지 않았고, 1971년에 아마 세계인권선언에 대해서도, 그리고 거기 담긴 사회권에 대해서도 알지 못했을 것이다(세계인권선언이 아직 널리 알려지지 않은 때였다). 롤스의 『정의론』이 나온 지 몇 년 후, 그가 이론화한 국민복지국가는 세계의 사람들이 각자의 국민복지국가를 위해 각자 노력할 수 있다는 것 말고는 세계의 공정함에 대해 시사하는 바가 없다는 반박에 부딪혔다. 그러나 인권의 시대에 전 지구적인 빈곤층의 사회권이 더욱 첨예한 조명을 받게 되면서, 평등주의 차원 혹은 롤스가 고수한 선호(세계적인 목적보다 지역적인 목적에 부합한다 할지라도)는 폐기되었다. 분배 이론의 역사에서 존 롤스는 최후의 자코뱅파였다.

2장

국민 복지와 세계인권선언

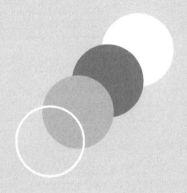

1949년, 영국 사회학자 T. H. 마셜은 케임브리지대학에서 복지국가에 대한 고전적인 강의를 했다. 1945년 이래 집권한 노동당의 훌륭한 업적은 분명하지만 그것이 정확히 어디까지 나아갈지는(미래에 역전이 일어날 가능성이 있는지는 물론이고) 아직 분명하지 않다고 마셜은 말했다. 복지국가가 도래해 마셜과 그의 수강자들이 복지국가를 경험하고 있었던 만큼, 마셜의 승리주의 설명은 절정에 다다를 수 있었다. 잘 알려져 있듯이 마셜이 이 절정을 경제·사회권의 도래로 특징지었다는 것은 굉장히 흥미롭지만 오해의 소지가 있다. 그는 영국 시민들을 위한 충분한 지급만큼이나 영국 시민들의 평등한 관계에도 관심이 많았다. 그리고 유엔 총회가 1948년 12월 10일 세계인권선언을 통과시킨 지 불과 몇 주 후에 마셜은 강단에 올라 자신의 대단히 영향력 있는 생각들을 정리해 전달하면서도 세계인권선언을 언급하지 않았다. 선언문에 마셜 자신이 핵심적인 것으로 여긴 바로 그 사회권이 포함되어 있었음에도 불구하고 말이다.

마셜은 영국의 윤리적 사회주의를 이어받은 점잖으면서도 호방한 인물이었다. 제2차 세계대전기에 복지국가의 청사진이라 할 보고서를 작성한 것으로 유명한 정치가이자 개혁가 윌리엄 베버리지는 제2차 세계대전 후에 마셜을 고용해 런던경제대학에서 사회복지사들을 가르치게 했다. 근본적으로 마셜은 어떻게 사회적 시민권이 20세기 이전 세기들이 탄생시킨 일반적·정치적 시민권을 아우르는 것으로서 성취되었는지에 대해 관심이 많았다. 또한 마셜의 설명은 전적으로 한 국가의 시민권과 그것의 진화에 대한 것이다. 사실 그의 강의는 1940년대의 사회권이라는 범주의 중요성을 정당화하는 것이라기보다는, 그가 어리석게도 충분성과 평등이 조화를 이루리라 기대한 시점에 충분성과 평등이라는 목표를 지향하는 완전한 국민 복지에 대한 열망의 양면성을 확인해주는 것으로 보인다. 그는 틀렸으나, 그의 생각은 세계인권선언의 태생적 환경을 이해하는 데(또한 당시 그토록 많은 사람이 세계인권선언을 무시할 수 있었던 이유를 이해하는 데) 필수적이다.

마셜은 자신의 진정한 관심사는 복지국가의 원조하에 물질적으로 평등주의적인 시민권이 발생하는 것이지 단지 기본 지급basic provision을 추구하는 것이 아님을 명확히 했다. 사회적 시민권의 본질은 권리가 아니었다. 마셜은 극빈이 치유되는 데 한해 불평등이 수용 가능하다거나 심지어 불가결하다는 이전의 관점과는 대조되게, 20세기의 사회적 시민권의 중요성을 인식했다. "시민권은 심지어 초기 형태에서도 평등의 원칙이었다"고 마셜은 주장했다. 그러나 오랫동안 일반적·정치 영역에서의 평등에 대한 약속은 물질적 불평등이 생겨나는 데 지대한 영향을 미쳤다. 계층화가 너무 심화되어서, 이에 대응해 분배의 최저 기준을 설정하려는 초기 노력들은 사회적 평등을 이루고 "계급 완화"에 관여하려는 간접적 시도로 해석되어야 했다. 복지국가로의 전환에 대해 말하자면, 그것을 위해서는 더욱더 거창한 목표들이 포함되었다. 마셜이 그의 대단히 중요한 구절에서 설명했듯이, "사회 최하층의 빈곤이라는 분명한 골칫거리를 해결해보려는 시도는 더 이상 없었다." 오히려 복지국가는 "사회적 불평등이라는 전체적 양상을 수정하려는 행동을 취했다. 기존의 상부 구조를 그대로 둔 채 사회라는 건물의 밑바닥을 높이는 것은 더 이상 만족스럽지 않다. 복지국가는 건물 전체를 개조하기 시작했고, 심지어 고층 건물을 단층집으로 바꾸어버리는 결말에 이를 수도 있다." 이 말의 의미는, 복지국가는 빈곤층이 어떻게 사는지를 문제시함으로써 그들이 더 이상 궁핍하지 않게 하되, 부유층이 여전히 얼마나 높은 곳에서 빈곤층을 내려다보는지 혹은 얼마나 더 수익을 높일 수 있는지를 간과하지 않는다는 것이다.[1]

1940년대의 국민복지국가에 대한 다른 어느 분석가들보다 마셜이 더 명확히 밝혔듯이, 사회권이라는 평등주의적 환경은 당시의 특징과 이후의 변화를 이해하는 데 있어서 매우 중요하다. 마셜이 인정한바, 1949년 사회적 최저치 정책이 작동하게 되었을 때 의료, 공공 주택, 실업 구제 같은 다양한 분야에서 나타난 그것의 간접적 효과는 고르지 않았고, 분배의 평등보다는 신분의 평등에 더 밀접한 영향을 미쳤다. 동료 시민으로 인정되고 보호의 하한선을 제공받았기 때문에, 지금까지 사람들은 지위에서 더욱 평등함을 느꼈다. 계층 구조를 제한하는 물질적 평등은 그만큼 누리지 못했지만 말이다. 사실 마셜은 사회권이 때로는 분배의 불평등을 고착화하거나 심지어 확장하는 기능을 한다는 것을 인정했다. "시민권은 그 자체로서 사회적 불평등의 설계자가 되어가고 있다"고 그는 침울하게 기록했다. 그러나 궁극적으로 마셜은, 소득 격차의 명백한 축소와 무엇보다도 "시민이라는 보편적 신분의 강화"(상당한 불평등의 지속을 허용하지만, 부유층과 그 밖의 사람들 간의 격차를 완화하는 국가 공동체의 새로운 개념 내에서 허용하는)를 믿을 수 있다고 느꼈다. 시민권의 운명은 오래된 귀족적 특권뿐만 아니라 시장의 새로운 비평등주의 움직임도 시민권 규범에 종속시키는 것이었다. 충분성이라는 이상은 사실상 분배의 평등이라는 원칙과 별개의 것이 아니었다. 복지국가는 그것들을 하나로 융합했다.

마치 더욱 큰 복지국가에 대한 구상인 듯한 마셜의 기획은 어떤 사람들에게는 대단히 포용적이고 평등주의적인 것이었지만, 다른 어떤 사람들에게는 극도로 배제적이거나 적어도 잘난 체하고 깔보는 것이었다. 그가 그런 언급을 하기 전 해에 통과된 영국국적법은 수억 명에 달하는 제국 신민subjects을 제국 시민으로 포함시켰다. 유럽 대륙 도처의 개혁을 통해 유럽 제국을 수호하려는 노력에 발맞춘 조치였다. 그러나 마셜은 영국제국을 일절 언급하지 않고, 영국 복지국가의 장기적·단기적 성과들을 찬양했다. 그는 여성도 언급하지 않았는데, 여성은 일반적으로 남성 가족의 임금과 남편의 기본적인 특권을 통해서만 그가 기획한 사회권의 수혜자가 될 수 있었고, 여성의 불안정성에 더 신경 썼던 이전의 복지 제안들은 희생되었다. 그리고 마셜은 사회권이 국가 개혁의 폭넓은 이상들이 될 것이라고 보았으며, 다수자가 소수자를 배제하거나 그리하여 다수자가 사회적 지급을 더 이상 원치 않을 경우 어떻게 될지에 대해서는 크게 관심을 두지 않았다. 그러나 당시, 상승 중인 사회권을 보통법이나 다른 곳의 헌법들에 정해져 있는 다른 권리들처럼 사법 집행에 적합한 것으로 여기는 사람은 아무도 없었다. 그러나 이 모든 결함에도 불구하고 사회권은 그것의 계기가 된 물질적 평등주의의 정신을 내뿜었으며, 어느 때보다 많은 사람들을 사회 정의 안으로 끌어들이기 위해 노력했다.[2]

전성기에 들어선 평등주의적 국민복지국가의 보다 넓은 생태계 내에서 사회권이 무엇을 의미하는지를 탐구하는 것은 단지 이후의 인권 궤적을 짚어보기 위해서만 중요한 것이 아니고 그 자체로도 가치가 있다. 권리와 당대의 자유지상주의적 정치경제의 연합은 바로 전 세기에 일어났고, 이에 많은 개혁가들은 진보적 도구로서의 그들의 실행 가능성을 의심하게 되었다. 그런데 1940년대에 "사회권"이라는 범주는 다시금 승격되었다. 무엇보다도, 사회권은 세계 역사에서 분배의 평등이 정점에 이르렀을 때 분배의 평등과의 관계를 형성하면서 널리 인정되었다. 이 상황에서, 사회권이라는 범주는 다양한 기능을 갖고 있었지만, 가장 중요한 것은 전례 없이 국가가 경제 문제에 개입하는 것에 대한 동의를 표하는 일, 그리고 복지국가에 대한 여러 경쟁적 기획들로부터 자유민주주의를 분리하는 일이었다(좌파든 우파든 독재 국가들이 그 원칙들에 얽매여 있었음에도). 그러나 동의는 보편적이진 않았다. 권리의 언어와 정치가 평등은 몰라도 적어도 충분성이라는 이상에는 실질적으로 도움이 될 수 있다는 것을 꽤 많은 지식인이 아직 완전히 확신하지 못했던 것이다.[3]

세계인권선언(1948)의 가장 중요한 배경은 제2차 세계대전 중에 북대서양 건너편에서 복지국가가 출현한 것이었지만, 결과적으로 이는 가장 간과된 배경이다. 이것이 세계인권선언 자체가 중심부에서 밀려난 것과 세계인권선언이 기여하고자 했던 권리들에 대한 보다 폭넓은 정치적 언어가 중심부에서 밀려난 것에 대한 가장 명확한 설명이다. 국민 복지에 대한 약속들이 힘을 잃어가면서 최근 몇십 년 사이에 세계인권선언이 재발견되었다는 사실은 세계인권선언을 그것이 탄생한 시대의 산물로는 거의 이해할 수 없도록 만들었지만, 원래 세계인권선언은 국민복지국가의 헌장이나 본보기로서, 그리고 20세기 시민권의 어떤 전제들에 대한 승인으로서 당대에 딱 알맞은 것이었다. 그것은 주로 분배 정의에 대한 것이었지, 단순히 몇십 년 후 "인권"을 그토록 중요한 것으로 만든 사상, 표현, 신체의 자유에 대한 것이 아니었다. 그것은 국가 공동체들과 그것들의 보완에 대한 것이었지, 초국가적 관심사의 정당화에 대한 것이 아니었다. 그것은 각 복지국가를 전쟁의 지정학에 맞서는 부적 같은 것으로 여겼지, 해외의 만행을 방지하는 정치를 위한 초국가적 권위 같은 것으로 여기지 않았다. 그것이 무엇보다 최악의 박해와 집단 학살의 폭력을 방지하기 위해 폭군들을 감시하는 전 지구적 과제의 수립에 초점을 둔 것이 아니라 복지국가의 규격화된 재생산에 초점을 둔 것임을 신자유주의 시대에 세계인권선언을 처음 접하는 이들이 발견하고 놀라워하는 것은 아마도 위에 언급한 이 모든 사실 때문일 것이다.

또한 세계인권선언은 비정부 활동의 감화력이나 신자유주의 시대에 사회권과 밀접한 관계에 놓이게 된 법관들의 신중한 개혁과 관련 있는 것이 아니라, 국가의 신뢰할 만한 권한 및 개입과 관련 있었다. 이 모든 이유에서, 세계인권선언은 다시 읽힐 필요가 있다. 세계인권선언에 대한 역사가들 대부분은, 몇십 년 후에 일어난 인권 정치의 세계화를 이유로 선언을 기리면서도, 선언이 추대한 복지국가에 대해서는 소홀히 해왔다. 세계인권선언은 국민 복지라는 과제를 에워싸고 돌아가는 것이라고 해석되어야 한다. 그것은 태양이 아니라 위성이었다. 그러나 세계인권선언이 복지국가의 둘레를 맴돌았다 해도, 수립해야 할 복지국가가 어떤 것인가에 대한 격렬한 논쟁은(계급 평등화를 기획하는 데 권리가 과연 적절한 언어인가 하는 의심은 물론이고) 세계인권선언을 아주 오랫동안 그늘 속에 남겨놓았다.[4]

권리의 초기 단계에 충분성이 시민의 권리로 지정되었음에도 불구하고, 특정 사건들을 통해서 뒤이은 세계 정치에서 사회권의 신장을 부르짖는 장이 마련된 것은 제2차 세계대전 중의 일이었다. 이러한 상황이 조성된 데는 지정학적·철학적 배경이 있었다. 전쟁이 계속되는 가운데 개혁가들은 미국 대통령 프랭클린 루스벨트의 1941년 연두교서에서 언급된 "빈곤으로부터의 자유"라는 약속과 씨름하면서 공정한 세계를 위해서는 그것이 필수임을 인식시키려 애썼는데, 바로 이 시기가(특히 미국이 그해 말 추축국에 맞선 군사 동맹에 합류하게 된 이후) 배경에 반영되어 있었다. 무엇보다, 1940년대로 진입하면서 충분한 지급이라는 개념을 넘어 평등주의 충동이 더욱 거세어졌다는 것이 배경에 자리하고 있었다.

사회권 원칙들은 새로운 것이 아니었다. 1848년을 거쳐 1793년으로 거슬러 올라가는 프랑스의 사회권, 그리고 제1차 세계대전이 끝날 무렵에 제정되어 양차 대전 간 시기의 동향에 영향을 미친 멕시코 헌법과 바이마르 헌법을 배경으로 한 1936년의 소련 "스탈린" 헌법은 권리 제공에서 두드러졌다. 이 헌법은 많은 약속들과, 특히 최초로 여가의 권리를 제공했고, 이는 나중에 세계인권선언에 포함되었다. 그러나 제2차 세계대전 무렵 공산주의자들은 사회권을 공언하는데 특별한 제약이 없었을 뿐만 아니라, 부르주아 민주주의와 그것이 표방하는 권리와 자유를 비판하는 동시에 노동자들의 충분한 보호와 평등한 위상을 증진하면서 지속적으로 혁명 이데올로기를 구현했다. 그 결과, 전 세계의 많은 사회주의자가 권력 추구를 다른 목표들보다 우선시해야 할지에 대해 논쟁해야 했다. 그들은 어떤 권리든 다 옹호해야 하는지에 대해, 그리고 각 노동자의 노동 전수익권이 가장 중요한지에 대해 결정해야 했다. 이는 특히, 근대 초기의 기본적 권리 목록과 달리, 세계인권선언은 더 이상 인권을 혁명과 결부시키지 않았기 때문이다. "사회" 국가는 어디서나 역사의 선봉에 있었다. 말할 필요도 없이, 제2차 세계대전 후 공산화된 모든 동유럽 국가는 자국의 사회적 목표들을 선전했다. 그러나 서독에서 1949년에 제정된 새로운 헌법(기본법이라 불린)은 사회권을 규정하지 않았음에도 마찬가지로 자국을 "민주사회연방democratic and social union"이라 칭했다. 탈식민지 국가 인도의 헌법(1950)은 "사회, 경제, 정치에서의 정의"(조건의 우선순위가 드러나고 있다)를 최고 목표로 지정했다. 마찬가지로, 사회주의자들에 의해 건국된 이스라엘은 같은 시기의 독립 선언에서 정치적 권리보다 사회권을 먼저 언급했다. 제2차 세계대전에서 살아남은 우파 독재 국가들인 스페인과 포르투갈은 사회적 지급에도 많은 관심을 기울였다.[5]

요컨대, 충분한 지급에 대한 권리는 자본주의에서도 공산주의에서도 이미 거의 헌법에 따른 전통으로 자리 잡고 있었다. 그러한 권리는 라틴 아메리카와 공산화 전후의 동유럽 국가들에 이미 존재했던 것처럼, 거의 모든 유럽 대륙 국가들의 새로운 근본법에, 그리고 1946년 프랑스와 이탈리아의 헌법에 들어가 있었다. 1941년 루스벨트가 연두교서로 빈곤으로부터의 자유를 포함한 "네 가지 자유"를 약속하고, 미국의 참전이 아직 본격화되지 않은 상태에서(미국은 그해 말에야 참전하게 된다) 윈스턴 처칠과의 연합의 원칙을 공식화한 문서인 대서양헌장에 그러한 수사를 포함시킨 것은 사실이었다. 하지만 그것은 점점 더 통념이 되어가는(보편적이진 않더라도) 생각을 뒤늦게 기술한 것이었다. 제2차 세계대전 직전의 아일랜드 헌법이나 직후의 인도 헌법 같은 일부 새로운 헌법들은 이러한 권리들을 권리의 문제로 지정할 준비가 되어 있지 않아서, 동일한 내용의 국가 정책에 대해 "지침directive principle"이라는 개념을 채택했다. 명명에 어떤 차이가 있든, 1940년대 후반에 이러한 주제들은 근대 국가의 부정할 수 없는 필수적인 책임이며 그에 따른 시민들 상호 간의 필수 책임이었다.[6]

인권이라는 개념과 프랑스 정치의 오랜 관련을 고려할 때 짐작할 수 있듯이, 사회권은 전쟁 기간에 대영제국(국민 복지가 개인의 권리와 굳게 결합된 적이 없었던)이나 미국(사회권이 특수한 궤적을 보인)보다는 독일의 점령에 맞서 항독 투쟁을 벌이던 당시의 프랑스에서 가장 강력하게 선언되었다. "유럽 레지스탕스 가담자들이 제시한 모든 헌법상의 과제는 사회권 보호를 결연히 주장했다"고 미르킨구에체비치(전시에 뉴욕으로 도피하기 전 프랑스어 교수까지 되었던 러시아계 유대인)는 회상했다. 사회권의 공통 기반은 사회주의자, 공산주의자, 사회적 가톨릭교도 사이에서 쉽게 발견되었다. 그들이 해외에서 견해를 밝혔든, 독일의 점령과 비시 정권 아래의 지하 조직 안에서 견해를 밝혔든 간에 말이다. 각 계통은 각자의 방식으로 사회권이라는 결론에 이르렀다. 가톨릭 철학자 자크 마리탱은 전시에 낙하산으로 투하된 저서들과 거처에서 무전으로 프랑스에 전달한 메시지들을 통해서, 종교적 자연법이 공동체주의적 틀 안에서 특정한 근대의 사회권을 어떻게 정당화하는지를 설명했다. 유명한 좌파 가톨릭 철학자인 에마뉘엘 무니에는, 비록 한때 비시 정부와 뜻을 같이했다가 나중에 화가 나서 그로부터 등을 돌리긴 했지만, "인간과 공동체의 권리를 위한 선언"을 지지했다. 세속 사회주의자들의 경우에도 마찬가지였다. 인민전선 내각에서 총리를 지냈던 레옹 블룸은 부헨발트 수용소에서 풀려난 후 출간한 베스트셀러 저서에서, "사회주의는 프랑스 혁명의 영광스러운 구호를 완전히 충족시키고 진정으로 정당화해줄 것"이라고 설명했다. 혹은, 이 구절에 대한 미르킨구에체비치의 언급처럼, "블룸은 사회개량주의가 인간의 권리에 종속됨을 선언함으로써, 개인주의자와 집단주의자 간의 오랜 싸움을 결정적으로 끝냈다."[7]

그러나 이 시점부터 오스트리아와 서독을 뺀 서구와 동구의 헌법에 사회권이 보편적으로 등장하게 되었음에도 사회권은 민중 동원의 구호가 되지는 못했다. 아무도 사회권을 사법 집행의 기준으로 여기지 않았다. 사회권은 그보다는 오히려, 계급 타협의 우월성과 노동 권력이 정부에서 한 자리를 차지할 만하다는 사실(노동 권력의 이름으로 통치하는 정권이 아니라 하더라도)을 보여주는 것이었다. 서구에서는, 사회권의 유래에 절대적으로 중요했던 노동조합들이 산업 권력을 더 많이 나누어 갖고자 국가의 감독 하에 고용주들과의 협상에 돌입함으로써 권력의 정점에 도달했으며, 계급적 성과를 높였다. 사회주의나 공산주의가 강력한 곳이라면 어디서나, 어떤 형태로든 사회적 최저치가 최고 우선순위에 포함되리라는 것은 말할 필요도 없었다.

그리고 사회권의 틀 외에도 사회적 최저치를 위한 틀이 여전히 많이 있었는데, 어쨌든 그 틀들은 광범위한 용어들로 기술되는 경향이 있었다. 평등에 대해 말하자면, 사회적 보호는 계급적 특권의 조정에 대한 것으로 널리 이해되었다. 그것이 전면적인 혁명을 요구하는 것이 아니라면 말이다. 예를 들어 마셜의 대영제국에서는, 복지국가가 건설된 영광스러운 시대에 사회권 개념은 거의 사용되지 않았다. 베버리지는 1942년의 그 유명한 보고서에서, "요람에서 무덤까지"의 사회적 보호에 의해 지급되는 최저 기준들을 개인의 권리라는 차원에서 기술하지 않았다. 1949년 마셜이 사회권 개념을 연구 대상으로 받아들이기로 한 것은 사실상 지극히 우발적인 결정이었을 것이다. 그는 전시에든 종전 직후에든 다른 곳의 그 어떤 사회권 논의에 영향을 받았다는 인상을 준 바 없다. 그리고 윌리엄 고드윈까지 거슬러 올라가는 시민권 혁신의 선조들은 물론이고 당대의 수많은 사람이 그런 것처럼 마셜의 경우에도 사회권 논의는 복지국가주의 의무에 더욱 관심을 갖게 만들었다. "시민권이 권리의 방어를 위해 발동된다면, 시민권에 상응하는 의무는 무시될 수 없고, [사람들의] 행동이 공동체의 복지에 대한 강한 책임 의식에 영향 받아야 한다[고 요구한다]." 마셜은 이렇게 말했다.[8]

앞서 국민복지국가의 초기 단계였던 1940년대에 그랬던 것처럼, 국민복지국가는 충분성에 대한 공약을 권리의 차원에서 추진하려는 이들을 위한 필수 환경이었고, 어느 쪽이든 그러한 공약을 평등주의 계획과 연결시키는 것이 문제였다. 이것이 1940년대에 사회권의 의의를 평등주의적 복지에 대한 꿈이라는 유사하면서도 더욱 강력한 돌파구에 의존하여 찾고자 했던 이유였다. 이베리아 반도와 그보다 뒤의 라틴아메리카를 제외하고, 파시스트 복지국가는 이를 선택했던 국가들의 군사적 붕괴로 인해 이제 구시대적인 것으로 여겨졌다. 그러나 한때의 인기는 미래가 연대와 사회적 재분배라는 방향으로 움직여나가도록 제어될 것임을 시사하고 있었다. 전쟁은 대공황의 격변을 한데 아우르면서, 살아 있는 연대를 만들어내고 사회적 재분배의 압력을 강화하는 데 기여했다. 또한 이전에 성취해본 적 없는 정도의 소득을 얻을 수 있을 만큼 노동자 계급에 권력을 부여했다. 사회주의는 앞으로 나아가고 있는 것으로 보였고, 다양한 모습의 전후 복지에 대한 사회주의의 상상은 소련 동맹국의 호소 속에 그 나라 사람들과 다른 나라 사람들에게 더할 수 없이 낙관적·경쟁적으로 주장되었다. 또한, 노동자 계급이 전쟁에 워낙 깊이 휩쓸렸던 탓에, 충돌이 끝나면서 두드러지게 된 평등은(상당히 뒤처진 사회권에 대한 약속과 함께) 청구서를 들이밀었다.

사실 소련은 파시스트와 달리 보편적 권리들에 대한 주장을 충분성의 중요성에 대한 주장의 근거로 삼았다. 그러나 물론 소련은 계급 없는 사회를 추구한 것으로 더 유명했다(그 사회가 시민에게 어느 정도의 불평등의 잔존을 허용할지는 불분명했지만). 1945년, 소련은 두 개의 목표 모두를 달성하기 위한 놀랍도록 성공적인 5개년 계획을 한 차례 거친 뒤 이후 두 차례 더 5개년 계획을 추진한 상태였다. 강력한 개입주의 국가의 보호 아래 충분성과 평등에 신경 쓰는 이들 가운데서, 이를 외면하는 것은 불가능했다. 1939~1945년의 이른바 "대 애국 전쟁"은 서구에서와 마찬가지로 소련이 자국의 더욱 관대한 분배의 평등화 정책으로 회귀할 것을 요구했다. 소련이 모스크바에서 반격을 시작해 베를린을 향해 진격하게 되자, 파시스트들이 지지할 수 있는 정도보다 더 보편적인 평등주의가 세계의 의식으로 들끓었다. 사회 정책에 대한 미국의 망설임은 영향이 훨씬 덜했다. 따라서 소련이 나치에 대한 결정적인 승리자로 부상한 것이(제1차 세계대전 이후의 격리되고 나약해진 버림받는 존재가 아니라, 그간의 모든 잘못에도 불구하고 지정학적 힘이자 도덕적 모범으로 자리 잡으면서) 다른 어떤 요인보다 전후에 평등주의 정책들이 법제화되는 데 더욱 중요한 역할을 했다.[9]

　유사하게 간헐적인 평등화 추동은 1944년부터 진행된 다른 동유럽 국가들의 공산화와 함께 일어났으며, 또한 (비록 결과는 훨씬 덜 인상적이었으나) 1949년 공산화된 중국에서 일어났다. 모든 정권이 소련을 모델로 삼아 자국 국민들과 세계를 향해 자국이 노동자의 국가임을 표방했다. 즉, 사회주의 정당과 노동조합 운동(이제는 사유 재산의 한계 내에서 노동하기를 거부하는)이 이루어낸 국가임을 표방한 것이다. 당연한 말이지만, 평등은 그냥 만들어지지 않았다. 공산주의하에서도 평등은 정책을 필요로 했고 엄중한 한계에 직면했다. 그러나 분배 정의가 산업 국가들이 어떤 종류의 분배 계획을 만드는가에 달려 있다는 것(심지어 사회주의가 집권했을 때도, 혹은 사회주의가 집권했을 때 특히)을 동구와 서구 모두에게 가르쳐준 것은 집권 사회주의였다. 완전한 분배의 평등을 진지하게 기획하는 곳은(추진하는 곳은 고사하고) 없었으나, 사회 구조가 변하고 위계가 현저히 축소되었다. 냉전 분열로 부상한 양쪽 편 모두를 유사한 종류의 복지국가 건설에 참여한 것으로 기술하는 일은(한때 물의를 빚었던, "수렴"이라는 냉전 이론의 논지) 양측 모두에게 끔찍한 일일 것이다. 그러나 거기에 진실의 핵심이 있었다. 자본주의자들과 공산주의자들은 계획 경제의 보호 하에 충분성과 평등의 균형을 이룰 것인가 하는 문제보다는 계획 경제에 민주적 거버넌스의 여지를 둘 것인가 하는 문제에서 더 생각을 달리하는 것이다.[10]

서구에서는 파시즘이 사멸했을 때 평등주의적 복지국가를 설계하는 일련의 국가 도구들이 막대했으며, 분명 개인의 사회권의 성취를 면밀하게 추적하지 않았다. 비록 사회권의 성취가 정책을 정당화하는 일종의 수사로서 나타난 것이기는 했지만 말이다. 도구들은 각기 다른 장소에서 각기 다른 형태를 취했다. 수년간의 보수주의 체제 이후 영국 노동당은 1945년 이래 불과 몇 년 동안의 놀라운 변화를 총지휘했는데, 이는 북유럽 모델이 그보다 앞서 그러했듯 모든 관찰자의 이목을 집중시켰다. 그것이 자유 사회에서 달성된 일이기 때문이었다. 여기저기서 거시경제학이라는 새로운 학문이 전시 상태 이후 완전 고용을 지속시킨다는 과제의 보조자로 성장해 있었다. 유럽 대륙의 경제에서 산업의 국유화가 만연했다. 수위가 낮아졌지만 여전히 유례없이 급진적이라 할 야망에서, "자유" 시장에 깊이 침투한 정책들(특히 독점금지법을 통해서), 혹은 이전과 이후 그 어느 때보다 높은 과세 덕분에 엄청난 재분배를 가능케 한 정책들이 많이 모방되었다. 폭력적인 파업 분쇄 관행에서 탈피하고 노조 결성과 교섭을 유례없이 관대하게 받아들여 노동자 계급에게 사회적 타협에 임할 권한을 부여하는 것 또한 중요했다.

이 개혁주의 혼합물에는 개인의 경제·사회권에 대한 제안들도 포함되었으나, 그것들은 단지 복지국가 성립 시의 다른 여러 정책들 중 일부로서, 여전히 충분성 성취를 필요로 하는 이들에게 완충 작용을 해주고 스스로 사회적 이동을 이루고자 문턱을 넘는 이들을 격려하기 위해서 고안된 것이었다. 노동권은 단지 그 자체를 위한 것이라기보다는 더욱 공정한 타협에 임할 수 있도록 어떤 계급에게 권한을 부여하기 위한 것으로 이해되었다. 엘알라메인에서의 연합군의 승리에 뒤이은 베버리지 플랜의 큰 명성은 매우 암울했던 시대의 마감을 예고했고, 영국인들로 하여금(더 넓은 대서양 연안 지역의 사람들은 물론이고) 큰 기쁨을 안겨줄 미래의 사회 진보에 대해서 희망을 갖게 했다. 개입주의 국가와 평등주의 목표 없이 사회적 권리들만 가지고는 매우 다른 전개가 이루어졌을 것이다. 전시 초기의 배급 정책에서 시작된 "모두를 위한 공정한 분배"라는 구호는 노동당의 1945년 선거 선언 이래 점점 평화로운 시기의 이상으로 확장되었다. 런던 유니버시티칼리지의 영향력 있는 행정학 교수인 윌리엄 롭슨은 복지주의 염원에 대한 가장 뛰어난 현황 진단에서(마셜의 강의를 제외하고) "상향 조정"뿐만 아니라 "하향 조정"도 목표로 설정되었다고 주장했다. 이는 "하한선뿐 아니라 상한선도 설정"하고 "개인의 부에 대해 국가가 최저치뿐만 아니라 최대치도 설정"하는 것이었다. 영국의 윤리적 사회주의자 R. H. 토니는 대공황 이후 25년의 현황을 파악하기 위해 자신의 책 『평등』을 개정하면서, "좀더 평등주의적인 사회 질서가 생겨나는 과정에 있다"고 마땅히 인정했다.[11]

어떻게 보면 충분성과 평등이라는 피할 수 없는 명령은, 인권보다는 분배적 국가사회주의의 시각이 여전히 국가와 시민을 위한 성취의 기준을 설정하고 있다는 것을 의미했다. 이는 심지어 사회주의가 득세하지 못한 환경에서도, 혹은 미국이라는 독특한 경우처럼 사회주의가 아예 존재한 적 없는 환경에서도 마찬가지였다. 공산주의 정권들은 폭력혁명적 결점들에도 불구하고 자국과 외국을 향한 광범위한 호소를 토대로 국민복지국가를 수립했다. 또 다른 모델은 명백히 사회민주주의로, 그것은 1930년대 북유럽 국가들의 성공을 이용해 대영제국에서 약진했다. 이러한 사회민주주의가 승리하지 못한 곳(이는 부분적으로는 프랑스와 이탈리아 같은 국가들의 경우 공산주의가 힘이 세서 사회주의 정당들이 양면 전쟁을 치르지 않을 수 없었기 때문이었다)에서는 기독교 민주주의라는 새로운 이데올로기가 전면에 나서서 종교적 보살핌의 이데올로기에 따라 복지국가를 수립했다. 전형적으로 항상 보수적이지는 않았지만 사회질서에 대한 이 같은 사고방식은 국가에 대한 열정이 덜했고 재분배적 지급의 필요성에 대한 일련의 제안을 한 사회민주주의에 대해 우파적으로 응답했다. 19세기 후반 교황 레오 13세 이래 사회주의 정당과 노동조합이 급증하여 사회 문제에 영향을 받게 된 가톨릭 사회사상은 이제 민주주의 체제가 직종들(민주주의 체제는 계급이라는 개념보다 이것을 선호했다) 간의 올바른 타협을 주관하고 자본과 노동의 이해관계에 대한 교회의 중재를 지지할 수 있는지에 관한 양차 대전 사이 기간의 불확실성에서 살아남았다. 양차 대전 사이의 기간에 교황 비오 11세는 공산주의와 파시즘이 자유주의의 대중적 대안이 된 혼란스러운 세상에 대한 이러한 기존의 가르침들을 갱신하면서, "사회 정의"를 최초로 하나의 가톨릭 개념으로서 언급했다. 회칙 「40주년」(1931)에서 그는 "각자에게 자기 몫의 재화가 주어져야 하며, 생산된 재화의 분배는(모든 분별력 있는 사람들이 알고 있듯이 오늘날 소수의 극히 부유한 사람들과 수많은 무산자들 간의 엄청난 차이에 기인한 가장 큰 해악을 겪고 있는) 공공선, 즉 사회 정의의 규범들에 효과적으로 화답하고 부합해야 한다"라고 썼다. 제2차 세계대전의 해소는 기독교의 후원 아래 사회주의화된 자유민주주의를 향한 새로운 길을 열었다. 새로운 기독교 민주주의 정당들이 서유럽 대륙을 휘어잡았다. 이들 정당은 모두 똑같이 "사회적" 정당이었고, 각자의 도구들을 가지고 각자의 형태로 평등주의 복지국가를 수립했다.[12]

새로운 평등주의 복지국가의 꿈은 제2차 세계대전 말기의 사회권에 관한 이데올로기 논의의 근본이었다. 이 논의들은 이상적인 약속이 막연할 수도 있는 전쟁 기간 중에 촉진되고 진화해, 결국 종전 후에 실제 정책들에 흡수되었다. 1943년 영국 태생의 국제법학자 줄리어스 스톤은 오스트레일리아에서 쓴 대서양헌장의 의미에 대한 글에서, 루스벨트가 인상적으로 강조한 "빈곤으로부터의 자유"에 대한 수많은 접근법이 있다고 주장했다. 그것이 국가의 새로운 선결 과제들을 암시한다는 데는 모두가 동의했으나 개입의 양상에 대해서는 그렇지 않았다. 논쟁 중인 두 가지 주된 계획은 "경제 구조의 급진적 변화가 따르지 않는 사회적·경제적 개선"(당시 스톤은 이것을 루스벨트와 연관시켰다)과, 런던경제학파 사회주의자이자 비정규 노동당 자문위원이었던 해럴드 래스키를 비롯한 마르크스주의 이론가들의 지지를 받은, 한층 전면적인 사회주의 경제로의 전환이었다. 그 사이에서 스톤은 "프랑스 인권선언의 명성의 뚜렷한 부활"을, "해악들을 찾아내고 경제적 원인에 대한 별다른 언급 없이 각각의 해악에 대처하는 방안들을 모색하는 것"을 포함하는 "절충적" 접근과 연결시켰다. 사회권이 목록의 형태를 취했다는 사실은, 이 개념이 아무것도 안 하지도 않고 너무 많은 것을 하지도 않는 채로, 목표로 하는 경제 개입들에 연결되게끔 해주었다. 이는 사회권을 둘러싼 전시의 흥분에 대한 예리한 통찰이었는데, 다만 전쟁의 소란이 진정되면서 사회주의의 더욱 커진 인기에 직면하여 얼마나 많은 사람이(루스벨트 자신을 포함해) 절충적 수사로 옮겨 갔는지를 예견하지 못한 오류를 범했다.[13]

보다 중요한 점은, 지식인들이 나서서 사회권이라는 구호를 전체주의 국가보다는 민주주의 국가를 위한 것으로 포착하려 했다는 데 있다. 그 말의 기원임을 주장할 만한 쪽은 전자였음에도 불구하고 말이다. 이 부당한 주장이 고조된 데는 자유민주주의 국가들도 사회 정의를 성취할 수 있다는(더 자유로울 뿐만 아니라 더 공정하기도 한 사회를 이룰 수 있다는) 것을 명확히 하려는 의도가 담겨 있었다. 칼 폴라니는 전시에 런던에 있었던 오스트리아 출신의 난민이자 권리·정의와 지금의 경제의 관계에 대한 가장 유명한 사상가로, 1944년의 고전적 저작 『거대한 전환』에서 이를 잘 서술했다. 그는 훗날 에드워드 톰프슨, 제임스 스콧 같은 사람들이 추구하게 된 어떤 전통을 수립하면서, "경제"가 공동의 사회 규범보다 하위에 있었던 사회를 위해 오래전의 전근대를 돌아보거나 혹은 여전히 봉건적인 소작농 세계로 눈길을 돌렸다. 폴라니의 설명에 따르면, 근대 경제가 "분리되어" 모든 것을 경제에 종속시켜버린 지금, 분배를 정치적 논쟁거리로 삼는 것의 핵심은 개인의 자유(19세기에 탈정치화된 경제가 부유층만을 위해 성공적으로 달성했던 자유)를 손상시키지 않으면서 그렇게 하는 것이었다. "사회의 본질에 치명적 위험이 된 정치학과 경제학의 제도적 분리는 거의 자동적으로 정의를 희생시켜 자유를 생산했다"고 그는 보았다. 균형을 회복하는 데 혈안이 된 사람만이 균형이 개인의 자유를 위태롭게 했다는 것을 부정할 것이다. 그러나 다행히도, 감수해야만 하는 위험은 꼭 일어나야만 하는 것은 아니었다. 폴라니의 설명처럼, "사회 통합을 향한 모든 움직임에는 자유의 증가가 동반되어야 한다. 계획을 지향하는 움직임들은 사회 내에서의 개인들의 권리를 강화하는 것으로 이루어져야 한다. (…) 그런 사회는 정의와 자유를 모두 취할수 있다." 적어도 사회 정의라는 과업의 일부는 권리 목록을 경제 영역으로 넓힘으로써 달성되어야 한다고 폴라니는 덧붙였다. 그는 "지금까지 인정되지 않았던 시민의 권리들이 반드시 권리장전에 추가되어야 한다"고 말했으며, 그렇기는 하지만 "선언만으로 충분할 수 없다. 제도들이 권리를 유효하게 만들어야 한다"고 경고했다.[14]

폴라니는 권리를 통해 자유롭고 공정한 사회를 건설해야 한다는 것을 언급하고 넘어간 것이었다. 같은 해에, 전쟁 중 뉴욕에 망명해 있던 사회학자 조르주 귀르비치는 오직 사회권에 할애된 최초의 책을 쓰면서 바로 그 점을 보다 상세하게 다루었다. 『사회권 선언』이라는 그 책은 1944년에 프랑스어로, 1946년에 영어로 출간되었으며, 이로써 귀르비치는 몇십 년간 이 개념을 주창하는 선두 학자로 자리매김했다. 귀르비치는 사회권이 민주주의뿐 아니라 민주주의 계획 국가와도 본질적 관련이 있음을 강조했다. 귀르비치 같은 사람들이 새로운 계획 경제의 탄생과 사회권의 고지가 결코 개인의 자유의 죽음을 의미하는 것이 아님을 열심히 주장한 바로 그때, 사회권은 국가 계획으로의 대대적 전환을 요하는 "경제 민주주의"를 향한 자유주의적 추진력의 일부였다.[15]

민주주의 개혁을 위해 공산주의와 파시즘 사이의 중도를 추구하는 이들에게 "사회권"이라는 바로 그 개념은 권리에 내포된 개인의 자유가 한때 금지했던, 거버넌스의 사회주의화로 나아감을 알리는 신호였다. 사회권을 보장하기 위해서 개인의 자유가 제약되어야 한다면 어떻게 될까? 정치적 자유가 실은 국가를 더 적게 요구하는 것이 아니라 더 많이 요구하고, 경제적 자유를 보호하는 것이 아니라 경제적 자유를 제약할 것을 요구한다면 어떻게 될까? 이러한 맥락에서, "사회권"의 "사회"라는 개념은 경제 관련 영역 같은 특정 거버넌스 영역에만 적용되는 것이 아니었다. 그것은 모든 영역에서 어떤 새로운 집단적 사고방식을 포착하고 더 오래된 권리 개념들을 새로운 시대로 거칠게 끌고 가는 것이기도 했다. "사회권"이란 이 맥락에 딱 알맞은 말이었다. 마치 연금술처럼 장기간 대립하던 요소들을 결합해 사회의 요구들과 개인의 요구들을 조화시켰기 때문이다. (어떤 사람들은 같은 이유로 "사회권"이라는 말을 교묘한 속임수나 말장난으로 여겼다.)

1940년대 중반에 "사회권"을 옹호하기에 이른 귀르비치의 사고의 발전은 어떻게 사회권이 개인의 적절한 자유에 대한 편견 없이 집단적 상호 의존에 대한 포용을 통해 태어나게 되었는지를 단적으로 보여주었다. 그는 프랑스로 가 정착하기 이전에 러시아의 자유주의자였는데, 이러한 사상적 초기 이력에는 그의 망명지가 된 나라의 역사에 등장했던 권리에 대한 지대한 관심(아직 사회권에 대한 관심까지는 아니었지만)이 개입되어 있었다. 제2차 세계대전 전에 스트라스부르에서 교수로 재직하던 귀르비치는 "사회법"에 대한 해석으로 법학과 사회학에서 이름을 얻었다. 그가 10년 넘게 이를 정교하게 다듬은 끝에 그의 사회학은 "다원주의적"인 것이 되었고, 국가의 목적이 사회적 관계들의 상호 의존을 흡수하거나 야기하는 것이라기보다는 가능하게 하는 것이라고 보게 되었다. 1941년 미국에 도착한 그는(그곳에서 그는 많은 동료 이민자와 함께 '사회연구 뉴스쿨'에서 강의했다) 자신의 생각을 소개하면서, 이제 중대한 문제는 전체주의 국가들이 내세우는 사회적 "융합"에 직면해 민주주의가 특유의 상호의존성을 다듬을 수 있는지에 관한 것이라고 설명했다. 사회권을 도입하는 것은 체제를 약간 수정하는 것이었지만 체제를 살짝 벗어나는 것이기도 했다. 권리는, 사회적 상호 의존이 필요하다는 자신의 발언을 어기지 않으면서, 권리가 행사되는 것을 둘러싼 껍데기가 민주주의임을 분명히 했다. 귀르비치에게 편리하게도, 프랑스어에서는 사회법에서 사회권으로 가려면 그저 단수 단어를 복수 단어로 바꾸기만 하면 되었다. 그리하여 사회법droit social은 사회권droits sociaux이 되었다.[16]

제2차 세계대전 전에 조국의 혁명으로부터 탈출한 망명자 미르킨구에체비치와 마찬가지로 귀르비치는, 소련이 상의하달식 시행을 통해 광범위한 사회권을 달성했으며, 남은 가장 중요한 단계는 공산주의자들이 보다 분명하게 극복하려 애썼던 해악 없이 "부르주아" 자유의 미덕을 보존하는 것이라고 생각했다. "이 나라[소련]의 동기와 목적이 이 나라 전신의 동기와 목적보다 비할 수 없이 더 낫다는 데는 반박의 여지가 없으며, 이는 이 나라가 인간의 노동을 돈의 지배로부터 해방시키는 데 주력하고 있기 때문이다." 소련이 절대 권력의 개탄스러운 비호 아래 행한 것에 대한 전시 상황의 찬양에 대한 사례들은 찾기 어렵지 않았다. 허시 라우터팩트는 갈리시아 태생의 영국 국제법학자로, 권리 보호에 있어 국가적 장을 초월하자는 그의 제안은 1940년대에 전반적으로 냉대를 받았는데, 그럼에도 그는 전쟁 기간에 쓴 논문(1945년에 미국유대인협회에서 발행)에서 온갖 규모의 권리 계획의 내용에 대해 많은 생각을 했다. 분명 라우터팩트는 급진적이게도, 사유재산권이 확실하게 절대적인 것으로 여겨진다면 그것은 어떤 사유재산권도 권리 목록에서 배제될 때가 된 것이라고 결론지었다. "신성함과 불가침성이라는 특성은 이제 소유권에서 떨어져 나갔다"고 그는 말했다. 소련은 이를 폐지함으로써 천년의 기대를 무너뜨렸으나, 라우터팩트의 주장에 따르면, 심지어 그러한 급진적 조치

없이도 "사유 재산은 점점 권리만이 아니라 사회적 기능과 의무로도 여겨지게 되었다. 사유 재산이 경제 구조의 기초가 되는 국가들에서 사유 재산은 조세, 상속세, 그리고 공공복지 추구에서의 규제를 통해 국가가 개입하는 대상이 되었고, 그러한 국가 개입은 사유 재산을 기본적 권리 장전에 포함시키는 것이 다소 인위적으로 보일 만큼 상당히 광범위한 영역에서 이루어졌다."[17]

따라서 사회권은 한 시대에 버려진 어떤 언어를 다른 시대에 맞게 변형할 수도 있다는 전망을 드러냈다. 하나의 언어로서의 사회권의 진수는, 전체주의 경험에 직면해 이 개념이 완전한 집단주의자들이 자유주의 밖에 위치시켰던 사회 정의를 개인의 권리 문제로 전환함으로써 개인의 자유를 유지했다는 데 있다. 계획에 대한 열정은 많은 사회권 지지자에게 자신들의 대의를 본래 정치적 권리를 중시한 자유주의 혁명과 유사한 것으로 볼 이유가 되어주었다. 과거에는 도전 상대가 정치적 봉건제와 독재였고, 그래서 국가를 제한하는 권리가 필요했다. 산업화 이후 새로 추가된 위협은 "경제적 봉건제", 그리고 전제 권력이 그에 걸맞은 국가를 넘어 비국가 영토(대기업과 같은 민간 기업들이 개인에 대해 부당한 지배력을 행사하는)로 확장된 것이었다. 때로는, 개인의 특권으로서의 사회권의 성격이 경제적 "귀족정"의 종말을 암시하는 식으로 대단히 반위계적으로 해석되는 비유가 취해지기까지 했다. 귀르비치는, "전체주의의 위험으로부터, 그리고 산업적 봉건제로 이어지는 개인주의적 무정부 상태로부터 모두 벗어나는 것"이 목표가 되어야 한다고 설명했다. 전쟁의 기간은 그에게, 사회권이 혁명의 진정한 정수로서 이제 단지 개인들을 자유롭게 해

주기보다는 화합시키고 사회화시키는 기능을 해야 한다는 것을 가르쳐 주었다.[18]

그러나 마셜보다 귀르비치가 가장 분명하게 인식했듯이, 소련은 새 시대를 위한 국가 차원의 사회적 보호에 따른 광범위한 어려움을 보여주는 전형적인 예가 되었다. 권리가 그러한 사회적 보호들을 지정할 수 있다 해도, 이 새로운 권리들은 권리의 목표란 오직 국가 권력을 제한해 피해 당사자들이 국가 권력을 납득할 만한 것으로 여길 수 있게 해주는 데 있다는 고정관념과 충돌할 것이다. 위로부터의 현명한 정책으로서 국가에 의해 주어진, 양차 대전 사이나 양차 대전 후의 사회권은 아래로부터의 계속되는 동요에 기반이 되어주려는 것도 아니었고, 집행(사법 집행을 포함해)에의 요구에 기반이 되어주려는 것도 분명 아니었다. 사회권에 관한 가장 충격적인 사실 중 하나는, 심지어 20세기에 헌법에 의해 사회권이 보장되는 시대가 펼쳐졌음에도 특히 이전 수십 년에 비해 사회권이 어떻게 시행될 것인지에 대한 논의가 거의 이루어지지 않았고 누구도 사법 집행에 마음을 쓰지 않았다는 점이다. 1940년대에 사회권은 심지어 정책 수립에서 절대적 "으뜸패"로 간주되지도 않았다. 오히려 사회권은 시민 복지를 제공하려 노력하는 국가들을 위한 규제 지침이었다. 이런 맥락에서 사회권은 수용력 높은 국가들의 이상화, 그리고 공권력을 통해서 완전히 "사적" 권리를 옹호하는 것보다는 사익으로부터 공적 영역을 지키는 것과 관련돼 있었다.[19]

이 시대에 사회권은 너무나 상의하달식이었기에, 많은 사회권 지지자는 사회권이 권리 개념에 의해 봉헌된 개인의 자율성이라는 배후 가치와 여전히 부합하지 않는다는 우려를 갖고 있었다. 대서양 건너편에서는 복지국가 탄생기에 사회권이 "국가의 언어"였다. 미국 밖에서, 다수의 새로운 헌법이 여러 가지 사회적 보호를 개인의 권리로 명명함으로써 역사적인 노동조합 운동을 영광스럽게 했다는 사실은, 그 원칙들이 국가 권력에 반하여 국가 권력을 제한하거나 조종할 수 있다는 것을 의미하지 않았다. 사실은 거의 반대였는데, 귀르비치가 말했듯이 "부르주아 국가들과 사회 국가들[이를테면 공산주의 국가]은 여기서 새로운 권리의 유일한 진짜 주어로 등장하며, 국가는 하인, 보호인, 후원자, 주인으로서의 역할로 이를 확인해준다." 시민권이라는 말을 갱신한 국가는(공산주의 국가든 "민주주의" 국가든) 진정 참여적이라기보다 과도하게 관리적일 우려가 있었고, 철의 장막 동쪽에서든 서쪽에서든 실제로 이런 일이 일어났다. 이런 점에서 귀르비치의 경고는 공산주의하에서든 자본주의하에서든 나타나는 오랜 관료주의 복지 시대에 대한 선견지명이었다. "사회법과 권리의 문제가 구제, 교화, 물질적 만족의 분배에 대한 국가의 통제로 축소될 수 있다면, 독재적이고 전체주의적인 체제는 어쩌면 원칙적으로 민주주의만큼이나 '사회권'의 실현에 적합하다고 여겨질 수 있을 것이다."[20]

이러한 우려를 고려할 때, 사회권 법안을 위한 귀르비치의 제안들은 (그는 초안과 조항별 해설을 모두 제시했다) 분배 정의의 어떤 윤리 기준을 성취하려는 것이라기보다는, 그가 국가 원조와 함께 사회 통합의 더욱 절실한 목표로 여긴 것을 성취하려는 것이었으나, 이것으로 전부 설명되는 것은 아니었다. "사회법은 통합의 법이며, 새로운 법안들에 의해 선포된 사회권은 집단과 개인이 통합되어 있는 자율적이고 자치적인 집합체에 집단과 개인이 참여할 수 있는 권리여야 하고, 이 집합체의 민주적 성격을 보장하는 권리여야 한다. 즉, 노동자, 소비자, 일반인이 국가 공동체에 참여하고 그 안에서 대등한 시민으로서 협력할 수 있는 권리여야 한다." 그는 이렇게 주장했다. 귀르비치의 초안 조항들 대부분은 (복지국가 덕분에) 노동할 수 있는 권리, 그리고 노동할 수 없는 사람들의 경우 그럭저럭 생존할 수 있는 권리 같은 일련의 관대한 권리들을 주장했다. 소비권은 "예컨대 최소한의 안락을 위한 충분한 지원을 보장하는 등의, 인권에 걸맞은 조건을 유지할" 권리였다. 그러나 귀르비치는 또한 (모호하지만) 보다 평등주의적인, "국가 경제의 결실과 이익을 나누어 가질 권리"를 내놓았다. 그리고 그는 재산과 경제가 일반적으로 사회 통합에 기여해야 할 것이라는 원칙(얼마나 쓸모가 있든 간에)을 분명히 했다. "모든 국가의 부는, 그것의 주인이 누구이건 간에, 국민의 권리에 종속되어 있다"고 귀르비치는 설명했다.[21]

귀르비치 같은 대변자에게는 사회권이 새로운 형태의 사회주의화된 시민권으로 비쳤고, 이에 속하는 일련의 최저치 권리들은 기본 욕구에 대한 충분한 지급 이상의 관대함을 의미했다. 경제 문제에, 심지어 국가 계획의 필요성에 국가가 전례 없이 깊숙이 개입하는 것이 허용되면서, 새로운 불황의 위협을 막아내고 평등주의의 성장과 번영을 위한 조건을 형성하고 유지하는 것이 최고의 목표가 되었다. 합의가 새로운 합의에 의해 쉽게 와해됐음을 깨달은 미르킨구에체비치는 "따라서 자유의 사회적 통제가 삶의 모든 영역에 끌어들여졌다. 그렇다면 그 범위는 어디까지인가?

민주주의의 모든 문제가 이 질문에 달려 있다"라고 썼다. 한 가지는 분명했다. "사회적 통제는 개인을 배제하는 일 없이 집단에 복무해야 한다"는 것이었다.[22]

유엔 총회는 1948년 12월 국민복지국가를 위한 본보기로서 세계인권선언을 가결했다. 그 운동이 이미 오래전부터 곳곳에 복지국가를 수립하는 데 수반되었다는 점에서, 그런 일이 일어났다는 사실은 당시에는 그다지 중요하지 않았다. 사실 1944년부터 향후 4년간 이어져온 그 길은, 사회권이 표면화되어 역사적 맥락에 편입되면서 달라 보인다. 1917년 이후 새로운 헌법들에서 사회권이 받아들여졌다는 점을 감안하면, 사회권이 국제 영역으로 이행하면서 정치적 권리와 시민권을 동반한 것은 결코 놀라운 일이 아니었다. 헌터칼리지의 소련 사상 전문가 존 서머빌이 언급했듯이, 이제 파시즘은 몰락했고, 자본주의자도 공산주의자도 권리의 표준 목록에 담긴 그 어떤 것에 대해서도 원칙적으로 이의를 제기하지 않았다. 세계인권선언에서 공표된 이상들이 자국에서, 특히 미국에서 보편적인 지지를 받기는 힘들다는 것을 모두가 알고 있었지만, 협의 참여자들 중 사회권을 포함하는 것에 이의를 제기한 사람은 거의 없었다.[23]

1945년 여름 유엔헌장이 인권이 무엇인지 구체적으로 밝히지 않은 채 인권을 언급한 직후, 유엔 경제사회이사회의 관할 아래 세계인권선언을 좇는 노력들이 시작되었다(인권은 헌장 전문에, 이 기구의 안보 목적보다는 인도주의 목적의 일부로 등장했다). 사회권이 다양한 유엔 조직들이 2년에 걸쳐 살펴본 이전 헌법들 대부분과 모든 성명서 초안에 나타난

것처럼 이 선언문에도 나타나리라는 데는 큰 의심이 없었다.[24]

세계인권선언에 대한 첫 번째 협의에서, 소련과 기타 공산주의 국가들의 대표들은 노동자의 다양한 권리에 대한 자국의 헌신에 자부심을 느꼈으나(그들은 주거와 음식과 관련한 권리들에 대해서는 덜 열정적이었다), 그들이 주로 강조한 것들이 경제·사회권에 집중되었다고 한다면 틀린 말일 것이다. 당시의 외교 문제에서 공산주의 국가들이 주로 취한 입장은(지정학적 약점에 대한 인식에 기인한) 국가 주권 수호였다. 권리를 원하는 국가들은 사회주의를 경제 철학으로 택해야 한다는 것은 달리 보면 경제권의 우위를 말하는 것이라기보다 소련의 주된 메시지였다. 협의 초기 단계에서 "평등권"이 제기되었다. 예컨대 미국노동총동맹은 "국민소득과 부의 지속적이고 더 공평한 분배"를 요구했고, 소련 대표("부르주아" 노동의 대표 격인 미국노동총동맹과 설전을 벌인)는 개인 신분의 평등을 넘어 사회 조건의 평등에 도달할 것을 제안했다. 그러나 두 유형의 분배적 평등주의 중 어떤 것도 논의에서 진전을 이루지 못했다. 그 후 선언의 본질과 관련해, 소련과 소련 동맹국들은 경제·사회권보다는 차별 금지를 위한 주장을 펴는 데 주력했다. 소련은 또한 사람들의 자결권에도 열중했다.[25]

세계인권선언에 경제·사회권을 포함하는 것에 대한 만장일치는 전혀 놀라운 일이 아니었다. 전문에서 네 가지 자유가 암시된 후, 그것을 위한 권리들이 협의에서 끝까지 살아남아 논란 없이 최종 선언문에 들어가게 되었다. 노동할 권리, 그리고 노동할 수 없는 사람들을 위한 다양한 형태의 사회적 지급에 대한 권리가 그것이다. 심지어 때때로 조롱을 받았던 휴식과 여가의 권리도 세계인권선언에 초안에서부터 들어갔다. 합의에 좀더 시간이 걸린 문제는 노동조합 가입에 대한 권리였다(노동조합이 유엔 경제사회이사회에 압력을 넣어 초기 단계부터 협의 대상에 포함되었던 권리임에도 불구하고). 몇몇 헌법의 선례 덕에 세계인권선언은 결국 노동조합을 결성할 권리를 보장했다. 그러나 파업권은 보장받지 못했다. 파업권은 여전히 너무 많은 논란을 불러일으켰다. 사유 재산을 폐지한 국가들과 재산을 사회적 목적에 귀속시키려는 모든 국민 복지 옹호자의 의지를 고려할 때 재산에 대한 권리를 어떤 식으로 편입시킬지에 대해서는 이론이 좀더 분분했는데, 재산에 대한 권리를 다루는 세계인권선언 조항에서 "사적private"이라는 단어를 빼는 것으로 문제가 해결되었다.[26]

심지어 건강권 등 비교적 새로운 사회권들 역시 의심의 여지가 없었다. 제2차 세계대전 전에 근대 시민들은 최소한의 의료를 받을 권리가 있다는 생각에 가장 크게 기여한 곳이 또다시 라틴아메리카 국가들이었다면, 이러한 생각은 세계보건기구가 1946년에 설립되면서 "달성 가능한 최고 수준"의 건강에의 약속이 권리임을 선언하면서 비약적으로 발전했다. 이 대단히 관대한 약속은 여러모로 두드러졌다. 이것은 더 부유한 개인과 가정이 정당하게 더 많이 살 수 있는 재화나 서비스에 대한 최소한의 권리를 약속하는 사회권의 특성을 훨씬 넘어서는 것이었다. 이 약속은 워낙 급진적이어서, 세계인권선언이 이를 "개인과 그의 가족의 건강과 행복에 적합한 삶의 기준에 대한 권리로서 의식주, 의료, 및 필수적인 사회적 서비스를 포함하는 것"이라고 우회해서 표현했을 정도였다. (더 화려한 표현은 훗날 국제법에 나타난다.) 결국, 국제노동기구를 빼면 유엔의 신생 전문 기관들 중 어떤 곳도 1940년대에 인권에 관한 유엔의 의제를 발전시키지 않았다. 그리고 세계보건기구가 설립되었음에도 불구하고 의료 서비스는 향후 수십 년간 인권으로서 널리 개념화되거나 추구되지 않았다. 그러나 이 생소한 도덕적 이상이 1946년에 윤곽을 드러낼 수 있었다는 것 자체가 새로운 복지국가의 가장 원대한 과제 중 하나가 공공 건강관리 및 질병 통제 조치를 비롯해 어느 정도의 의료 기준을 달성하는 것이라는 통념을 드러내는 것이었다.[27]

물론 1946~1948년에는 권리의 설정에 주로 관심이 쏠려 있었고, 권리가 계획 상태에 얼마나 크게 좌우되는지에 대한 인식은 훨씬 낮았다. 그러나 세계인권선언 자체를 극적으로 이야기하기보다 국민복지국가를 위한 헌장이라는 적절한 역사적 위상으로 돌아가면, 뭔가 모순적인 것이 있다. 오랜 시간 동안 세계는 이런 것을 필요로 하는 것처럼 보이지 않았다. 세계인권선언이 오랫동안 그토록 무시되었다는 것은 그것이 얼마나 늦게 등장했는지와 관련 있었다. 1948년 말에는 어떤 종류의 복지국가를 구성할 것인지 또는 동의하지 않는 적들과 어떻게 싸울 것인지를 결정하는 것과 세계인권선언이 관련 있음을 증명하는 국가 사례를 전혀 발견할 수 없었다. 세계인권선언의 낮은 인지도는, 복지주의 열망의 거센 물결이 몰아닥친 지 너무 한참 뒤에, 전선이 이미 형성되고 어떤 제도를 통해 얼마나 이룰 것인지에 대한 진지전이 이미 거듭되고 있던 시점에 그것이 등장한 데 기인했을 것이다. 요컨대 설득력 있는 진실은, 각국이 국가 경제 계획에 착수해 다양한 모습으로 복지 실험이 진행되는 상황에서 국제 규범이 상당히 뒤처졌고 영향력이 없었다는 것이다. 기원과 형식에서 국제적인 세계인권선언은 이미 존재하는 것을 위한 하나의 본보기를 제공하면서 기존의 국민 복지 이데올로기에 많은 것을 보탰다고 보이지는 않는다.

세계의 다른 곳에서 선언문은 복지를 기획하는 데 거의 이용되지 않았다. 식민지를 둔 서유럽 국가들은 국민국가만이 복지의 입지가 될 것인지, 아니면 개혁에 참여하는(특히 노동 기준과 관련해서) 제국들이 같은 요구를 할 수 있는지에 대해 엄격히 중립을 취하도록 선언문을 계획했다. 마찬가지로 세계인권선언은 전반적으로 반식민주의 이데올로기와는 무관했다. 유엔이 제2차 세계대전 후에 전신인 국제연맹의 식민지 위임 통치로부터 부활시킨 아프리카 신탁 통치 계획 같은 잔여물만이 예외였을 것이다. 심지어, 세계인권선언이 대체로 입헌적 정통성을 표방했음을 고려할 때, 반식민주의 운동들이 주권 획득에 이르게 되면서 세계인권선언이 하나의 본보기로서의 기본 용도에 충실했는지도 미지수다. 세계적인 복지국가 전성기에 제정된 세계의 헌법들은 주로 이전의 국가 헌법들에(사회권과 관련해서는 바이마르와 소련을 비롯해) 의존했고, 세계인권선언을 참고한 것이지 여러 자료들 중에서 그것을 특별히 대우한 것이 아니었다. 모든 새로운 국가는 국민 복지를 열망하는 가운데 충분성과 평등 간의 충돌을 재생산했으나, 이렇게 하는 데 국민 복지에 대한 어떤 공식 선언문이 필요한 것은 아니었다.

당시 세계인권선언이 복지국가에의 갈망과 얼마나 정확히 관련 있는지는 대단히 불분명했다. 정치경제와 관련해 입헌적 정통성이 있는 국가가 어떤 것인지를 등재하면서 세계인권선언은 전문에 쓰여 있듯이 사회권이 "사람들과 국가들이 달성해야 하는 높은 기준"임을 밝혔다. 당시를 생각해보면, 충분성의 하한선에 대한 요구가 불평등의 상한선에 대한 바람과 조화를 이루었다(또는 하한선이 너무 높아서 양자 간의 차이가 별로 의미가 없었다). 사회주의 정당, 노동조합 같은 것들의 보다 까다로운 긴급한 과제가 부유층과 중산층 간의 격차와 관련 있었던 만큼, 당시 평등주의의 힘 자체는 사회권의 명확한 표현에 영향을 미쳤다. 그러나 세계인권선언은 분배의 평등을 명시적으로 언급하지도, 신경 쓰지도 않았다. 선언문이 단지 사회적 최저치가 아니라 사회적 평등에 대한 현시대의 강한 욕구를 충분히 담아내는 데 실패했다는 사실은, 당시 그것이 왜 그토록 무시되었는지, 그리고 훗날의 신자유주의 시대에 그것이 왜 소급적으로 그토록 이상화될 수 있었는지를 설명하는 데 중요할 것이다.

그리고 세계인권선언은 어떻게 사회권의 고지가 국가들에 대한 본보기가 되는 것을 넘어 국제화될 것인지에 대해서는 매우 불분명한 입장을 취했다. 마치 부국이나 빈국이나 똑같이 쉽게 사회 정의를 이룩할 수 있다는 듯이, 그리고 국제 경제가 사회 정의 수립과 관계가 없다는 듯이 말이다. 그러나 전쟁기에 어디서나 복지는 국가적 복지로서 수립되었고, 사회권 개념에도 같은 운명이 기다리고 있었다. "우리는 [유엔을] 국가 주권의 원칙에 따라, 즉 목적의 이행과 완전히 양립할 수 없는 합리성을 보여주는 원칙에 따라 설립했다"라고 해럴드 래스키는 1947년에 씁쓸히 말했다. 세계인권선언은 뒤쳐졌고 영향력이 없었을 뿐만 아니라, 빈곤화와 불평등 모두에 대한 탈국가주의적 해결책을 제시하는 데도 거의 아무런 역할을 하지 않았다. 세계인권선언이 전문에서 "국가적이고 국제적인 진보적 수단"을 말하고 뒤의 어떤 조항에서 "국가적 노력과 국제적 협력"을 말한 것은 사실이지만, 세계인권선언은 평등에 대한 전 지구적 프로그램은 고사하고 국가를 넘어서는 사회권 정치를 진지하게 기획하는 조항도 사실상 두고 있지 않았다.[28]

사회권이 촉진되고 이론화되었음에도 불구하고, 그리고 사회권이 국민 복지의 새로운 국제적 본보기에 담긴 규범들로서 승인되었음에도 불구하고, 사회개혁의 도구로서의 권리에 대한 오래된 점진적 회의론은 1940년대에 쉽게 사라지지 않았다. 특히, 충분성이나 평등이 자본주의 복지국가 내에서 달성 가능한 것인지에 대해 여전히 확신하지 못하는 지식인들이 매우 많았다. 1946~1947년 유엔의 교육 기구인 유네스코가 세계인권선언이 나오기까지의 과정과 병행해 지식인들의 견해에 대한 조사를 시행했을 때, 제안된 모든 권리를(떠오르고 있는 사회권 개념을 포함해) 다시 채택함에 앞서 그들이 보인 신중함은 극히 분명했다. 사실, 우려는 대부분 국민 복지를 둘러싼 합의를 열렬히 지지하는 사회주의자들과 사회민주주의자들에게서 나왔는데, 이들은 사회권의 봉헌을 매우 못 미더워했다.[29]

이상하게도, 세계인권선언을 둘러싼 절차들이 받은 모든 관심에도 불구하고, 심지어 유네스코의 조사에도 불구하고, 조사의 결과물로서 나온 책의 내용은 진지하게 읽힌 적이 거의 없다. 논문집은 자크 마리탱의 정교한 주장으로 유명한데, 모든 관련자가 자신들의 각기 다른 형이상학을 고려할 때 자신들이 어떻게 동의에 이를 수 있는지 아무도 따지지 않는다는 조건하에 인권의 핵심에 동의했다는 주장이었다. 그러나 이 글에서 시사되는 바는, 계속 의문을 제기하는 것이 지식인들의 소명이었으며, 사회권에 관한 한 그들이 열정적으로 답변을 내놓지 못했다는 것이다. 리투아니아 출신의 프랑스 철학자 에마뉘엘 레비나스가 당시 관찰한 것처럼, 그 주제에 관한 유네스코 보고서의 초점은 사회 재건이 엄청나게 강조되는 시대 상황에서 개인의 권리라는 개념이 살아남을 수 있는가 하는 데 놓여 있었다. "개인의 자유는 경제적 해방 없이는 상상도 할 수 없고, 경제적 자유라는 것은 도덕적 개인의 노예화(일시적이지만 기한이 정해지지 않은) 없이는 구성될 수 없다"고 그는 언급했다. 이 역설은 아무도 부인할 수 없었다. 그리고 바로 그 논문집 안에서 많은 사람이 사회권이 이를을 극복하지 못할 것이라는 우려를 표했다.[30]

궁극의 문제는 권리가 19세기의 자유지상주의라는 맥락에서 벗어나 20세기의 사회 재건의 한 방법으로 기능할 수 있느냐는 것이라는 데 많은 사람이 동의했다(그리고 그에 대한 답은 미지수였다). 19세기에 권리의 가장 보편적인 역할이 계약이나 재산 같은 표면적으로 사적인 영역에 국가가 개입하는 것을 막는 데 있었음을 감안하면, 대서양 건너편의 진보주의자들은 20세기 전반기 동안 개인의 권리에 대해 대체로 경계하거나 완전히 적대적이었다는 것을 상기하는 것이 중요하다. 특히 대서양 연안과 라틴아메리카의 사회주의자들이 전체적으로 그랬고, 그중에서도 마르크스주의자들이 그랬다. 그들은 완전히 혁명적인 정의를 계속 주장했고, (젊은 카를 마르크스의 권리에 대한 맹렬한 비난을 읽은 이들이라면) 개인의 권리라는 "이기적" 수사는 자신들의 목적에 도움이 되지 못하는 것이 아닐까 자주 의심했다. 그러나 단지 '삶의 좋은 것들'의 최저치 지급을 우선시한 이들이 약간의 평등주의적 분배도 함께 우선시한 것 또한 사실이었다. 그들이 우려하는 것은 권리에 대한 요구가 있을 때 보통 이를 얻어내는 분야는 경제적 자유주의라는 점이었고, 따라서 도덕적 자유주의와 정치적 자유주의 같은 다른 틀의 추구를 요구하는 것이 최선의 전략이었다.

빈곤층과 노동자 계급에 맞서는 데 오랫동안 효율적으로 사용된 개인주의 철학이 이제 그 중력을 쉽게 피할 것이라고 생각할 근거가 거의 없다고 래스키는 주장했다. 래스키는 경력 초기에 평등을 국가 권력에 맞서 싸우는 것과 동일시한 "다원주의" 동향에 가담했었고, 이 점에서 종전 후 베테랑이 되었을 때보다는 젊은 사상가였을 때 사회권에 훨씬 다가가 있었다. 그는 경력 내내 평등주의 성향이 강했으나, 사회적 최저치를 우선시할 것인지 전체적 평등을 우선시할 것인지, 혹은 심지어 차이가 있는지에 대해서 갈피를 잡지 못했다. 전시에, "삶의 좋은 것들'에 접근함에 있어서 시민들 사이에 큰 격차가 존재한다면 사회에 실질적 자유가 없는 것"임이 그에게 자명해졌다. 이제 권리에 대한 마르크스주의의 전통적 회의론에 큰 영향을 받은 래스키는, "권리 표현이 보편 형태를 띤다 해도, [인권] 실현의 노력은 중산층 아래에는 거의 도달하지 못했다"는 것을 인식해야 한다고 주장했다.[31]

전쟁이 끝나기 전에 이미 래스키는 자본주의자와 공산주의자 간의 논쟁의 진정한 핵심이 무엇일지를 간파했다. 바로, 계획 사회로 나아가는 일치된 움직임 속에서 개인의 자유가 살아남을 것인가가 아니라 어느 정도까지 살아남을 것인가가 진정한 핵심이었다. 또한 그는 소련의 실험이 평등과 혁신을 약속한다는 점에서 기독교와 프랑스 혁명의 계승자라고 보았고, 그러한 소련의 실험에 대해 열심히 이야기했다. "소수의 부유층이 우리 문명의 도덕을 자기 계층의 요구를 옹호하는 논거에 불과한 것으로 만들어놓았다"고 그는 준엄하게 비난했다. 전쟁이 끝난 후, 사회권이 혁명 없이도 충분한 변화를 가져올지는 전혀 확실하지 않았다. 그가 인정했듯이, 자유의 운명을 염려하는 것은 온당한 일이었지만, 만약 그것이 불평등이 지배하는 한 자유가 영구적 위협(단지 소련의 위협만이 아니고)에 처한다는 것을 망각함을 의미한다면 그것은 온당한 일이 아니었다. "사실 경제 작동의 결실이 불평등하게 분배되는 사회는 모두 존재 법칙으로서의 자유를 부정할 수밖에 없을 것이다." 래스키는 1947년에 이렇게 경고했다.[32]

래스키는 유네스코의 논문집에 쓴 글에서, 인권은 계획과 양립할 수 있는 경우에만 회복될 수 있다는 결론을 도출한다. "지난 권리 선언들을 낳은 중요한 점들 중 하나는, 정부 권력이 더해질 때마다 개별적 자유가 줄어든다는, 과거의 위대한 문서들을 쓴 사람들의 무의식적이거나 반의식적인 가정[의 결과인], 개별 시민의 자유와 정치 공동체 정부의 권위 사이에서 추정되는 반감이었다." 그는 이렇게 기술했다. 영국의 더욱 헌신적인 마르크스주의자 존 루이스는 논문집의 한 장을 썼는데, 이 신랄한 글은, 역사에 의하면 정부에 대한 "절대적이고 고유하고 불가침의" 보증 수표로 이해되는 권리들은 이제 죽었다 ─ 비록 권리들을 중요한 집단들의 오늘날 필요성에 대한 선언으로서 되찾아올 수 있을지는 몰라도 ─ 라고 직설적으로 언급하며 시작한다. 루이스는 경제적 자유지상주의가 "인권 개념에 고정 배역을 주었고, 그래서 우리가 오래전에 재산권이 더 이상 가장 중요한 것이 아니며 매년 정부의 새로운 기능들이 형성되는 새 시대에 들어섰음에도 불구하고 인권 개념이 지속되고 있다"고 인정했다. 이제 그 "새 시대new period"가 계속되겠지만, 이 시대가 인권을 나머지 계급에 대한 부유층의 승리를 위한 보편 언어로서의 역할에서 완전히 벗어나게 할 가능성은 매우 적었다.[33]

권리 선언들이 스스로 공표한 가치들을 보호하는 자체적인 노력을 거의 하지 않았다는(심지어 신성한 시민적 자유를 위해서도) 사실에 덧붙여, 새로운 접근은 권리가 소수의 특권층을 위하도록 정부를 제약하기보다는 모두를 위하도록 정부에 힘을 실어줄 수 있을지를 검증해야 할 것이다. 그리고 경제·사회권이 가장 화급하게 이 시험에 직면했다. "권리 선언을 개인주의적인 것으로 진술하려는 모든 시도는 필히 실패할 것이다. 수적으로나 노력의 정도로나 사회적·경제적 생활을 계획해야 필요성이 더욱 증가하는 그러한 정치적 사회들에서 권리 선언은 권위를 갖기 힘들 것이다. 더 나아가, 만약 그러한 선언 뒤에 전제되어 있는 것이 개인주의라면 이제 심각한 도전에 직면하게 된 역사 원칙들에 대한 옹호자들이 선언문을 새로운 삶의 방식에 대한 위협으로 여길 것이라고 말하는 것이 사실상 합당하다." 래스키는 이렇게 끝맺었다. 유네스코 조사에 응한 집단에서 드러난 이런 강한 회의론은 단지, 몇십 년에 걸쳐 개인주의와 권리(그러므로 개인의 권리) 모두를 깎아내리는 사고가 자리하고 있었다는 점에서 개인주의와 권리라는 개념이 대체로 매우 인기가 없었음을 암시할 뿐이었다. 이 점은 윤리학과 정치학의 기초로서의 "인도주의"를 묵살한, 실존주의로 알려진 새로운 운동에서는 말할 것도 없었는데, 장폴 사르트르를 위시한 주요 대표자들은 인권과 같은 매우 구시대적인 개념에 너무 진절머리가 나서 그것에 관심을 가질 수가 없었다.[34]

영국의 역사가이자 정치학자이자 국제관계론의 시조인 E. H. 카는 논문집에 직접 기고하고 논문집에 대한 서평(『타임스 리터러리 서플먼트』에 실린)을 쓰는 수고를 함으로써 유네스코 조사에서 드러난 그와 같은 부재를 만회했다. 카는 세계인권선언 기초위원회와 달리 논문집이 "개인과 사회의 관계라는 고전적 문제"에 대한 광범위한 철학적 견해를 포함한 것은 뛰어난 점이었다고 평했다. 동시에 진행되는 세계인권선언 프로젝트와 달리 논문집은 "정치적 선입견과 방해에 영향 받지 않는다"고 카는 말했다. 논문집이 보여준 일치된 생각에 카는 놀라웠을 것이다. 외교관들이 나서서 한 일에 비하면 논문집의 주된 덕목은 역사의 어떤 극적인 순간의, 인권(사회권을 포함해)이라는 미심쩍은 자격에 대한 확고한 정직함이었으니 말이다.[35]

카에게는 권리 재봉헌 계획을 통틀어 가장 주목할 만한 대상이 경제·사회권이었으나, 이 권리들의 약진은 개혁의 언어로서의 권리의 가용성에 대한 의심을 악화시킬 뿐이었다. 논문집이 보여주었듯이 사회권은 "현시대에 공인된 인간의 권리라는 개념에서의 가장 현저하고 확실한 발전"이라고 카는 기록했다. 로마가톨릭 신자부터 마르크스주의자와 자유주의자까지 모든 당파를 조사한 결과 적어도 "18세기 말의 인권 개념"이 "수정되거나 보완되어야" 한다는 데 대해서는 의견이 일치하고 있음이 드러났는데, "놀랍게도 18세기의 권리장전에 대한 전폭적인 옹호자들이 거의 없다(어쩌면 유엔의 행보를 지휘한 정치인들보다 지식인들 중에서 더 드물었을 것이다)"는 점에서였다. 루스벨트의 네 가지 자유는 경제·사회권의 우세가 이제 자유주의의 경쟁자들만큼이나 자유주의자들에게도 하나의 정설이 되었음을 암시했다. "현재 거의 모든 국가에서 정치만큼이나 사회와 경제가 인류의 주된 걱정거리가 되고 있음은 분명하다"고 카는 설명했다. "어떤 정당도 공약에 노동에 대한 권리, 생활임금에 대한 권리, 그리고 유아·노인·병자·실업자의 보호와 관리에 대한 권리를 포함하지 않고서 오늘날 정통 민주주의의 유권자들에게 호소하는 모험을 하지 않을 것이다. 오늘날 이러한 권리들이 (…) 인간의 권리에 대한 대중적 생각을 이루고 있다." 그러나 카는 이 새로운 의견 합치가 계속되는 논란을 숨겨둘 뿐이라고 인정하기도 했다.[36]

카는 경제·사회권이 복지주의 시대의 광범위한 운동과 연결된 것이 "경제적 평등—또는 어느 정도 강요된, 경제 불평등의 완화"를 위한 것인지 물었다. 세계인권선언이 제시하고자 한 그런 사회적 최저치는 재분배를 필요로 할 수도 있겠지만, 그것이 물질적 평등이라는 보다 폭넓은 의제를 위한 것인가? 이를 의심할 만한 이유가 있었다. 더 안 좋은 것은, 권리를 사회 목표로 삼는 것이 정말로 그것을 옹호하는 사람들이 주장한 대로 작용할 것인지 분명치 않다는 점이었다. "엄격하고 구속적인 사회 체계에 맞선" 프랑스 혁명에서 인권이 처음 선언되었다면, "근대 혁명은 개인 사업이 거의 아무 제한을 받지 않으며 활황을 이어간 오랜 기간, 개인이 점점 더 사회에 맞서 자신의 권리를 주장하고 그에 걸맞은 사회적 책무의 무게는 망각하고 있던 그 오랜 기간의 끝에 온다"고 카는 주장했다. "자유민주주의의 선봉에 선 국가들이 전체주의 국가들 못지않게, 자신이 속한 공동체에 대한 시민의 의무를 강조하는 일이 오늘날 점점 더 필수적임을 인식하게 되는" 때에 권리를 더하면 방정식은 어떻게 바뀔까? 카가 인정했듯이 사실 이 관점은 완전히 "진부"했지만 당시 계속 간과되고 있었고, 이제 해야 할 일은 새로운 복지 공약들을 제도적으로 수립하는 것이었다. 진행 중인 냉전 체제에서 이는 거슬리는 일이었지만, 계획 경제, 복지국가, 그리고 '모두를 위한 자유'를 지향하는 대중 민주주의를 통해 19세기의 '일부를 위한 자유'의 세계를 탈피하는 것에 대해 카는 낙관적이었다.[37]

유네스코 논문집에 담긴 사회권에 대한 지성사intellectual history에서 공통점을 볼 수 있다면, 그것은 권리의 개인주의 원칙에 대한 열렬한 지지자들과 반대자들로, "사회적 자유"를 위해 복지국가를 건설하는 긴급한 과제에 동의하는 사람들이었다. 그들 사이의 긴장은 국가라는 공간을 초월해 권리 원칙을 세계화할 것인지 여부에 집중된 것이 아니라, 그들이 집단 책임과 복지주의 제도 수립을 둘러싼 보다 폭넓은 합의를 돕는가 혹은 위협하는가에 집중된 것이었다. 단지 규범 목록인 세계인권선언으로는 전혀 도움이 되지 않았다고, 카는 조사에 대한 자신의 평가를 마무리하며 결론지었다. "만약 인권에 대한 유네스코 조사의 기획자들이 자신들의 작업이 정당화되기를 바랐다면, 부록으로 덧붙이는 말 없이 선언문을 발행하는 것보다 더 웅변적인 방법은 없었을 것이다." 결국, "[세계인권선언의] 작성자들은 분명 진짜 문제들을 모르지 않았기 때문에, 정

치적 편의에서 그 문제들이 보이지 않게끔 할 필요가 있었다고 추측할
수밖에 없다."[38]

하나의 국민복지국가 체제 내에 한정해 사회적 시민권에 이르는 길을
천착하면서 마셜은 충분성과 평등 사이에 정녕 선택의 여지는 없다고 믿
었다. 사회권에 따라서 국가 시민권을 사회화하는 것은 곧장 대략적인
동등함으로 이어질 것이다. 그러나 이러한 믿음은 1940년대라는 시기가
초래한 착각이었던 것으로 드러나고 있다. 이제 그것은 일시적이고 과도
하게 낙관적인 시나리오(아마도 노동당의 초기 우세 때문이지 냉전의 이
념적 결과 때문은 아니었을)로 보인다. 그의 케임브리지대학 동료인 W.
G. 런치먼이 훗날 쓴 것처럼, 마셜이 사회권으로부터 간단히 내몰아버릴
수 있었던 망령이 악몽으로 돌아오고 말았다. 사회적 최저치를 겨냥하
는 정책들은 전후 시대가 흘러가면서 점점 불안정해지기 시작했을 뿐만
아니라, 때때로 물질적 불평등의 감소보다는 확대를 수반하는 것으로 드
러났다.[39]

1940년대에 대서양 건너편에서 사회권은 근대의 경제 환경 안에서 어
떤 도덕적 이상들을 정의하는 가치 있는 일을 했다. 가장 기본적인 것들
에 관하여 인간 존엄성이 요구하는 임계치, 무엇보다도 보수를 받는 직업
이나 의식주 차원의 구호(사정이 그러한 것을 제공하지 않는다면)에 대
한 최저한의 목록을 정한 것이다. 그러나 세계인권선언은 국가 목표들과
심지어 경제 계획에서의 국가 역할에 관한 더욱 넓은 합의에 의존했을지
언정, 그것을 선언하지는 않았다. 이것은 당시의 사회권에 대한 연구들에

서 일반적으로 등한시되어온 중요한 사실이다. 1940년대에 사회권을 옹호한 사람들 중 누구도 규제받지 않는 시장이 자체적으로 사회권을 널리 달성할 것이라고 전제하고 있지 않았다. 오히려 사회권은 새로운 형태의 국가에 대한 간접적 정당화였다. 또한 대부분의 사람들이 사회권을 평등주의 염원들의 핵심으로서 지지한 것도 사실이다.

그러나 사회권이 아주 널리 퍼진 평등주의적 국민 복지에서 효력을 갖는 것으로서 그러한 국민 복지의 관용어가 되었음에도, 사회권을 승인한 사람은 거의 없었다. 약간의 개인의 기본적 권리를 정의하고 추구하는 것으로는 일반적으로는 복지국가의 의제를, 구체적으로는 계획 경제의 의제를 완전히 또는 심지어 근본적으로 정의하는 데 결코 근접하지 못했다. 사실 복지주의 전망을 표현하는 다른 방법들은 1940년대에 널리 퍼져 있었으며, 대서양 건너 동쪽으로 갈수록 더 많았다. 그토록 많은 사람이 여전히 이것이 복지국가에서 사회 정의를 성취하는 데 최선의 원칙임을 의심한 한 가지 이유였다. 그리고 복지는, 사회권에 초점을 두었든 아니든, 국가를 초월하지 못했다. 반대로 인권, 그리고 특히 국제 인권은 국민 복지의 위기 속에서 널리 알려졌다. 즉, 일부 사람들이 세계적 사회 최저치만을 위해 싸우기보다(오늘날의 사람들이 그러는 것처럼) 복지국가의 세계화를 꿈꾸게 되면서야 널리 알려지게 된 것이다.

3장

프랭클린 루스벨트의 제2권리장전

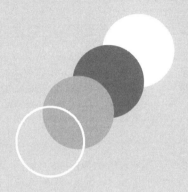

1944년 1월, 치직거리는 라디오에서 미국의 뉴딜 대통령 프랭클린 D. 루스벨트가 대중에게 사랑받고 있던 자신의 노변담화 중 하나이자 마지막에서 두 번째에 해당하는 연두교서를 전했다. 이 "제2권리장전" 연설에 담긴 그의 생각은 의심의 여지 없이 고무적이었다. "진정한 개인의 자유는 경제적 안전과 독립 없이는 있을 수 없다는 사실을 우리는 똑똑히 깨달아야 한다"고 그는 강조했다. 그가 제시한 새로운 권리들의 목록에는 다음과 같은 것들이 포함되어 있었다.

　　ㅡ국가의 기업체, 상점, 농장, 광산에서 쓸모 있고 보수가 주어지는 직업을 가질 권리.
　　ㅡ적절한 음식과 의류와 오락을 얻기에 충분한 돈을 벌 권리.
　　ㅡ모든 농민이 농작물을 재배해 자신과 가족에게 양질의 삶을 가져다줄 만한

가격에 팔 권리.

―모든 사업가가, 규모를 막론하고, 국내와 국외의 불공정 경쟁과 독점 지배로부터 자유로운 환경에서 거래할 권리.

―모든 가족이 양질의 주거를 누릴 권리.

―적절한 치료를 받고 건강을 이루고 누릴 권리.

―고령, 질병, 재해, 실업으로 인한 경제적 근심에 대해 적절히 보호받을 권리.

―좋은 교육을 받을 권리.

―이 모든 권리가 안전을 의미한다.

그리고 이 목록은 몇 년 후 세계인권선언(1948) 안에 들어간 것과 꽤 유사하며, 따라서 현재 전 세계적으로 열망할 수 있는 것들과도 유사하다.[1]

이 연설은 오늘날 루스벨트의 전시戰時 초기 약속들의 정수로 가장 많이 기억되고 있으나, 맥락은 결정적으로 달랐다. 1941년의 연두교서에서 루스벨트는 세계 모든 곳에서의 "네 가지 자유"("빈곤으로부터의 자유"를 포함하는)를 요구했다. 루스벨트는 연설에서 더욱 공정한 세계에 대한 상을 제시한 셈이었다. 그러나 같은 해에 이어진, 연합국의 방침을 열거한 대서양헌장에서 가장 뜨거운 주목을 받은 세계 문제는 독일과 일본 및 영국과 프랑스 같은 제국의 지배를 받고 있던 지역들의 탈식민지화였다. 그때 윈스턴 처칠은 루스벨트를 설득해 세계에 대한 약속을 철회하게 했고, 자결권 없는 "인권"이라는 위로의 미사여구가 빈자리를 채웠다. 그러므로 루스벨트의 1944년 메시지는 청중도 시기도 완전히 달랐다. 미국인들은 미국이 전쟁에 내몰리기 전의 전쟁 위기 속에서가 아니라, 지도자들이 서로 다른 전쟁 무대들에서의 종반전을 계획하는 동안 수많은 동료 시민이 이미 전 세계에서 무장하고 있는 상황에서 1944년 연설을 들었다. 사나운 물결이 미드웨이와 스탈린그라드에서 방향을 틀었고, 전쟁이 진정되는 것을 상상할 수 있게 되었다. 새로운 메시지는 세계에 관한 것이 아니었다. 그것은 미국인들이 희생에 대한 보답으로 받아 마땅한 것을 설명하는 것으로, 고용 보장부터 인도적 일터에 이르기까지, 그리고 너무 어리거나 부상당했거나 병들었거나 늙어서 일할 수 없는 사람들에 대한 사회적 보호에 이르기까지, 평화 시의 한 나라의 기본적인 경제적·사회적 권리들을 계획하고 있었다.

연설은 1940년대를 거치며 사회권이 부상하고 평등주의적 복지국가의 꿈이 더 널리 퍼지게 된 세계적인 이야기에 미국이 어떻게 들어맞는가 하는 어려운 문제를 제기한다. 미국은 단지 여러 국가 중 한 국가가 아니라 그 이상이었다. 전례 없는 부와 권력에 기초해 세계의 지도자로서의 운명을 받아들이고 있었기 때문이다. 그러나 미국은 다른 관점에서도 독특했다. 제2차 세계대전 당사국들 중에서 전쟁에 영토를 가장 적게 침범당한 국가인 미국은 당대의 복지국가 건설에서 가장 적은 업적을 이룬 국가이기도 했다. 한 역사가가 ("복지국가welfare state"가 아니라) "전쟁국가warfare state"라고 부른 것이 나타났고 물질적 불평등을 제한하는 장치가 생겨난 것이다. 그럼에도 루스벨트의 발언은 치켜세워졌는데, 그것이 단지 국가가 하나의 책무로서 사회적 보호라는 짐을 져야 한다는 세계의 견해를 미국이 공유한다거나 심지어 선도한다는 전망을 열어주어서가 아니었다. 그것이 찬사를 받은 것은, 국제적 거버넌스를 통해 전 지구적으로 이러한 보호를 이룩할 보다 나은 미국에 대한 전망을 보여주고 오직 인간이라는 이유만으로 모든 사람이 누려야 할 최저치 지급의 기준을 마련했기 때문이었다.[2]

좋든 나쁘든, 루스벨트의 연설은 이러한 해석들의 무게에 걸맞은 것이 아니었다. 미국인들에게는 그것이 인류에게 주는 선물이기는커녕 하나의 실패였다. 1940년대에 미국인들은 세계에서 경제·사회권의 후발 주자였고, 역사와 경험 덕분에 바로 이 시점에 그들은 비슷한 지역들에서는 지배적 규범이 되고 다른 곳들에서는 지고의 염원이 된 개입주의적이고 보호적인 복지국가 건설에서 벗어났다. 대서양 건너편의 자유주의 체제들에 큰 충격을 준 대공황의 진원지인 미국은 모든 유럽인이 겪은 끔찍한 대학살과 엄청난 영토 파괴를 면했다(진주만의 끔찍한 하루와 이어진 태평양 영토에서의 싸움을 제외하고). 따라서 미국의 경험은, 자유주의, 사회민주주의, 기독교 민주주의, 공산주의 중 어떤 체제하에서건 간에 전 유럽으로 하여금 사회복지국가를 채택하도록 이끌었던 고난의 세월과는 극적으로 달랐다. 그러나 제2권리장전에 대한 편협한 설명들에서 자주 누락되는 이런 보다 넓은 맥락을 고려하지 않더라도, 보다 좁은 미국 역사 내에서의 그것에 대한 진실은 애매하다. 1944년 1월의 미국인들을 위한 사회권 선언은 이미 발가벗겨진 뉴딜 정책의 종말의 전조였지, 최고조에 이른 뉴딜 정책의 왕성한 활력이 아니었다. 그것은 평등주의 국가와 달성해야 할 경제 계획에 대한 뉴딜 정책의 바람을 보존하고 있었지만, 그저 마지막 하나의 몽상이 실현하기엔 너무 늦은 꿈을 상기시켜주는 형국이었을 뿐이다.

1940년대에 미국에서는 신 경제권 선언에 대한 계획이 가장 중요했지만, 루스벨트의 연설 자체는 원래 약 50년간에 걸친 계획과 관련된 것이 아니었다. 헌법학자 캐스 선스타인이 2003년에 출간한 『제2권리장전』은 어떤 학술서보다 루스벨트의 연설에 많은 관심을 기울인 책으로, 이 연설을 사실상 루스벨트 시대의 사람들보다 더 사회권과 연결시켰다. 그러나 만약 제2권리장전이 주목할 만한 가치가 있다면, 그것은 원래의 뉴딜 정책 공약과의 비극적 관계 때문이지 공약의 야망을 대신하기 때문이 아니다. 세계사에서 시장 자유 이데올로기가 승리한 데 따른 산물인 선스타인의 책은 단지 인도적인 것으로서 이 이데올로기를 살펴보려는 것이었다. 선스타인은 경제·사회권이 미국의 헌법 기획 속에 침투할 수 있었다는 점에 주목한다. 그리고 뉴딜 정책 이후의 미국의 진보적 대의의 운명(특히 개입주의 경향에 대한 자유주의적인 헌법재판관들의 반발)에 주의를 기울이면서, 선스타인은 법관들이 그러한 대의를 현명하게 방어하는 적절하고 온건한 입장을 취해야 한다고 강조했다. 냉전 이후 미국인들이 마침내 스스로의 경제·사회권을 되찾을 수 있으리라는 것이 그의 생각이었다. 또한, 국제 인권 운동을 분배와 관련된 것으로 전환하려는 두드러진 시도와 연루된 법관들이 외국에서 그러했듯이, 미국 법관들도 언젠가 재난을 자초하는 일 없이 그런 식으로 해석할 줄 아는 흐름에 합류할 수 있을 것이었다.[3]

그러나 1940년대에 그런 권리장전을 원래 지지했던 사람들의 경우, 목표가 완전히 달랐다. 그들이 품었던 야망이 드러내는 것은 선스타인이 다루지 않은 평등주의적 소망과 개입주의적 도구이며, 그들의 실패가 말해주는 것은 미국식 개혁의 지속적 한계다. 원래의 뉴딜 정책 지지자들은 단지 전시 경제가 아니라 평등주의적 복지국가를 창조하고, 이를 임박한 평화 시대적 "복귀"에서 구해내기 위해 최선을 다하고 있었다. 입법화를 위해서는 부도덕할지언정 반드시 국회의 남부민주당원들에게 의존해야 했던 탓에 완전히 인종 차별적이게 된 그들의 활동은 해외의 유사한 복지 계획들이 그랬듯이 배타적인 성격을 띠었다. 그러나 제2권리장전 배후의 뉴딜 정책 지지자들 역시 세계의 민주주의자들에게 공통된 어떤 열망을 과시했는데, 그것은 단지 충분한 최저치만으로 시장 자유를 상쇄하는 것이 아니라 더욱 평등주의적인(적어도 백인과 남성에게) 국가를 계획하는 것이었다. 이 더욱 화려한 의제는 사실상 당시의 미국과 사회권 수사rhetoric의 접점에서 드러난, 숨길 수 없는 목적이었다. 유럽의 민주주의자들과는 대조되게, 미국의 개혁가들은 사회적 최저치를 제도화하려는 공공연한 계획과 분배의 평등을 위해 계획 경제를 지지하려는 은밀한 목표 모두에서 아주 크게 실패했다. 당시에 다른 방식으로 소득 불평등의 인상적인 완화가 달성되어 일정 기간 지속되었음에도 불구하고 말이다.[4]

선스타인이 제2권리장전을 되살리면서 기획한 것은 미국 사회권의 기원들과 관련해 그가 시종 누락한 것보다 도덕적으로나 제도적으로나 훨씬 의미가 약하다. 선스타인은 시민을 위한 기본적 충분성의 규범이라는 희망적인 약속을 제시했지만 결국 분배적 평등주의의 이상들을 차단한 셈이었다. 이상들이 다 제거되어버린 판이한 신자유주의 시대에 그 이상들의 부활을 주장했으면서도 말이다. 간단히 말해서, 그는 제2권리장전이 난파된 더욱 야심찬 정치의 잔해가 아니었다는 듯이, 불평등 시대를 위한 뉴딜 정책을 제시했다. 그리고 원래의 뉴딜 정책 지지자들이 극히 회의적으로 보았던(정당한 이유로) 사법 집행을 과도하게 강조하면서, (어떤 관리·계획 국가에 대한 뉴딜 시대의 간략한 설명과 함께) 정치경제에 대한 뉴딜 시대의 제도주의적 접근을 완전히 경시했다. 실제 뉴딜 정책이 시행되던 시기에, 즉 뉴딜 정책이 사회 정의가 다른 곳에서 직면한 것보다 더 엄격한 한계에 부딪히기 이전에, 평등은 충분성만큼 중요했고, 개혁가들은 법관들을 사회 변화의 주체가 될 법하지 않은 존재로 보았다. 사실 법관들은 개혁주의 정책에의 특징한 개입으로 인해 흔히 가장 위협적인 적으로 간주되었다.

신자유주의의 개척에 맞서 뉴딜 정책을 방어하기 위해서는 루스벨트의 결정이 뉴딜 정책의 목표들을 요약하고 있었다는 생각을 내려놓아야 한다. 뉴딜 정책은 이미 다양한 모습으로 현실화되어 있었다. 1944년에 뉴딜 정책은 평화가 다가옴에 따라, 즉 전시 경제의 끝이 다가옴에 따라 극도로 방어적이었고 최소화되고 있었다. 제2권리장전에 대한 선스타인의 희망찬 설명은 그것의 평등주의적이고 제도적인 열망을 간과하는 것은 차치하고, 그것의 가장 중대한 교훈을 피해 간다. 충분성과 평등이라는 도덕적 이상 모두를 위한 미국의 시장 개혁은 심지어 모든 복지국가의 기원에서 공통적으로 발견되는 배제적 형태를 취할 때도 유난히 강력한 반대에 부딪혔다. 특히 전쟁 말기에, 즉 루스벨트가 사회권을 잠시나마 고려하던 바로 그 시기에 그랬다. 제2권리장전의 이런 운명은 미국이 국민복지국가의 발전 주류에서 이탈했음을 확인해주었으며, 미국의 정치 이념에서 경제적 자유지상주의가 갖고 있는 특수한 힘을 설명해주었다. 그러므로 뉴딜 정책 내에서의 미국 사회권 등장의 맥락이 미국 사회권의 등장 자체보다 훨씬 중요하다.

충분성(보다 축소해 말하자면 최저 생활 개념)과 평등이라는 분배의 이상은 오래전부터, 주로 미국 이외 지역에서(미국의 반反국가주의적이고 자유지상주의적인 기본값은 비교적 상당히 독특했으며 지금도 여전히 그러하다) 사회 사상의 선도 원칙으로서 서로 경쟁해왔다. 마찬가지로, 사회 정의를 위한 제도적 계획이 다양한 곳에서 발동되어 경제권과 함께 수십 년간 실험되어왔고, 일련의 제도적 실험을 정당화하는 데 기여했다. 1944년에는 많은 곳의 사람들이 근대의 시민권이 '삶의 좋은 것들'의 충분한 최저치를 누릴 사회경제적 권리들을 포함해야 한다거나 심지어 보다 관대한 평등주의적 분배를 계획해야 한다는 기본 생각에 이미 오래전에 도달해 있었거나 독자적으로 도달해가고 있었다. 소련을 거쳐 미국 동쪽에 이르기까지, 그리고 라틴아메리카 남쪽에 이르기까지, 사회복지국가는 훨씬 더 합의된 이상이 되었다. 사회복지국가를 가져올 수단들이 비교적 취약한 경우가 많기는 했지만 말이다.

20세기 중반에 사회 목표들에 관한 헌법의 언급이 증가하는 것으로 미루어, 헌법들은 일반적으로 기본적 권리와 최저 생활에 집중하면서도, 헌법이 설계한 구조 내에서 약속한 사회 정의, 특히 평등주의 정의를 위한 더 큰 운동을 침해하지 않았다. 제1차 세계대전 동안과 이후에, 새로운 국가들을 위한 이러한 헌장들(1917년의 선구적인 멕시코 사례를 비롯해 일반적으로 혁명이나 전쟁 이후 생겨난)은, 중부 유럽과 동부 유럽에서든 다른 라틴아메리카 지역에서든, 여러모로 사회경제적 권리들에 부합하는 큰 걸음을 내딛었으며, 그 결과 전 지구적으로 헌법의 기대치가 바뀌었다. 또한 소련이라는 새로운 모델이자 위협도 있었고, 베니토 무솔리니가 대공황 전에 이탈리아에 세우기 시작했고 격변의 1930년대를 거치면서 다른 파시스트들이 다른 많은 곳에 세운 우파 복지국가도 있었다. 우파 국가들은 분배의 공정성(적어도 기득권층 시민을 위한)에 대한 수많은 논의를 동반했다. 아돌프 히틀러가 복지국가를 가져올 정당이라며 바로 그 당을 국가사회주의노동자당이라 명명한 데는 충분한 이유가 있었다. 계급 없는 사회로 유명했던(새로운 위계를 만들어냈지만) 소련은 1936년의 "스탈린" 헌법에서 역사를 통틀어 어떤 국가 헌장에 등장한 것보다 많은 사회권을 공표했다. 또한 포르투갈 같은 다수의 독재 정권은 같은 시기의 그들의 가짜 헌법에서 똑같이 사회권을 부각했다. 그러나 이 모든 국가는 또한, 그 화제를 다루고 때때로 더욱 평등주의적인 분배라는 결과를 달성하는 데 관심이 있었다. 우파의 경우, 협소하고 종종 민족 중심적인 공동체를 위해서였지만 말이다.[5]

미국은 충분성이나 평등이라는 이상에 기초한 분배의 개혁을 간과했기 때문에 행동을 취하는 데 뒤처졌다. 오히려, 충분성과 평등 중 하나나 둘 다를 국가가 고려해보게끔 판을 깔아준 것이 대공황이었다. 미국인들이 그렇게 뒤처진 한 가지 이유는, 미국의 고립성(먼로 독트린에 따른 미국의 서반구 안전지대와 제2차 세계대전을 통해 그곳을 넘어서는 먼 곳에서 획득한 소유지들에도 불구하고) 때문에 다른 국가들은 진작 포기할 수밖에 없었던 어떤 헌법의 형식적 연속이 미국에서는 좋든 나쁘든 가능했다는 데 있었다. 미국인들은 공화주의 전통을 물려받았고, 공화주의는 로마 시대에나 근대에나 안정을 위협하는 극심한 빈부 격차를 금지했다. 그러나 공화주의의 기원에는 경제적 평등에 대한 원칙적 근거는 없었다(근대 산업 환경에서의 경제적 평등에 대한 것은 말할 것도 없고). 미국인들에게는 그들만의 진보적 움직임이 있었다. 연방 과세를 허용한 수정헌법 16조 외에 미국은 유럽과 라틴아메리카가 전개한 것과 겹치는 일련의 개혁 방안들을 만들어냈다. 19세기의 사권私權 제도를 약간 수정하는 것에서부터 전면적인 사회주의 실험까지 아우르는 방안들이었다. 그러나 결정적으로, 누구도 낡은 헌법을 버리고 새로운 헌법을 취하도록 미국인들을 설득하는 데 성공하지 못했다. 그들 헌법의 결함들에도 불구하고 말이다. 더욱 중요한 것은, 노동조합주의가 급상승하는 동안, 유럽 복지국가의 기원에서 경제권 공인公認을 포함해 핵심 역할을 한 그런 자칭 사회주의 정당(좌파든 우파든)이 전혀 관심을 끌지 못했다는 사실이다. 후발 주자인 미국은 자국의 완강한 반대에 맞서 더 이상 나아갈 수 없었다.[6]

1932년으로 거슬러 올라가, 대공황의 그늘에서 첫 선거 운동을 벌이던 루스벨트는 권리에 대한 기존의 사고방식에 수정이 필요하리라는 것을 간파했다. 토머스 제퍼슨의 권위를 내세우면서, 루스벨트는 미국 혁명이 유서 깊은 재산권에 더하여 "개인 능력"의 권리, 즉 자발적 유급 노동자들을 보호해 그들이 비참한 극빈자가 되지 않게 해주는 권리 또한 봉헌했다고 주장했다. 능력이 없으면 사권 체제는 작동하지 않아, "개인주의를 파괴하기 위해서가 아니라 보호하기 위해서 정부가 개입할 것"을 필요로 했다. 루스벨트는 이어, 미국의 산업 변화가 이 문제의 형식이 아닌 본질을 바꾸어놓았다고 말했다. 이는 미국이 정부 수립을 위해 일으켰던 과거의 반란과 같은 두 번째 혁명을, 이번에는 기업 규제를 위해 필요로 한다는 것을 암시했다. 1차 시기의 권리가 공적 폐해에 대한 공적 보호 장치를 제공하는 것이었다면, 이제는 권리가 이곳저곳에 만연하는 사적 폐해에 맞설 수 있어야 했다. "사업에 대한 정부의 임무는 경제와 관련된 권리 선언의 진전을 돕는 것이다. (…) 이는 더욱 영구적으로 안전한 질서를 갖추기 위한 최소한의 필요조건이다."[7] 루스벨트는 이렇게 단언했다.

이것은 루스벨트가 사망하기 1년여 전에 제시한, 이제는 유명한 제2권리장전을 일찍이 예고하는 것이었고, 사실상 그의 실제 대통령 재임기 중 어느 때보다 장전에 가장 가까이 다가간 것이었다. 1941년 연두교서에서 루스벨트는, "네 가지 자유"(같은 해에 대서양헌장에 등장하게 되는 빈곤으로부터의 자유를 포함)라는 수사와 함께 제2권리장전 공표에 가까이 다가갔다. 그러나 네 가지 자유는 전후의 경제권 수사와 달리, 국내 정치경제 정책의 하나인 뉴딜 정책의 일부분인 만큼이나 또한 세계에 대한 일련의 열망이자 전쟁에 대한 정당화이기도 하여, 하나의 전시 정책으로 널리 이해되었다. 1932년과 1944년 사이에 있었던 가장 중요한 일은, 전쟁이 시작되고 전쟁에 따른 새로운 정치경제가 전개되기에 앞서 벌어진, 대공황에 직면한 국내 정책 수립에서의 일련의 실험들이었다. 어떤 새로운 계획도 개인의 권리 측면에서 미국인에게 정당화되지 않았고, 어

떤 새로운 계획도 사회적 보호의 충분한 최저치만을 목표로 하지 않았다.[8]

뉴딜 정책의 영웅적 시기는 재검토된 미국 사회 계약의 주류 백인 남성 수혜자들을 위해서 농업과 산업 생산에의 야심찬 구조적 개입을 채택하면서 동시대의 유럽이 일찍이 추진했던 복지 실험을 따르는 날들이었지, 그에 따른 보상적 재분배(예를 들면 사회적 최저치의 달성)만을 목표로 하는 날들은 아니었다. 1933년 3월의 루스벨트 취임 직후, 경제 분야에 대한 전례 없는 국가 개입을 수반하는 미국산업부흥법NIRA이 제정되었다. 한 역사가에 따르면, "국민국가에 의한 이런 시장 자본주의의 포괄적 개혁은 입헌민주주의에서(심지어 사회민주주의 정당이 지배하는 국가에서도) 전혀 시도된 적이 없는 일이었다." 그것은, 연방정부에 산업 정책을 만들고 공공사업을 시작할 권한을 부여하는 것 외에, 나중에 제2권리장전이 봉헌하는 것과는 매우 다른, 집단적 노동 조직과 협동조합주의 권한에 대한 권리(수십 년을 거슬러 올라가는, 사회주의와 노동조합주의 열망의 핵심에 가까운 의제)를 허락했다. 뉴딜 정책을 유럽 파시즘과 비교하는 것에 대한 오랜 금기가 풀림에 따라, 미국이 그런 프로그램들을 통해 유럽 계획 국가들(특히 우파의)의 정책 도구와 강한 리더십에 얼마나 가까워져야 했을지에 대한 1930년대 중반의 의식에서 볼 때 유효한 유사점을 살펴보는 것이 보다 보편화되었다. 그러나 루스벨트는, 부분적으로는 그의 혁신의 수혜자들 중 백인 남성에게 특권을 부여하는 남부의 인종 차별적 감정을 수용하는 대가를 치러가면서, 이 중요한 시기에 미국을 형식적으로는 민주주의 국가로 유지했다. 응급 상황에서 장족의 발전을 했음에도 불구하고 시민민족주의civic nationalism는 인종 차별적 민족주의racist nationalism와 절연할 수 없었다.[9]

1935년 미국 대법원이 미국산업부흥법을 폐지하기 이전에 초기 국가 복구 계획이 얼마나 효과적이었는지를 둘러싸고 역사 논쟁이 계속되어왔다. 뉴딜 정책 지지자들이 이전 계획의 입증된 한계에 대처하려 했을 뿐만 아니라 계획에서 몇몇 요소를 지켜내려 했다는 것은 분명하다. 1935년의 사회보장법이 이전에 미국에 없었던 사회 보험의 기초적 외관을 갖추었으나, 뉴딜 정책의 중심부는 경제의 기본 작동과 체제를 규제하려는, 논란이 되고 있는 시도를 계속했다(개인들을 남아 있는 충격으로부터 보호하려 한 것은 물론이고). 사회보장법이 작동을 시작한 해에, 미국노동관계법(또는 와그너법)은 미국산업부흥법이 집단적 노동권을 제도화하고 보장해야 했던 것보다 더 나아갔다. 이는 당대인들이 생각한 것처럼(기뻐하면서든 분노하면서든) 이른바 "산업 민주주의"를 향한 발걸음이었다. 미국산업부흥법의 이전의 파란만장한 역사가 미국인들은 계획을 한다는 것을 이미 논외 대상으로 한다는 사실을 얼마나 잘 보여주는지에 대한 논쟁이 그 후 지금까지 격화되었다. 법원을 자기 사람으로 채운 루스벨트의 위협이 대법원을 개입하는 위치로 돌려놓았음에도 불구하고 말이다. 이제 계획을 얼마나 철저하게 제한할지에 대해 누가 옳았든(옳든) 간에, 그럼에도 불구하고 기능상 와그너법은 최저 임금과 보다 안전한 노동 환경이라는 형태로 노동자에게 기본적 보호를 제공한, 사회보장제도의 기원 및 이후의 공정노동기준법(1938)에 비해 상당히 개입주의적이었다.[10]

뉴딜 정책의 야망이 절정에 달했던 이 시기에 사회에 대한 보다 큰 기획은 사회적 보호의 최저치에 대한 필요를 만족시키려는 것이었을 뿐만 아니라 (심각한 경제 위기 속에서) 부와 "과두제"에 대한 평등주의적 비판을 명확한 특징으로 하는 공정한 사회를 지향하는 것이기도 했다. 이러한 배경 없이 제2권리장전을 논하는 것은, 애초에 극drama을 의미 있게 만드는 대망(혹은 과도한 자만심) 없이 비극의 눈물겨운 죽음 장면을 논하는 것과 같다. 이는 뉴딜 정책이 '삶의 좋은 것들'의 분배에서 개인의 충분성이라는 이상에 국한된 것이 아니었으며, 사회보장법 및 공정노동기준법과 관련된 최저 기준들이 독립된 목표가 아니었다는 것을 반박의 여지 없이 보여준다. 이런 보다 대담한 포부들은 1937년 이후까지, 즉 개혁가들이 그동안 발견하지 못했던, 평등주의 이념을 위한 새로운 기회를 위해 노력한 시기까지 쭉 지속되었다. 아마 그 시기에도, 뿌리 깊은 보수주의에 의해 이미 한계선이 그어져 있었을 것이다. 이제 "평등을 이룩하기 위해 설계된 모든 국가 체계는 극복되어야 하는 불평등의 깊이를 드러내는 동시에, 이전에 이점을 누렸던 사람들의 기회를 위협하게 될 것"임이 자명했다. 제2권리장전에 대해 말하자면, 이러한 전망은 전혀 보이지 않았다. 그것의 맥락은 매우 달랐던 것이다.[11]

1930년대 중후반에 걸친 결정적인 실험 기간 동안, 기본 지급 제도 자체의 주요 지지자는 중도파 공화당원인 존 위넌트였다. 그는 뉴햄프셔 주지사로 재임하다가 루스벨트에 의해 사회보장법 아래 설립된 사회보장국의 최초의 수장으로 임명되었고, 나중에는 전시의 윈스턴 처칠 정부 때 대사로 임명되었다. "우리는 세계에서 사회경제적 보호의 필요를 가장 늦게 인식한 문명국가였다." 1936년에 위넌트는 자신이 감독하는 그 법을 환영하며 이렇게 말했다. 그는 또한, 그 법 제정 이전에 유럽인들이 수십 년간 누려온 국가 제도를 갖지 못해서 미국인의 7분의 1이 "자선"에 기대어 "최저 생활"을 영위했다는 것은 수치스러운 일이라고 덧붙였다. 1941년, 국제노동기구 책임자를 거쳐 영국 대사직을 맡게 된 위넌트는 미국의 개입을 지지하면서(런던의 전임 대사 조지프 케네디는 확고한 고립주의자였다) 전쟁을 "사회 원칙들에 대한, 사회 원칙들을 위한" 전쟁으로 정당화했고, "우리는 우선 모든 자유 시민의 근본적인 경제권, 사회권, 민권을 강화함으로써 우리의 믿음을 정당화해야 한다. (⋯) 우리 개개인은 지금도 미래에도 단합되고 기민한 시민들을 위하여 그리고 전쟁과 평화를 위하여, 사회 정의가 기본적 필요조건임을 명심해야 한다"라고 주장했다.[12]

위넌트가 좌절된 정치적 야망과 처칠의 딸과의 불운한 관계로 인해 자살로 생을 마감하게 된 1947년까지 그가 말하는 사회 정의는 계속해서 지극히 평등주의적인 방향으로 나아갔다. (그가 자기 집에서 총으로 자살하기 전 해에 말했듯이) 해외 경험을 통해서 그는 복지국가가 단지 최저 생활을 위한 것만이 아니라 "총체적 경제 불평등"의 조정에 관한 것이기도 하다는 것을 알게 되었다. "분노와 두려움은 쉽게 증오로 자라나며, 우리는 이러한 감정들이 부도덕한 자들에 의해 얼마나 빨리 사람들을 동료와의 전쟁에 뛰어들게 만드는지를 보아왔다." 그러나 사실상 위넌트가 직접 터득한, 충분성과 평등을 모두 이루어야 한다는 교훈은 뉴딜 정책이 막바지로 치닫는 가운데, 그리고 전쟁이 막바지에 이르면서 제

2권리장전이 의제를 지키려 안간힘을 쓰는 가운데 사라질 위기에 처했다.[13]

　쉽게 말해서, 제2권리장전을 통틀어 가장 중요한 사실은, 그것이 너무 늦게, 즉 뉴딜 정책의 기운이 다해가고 전쟁의 맥락이 매우 달라져 있던 시기에 나왔다는 것이다. 이제 전문가들은 완전 고용과 한시적 계획을 시행하는 데 매우 큰 역할을 했던 전시 경제의 "재개편"을 생각했다. 이러한 제안은 정치인들이 머지않아 일어날 노르망디 상륙 작전을 위해 미국인들을 준비시키면서 확고해졌다. 전쟁이 막바지로 치달으면서 이 제안의 운명이 드러났다. 지지자들은 뉴딜 정책이 애초에 제안했던, 모두를 위한 공정한 몫과 이러한 공정성을 이루는 데 필수적인 경제 계획으로의 진행을 제2권리장전이 이어나갈 수 있다는 희망을 버리지 않았다(스스로의 더 올바른 판단을 거슬러가면서). 그들은 곧 실망하게 되었다.[14]

　루스벨트의 선거 운동 연설로부터 10년이 지난 후의 미국 상황에서 사회권에 대한 생각을 재개함에 있어 미국자원기획청이 핵심 기관이 되었다는 것은 지금은 잘 알려진 사실이다. 1933년 창설된 이 기관은 뉴딜 정책의 시초로 되돌아가, 조정을 위한 정보를 수집한 후 경제 계획을 장려하기 위해 미국산업부흥법 아래서 정부 내의 일종의 싱크탱크가 되었다. 이 기관을 탄생시킨 법을 대법원이 무효화한 후 루스벨트가 이 기관을 지켜냈고, 이 기관은 전시에 진가를 발휘해 미국적인 사회권 논의를 위한 장이 되었다.

　1942~1943년 미국자원기획청의 중요한 이슈는, 전시 경제가 제공했던

완전 고용을 종전 후 어떻게 지속할 것인가, 그리고 루스벨트의 수사가 허공에 띄운 모호한 약속들을 채우기 시작할 사회적 시민권을 어떻게 기획할 것인가 하는 것이었다. 사실상 이로써 미국은 영국의 저명한 사회 계획가 윌리엄 베버리지가 1942년에 영국에 제안한 복지국가 청사진(노동당이 집권하면서 실현되기 시작한)에 가장 가까이 다가가본 셈이었다. 당시 이 같은 유추는 다음과 같이 이해되었다: 베버리지 보고서 1년 후에 미국자원기획청의 직원들은 그를 미국으로 초대했고 그는 1943년 5~6월에 이에 응했다. 위넌트가 이해하게 된 것처럼, 복지국가의 요점은 충분성이라는 최저한도를 달성하는 것뿐만 아니라 공정한 사회를 위한 토대를 마련하는 것이기도 했다. 미국자원기획청의 한 직원이 이 기관의 일을 외국의 유사한 계획과 같은 맥락에 놓으며 이야기한 것처럼, 미국은 "국민 여건의 개선이 모든 집단과 계층의 더 나은 경제적·사회적 평등을 가져올 것"이라는 가정하에 완전 고용과 사회적 최저치를 연결하는 합의에 합류할 수 있었다. 물론 이것은, 뉴딜 정책과 같은 성차별적이고 인종차별적인 형태를 취하지는 않았지만, 계층을 망라한 기득권층 시민(백인에 한한 일반인)을 위한 부의 평등을 의미했다. 그러나 당시 그 기관의 발기인들이 생각하기에, 사회적 최저치를 설정하는 것은 과거 어느 때보다(혹은 이후에도, 즉 가장 부유한 사람들이 최근 달성한 부가 국민 소득에서 차지하는 비중에 의해 평등을 판단하게 되었을 때도) 더 물질적으로 평등한 사회를 성취하는 데 꼭 필요한 일이었다.[15]

사회권과 평등주의적 계획의 관계나 그 관계의 윤리적·제도적 측면 모두에서 미국자원기획청을 통틀어 "가장 영향력 있는 인물"이었던 시카고

대학의 정치학자 찰스 메리엄의 사상을 통해서 가장 쉽게 추적할 수 있다. 메리엄은 심오한 사상가를 넘어, 당대의 수많은 추종자를 거느린 학구적 모험가였으며, 또 하나의 시카고학파의 최고 대표자였다. 메리엄은 자신의 경험 연구에 정치학자의 관점을 도입했지만, 또한 성장과 고용에 집중하는 경제학자의 좁은 시야를 초월할 수 있도록 미국 계획 프로그램을 위한 윤리적 이상들을 규정할 것을 주장하기도 했다. 1935년 '셱터 가금류회사 대 미국Schechter Poultry Corp. v. United States' 사건에서 미국 대법원이 미국산업부흥법 폐지를 결정했기 때문에 복지국가가 "신기루"임이 정녕 사실이었음에도, 메리엄은 이를 알아채지 못했다. 오랜 전쟁 속에서, 그는 국내 압력 단체들과 미온적인 개혁주의 때문에 미국이 한 논평자의 언급처럼 "계획하기보다는 계획되는 국가"가 되는 것을 보고 싶어 하지 않았다.[16]

이 시기 내내 메리엄은 "민주주의"의 포기할 줄 모르는 지지자였으나, 이것이 의미하는 바는 뉴딜 정책의 고무적인 철학이 1930년대와 전쟁 기간 동안에 그랬던 것만큼 많은 변화를 겪었다. 1939년까지만 해도 그의 사상에서는 권리가 크게 중요하지 않았다. 인간의 완전성에 대한 공헌, 피통치자의 동의, 그리고 (무엇보다) 계획이라는 제목 아래 진행되는 "의식적으로 추진되는 사회 변화" 같은 "민주주의"의 특성들 때문에 그에게는 민주주의가 훨씬 크게 두드러져 보인 탓이었다. 그가 자주 언급했듯이, 선택지는 계획이냐 무계획이냐가 아니라 민주주의적 계획이냐 전체주의적 계획이냐였다. 민주주의의 적은 세습 귀족, 문화 귀족, 그리고 보다 최근의 니체의 "초인" 희구(유감스럽게도 국가사회주의 체제하의 독일에서 지나치게 진지하게 받아들여진)였지만, 메리엄은 또한 내부로부터 민주주의를 위험에 빠뜨리는 "경제 불평등"을 비판했다. "경제 불평등은 (…) 경제학의 자유방임주의로부터 정치사회 이론의 엘리트주의로 가는 지름길이다." 그는 1939년에 이렇게 말했다. "민주주의는 산업 지배를 소수에게 맡기는 한 환영받거나 용인될 수 있지만, 사회 통제의 과정에 돌입하면 거부된다."[17]

새로운 권리장전은 루스벨트의 네 가지 자유에 대한 연설이 있기 전에도 논의된 바 있었다(미국자원기획청이 1941년에 이루어진 권리 목록의 완결을 위해 매진하던 때인 1940년 7월에 계획의 한 측면으로서 메리엄이 그 주제에 대해 쓴 메모를 포함해). 1941년 봄에 메리엄은 하버드대학의 고드킨 강좌에서 평등주의적 계획이 민주주의의 과거이자 미래라고 주장했지만("제헌회의 자체가 하나의 확대된 계획 기구였다"고 메리엄은 역설했다), 이제 평등주의적 계획은 민주주의의 행복 추구에서 사회권이라는 새로운 항목을 알아보았다. 메리엄이 생각하기에, 루스벨트가 1941년 늦여름에 대서양헌장에서 다시 언급한 "빈곤으로부터의 자유"는 미국인들에게 더 널리 주어져야 했고, 기초 생활 보장에의 평등한 접근을 수반하게 될 것이었다. 기초 생활 보장이란 "미국인 최저 기준의" 의식 주로 정의되었고, 공정 임금, 실업 구제, 사고와 질병에 대한 보호, 교육권 보장을 포함했다. 노먼 록웰이 널리 알려진 1943년의 연작 회화에서 "빈곤으로부터의 자유"를 칠면조 구이로 저녁 식사를 하는 부유한 백인 가정으로 묘사한 것처럼, 최저치 지급이 가까스로 헐벗음을 모면한 정도가 아니라 "양질의" 수준이어야 한다는 메리엄의 생각은 훗날의 루스벨트의 연설에서도 드러났다. 그리고 이 기본 지급은 루스벨트의 말에서 자주 나타나는, 생활수준의 지속적 향상에 대한 약속도, 특권 제거와 공정한 분배에 대한 또 다른 말도 배제하는 것 같지 않았다. "민주주의는 개인의 발전이 이루어질 수 있게 해주는 메커니즘일 뿐만 아니라, 공공선의 범위 내에서 인성이 최대한 발달할 수 있게 해주는 메커니즘이기도 하다." 메리엄은 이렇게 결론지었다. (제도화된 사회적 최저치 및 광범위한 분배의 공정성 사이의 잠재적 간극을 직관적으로 알아차린 듯, 메리엄은 "기본적 최저치 위에서의 격차"를 허용하되, 국가가 보호하는 최저치가 지속적으로 오를 것임을 시사하는 것으로 이를 해소하려 했다.)[18]

보장에 대한 미국자원기획청의 대대적인 보고서(진주만 공격 전에 완성되고 이후 루스벨트가 1년간 방치한)는 사실 사회권에 대해 이야기하지는 않았다. 그러나 그것은, 궁핍을 넘어, 모든 미국인은 일할 수 없거나 경제 혼란으로 인해 직업을 잃었거나 지나치게 낮은 임금을 받는 경우, 필요한 곳에 자금 지원을 하는 공적 보험에 의해 준비된 구제를 통해서 바로 그 "양질의" 최저치를 보장받을 수 있음을 분명히 했다. 방대한 문서의 세부에 직접 관여하지 않은 메리엄은, 뒤이어 나온 연간 보고서에 새로운 단어 하나를 더함으로써 숙명적인 발걸음을 내딛었다. 사회권이라는 새로운 표현 뒤에는 전시 경제로부터의 힘겨운 전환에서 실패하는 것에 대한 두려움, 그리고 전시 조치를 통해 간접적으로 실현되었던 국민 복지의 이상이 지금이 아니면 본격적으로 제도화되지 못할 것이라는 불안이 잠복해 있었다. 1942년 초에 미국자원기획청은 "새로운 자유"를 언급했고, 같은 해 말에는 사실상 사회권의 새로운 권리장전이 시민들에게

제공됨을 강조하기 시작했다. 오랜 염원들이 새로운 수사로 번역되고 있었다.[19]

미국자원기획청의 보고서는 처음 공개되었을 때 확실히 미국의 베버리지 플랜으로 받아들여졌지만, 베버리지 플랜과는 완전히 다른 운명을 겪었다. 정책 수립으로 나아가지 못하고 쓰레기통에 버려진 것이다. 그것이 근본적인 계획이든 새로운 사회권 수사든, 어떤 미국인들은 열광했지만 많은 미국인들이 경악했다. 진보적 잡지 『더 네이션』은 보고서가 "'우리는 무엇을 위해 싸우는가?'라는 질문에 대한 극적인 답변"이며 "미국인의 권리에 대한 이 새로운 권리장전은 싸움의 목표들에 대한 선언이 될 수도 있을 것"이라고 주장했다. 또한 보고서가 "대서양헌장을 자연스럽게 보완하며, 보통 사람에게는 대서양헌장보다 훨씬 더 구체적이고 훨씬 더 영감을 불러일으킨다"고 덧붙였다. 당시 공표된 권리들은 대부분 노동, 의식주, 여가, 의료에서의 양질의 최저치와 관련된 것이었다. 그중 한 권리는 한계를 넘어 비봉건적이고 민주화된 경제를 겨냥하는 것으로, "강제 노동, 무책임한 사적 권력, 자의적인 공적 권위, 규제받지 않는 독점이 없는 자유 기업 체제에서 살" 권리였다. 이는 권리가 똑같이 대항해야 하는 억압의 두 가지 원천으로서의 국가와 시장이라는, 당시의 익숙한 유비를 수반하는 것이었다. 컬럼비아대학의 정치학자이자 뉴딜 정책 공공사업진흥국의 전문가인 아서 맥마언에 따르면, 미국자원기획청이 열거한 새로운 권리들을 다룬 『민주주의의 개척자』 특집호의 요점은 "봉건화된 사적 경제 구조"를 전제적인 정치적 권위의 분신으로 매도하는 것이었다.[20]

메리엄 등의 주장을 사회권이라는 수사로 정리하는 것은 공정한 사회를 위한 계획이라는 그의 이념을 방어할 방책을 바꿈으로써 이념을 지속시켜주었다. 후일 메리엄은 미국자원기획청이 "경제권 법안을 내놓자 아주 저명한 어떤 정치인이 '이건 헛소리와 사회주의를 섞어놓은 것'이라고 말했다"고 농담했다. 그러나 메리엄은 "사회 세력들의 균형과 통합을 통해 공공의 행복을 증진하는 국가 역량을 저평가"하거나 "국가를 힘과 폭력이라는 원시적 도구의 측면에서만 생각"하는 "비관론자"들에 맞서, 좋은 삶을 달성하는 데 있어서의 국가 역할을 굳게 수호했다. 개인의 권리에 대한 하나의 수사를 통해서 폭넓은 의제를 표현하는 것은 사회 정의를 위한 계획이 미국 전통과, 특히 문화적으로 뿌리 깊은 자유지상주의와 일맥상통해 보이도록 만들었다. 동시에, 자유와 계획을 통합하거나 심지어 계획의 측면에서 자유를 재정의하는 그런 국가를 숭배했던 메리엄 등은 여전히 사회권을 경제개혁과 관련된 것으로 이해했다. 메리엄이나 다른 관련자들이나 모두, 법관들이 얼마나 수동적으로(또는 이 문제에서는 능동적으로) 행동해야 하는지에 대해 논쟁하려 들기는커녕, 사법 집행을 언급하지 않았다.[21]

결과적으로, 좋든 나쁘든, 거의 아무도 메리엄에게 속지 않았다. 『월스트리트 저널』은 미국자원기획청의 간접적 정당화 기획을 비난했는데, "전제주의를 의미하든 아니든" 그것이 "정부의 계획"이기 때문이었다(신문은 보고서가 "전체주의를 위한, 아마도 의도하지 않은 위장"이라고 덧붙였다). 미국판 베버리지 플랜의 실체는 재앙적인 것으로 드러났으며, 미국자원기획청은 몇 달 안에 없어졌다. 보고서는 너무나 논란을 일으켜 언론의 비난 대상이 되었고, 국회는 사회권을 제안하는 문서의 잉크가 채 마르기도 전에 기관에 대한 자금 지원을 끊었다. 『타임』은 이것을 "올해의 실패작"이라고 불렀고, 『뉴스위크』는 "이렇게나 중대한 보고서가 공적 논쟁으로부터 이렇게나 빨리 사라지는 경우는 거의 없었다"고 언급했다. 게다가 보수적인 주요 언론의 빗발치는 조롱과 국회의 퉁명스러운 거부도 있었다. 루스벨트가 현재는 널리 칭송받는 1944년 1월의 연두교서에서 제2권리장전을 발표하면서, 보고서의 내용이 아니라 1942~1943년에 계획을 포장했던 새로운 포장재를 구해낸 것임은 분명한 사실이다. 그러나 미국인들에게 사회권이 제기된 것은 "개혁의 끝"에 이르러서였다. 즉, 10년 전에 시작된 가장 평등주의적이고 조직적인 형태의 개혁이 일련의 단계에서 뒤처지고, 심지어 사회적 최저치라는 남은 이상마저 어떤 국가 프로그램들의 경우를 제외하고는 사라져버린 그런 시점에 이르러 사회권이 제기된 것이었다.[22]

그러나 제2권리장전이 제도적 계획에서 권리 목록으로 완전히 옮겨 갔다거나, 국민 복지의 두 가지 구성 요소 중 하나만을 확실히 선택해 평등에의 요구를 충분성에의 요구로 전환했다는 것은 틀린 말이다. 제도적 계획이 쇠퇴함과 동시에 루스벨트가 시민들에게 사회적 최저치를 지급하는 것만을 마음에 둔 것은 아니었다. 메리엄의 경우에 흔히 그랬던 것처럼 루스벨트의 경우에도, 연설에, 특히 "소수만을 위한 특권"의 종식을 요구하는 연설에 평등주의 이상이 잔류하고 있었다. 일자리, 의식주, 의료, 여가의 영역에서의 최저선을 설정함과 함께 루스벨트의 목록은 사회권으로 환원할 수 없는 반反과두제 원칙 또한 보존하고 있었다.

동시에, 특히 네 가지 자유라는 말의 개념상의 세계 차원들에 관한 한, 사회권 선언 때문에 취해지지 않은 전시戰時의 계획들이 있었다. 혹자는 제2권리장전이 "세계에 대한 뉴딜 정책"의 본보기라고 주장하기까지 했지만, 실은 전혀 그렇지 않았다. 1940~1944년에 부통령을 지냈고 전후를 위한 확장된 뉴딜 정책의 대변자였던, 분열을 일으켰으나 인기 있었던 인물 헨리 월리스는, 재임 중에 전국적 열광을 불러일으키며 국내와 해외의 경제적 유토피아를 꿈꿨다. 하지만 빈곤으로부터의 자유에 대한 그의 기획은 완전 고용을 이루는 것 중심으로 돌아갔으며, 사회권 목록에 영향받지 않았다. 1941년 4월, 그는 제2권리장전이 아니라 "의무장전Bill of Duties"이라 할 만한 것을 제시했다. "권리와 의무의 장전 아래, 우리는 각 시민이 일반 복지에 생산적으로 기여할 수 있는 유연한 구조를 가질 수 있다"고 월리스는 설명했다. 다음 해에 월리스의 인기가 정점에 이르고 그의 기독교적 천년왕국 신앙이 만개했을 때, 그는 '네 가지 자유' 연설에 자신의 연설로 응답했다. 거기서 그는 가장 긴요한 과제는 더 많은 자유가 아니라 네 가지 의무를 공표하는 것임을 다시 한번 덧붙이며, 미국인들이 미국의 세기를 선택하지 않고(1941년 『타임』지 발행인 헨리 루스의 표현) "보통 사람의 세기"를 선택할 것을 주장했다.[23]

하지만 전시의 뉴딜 정책에 대한 월리스의 바람은 빠르게 주변부로 밀려났다. 그는 미국이 세계의 극빈에 저항한다는 '네 가지 자유' 연설의 약속을 진지하게 받아들였다. 월리스는 어리석게도 자신의 연설에서, 소련의 전 외무장관이자 미국 주재 대사인 막심 리트비노프의 아내와 나눈

대화를 언급했다. 월리스의 이야기에 따르면, 두 사람은 연합국의 전쟁이 과연 전 세계의 아이들에게 반 파인트나 1쿼트의 우유라도 매일 먹게 해줄 수 있을지 의구심을 가졌다. 미국제조업자협회 회장이 이 대화를 이용하면서 월리스는 아주 곤란한 상황에 처했다. "모든 미개인에게 1쿼트의 우유"를 제공해야 할 책무가 미국인에게 떨어질 수 있다는 명백히 두려운 생각은 험악한 화제가 되었으며, 결국 이 일의 영향으로 월리스는 1944년에 해리 트루먼에게 부통령 후보 자리를 내주게 되었다. 이 일이 세계에 미친 결과로 미루어, 이 일은 이 시기 가장 운명적인 사건이었는지도 모른다.[24]

월리스의 사례가 보여주듯이, '네 가지 자유' 연설과 대서양헌장이 대서양 연안 국가들에서, 심지어 전 지구적으로 담론의 물꼬를 트는 데 기여했다는 데는 의심의 여지가 없다. 이는 두 가지 다 일찍이 제2차 세계대전 중에 등장했기 때문이기도 하고, 큰 불확정성으로 인해 다양한 반응을 초래할 수밖에 없었기 때문이기도 하다. 미국법률협회는 전후 질서에 대한 같은 염원을 드러내어, 1944년에 지금의 세계 표준의 사회권을 포함하는 기본 인권에 대한 성명을 자체적으로 발표했다. 협회의 전문성에 힘입어 성명은 유엔이 세계인권선언으로 나아가는 데 특히 중대한 역할을 했다. 비록 미국 국내 정치에서는 아무 역할도 하지 못했지만 말이다. 더 넓은 맥락에서 보자면, 제2차 세계대전 이후 미국의 엄청난 경제적·정치적 지배력으로 인해 다른 국가들의 행동보다 미국의 행동이(그리고 행동하지 않음이) 더 큰 의미를 갖긴 했지만, 미국이 사회권과 관련해 취한 전진이나 후퇴의 시늉이 얼마나 중요했는지는 대체로 명확하지 않다. 미국이 세계인권선언의 초안 작성 때 합의에 참여했으면서도 사회권에 대해서는 가장 미적거리고 있었던 만큼, 1940년대의 사회권을 둘러싼 일반적 합의가 미국의 수출품일 리는 없었다. 1940년대 중반에 경제·사회권에 대한 미국의 일부 자유주의자 엘리트들의 일시적 관심이 전 세계적 합의를 구체화하는 데 영향을 미쳤다는 것은(또는 그러한 관심이 없었다면 합의가 이루어지지 못했으리라는 것은) 신빙성이 떨어진다. 물론 미국의 일부 엘리트들이 1940년대에 경제·사회권을 지지하지 않았다면 그 규범들이 세계인권선언에 들어갈 수 없었으리라는 것은 분명하지만, 당시 미국은 제2차 세계대전 후 질서의 모든 측면에서 매우 중요한 존재였다. 머지않아 미국이 태생적으로 사회권과 대립된다는 "신화"가 생겨났는데, 이는 과거에나 지금에나 핵심 진실인 것을 담고 있는 그런 신화들 중 하나였다.[25]

미국 제2권리장전의 기원에 대한 이야기는 약간의 분배 평등주의와 제도 실험주의를 간직했지만, 미국이라는 현장에서 정치경제를 대폭 사회주의화하기엔 궁극적으로 제약이 있음을 극명하게 보여준다. 이전의 뉴딜 정책, 공정근로기준법, 그리고 (그보다 앞선, 더욱 과감한) 노동자에게 권한을 실어준 와그너법을 계승한 것을 적절히 감안하더라도 미국 '전쟁국가'가 성공적으로 복지국가로 전환되지는 않았다. 메리엄의 전기 작가가 오래전에 통찰력 있게 썼듯이 "메리엄의 세대는 뉴딜 정책이 극히 미완의 작업이 될 것임을 알고 있었지만 (…) 그들은 포기하지 않았다. [그러나] 초기의 격론이 지나간 뒤, 대부분의 미국인에게서 그 [사회권에 대한] 생각은 사라졌다." 미국자원기획청의 복지주의 보고서와 사회권이라는 말이 정확히 진보적 경제 계획에 대한 저항이 치솟을 때 등장한 것은 과감해 보였을 수도 있지만, 멍청한 일이었다. 한 논평자의 말처럼, "화물 열차 엔진을 정면으로 들이받는 황소" 같았다.[26]

오히려, 개입주의 정부를(결국 경제 계획과 사회권을) 지향하는 형태의 미국은 그 움직임에 대한 기업 이해관계의 힘과 저항이 루스벨트의 실험에 가한 위협을 노정했다. 미국자원기획청이 폐지된 것은 결정적이고 가시적인 한 가지 예일 뿐이었다. 근대사에서 아주 오래전에 그랬던 것처럼, 뉴딜 정책 시행 때의 미국에서 일반적으로 권리의 언어는 표면상 탐욕스럽고 주제넘은 국가 개입으로부터 사적 거래를 보호하는 역할을 했다. 1930년대 중반의 루스벨트의 압승으로 최악의 궁지에 몰렸던 공화당은 시간이 가면서 더 큰 힘을 행사하기 시작했으며, 루스벨트의 첫 당선에 대응해 동원된 미국자유연맹은 조국에 미국적 가치를 일깨워주기 위해 부단한 노력을 했다. 미국변호사협회 회장인 판사 윌리엄 랜섬은 1936년 여름에 셔토쿼의 대군중 앞에서 "동향과 조치들이 (…) 미국인들에게서 개인의 권리와 경제적·정치적 자유를 빼앗고 있다. (…) 미국의 일반인들은 정부의 기초 여건과 기업 고용 구조에서의 급진적 변화가 과연 자신이 바라는 바인지를 생각해보고 있다"라고 말했다. 훗날, 국가의 엄청난 팽창과 전례 없는 방향 속에서도 나름대로 전시 경제를 유지하던 다른 선진국들보다 미국에서 더 많은 기업 이익이 났다. 그리고 정부 지원하에 성공적인 계획을 제도화한다는 특별한 중요성에도 불구하고 전시 경제는 기업 주도의 민영화를 통해서 급속히 막을 내렸다.[27]

미국인들에게 국가 역할에 대한 변함없는 남다른 기준선이 있었다면,

초기에서 중기까지의 뉴딜 정책과 전시 경제는 굉장한 이탈이었다. 유럽인들에게서는, 정부의 불연속 때문에, 혹은 영국의 경우처럼 정부의 존재에 대한 진정한 위협 때문에, 기준선이 너무 심하게 바뀌었다. 미국에서는 이에 비견될 만한 일이 전혀 일어나지 않았는데, 이는 뉴딜 정책의 급진주의가 억제되고 전시 경제가 다른 형태를 취하면서 다른 결과가 나오게 되었음을 뜻했다. 가장 예리한 분석가 중 한 사람이 말한 것처럼, "영국의 계획 수립자들이 전쟁의 막바지에서 급진주의의 물결을 기대하고 있었다면, 미국의 계획 수립자들은 그와 정반대되는 것을 기대하는 것을 배우고 있었다." 제2권리장전의 해인 1944년은 또한 프리드리히 하이에크의 『노예의 길』이 출간된 해였다. 이 책은 이듬해 봄, 미국을 강타했고 『리더스 다이제스트』에 요약본이 연재되면서 수백만의 독자를 얻었다. 메리엄은 1944년에 발표한 글에서("계획은 하이에크 박사에게는 저주나 다름없는 것이며, 교회의 도움을 얻지 못한 채 더 낮은 림보로 빠져나가야 하는 것이다") 그리고 이 두 사람을 서로 맞붙게 한 1945년 4월의 한 라디오 방송에서, 하이에크의 제안을 감정적으로 반박했다. 너무 늦은 일이었다.[28]

제2권리장전은 그것의 대변인이 역사의 무대에서 퇴장할 무렵에, 즉 뉴딜 정책의 말기에 등장했다. (루스벨트는 사실 병 때문에 국회에서 직접 제2권리장전 연설을 하지는 못했다.) 개입주의적 계획 국가 대신에, 혹은 적어도 자본가 계급과 정당하게 협상할 수 있도록 노동자에게 부여된 확실한 권한 대신에, 국가를 오래 지속된 경제 공황에서 마침내 구해낸 전시 경제가 평상시 상태에서의 일시적인 이탈로 취급받게 되었다. 사실 와그너법은 그대로 유지되었고, 몇 년간 실험이 중단되었다가 미국의 참전으로 마침내 꾸준한 회복의 여지가 생겼기 때문에 미국은 이 시기에 공공 부문 지출과 다른 방안들을 조합해 완전 고용 정책에 전념했다. 하지만 제2권리장전의 시대는 정책 차원에서 완전 고용에 대한 기대를 뒷받침했을 뿐(세계의 다른 곳에서 오래전부터 노동권이라고 불러온 것을 피하면서), 완전 고용에 대한 철저한 보장을 확실히 하는 데는 실패했다.

'삶의 좋은 것들'에 대한 충분한 분배는 규범화로 나아가지 못했다. 물질적 평등의 경우, 반독점법과 누진 과세처럼 최소한의 물질적 평등을 달성하는 간접적 방안들은 과세와 지출을 정당화하는 기약 없는 전쟁 상황과 더불어 한동안 지속될 수 있었다. 그렇지 않았다면, 뉴딜 정책의 더 많은 선택지가 보류되면서(전시에 확산되었음에도 불구하고) 소비주의적인 면모의 케인스주의가 만연했을 것이다. 말할 필요도 없이, 전시 미국의 사회권 공표는 일부 사회권 지지자들이 상상한 것처럼 트로이의 목마 역할을 하지는 않았다. 심지어, 전시에 한정된 일탈로서 말고는, 분배적 평등주의를 견고하게 뿌리내리거나 경제 계획을 제도화하는 등은 말할 것도 없고, 미국 정치에 '삶의 좋은 것들'에 대한 최소한의 권리를 숨겨 들여오지도 않았다.[29]

사회권이 많은 주제를 다루는 연설(대부분의 연두교서 연설이 그렇듯이)의 뒷부분에서 몇몇 짧은 단락들로 언급되는 것은 옳지 않았다. 특히, 전시 생산을 보증해줄 일종의 국가의무복무법에 대한 훨씬 널리 알려진 제안을 루스벨트가 연설 서두에서 길게 발표하고 옹호한 것과 대비되게 말이다. 연설이 진행되는 동안 미국판 사회권의 기원과 궤적을 아무리 유심히 관찰해도, 미국판 사회권은, 이제는 시들어가고 있는 야망의 초기 모습에, 그리고 자신들의 기획이 만료 시점에 이르렀음을 침울하게 인식하고 있는 몇몇 뉴딜 정책 지지자들의 희망 사항 목록에 미미하게 남아 있을 뿐이었다. 여러 면에서 루스벨트의 제2권리장전은 부상자 분류에서 살아남은 뉴딜 정책 염원들의 가장 온건한 형태였다.

보통의 유럽인들과 달리, 미국인들은 대공황으로 인한 빈곤에 노출되었으나 대서양 건너편의 많은 유럽인을 국민 복지의 이상을 지지하도록 몰아간 전쟁의 참상에는 노출되지 않았다. 제2차 세계대전은 미국의 개입에 의존해 해결되었으나, 전승 패권국을 제외한 모든 곳에서 찬양받은 국민 복지의 꿈을 궁극적으로 좌절시킬 시한폭탄을 심어놓았다. 서유럽과 동유럽, 그리고 라틴아메리카에서도 사회적 시민권을 위한 더 강력한 노력이 확고해졌다면, 제2권리장전의 적절한 재구축은 미국인들이 당시의 국민 복지에 대한 (지속력 있는) 합의에 돌입하는 데 얼마나 조심스러웠는지를 역설한다. 몇 년 전에는 열성적인 공공 지출이 있었고 이제는 1946년의 고용법 통과가 임박해 있었음에도 불구하고, 1930년대에 일종의 복지국가를 이루는 데 착수했던 미국인들은 현재의 세계에서는 자신들이 사실상 달성한 전쟁국가warfare(복지국가welfare가 아니라)를 초월하는 것이 힘든 일임을 깨닫게 되었다. 1947년에 드와이트 맥도널드는, 한때 큰 인기를 끌었지만 머지않아 망각 속으로 사라진 매디슨 애비뉴의 광고들을 거론하면서, 네 가지 자유를 이제는 "피비 스노나 사폴리오 징글스처럼 다행스럽게도 잊혀진" 어떤 "광고 문구" 같은 것으로 보았다(피비 스노는 1900년대와 1910년대에 철도 광고에 나온 여자, 사폴리오 징글스는 비누 브랜드 사폴리오의 광고 음악, 매디슨 애비뉴는 뉴욕의 광고업 중심지 ― 옮긴이).[30]

영광스러운 뉴딜 정책 시대는 경제적 위계에 대한 자유지상주의적 "묵인의 시대"와 현재의 신자유주의 시대 사이에서 "커다란 예외"를 이루었다. 엄청난 차이는, 1960년대의 "빈곤과의 전쟁" 이후, 가장 지독한 인종차별적 배제의 훨씬 극적인 철폐 및 여성의 정규 노동력으로의 해방적 통합과 함께, 적절한 지급 혹은 충분한 지급에서 큰 진전이 이루어졌다는 것이다. 루스벨트의 마지막 대통령 선거 운동은 심지어 제2권리장전 연설 후에도 전쟁 말기의 지배적 이데올로기였던 완전 고용을 최우선시했다. 산업별노동조합회의는 "1944년 국민 계획"에서 경제권 권리장전의 필요성을 내비쳤으나, 마찬가지로 완전 고용을 의제의 맨 위에 올렸다. 그렇지 않았다면 사회권 권리장전은 미국 정치에서 다시 등장하지 않았을 것이다. 일부 내용은 더 제한적이고 단편적인 형태로 천천히 달성되었겠지만 말이다. 미국의 공상적 자유주의자들은 1940년대 이후에도 계속 상당한 야망을 품고 있었지만, 빈곤과의 전쟁에 임하게 되기 전에는(어떤 국가도 누려보지 못한 최고의 번영기에, 그리고 미국의 정책들이 계속 불이행되기 전에) 완전 고용에 과하게 집중하는 식이었다.[31]

이후 미국의 자유주의자들은 새로운 정책들에 의해 박살 난 꿈인 약간의 물질적 평등을 목표로 삼지 않고 그저 충분한 분배를 목표로 삼았다. 훗날의 불완전한 의료 제공에 대한 논쟁에서 가시적으로 드러났듯이, 이러한 차원에서의 그들의 보다 작은 염원들이 더 쓰라린 싸움을 모면하게 해주지는 않았지만 말이다. 제2차 세계대전이 끝날 무렵에 좀더 자유지상주의적인 충동이 강해졌음에도, 시장에서 자유라는 유토피아의 진정한 부활이 이루어진 것은 1970년대와 그 이후의 일이었고, 이는 당연히 궁극적으로 심각한 위계를 초래하고 세계에 커다란 영향을 미쳤다. 인권이 과거에도 미래에도 미국이 세계에 물려준 유산이 될 수 있음에도, 실상 신자유주의를 인간화하자는 제안에 그친 채 향수에 젖어 뉴딜 정책을 옹호하게 될 것이었다.

4장

제국 이후의 복지 세계화

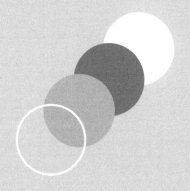

미국의 국무차관 섬너 웰스는 1942년의 전몰장병추모일에 알링턴 국립 묘지에서 말했다. "전쟁 전의 세계에서는 수많은 사람이 실직 상태였다. 몇백만 명의 생활수준이 측은할 정도로 낮았다. 그곳은 국가들이 불평 등과 증오를 담은 말들인 '가진 나라'와 '못 가진 나라'로 나뉘어 있는 세계였다." 이어서 웰스는, 전쟁의 불씨가 가라앉은 뒤의 국가들의 본성에 대해 생각하면서, "전쟁이 끝나면 (…) 너무나 오래 빠져 있었던 구렁텅 이로부터 세계를 구해내고, 빈곤으로부터의 자유가 존재할 수 있는 세계 질서로 세계를 이끌 힘과 자원을 오직 미국만이 가지고 있을 것이다"라 고 말했다. 하지만 전 지구적으로 불평등을 차단하는 일도, 심지어 전 지 구적으로 사회적 최저치를 확보하는 일도 일어나지 않았다. 사실, 세계 적 평등과 같이, 사회권의 세계화가 이루어지는 일은 한 번도 없었다. 세 계를 위한 뉴딜 정책은 없었다.[1]

특히 웰스가 소외되고 다른 미국인들이 계획을 담당한 이후, 대표적인 정치경제 형태는 국가주의적인 것이었다. 국제 거버넌스가 수립되었지만, 그 목표는 연합국 정부들이 정한 강대국의 통치자적 지위를 확고히 하고, 또 다른 경제적 참사에 대비해 안전장치를 만들며, 서유럽과 대서양 건너편 지역의 상호 의존을 위한 새로운 조치들을 취하는 것이었다. 제2차 세계대전 동안과 그 후에, 복지는 어디서나 국민 복지로서 수립되었으며, 충분성과 평등이라는 두 이상은 세계 차원으로 격상되지 못한 채 기존의 공간들과 새로운 공간들에 갇혀 있었다. "유엔헌장은 국민주권국가의 보존을 바탕으로 작성될 수밖에 없었고, 따라서 헌장이 해결하려는 문제의 규모에 미치지 못하는 불만족스러운 타협이 될 수밖에 없었다." 1947년 해럴드 래스키의 논평은 암울했다. 세계인권선언(1948)은 정치경제에 대한 헌법적 정통성의 상태를 제시하면서 사회권을 선언했다. 하지만 세계인권선언의 서문에서 알 수 있듯이, 선언에서 최우선의 목표는 국민 복지의 한 본보기를, 즉 "사람들과 국가들을 위한 높은 성취 기준"을 세우는 것이었다. 심지어 남아 있는 여러 형태의 국제 공산주의도 전 지구적 평등은커녕 충분한 최저치에도 집중하지 않았다. 이오시프 스탈린은 이미 오래전에 "일국사회주의"를 이룩하는 것이 최우선임을 선언한 터였다. 제2차 세계대전이 끝났을 때 스탈린은 지역 제국을 건설하기로 했지만, 그 제국은 일련의 국민복지국가 사례들로 구성되어 있었다. 동서양을 막론하고 양극화된 세계를 위한 '국가 안보 국제주의'가 출현했다.[2]

복지국가는 국민 공동체를 위한 증가하는 사회적 보호와 불평등 제한을 과시했으나, 제국 형태를 띠는 경우도 많았다. 아돌프 히틀러의 동유럽 제국이 파괴되고 스탈린의 제국으로 대체되었을 때, 철의 장막 동쪽에 사는 모든 이에게는 적어도 공식적인 국민의 지위와 시민권이 있었다. 하지만 서유럽 제국들은 시민들을 위한 공간이라기보다는 신민들을 위한 공간을 구축했다. 제2차 세계대전 전에 식민지 개혁이라는 시류를 따른 것은 제국을 재구성하는 짧은 실험 국면이었지만, 반짝 성공에 그쳤다. 20세기 초부터 식민 통치에 저항하는 소요가 확산되자 제국들은 이미 몇십 년간 해온 문명화 진행에의 약속을 더 많이 하는 것으로 대응했다. 이것으로는 충분하지 않았다. 국민복지국가의 우선 달성과, 국민복지국가가 제국 신민들에게 더 많은 관용을 베풀 것이라는 잠정적 약속에도 불구하고, 제2차 세계대전 이후 전 세계적으로 탈식민지화가 이루어져 오래된 제국들이 신생국들을 쏟아냈고, '삶의 좋은 것들'의 공정한 분배라는 이상이 정말로 세계화되는 것을 기대해볼 수 있었다. 탈식민지화는 이전 어느 때보다 훨씬 많은 인류에게 복지 이데올로기를 가져다주는 데 그치지 않았다. 탈식민지화의 가장 야심찬 면은, 본디 복지에 대한 열망을 국경으로 나뉜 일련의 공동체들에 한정시켰던 그 국가적 틀과 결별했다는 데 있었다.

탈식민지 국가들의 구체적인 분배의 이상과 정책은 지역 차원에서도 전 지구적 차원에서도 거의 연구된 바 없는 주제다. 제2차 세계대전과 1970년대 사이에 그 국가들이 보여준, 스스로의 복지를 구축하고 나아가 과거 어느 누가 꿈꾼 것보다 광범위하게 분배의 평등을 세계화하려는 열의는 신자유주의 시대에 "인권" 및 관련 개념들을 둘러싸고 전 세계적으로 충분성이 부상하게 된 본질적인 배경이다. 하지만 그 이상의 의미가 있다. 이후 대체로 일축되어온 복지국가의 분배 관련 야망과 마찬가지로, 신자유주의가 폭발적으로 성장하기 직전에 완전한 전 지구적 평등에의 꿈이 자리 잡았다는 사실도 상기해야 한다. 같은 시대에 탈식민지 국가들은 하나의 국제 조약에 의한 경제·사회권의 법제화를 후원했다. 20년 전, 사회권 조항들을 담은 세계인권선언은 국민 복지 프로그램의 주변을 도는 하나의 작은 인공위성이었다. 이제는 분배에서의 충분한 최저치를 겨냥하는 권리들이 국제법에 담겼지만, 평등주의적·전 지구적 정의를 바란 훨씬 더 야심찬 탈식민지적 소망에는 비할 바가 못 되었다.

강대국 흥망의 역학은 천 년 넘게 탐구되었고, 국가의 부와 빈곤은 두세기 동안 주의 깊은 관찰의 대상이었다. 하지만 세계 질서에서의 분배 정의는 전례가 없는 도전이었다. 식민지에서 벗어난 국가들은 이제 시민의 지위를 갖게 된 자국민을 위해 충분성과 평등이라는 짐을 모두 짊어졌고, 사회 정의와 관련해서는(특히 사회 정의의 장래의 전 지구화와 관련해서는) 충분성이 아니라 평등을 우선시했다. 사회 정의에 대한 이 국가들의 꿈은, 가장 흔한 목표인 국가들의 평등과 함께, 현저하게 국가주의적이었다. 대부분의 사람들이 그런 평등을 단지 개인의 평등을 위해 수용가능한 대체물 정도로 이해하기는 했지만 말이다. 이 국가들의 전례 없는 사회 정의의 전 지구화에 대해 말하자면, 그것은 1974년 신 국제경제질서NIEO의 건의안에서 가장 두드러졌는데, 어렵게 주권을 얻은 국가들의 취소 아닌 보존을 생각하는 것이었다. 그것은 세계주의적이었으나, 혜택 받지 못한 국가들을 위한 것이었다.[3]

프랑스 혁명 시대와 그 시대의 선구적인 자코뱅파 복지국가는 고대 "세계주의cosmopolitanism"의 부활과 변화를 목도했지만, 서구 규범에 대한 어떤 고대 사상가나 심지어 근대 사상가도 분배와 관련된 우리의 책무를 폴리스, 제국, 또는 탈식민지화 이전의 국가 너머로 확장하는 상상을 한 적이 없었다. 평등에의 헌신으로는 조금도 나아가지 않은 채 충분성이라는 책무에 대한 첫 번째 분명한 지지자였던 토머스 페인이 대표적인 경우였다. 그는 언제나 윤리학을 시간과 공간을 초월하는 보편적인 것으로 보았으나("프랑스 특유의 영예는 이 나라가 이제 모든 국가의 자유 기준을 높여주고 있다는 것이며, 자국을 위해 전투에 임하는 가운데 전 인류의 권리를 위해 다투고 있다는 것이다"라고 그는 썼다), 이러한 윤리학이 국가라는 공간 내에서 입증되어야 한다고 생각했다. 그는 심지어 충분성을 위해서도, 국경을 넘어서는 분배와 조금이라도 비슷한 것은 전혀 제기하지 않았다. 그것은 모든 인류의 대표자로서 프랑스 국민의회에 선출된(페인과 마찬가지로) 눈에 띄게 특이한 독일 남작 아나샤르시 클로츠와는 전혀 다른 점이었다. 클로츠는 한 연설에서, 프랑스 국경 너머에 잔존하는 구체제를 군사적으로 정벌할 것을 주장하며 다음과 같이 약속했다. "인류는 일단 태어나면, 이방인을 겪어본 적 없는 자연 자체를 한때는 모방할 것이다. 그리고 두 반구에서, 연합한 개인들의 공화국에서 지혜가 군림할 것이다." 그러나 심지어 클로츠도 이 분배의 세계화에 함축된 의미를 끌어내지 못했다.[4]

　멀리 내쳐졌던 분배에 대한 생각을 보다 쉽게 이용할 수 있게 해준 것은 훗날의 두 가지 전통이었다. 분명 가장 중요한 것은, 보다 큰 공정성을 추구하는 의식을 감수할 필요가 있음을 주장한(그러나 언제나 제국이 늘 유지하는 지속적인 위계적 권력 관계라는 맥락에서) 식민지 말기 전망들이었다. 다른 하나는 사회주의적 국제주의였다. 하지만 본토에서와 마찬가지로, 분배의 이상에 대한 사회주의의 유산은 복잡했다. 카를 마르크스는 이미 「공산당 선언」에서 자본의 힘이 "세계주의적cosmopolitan" 이라고 언급하고, 이를 타도하려면 전 지구적 연대와 대응이 필요하다고 암시한 터였다. 마르크스주의자들의 국제 혁명 주장은, 더 공정한 분배보다는 위계적 권력의 종식을 요구한다는 점에서 19세기 사회주의 전통에 훨씬 가까웠다. 기껏해야 자본주의의 자멸을 부추기거나 기다리는 데 그쳤던(특히 레닌 전통의 마르크스주의자들은 제국주의가 "정점"을 찍어 말기에 들어섰다고 생각했기에) 요구들에서는 세계 차원에서의 공정한 분배(충분성에서든 평등에서든)에 대한 관심을 찾아볼 수 없다. 사회주의자들이 국내에서 분배 정의를 요구하는(평등주의 정의를 촉구하는 것을 포함해) 길을 발견한 것에 대해 말하자면, 그들은 탈식민지 활동가들이 보다 차원 높은 전 지구적 정치를 개척하게 된 뒤에야 그러한 정치로 나아가는 길을 발견했다. 20세기 전반기에 걸쳐 가장 중요한 점은, 국가 개입의 최소화를 통한 시장 자유의 확립을 중심으로 돌아가는 가장 강력한 형태의 근대 국제주의에 대적하기 위해 유럽과 라틴아메리카의 사회주의가 불가피하게 국가주의로 기울었다는 것이다. 제2차 세계대전 후 공산주의의 국제주의는, 지역 계획들에 대한 (코민테른의 특징이었던) 소련의 하향식 지도로부터, 지역에서 관리되는 일련의 국가적 투쟁들과 전보다 세계적 강령을 덜 제시하는 정당들로 바뀌었다. 한편, 비공산주의적 사회주의적 국제주의(항상 덜 중요하다) 역시 분배를 강조하지 않고 사회민주주의라는 외피 아래 국민 복지의 규격화된 복제에 집중했다.[5]

결과적으로, 다양한 이데올로기를 띤 탈식민지 국가들은 제2차 세계대전 중에나 종전 후에 복지국가가 수립될 때 복지국가의 국가주의적 제약을 지적하는 데 앞장섰다. 그 국가들은 복지국가의 성취를 본뜨고 전 지구화하는 데 즉시 착수했다. 혼란 속에서 개인적 충분성의 개념은 잊혔는데, 이 개념은 세계 무대에서 평등주의적 소망들을 제거해버린 신자유주의 시대에 세계를 지배하게 된다. 제2차 세계대전 이후 30년간 국제 인권 운동이나 법적 보호는 없었지만, 탈식민지화를 통한 국민 복지 프로젝트의 전 지구화와 복지 자체를 세계 차원으로 끌어올리려는 시도가 특별한 관심과 열의를 자아냈다. 시민적 자유의 가치들뿐만 아니라 물질적 충분성의 가치들도 뒷전으로 밀렸다. 정치적 인권과 사회적 인권은 세계 빈곤 퇴치 운동과 마찬가지로 실종된 채, 전 지구적 평등에의 요구가 사라지고 전 지구적 경제의 극적인 신자유주의적 재편이 그 자리를 차지하기를 기다리고 있었다.

연합국은 1944년 여름 뉴햄프셔의 브레턴우즈에서 열린 회의(여기서 미국과 영국의 정부가 양국 간 차이점을 해소했다) 이후 국제적인 거시경제 거버넌스에 들어갔다. 어떤 새로운 무역 체제가 나중을 위해 보류되고, 어떤 이들이 꿈꾼 강력한 거버넌스가 실현되지 않음으로써, 이 체제는 전 지구보다는 대서양 연안에 집중했다. 완전 고용의 국가 정책들에 안전장치가 필요할 수 있다는 전제하에 재난에 대비하는 보험을 제도화는 것이 최우선이었는데, 이는 목표치는 낮더라도 지극히 중요했다. 웰스의 말이나 심지어 브레턴우즈 회의들 그 자체와 같은, 개인의 사회적 권리에 대한 많은 발언에도 불구하고, 1945년 봄 프랭클린 루스벨트가 사망하기 이전에는 개인의 사회적 권리에 대한 조항은 전혀 그 체제에 들어가 있지 않았다. 그리고 스웨덴 경제학자 군나르 뮈르달 등이 1940년대 중반에 국제 정치경제 기구에 더 많은 목표를 부과하기 위해 노력하기는 했지만, 그도 다른 이들도 사회권이 목표들을 공식화하는 최고의 방법이라는 생각은 하지 않았다. 결국 거시경제적 국제주의는 거시경제적 국가주의에 봉사하게 되었다.[6]

E. H. 카는 유네스코로부터 기획해달라는 요청을 받은 인권 논문집에 대해 신랄했고, 같은 시기에, 복지국가 도래라는 국가주의적 전제는 더 높은 수준의 사회 정의가 곧 실현될 가능성을 낮출 뿐이라고 설명했다. 『국가주의와 이후』(1945)에서 카는, 19세기에 중산층은 자기 계급의 이해관계를 좇으면서 국가주의화되었고 노동자 계급은 국제주의자로 남았다고 말했다. 이는 국가를 위해 목소리를 높이자고 주장한 사람들이 그들 스스로의 이해관계를 고려하지 않았기 때문이었다. 제1차 세계대전 후, 카가 정확하고 예리하게 "국가주의의 사회주의화와 사회주의의 국가주의화"라고 이름 붙인 것이 시작되었고, 사회 정의라는 개념 전체가 국민은 통합하고 외부인은 배제하는(경제 정책과 관련해서도) 것과 연결되었다. 탈식민지화는 유럽에서 국가들이 늘어나는 것으로 시작되었고, 전쟁이 끝날 때까지 계속될 예정이었다. 옛 과오를 되풀이하지 않으려는 새

로운 국제주의 기획은, 불가능한 것은 아니었으나 가능성이 높은 것도 아니었다. 카는, 국가들을 평등하게 만든다는 새 시대의 국제적인 프로젝트는 달성 불가능하기 때문에, 자기 나라에서 잘 대우받지 못하는 개인들에게 계속 신경 쓰는 것이 (국가의 이익을 개인을 지켜내기 위한 확실한 대안책으로 여기기보다) 최선이라고 결론 내렸다. 이상주의와 현실주의가 혼합된 특유의 사고방식으로 카는, 그런 식의 수정을 통해서 끈질긴 경제적 국가주의를 빨리 전복시킬 구상을 할 필요 없이 경제적 국가주의를 어느 정도 막아낼 수 있다고 보았다. 카의 말에 따르면 "저울 양측에 놓인 개인과 세계 전체 사이에 어떠한 유효한 경제 단위도 끼워넣지 않기를 주장한 자유방임주의적 개인주의는 완전히 가버렸다." "구속 없는 경제적 개인주의라는 파국으로부터 스스로를 지키려는 개인들 간의 결합이 누적되는 과정"에서 만들어진 국가주의는 "결국 개인의 안전과 안녕에 대한 위협이 되어왔고, 새로운 난관과 새로운 변화 과정에 지배되기 쉽다." 그리고 "사회주의화된 국가를 만들어낸 힘은 계속 작동 중이며, 그러한 국가에 대한 요구도 약화되지 않을 것이다." 카는 언젠가 사회 정의의 국제화가 실현되길 원했지만, 이는 요원한 일이었다. "국가주의와 마찬가지로 국제주의도 사회적인 것이 되어야 한다." 그렇지만 그것은 금방 실현될 일이 아니었다.[7]

루스벨트는 분명 "세계 전역의" 빈곤으로부터의 자유를 이야기했다. 그리고 국민 주권을 급진적으로 초월하는 것이 머지않았다고 믿은, 주변적이지만 그 이전이나 이후에 비해서는 아마도 덜 주변적이었을 일단의 지식인들 사이에서 "전 지구화의 부상"이 목격된 것은 틀림없이 1940년대의 일이었다. 그러나 모든 것을 감안하면, 1940년대의 정책 입안자들은, 대공황이 초래된 시대에 세계화가 자유지상주의의 형식으로 세계를 제패한 바 있으며, 당분간은 국민국가가 같은 일이 다시 일어나지 않도록 막는 필수적인 방파제 역할을 한다는 결론을 고수했다. (일반적으로 말해서) 인권도 (구체적으로 말해서) 사회권도 모두, 아돌프 히틀러가 복지국가 탄생에 핵심적인 것으로 만들었던 경제적 국가주의가 계속 전제로 남아 있는 그런 세계에 수용되었다. 전시와 종전 직후에, 여러 사회권 지지자는 철저하게 지역에 한정해서는 정치경제의 궁극적인 조건들이 관리될 수 없음을 인식해, 국가 헌법들을 위한 세계인권선언의 본보기를 한참 넘어서는 사회권들의 국제화가 필요하다고 주장한 바 있었다. 조르주 귀르비치(주로 프랑스 제4공화국의 헌법에 영향을 미치는 데 관심 있던)는 사회권에 대한 1944년의 연구에서 언젠가는 사회권이 국제적 차원에서 보장되어야 한다고 주장했다. 찰스 메리엄은 제2권리장전을 통해 미국의 평등과 계획을 제도화하는 과제에는 실패했으나, 세계인권선언으로 이어진 미국의 논의들 일부와 같은 주장을 했다. 하지만 이 두 사람 다 우선적으로 자기 나라의 상황에 맞게 일을 진행했으며, 그들의 국제적 제안들은 애당초 성공할 가능성이 없었다. 평등주의적 분배나 사회적 최저치는 제도화된다 하더라도 강화된 국경을 넘어가기보다는 국경 안에 머물렀다.[8]

전시와 종전 직후 어떤 개혁가들은 국내의 경제 문제와 해외의 권리 간에 근본적인 연관성이 있다고 주장했다. 오스트레일리아 외무장관이자 유엔헌장의 핵심 교섭자였던 허버트 에버트가 말한 것처럼, 완전 고용을 조직의 목표에 포함시키는 것을 정당화해준 것이 바로 이 점이었다. "우리가 5년간 계속 맞서 싸우고 있는 인간의 자유에 대한 큰 위협은 실업이 만연하고 빈곤으로부터의 자유가 결여된 환경에서 생겨났고 가능했다." 에버트는 다양한 운동 덕분에 인권뿐만이 아니라 (사회권에 대한 특별한 언급은 없지만) 생활수준의 향상 역시 문서에 포함되었다는 사실을 축하했다. 하지만 보통 사람의 세기가 모든 인류에게 얼마만큼의 우유를 허락할 것인지에 대한 무모한 생각 때문에 1944년에 헨리 월리스가 축출된 것은 생각할 거리를 남겼다. 더욱 야심찬 전 지구적 경제 복지를 담당하는 유엔 경제사회이사회의 역할에 대한 낙관적인 시선도 충분한 열의를 북돋지 못했다(또는 충분한 자금을 끌어내지 못했다). 스스로를 재건하는 데(그리고 자신들의 제국 내에서 전례 없이 분배를 조정해 제국을 보존하는 데) 직면한 서유럽인들 역시 사회 정의를 전 지구화하는 것에 관심이 없었다. 또한 트루먼의 포인트포 계획 같은 새로운 "개발" 계획들은 그저 조금 더 자비로울 뿐이었는데, 이는 무엇보다 제2차 세계대전 때의 미국과 소련의 동맹이 냉전의 위협으로 바뀐 탓이었다.[9]

탈식민지화 이전, 완전히 국가주의적인 경계선에 갇혀 있던 사회 정의에서 예외적인 경우는 주로 평등보다는 충분성의 형태로 나타났으며, 성공적이지 않았다. 1944년 5월 국제노동기구는 필라델피아 선언을 발표해, 전후에 북대서양 연안에서, 그리고 이후 머지않아 세계적으로 다시 노동을 좀더 인도적으로 만들려는 채비를 했다. 국제노동기구는 제1차 세계대전 후의 수습 과정에서, 주로 소련이 촉발하는 것처럼 보이는(또는 촉발할 것으로 우려되는) 혁명 열기에 대응해 만들어졌다. 그리고 국제노동기구는 1944년의 선언에서, 사회권 측면에서 인도적 노동 환경의 기준을 체계화하는 장기 과제를 다시 설정했다.[10]

국제노동기구는 실로 중요한 기관이었으나, 사회권 증진을 위해서는 몇십 년간 큰 역할을 해내지 못했다. 무엇보다, 복지 이데올로기의 절정기에 정치경제의 근본적으로 국가주의적인 요소들을 바꾸는 데 전혀 기여하지 못했다. 국제노동기구는 출범부터 제2차 세계대전 발발 전까지 프랑스 사회주의자 알베르 토마의 지도하에, 초국가적 기준에 대한 합의에 도달하기 위해서 자본가와 노동자의 이해관계를 다룬 토론의 장 역할을 했다. 권리의 국제화라는 개념이 추진력을 얻기 이전 시대에는 국제노동기구는 권리에 대한 너른 시야를 전파하는 일에 매달리지 않았다. 오랫동안 이 기구는 사회적 시민권에 대한 보다 넓은 시야보다는 노동 환경에 우선적으로 집중했다. 양차 대전 사이의 기간에 이루어진 진전은 뜻깊었으나 한계가 있었다. 국제노동기구는 본국 노동자들을 위해서 노동 환경 안전의 혁명적 변화를 이루는 데 합당한 활동을 벌이고 식민지 노동자들을 위해서 강제 노동을 공식적으로 금지하긴 했지만, 그럼에도 본국 노동자들과 식민지 노동자들에게 이중 잣대를 적용하고 있었다. 대서양 연안 국가들에서 복지 조항들이 나타나는 데 국제노동기구가 기여한 바는 별로 없었지만, 라틴아메리카를 비롯한 일부 장소에서는 국제노동기구가 좀더 큰 기여를 했다. 국제노동기구가 이루어낸 제국의 인간화는 도덕적으로 우려스럽더라도 더욱 결정적인 공헌을 했다.[11]

1944년, 국제노동기구는 풀리지 않는 저주에 시달렸다. 전쟁 중에 몬트리올로 피신한 국제노동기구는 국제연맹 중 살아남은 유일한 기관이었고, 국제연맹의 나쁜 평판에서 벗어날 수 없었다. 결국, 새로 만들어지는 유엔이라는 조직에 최고 기관의 하나로 편입되려는 국제노동기구의 시도는 좌절되었다. 국제노동기구는, 그해 여름에 발표되어 전후 국제 질서가 어떠해야 하는지에 대한 기획을 처음으로 제시한 덤버턴오크스 회의의 의제에 언급되지도 않았으며, 전후 재건에서 아무런 중요한 직책도 맡지 못했다. 국제노동기구는 그저 경제 문제와 사회 문제에 대한 유엔기관의 보조적인 한 부분이었다. 1930년대 중반에 3년이라는 짧은 기간 동안 회원국이었던 소련과의 길고 격동적인 관계 끝에, 국제노동기구는 제2차 세계대전이 끝난 지 한참 후까지도 소련의 재가입을 유도하는 데 실패했다. 국제노동기구는 국제노동조합연맹(회원국들이 대서양 건너편에 모여 있는)을 심의에 포함시켰지만, 정치경제에 대한 어떤 접근이 노동조합에 가장 도움이 될지를 두고 1944년과 그 이후 계속된 자본주의와 공산주의 간의 주된 논쟁을 해결할 준비는 되어 있지 않았다. 필라델피아 선언은 기본적으로 주목을 끌려는 시도였다.[12]

이는 잠깐 동안만 효과가 있었다. 미국인들에게 "제2권리장전"이라 불리는 루스벨트의 연두교서가 있은 지 세 달 후, 국제노동기구 회의는, 인도적 노동 환경을 훨씬 넘어, 그리고 완전 고용과 필수적 계획과 공적 부조의 포함을 위해 협상할 권리를 훨씬 넘어, 사회권을 확산하는 것으로 임무를 재설정하기로 했다. 국제노동기구를 홍보하는 어떤 기회에, 루스벨트는 그 기구의 회의를 1776년에 필라델피아에서 열렸던 회의에 비유했다. 여러 주로 이루어진 세계를 위한 자명한 진실이 선언되었던 바로 그 회의 말이다. 그러나 그는 준비된 연설문에 대해 다시 생각해본 뒤,

"이것들이 국가 정책의 목표가 아니라면, 결코 국제 정책의 목표가 될 수 없을 것"이라고 즉시 분명히 말했다. 즉, 국제노동기구는 기껏해야 과거와 미래의 국민 복지 실험을 돕는 역할을 할 수 있을 뿐이었다. 국제노동기구는 세계인권선언 협상에서 작은 역할을 맡은 뒤, 노동 기준들에 대한 정보를 널리 알렸다. 필라델피아 선언을 넘어, 전 지구적 사회권 증진을 지향하는 국제노동기구의 궤적은 (당장은 아직 탈식민지화하지 못한 세계가 감당할 수 없는 것이었지만) 결국 나중에 폭발적인 인권 정책으로 이어지게 되었다. 그리고 나서 국제노동기구는 1944년의 화려한 언어들을 넘어서, 유엔의 창설, 냉전의 시작, 탈식민지화가 진행되는 가운데 미국의 뉴딜 정책 옹호자 데이비드 모스의 지도 아래서 전문적 지원을 제공하는 데 발을 디디고 오랜 시간을 버틸 수 있었다. 이 시기에 국제노동기구는 이른바 "핵심 노동 기준"이라는 것을 정했으나, 계획과 개발에 대한 보다 광범위한 논쟁에 주된 영향을 미치지는 못했다. 그런 경우, 심지어 독재가 확고한 곳이 아니어도, 국가의 성장에 열중하는 국가들이 개인의 사회권을 최우선적으로, 독립적으로 추구해야 한다고 권고하는 것은 거의 의미가 없었다.[13]

지역적으로 한정된 유럽인권협약이라는 형태로 인권을 국제법으로 만들려는 최초의 시도에서 사회권이 완전히 배제되었다는 것은 복지에 전제된 국가주의에 대해 훨씬 더 많은 것을 드러냈다. 세계인권선언과 동시에 협의되어 이듬해에 타결된 유럽인권협약은 냉전이 확고해졌음을 반영했고, 국제적 권리 보호의 중요한 한 가지 목표로서 사회 정의를 독점했다. 표면상 이 조약은 이제 "서구"가 지지하는 개인의 자유를 상징적으로 나타내기 위해서 외부를, 공산권을 겨냥하고 있었다. 유럽인권협약이 마무리된 1949년에는, 사회권을 포함하는 것이 대비를 강조하려는 협약의 주된 목표에 방해가 될 수도 있다는 생각이 널리 자리 잡았다. 더욱 걱정스럽고 비공식적인 사실은, 협약의 주요 지지자들이(영국의 윈스턴 처칠이든, 유럽 대륙의 前반동주의자들과 경제적 자유주의자들의 이상한 연합이든) 냉전 보수주의의 지역화를 이용해, 여기저기서 진행 중인 국내 복지 계획들을, 특히 국내 사회주의를 방해하고자 했다는 것이다. 이제 사회권과 동의어가 된 바로 그 '계획'이라는 것에 대한 반감은, (승리한 복지 프로젝트들에 짓밟혔다는) 국내의 자유를 지켜야 한다고 말하는 많은 언사에서 두드러졌다. 이러한 맥락에서도, 사회권을 쳐내는 것은 역시 시의적절한 일이었다.[14]

심지어 서유럽에서도 합의를 거부하는 이들이 지역 차원으로 도피하여 제동과 제한을 가하려 했다는 것은 복지국가의 국가주의적 전제를 확인해주며, 복지국가의 지지자들 대부분은 당대의 인권에 대한 새로운 지역 언어에는 거의 주의를 기울이지 않았다. 인권 보호의 중요성, 그리고 두드러지게 유럽적인 복지 모델과 인권의 연합은, 10년도 더 후에 유럽사회헌장과 함께 상징적으로 시작되어 몇십 년 후에나 실현될 일이었다. 하지만 해외 유럽 제국들의 비판자들은 결코 이를 기다리고 있지 않았고, 국민 복지에 대한 독자적인 계획을 세우고자 했으며 목소리를 높여 세계 정의를 주장하고자 했다.[15]

제2차 세계대전 후 세계의 탈식민지화는 분배 정의의 역사에서 가장 광범위한 영향을 미친 가장 놀라운 사건이었다. 탈식민지화는 너무 오랫동안 도외시되었던 온갖 권리 및 요구 영역을 갑자기 만들어냈다. 제2차 세계대전 후의 국제 경제 질서를 만드는 중에 특히 그랬다. 갑자기 발언권을 얻은 많은 새로운 사람과 기관 덕분에, 분배 정의에 대한 기획이 전 지구화될 수 있는 조건이 만들어졌다. 아프리카 독립의 지도자들이 특히 좋은 예다. 그들은 독립으로 자유를 달성한 데 이어 처음으로 전 지구적 정의를 제안한 사람들이다.

복지국가 시대의 인권을 다룰 때 그렇듯이, 인권 보호가 거버넌스의 국제화 아래서, 특히 새로운 유엔 인권 기구들이나 유엔 신탁통치이사회(외국에 의한 통치를 국제적으로 감독하는 역할을 했던, 이제는 존재하지 않는 기구)를 통해서 얼마나 진보했는지 같은 사소한 문제로 초점이 흐려지는 경우가 많다. 그러나 제국 말기 상황에서, 특히 탈식민지 국가들에서 분배가 어떻게 받아들여졌는지, 사회권이 어떻게 다시 의사 결정과 토론에 등장하게 되었는지가 훨씬 더 중요하다. 어떻게 식민지 주민들이 미래의 더 큰 공정성을 장담하는 제국의 다짐을 뒤로한 채 제국을 끝내고 자신들의 복지국가를 찾기로 했는지를(그러자면 훨씬 더 대담한 일이 필요하다는 것을 이내 깨달으면서) 이해하는 것이 공식적인 국제기구들을 살펴보는 것보다 더 중요하다. 양차 대전 사이에 제국 비판자들이나 제국 옹호자들이나 모두 제국의 어떤 새로운 조직이 스스로 그런 목표들을 달성할 수 있을지 따져볼 이유가 있었지만, 머지않아 영토적 국가주의가 모든 목표 중에서 가장 먼저 승리를 거두었다. 새로운 국가들이 이전의 부유한 주인들과 더 이상 연결되지 않을 수 있다는 위험 부담에도 불구하고 말이다. "복지국가"라는 말이 어디서나 유행하기 이전에, 교육, 노동, 건강, 사회 복지를 두루 다루는 자칭 복지 제국들은 거의 어디에나 있었다. 그렇게 복지는 식민지 시대의 약속으로 시작되었다가, 제국으로부터 탈취되어 신생국들의 최고의 염원이 되었다.[16]

새로운 개발 계획과 함께, 식민지 "인도주의"와 개혁은 제2차 세계대전 전부터 이미 작동하고 있었다. 그래서 구제국들이 재조정된바, 더 이상 스스로를 감히 제국이라 칭할 수가 없어서 영연방이나 프랑스 연합처럼 이름을 바꾼 제국들에서 신민들이 시민의 자격에 보다 가까워지고 있었다. 이러한 혁신의 가능성에 매료되어, 어떤 사람들은 과거와 같은 예속 없이 본국과 식민지의 유대를 유지할(제국의 신민에서 동료 시민으로 바뀐 이들에 대한 경제적 책무를 위해서도) 연방주의적 해결책들에서 공동의 목표를 찾았다. 가설상, 통합 방안들은 이를테면 부유한 북부와 빈곤한 남부의 분리를 승인하지 않는 것을 의미했고, 따라서 국경이 된 경계를 가로지르는 분배의 평등에 대한 어느 정도의 관심을 암시했다. 그 자체로 유럽적 개념인 "탈식민지화"는 예정된 것이 아니었고, 그것의 국가주의 형태도 마찬가지였다. 프란츠 파농 같은 국가 독립 지지자들은 연방주의 계획은 순진하게도, "식민지 구조를 고스란히 보존하려는 욕망"을 반영하는 것에 불과하며 "특정한 형식의 착취를 보증하는" 위계를 지지하는 것이라고 쏘아붙였다. 이러한 주장은, 새로운 "시민권"이라는 탈을 씌워 옛 신민을 지키는 제국의 유인책만큼이나, 이전의 국민 복지의 틀을 지구 끝까지 확산시키는 효과가 있었다.[17]

제국 내에서 평등이 성취되는 것보다는 제국의 후기 통치하에서 충분성의 꿈이 성취되는 것이 더 가능성이 높았다. 그 시기 내내 식민지 노동자들이 본국 노동자들과 사회권을 포함해 같은 권리를 누려야 하는지에 대한 격한 토론이 쏟아졌고, 사회 보장에 대한 후기 식민지의 계획도 있었다. 하지만 양쪽 모두에서, 완전한 독립성이 결여된 무엇을 가지고 더 나은 결과를 얻겠다는 약속은 점점 더 공허해 보였고, 국가주의자들이 더 나은 무엇을 제공할 수 있다는 낙관적인 평가가 우세했다. 분배의 이익을 희생하고 더 많은 권력을 얻는 것이 그 반대보다 낫다는 생각이 점차 올바른 것으로 받아들여졌다. "먼저 정치적 왕국을 구하라. 그러면 다른 모든 것이 주어질 것이다." 1957년부터 가나의 상징적인 초대 대통령이었던 콰메 은크루마는 아프리카 대륙에서 탈식민지화의 물결이 시작될 때 이렇게 조언했다. 이듬해에 기니 초대 대통령이 된 아메드 세쿠 투레는, 오직 새로운 국가만이 쇠퇴하는 프랑스제국의 부당한 대우를 개선할 수 있다고 주장했다. 심지어 "프랑스 연합"이 탈제국적이라는 뜻에서 "프랑스 공동체"라는 명칭을 새로이 취했음에도 불구하고 말이다. "노예 상태의 부유함보다 자유 상태의 가난이 더 낫다"고 그는 주장했다.[18]

부를 달성할 수 있다고 보는 한에서는, (그리고 절실하게 이를 필요로 하는 한에서) 신생국들에서는 물질적 평등을 최우선시하는 경향이 지배적이었다. 거의 모든 탈식민지 국가 지도자가, 기존의 복지국가들이 본국 시민들에게는 점점 더 많이 부여하고 식민지 사람들에게는 허락지 않았던(식민지들을 잃기 전까지) 경제적 풍요에 기초해 공적으로 공정성을 부여할 것을 꿈꿨다. 반식민주의 발언의 핵심은 평등과 충분성을 모두 추구하는 것을 가능케 할 산업 근대화와 국가 발전에의 약속이었다(당대의 한 분석자의 말을 따르자면 "요컨대 근대적 복지국가"). 남아시아의 선구적 국가주의자들의 공약은(모한다스 간디의 소규모 공동체 유토피아라는 전혀 다른 구상도 있었으나) 제2차 세계대전 이후 보편적으로 이식된 이러한 형식을 이미 갖추고 있었다. 복지국가의 계급 타협이라는 한계가 알려진 마당에, 계획된 성장이 고전적 자유주의와 산업 계급 정치의 단계를 건너뛰기를 희망했다. 문제는 다른 곳에서 국가적 공정성에 도달하기 위해 범했던 실수들 없이 국가적 공정성을 달성하는 것이었다. "부의 분배가 제대로 이루어지지 않으면 사회에 계급이 생겨날 것이고, 인도주의 접근이라는 우리 아프리카 사회 특유의 전통적인 소중한 가치는 최후의 일격을 맞게 될 것이다." 잠비아 초대 대통령 케네스 카운다는 이렇게 걱정했다.[19]

반식민주의 지도자들이 기본적 권리자격basic entitlement들을 즉각 거부했다는 것이 아니다. 그들은 인간의 기대에 대한 완전한 그림을 끌어들이는 보다 넓은 의미의 "발전"을 위해서 총체적으로 말해 "성장"을 거부할 것을 흔히 주장했다. 물론 정책은 다른 모든 재화를 만들어내는 독립 국가를 건설한다는 우선적 목표를 거의 방해하지 않았지만 말이다. 하지만 적어도 공식적으로 거의 모든 지도자는, 아프리카 전략의 우수성이 국가의 전반적 개선을 광범위한 대중 복지로 오인하지 않았다는 데 있다고 주장했다. 은크루마는 전설적인 크리스마스이브 연설 중 하나에서 다음과 같이 말했다. "나의 첫 번째 목표는 가나에서 빈곤, 무지, 질병을 몰아내는 것이다. 우리는 국민의 건강의 향상으로, 학교에 다니는 어린이들의 수와 그들의 교육의 질로, 우리 도시와 마을의 물과 전기 이용 가능성으로, 그리고 국민이 자신의 일을 스스로 처리하며 누릴 수 있는 행복으로 우리의 진보를 측정할 것이다. 우리 국민의 복지는 우리의 가장 중요한 자랑거리이며, 나의 정부는 바로 이것으로 평가받아야 할 것이다." 이집트 반식민주의의 상징인 가말 압델 나세르는 "사상과 표현과 집필의 자유보다, 충분한 음식, 좋은 집, 건강, 교육, 직업, 노후 보장의 자유"가 더 중요하다고 보았다. 물론 새로운 상황으로의 대대적이고 신속한 변화가 일어나지 않는다면 그중 어느 것도 실현될 수 없었다. "경제적 자급자족이 이루어지면 [이집트는] 모든 시민의 기회의 평등, 사회적 형평, 기본 인권으로 나아갈 수 있다"고 그는 설명했다. 탄자니아의 신임 대통령 줄리어스 니에레레는 모든 것이 "경제적·사회적 발전에 달려 있다"고 보았고, "기아, 질병, 빈곤으로부터의 자유는 지역 사회에서 얻을 수 있는 부와 지식의 증가에 달려 있다"고 보았다.[20]

개인을 위한 충분한 지급은 성장에 좌우될 것이고, 이는 선진국과 유사한 수준으로 재빨리 경제 근대화를 이루어 국내적 평등을 유지하는 것과 분리될 수 없었다. 이는 아마도, 그러한 국가들이 유엔에서 자신들의 경제·사회권을 법적으로 보호하는 새로운 조약을 만드는 데 착수한 그때, 세계인권선언은 분배의 충분성이라는 정확한 용어를 설정함에 있어 주변부에 머물러 있었다는 데서 단적으로 드러날 것이다. 원천들을 들먹이는 것보다는, 투박한 권리 목록을 제시하는 것이 더 일반적이었다. 나세르는 다음과 같이 권리의 개요를 제시했다.

1. 모든 시민이 의학적 치료를 받을 수 있는 권리.

2. 모든 사람이 공부할 수 있는 권리.

3. 모든 시민이 일할 수 있는 권리.

4. 노년층과 질병 보험의 범위가 확대되어야 한다.

5. 아이들은 미래다.

6. 여성은 남성과 평등해야 한다.

7. 가족은 사회의 토대다.

8. 신앙과 종교의 자유는 보장되어야 한다.

카운다는 나름의 방식으로 이러한 예를 따랐다. "① 세계의 다른 많은 지역이 그러하듯 땅에 대한 갈망이 없는 만큼, 잠비아에서는 굶주리는 사람이 없어야 한다. ② 방 두세 개짜리 좋은 벽돌집을 갖지 못한 사람이 없어야 한다. ③ 말 그대로 맨발로 다니거나 누더기를 걸친 사람이 없어야 한다. ④ 영양실조로 고통받는 사람이 없어야 한다." 인도의 예에도 불구하고, 몇몇 아프리카 국가가 세계인권선언을(따라서, 암시적으로라도 거기 담긴 사회권을) 최첨단으로서 직접 인용했을 뿐, 헌법에 사회권을 열거한 탈식민지 국가들은 많지 않았다. 하지만 그들이 국민들을 위해 '삶의 좋은 것들'의 적절한 최저치를 목표로 삼을 경우, 충분성은 항상 국가 발전이 선행될 것을 전제로 했다. 탈식민지 국가 지도자들은 가장 기본적인 재화 지급과 가장 기본적인 욕구 충족을 위해 충분성을 절대 경시하지 않았지만, 그들이 국내적·국제적 평등에 비해 충분성을 수사적으로 우선시하는 일은 전반적으로 드물었다.[21]

풍요로운 경제 환경이(그리고 그에 동반되는 전 세계적 자유와 평등이) 이루어지려면 다른 국가들이 한 것보다 더 충실한 사회주의적 노력이 필요하다고, 서유럽과 (특히) 미국에서보다 더 자주 이야기되었다. 알제리에서 인도에 이르기까지 많은 헌법이 사회주의 이상을 일깨웠거나 혹은 결과적으로 일깨우게 되었다. 탈식민지 국가의 환경에 복지를 이식하기 위한 선전에서 사회주의가 더 인기가 있기도 했고, 또한 선전이 지역의 물질적 평등, 그리고 나중에는 전 지구적 물질적 평등에 초점을 맞춘 새로운 형태의 사회주의를 낳기도 했다. "사회주의는 인간의 성취를 허락지 않는 빈곤을 끝내는 최선의 수단"이라고 나세르는 말했다. 그것은 현지의 부자와 권력자를 쳐내려는 것이라기보다는 여전히 진보를 좌절시키는 세계 제국의 힘을 굴복시키려는 것(국가를 위해 통치하도록 탈식민지 국가의 엘리트들에게 힘을 실어주어야 한다는 의제)이었다. 우려스럽게도 흑백 분리와 유사한 양상을 보이는 전 지구적 계급 체계의 압제를 국가적 단결만이 해소할 수 있다고 주장하기 위해서 현지의 계급 분화와 내부적 갈등을 허락지 않는 것은 드문 일이 아니었다. "다른 대륙들에서(자유로운 독립 국가들에서) 개인의 문제가 중요한 관심사라면 식민지 주민들에게 우선적인 문제이자 단 하나의 진정한 문제는 독립을 이루는 것이다. 이는 결국 공동의 문제다." 투레는 기니의 독립이 이미 이루어진 후인 1959년에도 이렇게 말했다. 세네갈의 시인이자 정치인인 레오폴 세다르 상고르 역시 "자본주의는 소수의 좋은 삶을 위해 작동할 뿐"이라며 동의했다. 자본주의가 강요에 의해 수용한 충분성의 가치는 자체로는 불충분했는데, "국가의 개입과 노동자 계급의 압력이 자본주의 개혁을 강요할 때마다 자본주의는 생활수준의 최대치가 필요한 시점에 그저 최저치만을 허용했기 때문이다." 아시아와 아프리카 전역에서 자본주의가 제국주의에 책임이 있다는 것이 너무나 자명했기에, 탈식민지 국가의 경제는 거의 항상 자본주의의 대안으로 제시되었다. 제국에서 국가로의 전환에 대한 최고 연구자인 루퍼트 에머슨은 다음과 같이 요약했다. "국가주의는 필연적으로 자본주의의 적이니, 경제적·정치적 구원의 길은 사회주의와 같은, 뭔가 자본주의의 대안에 있을 것이다."[22]

앞서 20세기에, 아프리카 대륙을 비롯한 탈식민지 지역의 사회주의는 물질적 평등을 강력히 내포하게 되었다. 종종 사회주의는, 어느 정도의 경제 성장은 필수적이라고 인정될 때조차 매우 비윤리적으로 보이는 사치와 풍요를 감수하지 않은 채, 극빈의 평등을 어느 정도 충분성의 평등으로 전환할 것을 약속하는 좀더 엄격한 입장을 연상시키기까지 했다. 니에레레는 다음과 같은 흥미로운 주장을 했다. "우리는 모두의 인간적 품격이라는 최우선적 필요가 사회에서의 각자의 권리(모든 인간의 기본 욕구를 넘어서는)에 앞서야 한다는 것을 모든 사람이 깨닫게 되도록 노력해야 하며, 그 수준 이상의 개인적 유혹을 최소한으로 줄이는 일종의 사회 기구를 만들어야 한다." 그러나 어떤 경우에는 그는, 다른 누군가가 남들보다 앞설 수 있기 이전에 대규모의 사람들이 서서히 발전하기 때문에 "어떤 개인이 사치스럽게 살기 이전에 모두의 물질적 복지의 기본 수준이 점점 올라간다"고 주장하기도 했다. 사실, 고소득자의 소득과 부를 제한하는 것을 포함하는 니에레레의 실험은 매우 논쟁적이고 격한 것이었고, 풍요가 실현될 경우 아프리카의 지도자들이 도덕적 목적을 어떻게 재설정할 것인지는 불확실했다. 어쩌면 그들 자신도 잘 몰랐을 것이다.[23]

그러나 하나는 처음부터 분명했다. 특히 불평등이 전 지구적으로 조직화되고 강제되는 한, 사회주의가 전 지구적 프로젝트의 형태를 띠어야 하리라는 것이었다. 당시의 관찰자들에게 너무나도 분명한 것은, 적어도 처음에는 탈식민지 국가들에서 국가 주도의 경제 국가주의가 이념적으로 우세하다는(특히, 양차 대전 사이에 확고해지고 전후에도 계속 강력하게 유지되었다는 점에서) 것이었다. 하지만 신생국들은 다소 즉각적으로, 전 지구적 차원의 물질적 정의를 목표로 하는 더 넓고 대체로 이상주의적인 어떤 하위 국제주의를 낳았다. 첫 세네갈 총리 마마두 디아는 『아프리카 국가들과 세계 연대』(1960)에서 다음과 같이 썼다. "경제 불평등의 의식은 서양에 대항하는 같은 전선에 있는 아프리카와 아시아의 국가들에서 일치한다. 저개발에 대한 자각과 함께 프롤레타리아 국가들에 대한 새로운 인식이 생겨나 (…) 부국들은 서로 간의 격차를 넓히는 어떤 지리적 통일체에 직면하게 된다." 상고르 역시 동의했다. "오늘날 사회 문제는 한 나라 안의 계급 갈등이라기보다는 (소련을 비롯한) '가진' 국가들과 (중화인민공화국을 비롯한) 프롤레타리아 국가들 간의 전 지구적 갈등이며, 우리는 '못 가진' 국가들 중 하나다." 하지만 그런 세계 차원의 복지가 의미하는 바는 1960년대와 1970년대에 더욱 정확해질 수 있었다.[24]

모든 차원의 복지에 대한 그런 지지는, 때때로 사회주의를 과거의 국가주의화에서 구해내면서, 권리(사회권을 포함하는)에 대한 생각 전체를 분명 수사적으로 후순위에 두었다. 반면, 새로운 정치경제의 목표로서의 국내적·국제적 평등은 널리 퍼져 있었다. "오직 권리와 관련해서만 국민을 이야기하는 국가 정책은 속임수이자 신화다." 디아는 이렇게 말했다. 다른 어떤 지도자들도, 특히 경제·사회권과 관련해, 그런 국제 정책을 주도하려 나서지 않았다. 노동조합은 차치하고, 남반구에서 사회권을 위한 진지한 비정부 운동이 일어나기까지는 몇십 년이 걸렸다. 이로 인해 국제노동기구는 사회적 시민권이라는, 권리에 기초한 기획을 세계화하기 위해 노력하는 주체가 되었다. 제1차 세계대전 후 유럽 내부와 식민지의 노동 환경을 보다 인도적으로 바꾸기 위해 만들어진 국제노동기구는 제2차 세계대전 후 새로운 탈식민지 환경을 위해 프로젝트를 다시 수립했으나, 국제노동기구의 기준 설정과 기술적 지원은 이데올로기적인 면에서 거의 고양하지 못했고 영향력이 불확실했다.[25]

제2차 세계대전이 끝날 무렵 국가주의에서 국제주의로 사회 문제가 옮겨 가기를 간절히 바라면서 유럽 너머에 대해서는 거의 생각을 하지 않은 카와 달리, 1950년대의 한 저명한 분석가는 탈식민지화의 결과로서 분배 정의가 세계화되어야 한다는 것을 간파했다. 스웨덴의 군나르 뮈르달은 진정한 전 지구적 경제학을 개척했다. 그는 제2차 세계대전 이전의 자기 조국의 발명품인, 다름 아닌 복지국가에 영감받았다. 뮈르달은 우생학을 지지했음에도 불구하고 미국의 인종 관계 개선에 대한 매우 영향력 있는 스스로의 사상과 충돌해서 유명해졌다. 1955년 10월, 바로 얼마 전까지 유럽 문제를 다루며 유엔에서 근무했던 뮈르달은 이집트로 갔고, 그곳의 국립은행에서 강연을 했다. 후일 그 강연들은 『부유한 나라와 가난한 나라: 세계 번영으로 가는 길』(1958)이라는 책으로 출간되었다.

이 책이 나온 해에 뮈르달은 예일대 로스쿨 스토어스 강좌에서 강의했으며, 거기서 자신이 시대적 과제로 여긴 것, 즉 복지국가를 세계로 확대하는 것에 대해 다루었다.[26]

북반구에서의 국민복지국가 건설은 사실상 완성되었다는 1950년대 후반의 뮈르달의 인상은, 그것이 얼마나 백인 남성 시민에게 호의적인 방향으로 차별적이었는지, 그리고 그것이 얼마나 금방 공격과 "개혁"의 대상이 되었는지를 스스로 노정한다. 뮈르달에 따르면, 복지국가는 건설되어야 할 보다 혁명적인 '복지 세계'를 위한 혁명적인 첫걸음이었다. 그는 "우리의 국가 공동체를 더욱 완벽히 하는 데는 한계가 없다"고 썼으며, 일정한 성장이 꾸준히 이루어지면 정치적 민주주의가 실현되고 기회의 균등이 (다소) 이루어질 것이라고 보았다. 국민 복지에 대한 이전의 분열적이고 믿기 힘든 전망이 이미 실현되었다는 바로 그 사실은 회의주의를 극복할 수 있다는 희망을 주었다. "지금은 거의 만장일치로 칭송받는 그 전망을 지지했던 이들은 일생 동안 많은 동포에게(때로는 대부분의 동포에게) 비난받았으나, 이제 그들 중 일부는 고마워하는 국민들에 의해 기념 동상으로 만들어져 있다." 세계에서는 왜 그럴 수 없겠는가?[27]

물론 국가에서 전 지구로의 복지 도약을 계획한다면 따져봐야 할 중요한 지정학적·구조적·기술적 난점들이 있었다. 뮈르달에게 압도적인 진실은, 복지국가를 세상에 내놓을 때 복지국가 수립 자체가 선례가 된다는 것이었다. 이러한 사실은 그가 특히 예일대 강의에서 분명히 강조한 명백하고 전혀 사소하지 않은 난제를, 즉 국내에 복지국가가 들어설 수 있게 해주었던 바로 그 국가주의 정책이 지금 복지국가의 제도화를 방해한다는 문제를 상쇄해줄 수도 있을 것이다. 뮈르달은 복지 세계가 뿌리내리기 위해 해결되어야 할 문제는 냉전이 아니라 바로 이것이라고 독자들에게 말했다. 감동적이게도 그는 이데올로기의 간극을 뛰어넘을 수 있다면(이제 간극은 줄어들고 있었다) 그러한 장애물은 별로 중요하지 않다고 보았다. 이 시기에 뮈르달은 선배 경제학자인 영국의 앨프리드 마셜을 곧잘 인용해, 분배가 "아직 보이지 않"을지 몰라도, 분배가 "국가적 염원보다는 세계주의적 염원으로 간주"될 "때가 올 것"이라고 기대했다. 그게 바로 지금이라고 뮈르달은 말했다. 마셜은 다음과 같이 썼다. "모든 (…) 서구 국가에서의 다양한 구성원 간의 연대는 이제 인구 전체의 삶의 질을 높이려는 목적에서 물질적 부를 더 많이 희생할 여유가 있다." 그리고 뮈르달은 다음과 같이 덧붙였다. "단지 세계를 구하기 위해서가 아니라 무엇보다 스스로의 영혼을 구하기 위해서, 우리 국민들 중에는 다시금 (…) 세계를 아우르도록 관심의 범위를 넓히는 몽상가, 설계자, 투사들이 존재해야 한다."[28]

군나르 뮈르달의 배우자인 알바 뮈르달도 그의 복지 세계 기획에 온전히 관여했다. 당시 유네스코 사회국장이었던 알바는 그런 말을 사용하지는 않았으나, 1953년 "국제 사회복지"라는 주제의 컬럼비아대학 '플로리나 라스커 강좌'에 보낸 꽤나 긴 기고문에서 국제 사회복지를 "우리 세대에 와서 최초로 마주하게 된" 중요한 과업으로 이해했다. 그것은 "우리 시대에 구체적인, 그리고 어느 때에도 없었던 최초의 노력"이었다. 뮈르달 부부 중 누구도 이 계획을, 개인의 권리는 말할 것도 없고 개인에 대한 어떤 특별한 배려를 보이는 것으로 여기지 않았다. 흥미롭게도, 군나르 뮈르달이 당시 새로 나온 유럽인권협약에서의 인권과 자유의 공인을 언급하며 유엔의 인권 개념과 기본적 자유를 환기한 것은, 잠재적으로 세계주의적인 경제 질서의 출현에 대한 자신의 성찰(기본적으로 그의 글들에 담긴)에서였다. 뮈르달은 이런 해석에서 인권이 잘못된 타협의 좋은 예라고 보았다. 서유럽 국가들이 스스로를 위해 스스로 세운 국제 보호체계를, 진입을 거부하고 집행을 무력화했으며 세계 전체는 고사하고 아직 식민지로 남아 있는 지역들에조차 영향을 미치지 못할 정도의 범위를 수용함으로써, 사문화시켰기 때문이다. (뮈르달은 앞선 세계인권선언이 사회권과 경제권을 넣었음에도 불구하고 서유럽 국가들이 자신들의 문서에서 그것들을 뺐다고 덧붙일 수도 있었을 것이다.) 뮈르달의 결론에 따르면, 지금까지의 인권의 행보로 알 수 있는 것은 주로, 제2차 세계대전 후 국민국가가 승리하면서 국제주의에의 전망이 철저히 배제되었고, 결국 인권과 기본적 자유에 대한 인식은 보편성 개념을 수반한다는 끈질기지만 실현되지 않은 진실이 그냥 방치되었다는 것이었다.[29]

하지만 뮈르달은 국제적 인권 혁명의 지지자는 아니었고, 20년 뒤 마침내 그런 혁명이 일어났을 때도 그랬다. 대신에 그는 마르크스의 예언이 예상치 못한 방식으로 실현될 수도 있다는 두려움에서, 세계주의적으로 연대할 때가 왔다고 결론지었다. 뮈르달이 말했듯이, 마르크스의 추종자들은 분명 그동안 선진국의 규범을 따르면서 한 국가에 사회주의를 세웠고, 서양에서 사회민주주의나 기독교의 후원하에 그랬던 것과 마찬가지로 동양에서도 국민 복지의 정치경제를 채택했다. 국민 복지가 한편으로는 소련의 실험과 나란히, 또 한편으로는 소련의 실험에 대한 대응으로 발달한 서구의 비공산주의 국가들에서 자본주의자들은 자신들의 정치 경제가 스스로 무덤을 파게 될 어떤 법칙 같은 과정의 존재를 반박했다. 하지만 서유럽에서 국가주의가 재분배 정책을 지지하기에 충분한 동료 의식을 이끌어냄으로써 자본주의를 구해냈다면, "개별 국가들과 관련해 서는 틀렸다고 증명된 마르크스의 예언이 (…) 국가들의 관계에 대해서 는 정확한 예측으로 판명될 수 있다"는 것 역시 맞는 말이었다. 후진국들 의 경우에 이는 특히 사실이었다. 후진국들은 마르크스주의 이론의 예 측처럼 점점 더 빈곤해지거나 "구호 대상자"가 되지는 않았지만, 후진국 들의 부는 폭발적인 성장을 누리는 부국들의 부에 점점 더 뒤처졌다. 그 렇다면, 적절한 대응으로서, 전에 국가주의가 역할을 했던 것처럼 이제 는 국제주의가 역할을 해야 했을 것이다. 그러므로 뮈르달의 결론은 다 음과 같았다. 현재 우리가 모든 선진국에서 실현시키고 있는 복지국가 개념은 '복지 세계'라는 개념으로 확장되고 바뀌어야 할 것이다.[30]

이 시기의 뮈르달 저작의 기본 목표(독자들이 일반적으로 마음에 새 긴 염원)는 그러한 세계로 가는 길을 밝히는 것이었다. 논의의 이론적 핵 심은 국가 계획(한 계급이 계속 다른 계급들을 지배하는 압제 국가로부 터 부를 공유하는 복지국가로 전환하는)의 경험으로부터, 심지어 세계 국가가 없더라도 비슷한 결과들을 전 지구적으로 제도화할 수 있을 그런 류의 과정들로, 분석적으로 확장되었다. 그런 결과들을 제도화한다면, 그러지 않을 경우 예상되는, 국가 내에서든 세계 전체에서든 부자가 경 제 성장의 가장 큰 몫을 차지하게 되는 과정을(국가 차원에서 불평등을 억누르게끔 복지국가가 건설되면서 역사에서 단 한 번 방해받았던 과정

을) 중화할 수 있을 것이었다.[31]

　뮈르달은 경제 거버넌스를 세계화하기 위한 1930년대와 1940년대의 초기 시도들(브레턴우즈와 이후의 논의들에 그대로 포함된)의 가장 선견지명 있는 가정들 이상을 해내고 있었다. 심지어 몽상가들의 경우에도 전 지구적 경제 불평등을 국제 제도 수립을 위한 당면 난제로 만드는 일은 거의 없었다. 국제 경제 거버넌스가 "완전 고용"을 위한 지금까지의 국가의 선전을 전 지구화할 것이라는 생각이 훨씬 더 지배적이었다. 그리고 1950년대 말에 이르러 알게 된 두 가지 뜻밖의 가르침이 뮈르달의 헌신에 영향을 미쳤다. 첫째, 그는 자신이 연장하려는 초기 시도들이 "국제주의"에 대한 여전히 지배적인 인식, 즉 국제주의가 경제 거버넌스를 강력한 새로운 형태로 창조하는 것이 아니라 자유무역의 기치 아래 경제 거버넌스를 제한한다는 인식에서 충분히 벗어나지 못했다는 것을 우려했다. 둘째, 1950년대 말까지는, 1930년대와 1940년대에서 가장 중요했던 것은 경제적 국가주의(때로는 경제 자립 국가 수준의)가 번성하고 단위 복지국가들을 아우르는 재분배 정책의 토대를 마련했던 것처럼 보였다. 그렇다면 새로운 국제주의가 도래해야 할 터였다. 바로, 19세기 국제주의의 자유무역 전제들을 보다 근본적으로 초월하고 20세기 중반의 복지주의적 국가주의로부터 그렇게 하는 법을 배운(전자의 형태와 후자의 내용을 결합한) 그런 국제주의 말이다. 카는 1945년에 유럽 차원에서 유사한 결론에 도달한 바 있었고, 이제 뮈르달은 부유한 나라들과 그 밖의 나라들 간의 벌어진 격차를 보며 그러한 결론을 전 지구적 차원으로 확장했다.[32]

이런 긴급한 과제들의 중요성은, 곧 익숙해질 북반구–남반구로 나뉘는 차별화 구조를 거론한 군나르의 책『부유한 나라와 가난한 나라』에서 가장 잘 드러난다. 그리고 뮈르달이 개인적 충분성 개념이 아니라 국제적 평등 개념을 강조한 데서 훨씬 더 분명하게 가시화된다. 이 개념은 뮈르달의 사전에서 가장 중요한 것이었다.『부유한 나라와 가난한 나라』의 명시적 주제뿐만 아니라 "평등 문제"는 뮈르달이 거의 20년 뒤, 신자유주의자 프리드리히 하이에크와 함께 1974년 노벨경제학상을 받게 되었을 때 수상 연설의 주제로 선택한 개념이었다. 뮈르달은 빈곤 감소 자체를 목표로 삼아 거기에 관심을 기울인 것이 아니었다. 오히려 그는 국제 경제 거버넌스와 1인당 국민소득 평준화의 구조에 집중했다. 개발 이론가로서의 그의 체계는 정확히 말해서 (기본 욕구나 사회권의 측면에서의) 개인의 특전이 아니라 국가의 역량에 관한 것이었다. 심지어 뮈르달이 경력 말기에 자신의 마지막 중요 저작에『세계 빈곤에 대한 도전』(1970)이라는 제목을 붙이고 당시에 참신한 문구였던 "빈곤 퇴치"를 부제로 사용해 시대정신을 반영했을 때도, 그의 글은 최저치 지급의 설정이나 성취에는 초점을 맞추고 있지 않았다. 뮈르달 이전의 신생국 지도자들과 마찬가지로, 뮈르달은 충분성을 훨씬 덜 강조하고 복지국가의 평등에 대한 약속을 확대했다. 마치 충분성의 문제가 세계 경제보다 하위의 거버넌스에서 다뤄지게 될 것처럼 말이다.[33]

　평등은 국제 거버넌스에 달려 있었으나, 아직은 평등 지지자들의 "선전용 토론"이 벌어지고 있을 뿐이었다. 그리고 전 지구적 삶의 격차가 커지는 것에 대한 끈질기고 기회주의적인 무시를 몰아내기 위해 한때 지배적이었던 이들에게 발언권을 부여하여 공개적으로 주장할 능력이 매우 중요하다는 점에는 의심의 여지가 없었다. 뮈르달이 기술한 것처럼, 거리감에서 비롯된 전 지구적 불평등에 대한 "편리한 무지"는, 한 세기 전에 지역적 불평등과 함께 시작되었던 것처럼, 탈식민지화와 함께 해소되었다. 그는 심지어 "세계사의 현 단계에서 국제기구의 가장 중요한 기능은 궁핍한 국가들이 함께 불만을 표출할 수 있는 그런 논의의 장을 제공하는 것"이라는 자신의 믿음을 이야기했다. 이것은 그런 국가들이 즉시 해나가야 할 일에 대한 매우 쓸모 있는 기술로, 15년 후 신 국제경제질서NIEO의 제안으로 귀결되었다. 이는 "위대한 자각"과 다름없었다. 제2차 세계대전 종전 직후를 포함한 과거 어떤 시대와도 다르게, 남반구뿐 아니라 북반구에서도 점점 더 많은 대중 일반이 불평등의 수위가 높아지는 것을 골칫거리로 여겼다. "선진국의 보통 사람들이 처음으로 [그] 엄중한 진실을 깨달을 때, 이 경험은 그들에게 일종의 계시처럼 다가온다." 뮈르달은 세계의 불평등에 대해 이렇게 말했다. 존 케네스 갤브레이스가 『뉴욕 타임스』 논평에서 밝혔듯이, 뮈르달은 불평등의 해결책을 찾아내는 것보다는 불평등의 가속화를 진단하는 데 훨씬 능했다. 뮈르달의 낙관에도 불구하고, 어떤 제도들이 부유한 나라와 가난한 나라로 갈라지는 것을 막을 수 있을지에 대한 어떤 논의도 뒤따르지 않았다. 은크루마는 명저 『신식민주의』(1966)에서 뮈르달을 직접 거론하면서, 행동하라는 뮈르달의 요청이 어떻게 위선적인 구호를 하나 더 만들어냈는지 이야기했다. "선진국들이 세계의 보다 가난한 곳들을 실질적으로 도와야 하며 세계 전체가 하나의 복지국가로 바뀌어야 한다고 논의되었다. 그러나 이런 식의 주장들 중 어떤 것도 실현 가능성이 희박해 보인다.” 복지 세계라는 개념을 현실화하기 위한 가장 야심찬 기획을 제시하는 것은 남반구의 일이 되었다.[34]

계획을 수립함에 따라 신생국들은 또한, 구속력 없는 가치 표방에 인권을 가둬둔 유엔의 교착 상태를 타개했다. 시간이 지나면서, 탈식민지 국가들의 수는 세계인권선언에 투표하기로 되어 있었던 국가들의 거의 4배가 되었다. 이 신생국들은 유엔 총회 및 그 국제기구의 부분들(인권 기구들을 포함해)에서 힘을 키워, 결정적인 영향을 미쳤다. 그리고 1966년, 위원회들은 사회권에 대한 하나의 조약을 포함하는, 인권법에 대한 쌍둥이 규약을 확정했다. 그것은 바로 ‘시민·정치적 권리에 관한 국제 규약’과 ‘경제·사회·문화권에 관한 국제 규약’이다.

1952년의 결정은 이 두 종류의 규범(한쪽은 시민권·정치적 권리, 다른 한쪽은 경제권·사회권·문화권)을 두 법적 규약의 목표들로 갈라놓았다. 탈식민지 국가 자메이카의 외무장관 에저턴 리처드슨 같은 정력적인 외교관들의 주도하에 자발적 동맹국들이 참여한 신생국 연합들은 인권법 계획들의 장애물을 제거하는 촉매였으며, 그래서 인종 차별을(그리고 부차적으로는 종교적 박해를) 금지하는 국제 규범들을 우선시했다. 유엔의 반식민주의 결의안을 위해 자주 동맹에 참여한 소련이 기회주의적으로 행동했음에도 불구하고, 신생국들은 흔히 냉전의 양극성 조건을 넘어 자신들의 캠페인을 확대하는 역할을 했다. 신생국들이 이루어낸 귀중한 성과는 1965년 유엔 총회에서 승인된 ‘모든 형태의 인종 차별 철폐에 관한 국제 협약'으로, 이것은 일반적 인권 규약들(이듬해의 사회권에 대한 두 번째 규약을 포함해)을 확정하는 데 외교적·정치적 모델을 제공했다.[35]

1976년에 궁극적으로 법적 효력을 갖게 된 경제·사회·문화권에 관한 국제 규약은 세계 역사에서 분명 매우 중요한 것이었다. 이러한 성취를 지지하는 신생국들의 가장 중요한 목적은 집단적 민족 자결 개념을 고취하려는 것이었다. 이 긴급한 과제는 우드로 윌슨이 제1차 세계대전 막바지에 오직 백인들에게 한정했던 약속, 그 후 윈스턴 처칠이 다시금 한정하고자 했으며 오직 이에 동의하여 프랭클린 루스벨트가 제2차 세계대전 중에 대서양헌장에서 재차 강조했던 약속을 되살리는 것이었다. 남반구가 세계 인권법의 기원에 개념적으로 가장 크게 기여한 바는, 모든 민족을 망라해 사람들의 미래가 가장 중요하다는 것을 암시하면서, 자결을 단지 옳은 것이 아니라 제일 중요한 것으로서 지지한 데 있을 것이다. 하지만 남반구는 자결을 단지 더 심각하게 받아들이기만 한 것이 아니었다. 남반구는 특히 자결 개념이 어떤 경제적 의미를 갖는다고 재해석함으로써 거기에 새로운 내용을 부여했다. 이와 관련해 남반구가 초기에 한 주요 활동은 어느 한 민족의 자결이 민족의 "천연자원에 대한 영구 주권"을 의미한다고 선언하는 것이었다. 이 원칙은 신생국들이 양여적 제국주의의 유산을 청산할 수 있게 했고, 그 국가들로부터 땅에서 난 원자재의 수익을 수탈하는 계약을 무효화하는, 잘 알려진 몇몇 몰수로 이어졌다.[36]

경제·사회·문화권에 관한 국제 규약으로 다른 경제·사회권들을 전 지구화한 것은 더 광범위한 규범의 역사에서 획기적인 일이었다. 그것은 각국이 경제·사회권을 나름의 수단으로 정당화하기 위해 노력하는 가운데, 세계의 복지국가들의 규격화된 복제의 기준을 정하는 일이었다. 국제노동기구조차 공식화한 적이 없었던 파업권은, 초기 사회주의에 의해 제시된 뒤 한참 만에 드디어 권리에 대한 국제 문서에서 모습을 드러냈다. 노동 현장에서의 안전, 만족스러운 최저 임금, 노동하기엔 너무 어리거나 병들었거나 나이 든 사람들을 위한 사회 보장, 국가가 제공하는 의무 초등 교육의 적절한 기준에 대한 모든 전통적인 충분성 규범이 재확인되었다. 하지만 규약에서 가장 중요한 새로운 점은 아마도 한 가지 부재였다. 경제·사회·문화권에 관한 국제 규약은 세계 최초로 재산권 보호를 포함하지 않은 권리 선언이었던 것이다. 그리고 폭넓은 "적절한 생활 수준을 누릴 권리"의 일부인 의식주의 권리의 독립적 존재와 중요성에 대해 훨씬 더 자세한 사항을 제공했다는 점에서 이 규약은 미래를 위해 대단히 중요한 것이었다. 규약은 1946년 세계보건기구 헌장에 나온 "가능한 최고 수준의 건강"을 누릴 권리를 전과 달리 표준적인 것으로 승격시켰다. 하지만 시민권과 정치적 권리에 대한 첫 번째 규약과 달리 경제권, 사회권, 문화권에 대한 두 번째 규약과 관련해서는 특정한 모니터링 위원회가 존재하지 않았다. (이 규약은 1985년에야 모니터링 기구를 갖출 수 있었다.)[37]

경제·사회·문화권에 관한 국제 규약은 중요성에도 불구하고, 반식민주의 분배 기획에서 거의 중심적 위치를 차지하지 못했다. 신생국들은 주로 인권의 개념적·제도적 틀 밖의 새로운 경제 질서를 추구했다. 사회권은, 신생국들이나 심지어 유엔에서도, 신생국들의 세계를 아우르는 야심찬 분배 기획을 충족시키는 것은 고사하고 탈식민지화의 기본 이념과도 거리가 멀었다. 그 새로운 사회권 규약은 국가 내에서의 평등주의적 분배에 대한 어떤 종류의 약속도 포함하지 않았고, 거기에 언급된 충분성의 규범들을 충족시키는, 국경을 초월한 사회 정의를 딱히 요구하지도 않았다. 규약 형태의 경제적 자결은 그 급진주의에도 불구하고, 한 민족이 외부인들에게 "최저 생활의 수단"을 빼앗기지 않을 권리만을 보호했다. 탈식민지 국가 국민에게 최저 생활을 제공할 외부인들의 적극적 책무 또는 더욱 평등한 세상을 이루고자 하는 전면적인 요구가 있을 수는 있겠지만, 그것이 새로이 법으로 보장된 이 권리의 문언에서 도출될 수는 없었다.[38]

경제·사회·문화권에 관한 국제 규약은, 후일 일부가 논쟁의 대상이 되었지만, 평등(어떤 규모의 평등이든)을 위한 것은 아니었을지 몰라도, 충분성 규범의 달성이라는 국경을 초월한 분배의 책무를 위한 초석을 놓았다. 자결에 대한 참신한 제1조는 그것의 중요성에도 불구하고 이러한 면에서 아무 도움이 되지 않았기에, 각 국가가 스스로의 힘으로 권리를 정당화하는 조치를 취할 뿐만 아니라 "국제적 지원과 협력"에 의지한다는 결정적 단서는 전 세계 부유층이 전 세계 빈곤층에 대해 갖는 책무를 시사할 수도 있었다. 하지만 당시 신생국들이 바로 이 조항을 전 세계 부의 이동을 정당화하는 것으로 본 것은 아니었다. 오히려 몇몇 외교관들이 토론 과정에서 지적했듯이, 이 단서는 국가들이 스스로 통제할 수 없는 힘에 영향받았을 때 어떤 가능한 후방 지원을 기대할 수 있도록 기능했다. 한 멕시코 측 교섭자의 설명에 따르면, "국제적 경제 지원은 부수적일 뿐이어서, 주로 외부적 이유로 발생하는 경제적 부조화에 대응하는 수단"이었다. 사실 협의 과정에서는, 지금의 전 지구화된 사회권이란 가장 가난한 국가들이 자국 예산에 맞게 살아가게끔 내버려두는 것이 아니라 모든 국가에게 사회권을 충족시킬 책임을 부과하는 것이라는 일말의 문헌상 암시에 대해 누구 한 사람 강조할 기미가 없었다. 인권법의 기원에서 빈국에 대한 부국의 재분배 책무라는 중차대한 요구 사항에 대해 전혀 합의가 이루어지지 않았음은(유엔 식량농업기구가 세계 기구로서의 책임을 반영해 규약에 삽입한 기아 근절 조항이 예외가 될 수 있겠지만) 말할 것도 없었다. 도리어, 인권이라는 영역은 신생국들이 부국들에게 전 지구적 충분성을 보장할 책무를 부과하는 것을 허용하지 않았다. 인권법은 전 지구적 분배의 평등을 기획하지 않았다.[39]

하지만 훨씬 더 중요한 것은, 경제·사회·문화권에 관한 국제 규약이 국가 내의 책무로서 윤곽을 그린 개인적 충분성에의 요구는 세계 정의의 한 문제로서의 국가들 간 평등에의 요구라는, 과거의 꽤 그럴듯하고 훨씬 설레는 프로젝트보다 못한 것이 되었다는 점이었다. 인권법이 처음 등장한 바로 그 시대에 탈식민지 국가들에 가장 영향을 미친 것이 이 프로젝트였다. 신생국들의 인권 외교는 그들이 세계 경제 질서를 다시 세우는 데 들인 치열하고 가시적인 투자에 비하면 거의 의미가 없었다. 사회권이 정치적 권리와 시민권보다 우선적이고 중요한 것이 되었다고 주장하는 것은 1960년대에 남반구에서 점점 더 흔한 일이 되었다. 하지만 이러한 발언은 남반구의 더 광범위한 경제 프로젝트에 정당성을 더하는 데 이용되었을 뿐만 아니라, 프로젝트를 지원하는 나라들 중 몇몇에서 권위

주의의 부상으로부터 주의를 돌리는 데도 이용되었다.[40]

   이 세계적 프로젝트의 눈부신 절정을 이룬 신 국제경제질서의 제안들은 1973년 가을의 오일쇼크에 바로 뒤이어 1974년 봄에 갑자기 부각되었다. 두 사건은 불가분의 관계에 있었고, 산유국들의 이유 있는 짧은 전략적 동맹과 오일쇼크가 정기적으로 거듭될 징후에 대한 선진국의 불안이 없었다면 신 국제경제질서는 잠시 얻었던 인지도조차 가져보지 못했을 것이다. 경제 관계를 정말로 바꿀 수 있는 지정학적으로 강력한 제3세계 연대(보는 이에 따라 두려운 일이기도 하고 설레는 일이기도 한)가 등장한 듯했다. 그러나 신 국제경제질서가 일시적이지만 인상적인 인지도를 얻게 되었다 해도, 그 기원은 최근에 있지 않았다. 그리고 많은 우연에도 불구하고, 그것의 등장은 광범위한 인류가 처음으로 분배 정의의 세계화를 처음으로 상상할 수 있게 된 순간임을 증명했다. 그런 상상의 전개는 설령 정말로 실현되는 것이 불가능하더라도 되돌리기 어려울 것이었고, 기본권을 옹호하고 기본 욕구를 충족시키는 것은 불평등한 세상에서 추구할 수 있을 만큼 어떤 목표를 드높이고도 남는 것처럼 보였다.

   빈곤과 기타 불충분한 지급으로 이루어진 오늘날의 신자유주의 시대에서는 회상하기 어렵겠지만, 신 국제경제질서는 부푼 희망으로 의기양양했던 시절의 정점이었다. 제국을 물리쳐 이미 이름을 떨쳤던, 알제리의 우아리 부메디엔 같은 탈식민지 국가 지도자들은 자신의 전선을 비롯한 국가 해방 전선들이 정의로운 분배를 위한 세계의 싸움터로 변해야 한다고 주장했고, 이로써 중요한 합의를 이루어내고 크게 주목받을 수 있었다. 신 국제경제질서의 원천은 아프리카 – 아시아 연대라는, 시간을 초월한 어떤 개념으로 거슬러 올라간다. 아프리카 – 아시아 연대란 1955년 인도네시아 반둥에서 열린 중요한 회의에서 "유색인 국가들"이 일관된 계획과 신화적 결속을 달성하면서, 그리고 이어서 냉전기에 비동맹주의를 통해서(여러 적들이 그 국가들의 계획을 좌절시키기 이전에) 형성된 개념이었다. 사실, 반둥으로부터 신 국제경제질서까지의 길은 결코 예정된 것이 아니었다. 그 길은 뜻을 같이하는 국가들의 하나의 동맹인 '비동맹운동'이라는 평행선(현재도 존재하는)과 마주했으나, 또한 결정적인 순간에 거기서 분리되었다. 그리고 사실, 1974년 봄을 위한 20년에 걸친 서곡에서 거기 연루된 이해관계, 지도자, 국가에 늘 변동이 있었다는 것은 어떤 일관성이나 연대보다 더 놀라운 점이었다. 하지만 모든 관계자에게 가장 중요한 것은, 천연자원에 대한 권리에서 시작해 부국들과 그 밖의 국가들 간의 정의로운 분배 구조에의 요구로 확대되는, 주권 국가의 하위 권리들이었다. 개인들을 위한 초국가적 법적 보장책들을(경제·사회권을 포함해) 마련하는 것은, 수사적으로든 혹은 전혀 그렇지 않든 환각의 연속으로 표현되었다.[41]

신 국제경제질서 제안에 대한 보다 직접적인 기원은 훨씬 더 확실하고 구체적이었으니, 바로 유엔 무역개발회의와 그곳의 초대 사무총장을 지낸 아르헨티나의 반체제적 경제학자 라울 프레비시의 운동이었다. 1964년 보다 세계적인 이 기구가 설립되기 이전, 원래 유엔 산하 라틴아메리카경제위원회의 수장이었던 프레비시는 남반구의 원재료를 기초로 하여 건설된 북반구가 그대로 고착되어 사실상 세계의 불평등을 가속화할 것이라는 이론을 세웠다. 이러한 주장에서 나아가 그는 결국, 라틴 아메리카 국가들이(그리고 아마 다른 개도국들도) 정치경제에서 비교적 더 자립적인 접근을 취해, 종속의 악순환을 끊을 토착 제조업 분야들을 탄생시켜야 한다고 주장했다. 유엔으로 진출한 프레비시는 대안적 전 지구화 기획으로 옮겨 갔는데, 공정한 규칙들이 제도화되고 빈국들이 일종의 노동조합처럼 가격을 올리는 데 힘을 합친다면 남반구에 의해 거래되는 상품들은 평등한 세계를 점점 더 진전시키는 원동력이 될 수 있다는 기획이었다.[42]

신 국제경제질서의 제안들이 공식적으로 발표되기 전에도, 제3세계의 운동에 대한 반응은 흥분부터 공포까지 크게 엇갈렸다. 1960년대의 변화를 알려주는 좋은 지표는 교황 바오로 6세 때의 로마가톨릭 교회가 회칙 「민족들의 발전」(1967)을 발행했다는 것이다. 탈식민지 세계에서 윤리학의 의미에 대하여 그와 유사한 전 기독교적인 개신교 사상과 마찬가지로, 이 회칙은 "사회 문제는 세계 모든 곳의 모든 사람과 결부되어 있다"고 단언하며 새로운 세계화 시대에 맞게 기독교 사회사상을 갱신했다. 이 회칙은 빈곤층의 고통에 대한 사랑과 연대를 요구하는 데 많은 부분을 할애하는 한편, "기존 체계가 수정되지 않는 한 부국과 빈국 간의 차이는 줄어들기보다는 커질 것이며, 부국이 성큼성큼 발전하는 반면에 빈국은 느릿느릿 나아가고 있다"고 인정했다.[43]

브레턴우즈 체제는 미국 리처드 닉슨 대통령이 1971년 금과 달러를 분리하고 변동환율제가 그 체제를 대체하면서 위기를 맞고 구식이 되었는데, 브레턴우즈 체제의 이런 위기와 구식화 덕분에 프레비시 등이 이전

10년간 이론의 문제로 남겨두었던 세계 경제 거버넌스가 기회를 얻게 되었다. 그리고 2년 뒤의 욤키푸르 전쟁에서 석유수출국기구가 원유 값을 4배 올리는 것으로 대응했을 때, 석유수출국기구가 신 국제경제질서와 느슨하게 연계되어 있다는 우연의 일치가 꿈(과 악몽)을 부추기는 데 다른 무엇보다 많은 역할을 했다. 당시 상황에 대해서 자주 인용되었던 발언에 따르면, "바스코 다 가마 이래 처음으로, 경제 정책의 중요 영역에서의 근본적 결정에 대한 중심국들의 지배력은, 어떤 주변국들이 그 국가들로부터 그 힘을 빼앗으면서 그들 손을 떠났다." 만일 오일쇼크가 세계 경제 관계의 전반적 재편성을 예고하는 것이었다면? 한 통찰력 있는 논자는 그 운동의 분출을 "국제법 역사의 숨겨진 전환점"이라고 불렀다. 신 국제경제질서 이후에는 의식이 달라질 수밖에 없었다. 오늘날 세계 정의라는 대의를 고취하고 있는 신 국제경제질서의 후계자들은 신 국제경제질서라는 것이 존재했다는 것을 아예 모를 수도 있지만 말이다.[44]

유엔 총회의 한 특별 회기 중, 새로 나온 '국가의 경제적 권리와 의무에 관한 헌장'과의 밀접한 관련에서 신 국제경제질서가 선포되는 동안과 선포된 이후에, 신 국제경제질서의 최우선적 목표는 부국과 빈국의 평등화를 위한 정책들을 만들어내는 것이었다. 신 국제경제질서의 진단은 가혹했다. 세계인들은 수세기 동안 서로의 일에 관여해왔지만, 이는 식민지 상황에 따른 것이었다. 세계의 정치적 탈식민지화는 거의 마무리되지 않았고, 경제적 위계와 약탈은 이에 맞서 싸워온 사람들이 보기엔 괴로울 정도로 굳건히 자리 잡아서 현실 도피자가 아닌 한 누구나 쉽게 알아볼 수 있었다. 하지만 그것은 "상호 의존"(신 국제경제질서의 유행어이자, 다른 많은 버전이 있는, 당시의 공통어의 일부)이 열릴 새로운 시대였다. 그리고 점점 더 많은 사람이 전 지구가 오랫동안 어떻게 연결되어 있었는지를 마침내 깨달아, 탈식민지화가 얼마나 불완전한 상태인지 인정할 수 있었고, (뮈르달이 20년 전 관찰한 바와 같이) 점점 악화되기만 하는 부도덕한 경제적 위계를 겨냥할 수 있었다.[45]

이에 응하여, 복지국가의 확대는 양측이 화해해야 할, 새로운 잠재적 계급투쟁으로서의 국가들 차원에서의 전 지구적 불균형을 가져왔다. 국가 차원의 복지를 지지하는 사람들과 마찬가지로 신 국제 경제 질서를 지지하는 사람들은 분명하게 혁명적 전복을 포기하고 타협을 지지했으며, 이는 마르크스주의적 논평자들에게는 지극히 실망스러운 일이었다. 이전에 뮈르달의 경우에 그랬듯이 복지국가에 빗댄 비유가 자주 사용되었는데, 그 비유를 통해 신 국제경제질서를 "노동조합"의 국제적 동의어처럼 (니에레레가 가장 자주 그런 것처럼) 말할 수 있었기 때문이다. 노동조합이란 약자의 위치에 있는 행위자들이 국내적으로 협상력을 강화하고 특전을 받아낼 수 있게 해주는 존재였던 것이다. 국가 주권과 경제 자결권이 신생국들의 발언에서 완전히 핵심적이긴 했지만, 그러한 비유는 단지 신생국들이 자신들의 주권을 빈틈없이 지키고 자신들의 경제 자결권과 천연자원에의 영구적 주권에 대한 요구를 신 국제경제질서가 이행한다는 의미가 아니었다. 오히려, 신 국제경제질서를 "복지 세계"를 위한 노동조합화에 비유한 것은 전 지구적 사회 정의가 개인의 권리 옹호나 폭력혁명을 통해서가 아니라 더 공정한 거래의 연대주의적 제도화를 통해서(그런 제도화가 없다면 강한 국가들과의 관계에서 약한 존재들일 수밖에 없는 국가들을 위해) 작동해야 함을 의미했다. 네덜란드의 국제 법학자 B. V. A. 룀링은 제2차 세계대전 후 몇십 년간 그 분야에서 가장 뛰어났던 인물들 중 한 사람으로, 다음과 같이 논평했다. "신 국제경제질 서를 이끄는 사고는 여러모로, 국내법에 채택된 지침들과 같은 성격을 띠고 있다. 두 분야 모두에서 문제는 자유에 대한 법이 사회법으로 대체되어야 하는가 하는 것이었다. (…) 이는 '복지국가'에 이미 적용된 원칙들의 보편화를 의미했다."[46]

탈식민지 국가들이 국가 차원에서 이미 그랬듯이, 신 국제경제질서는 이제 국제적으로, 확장된 복지주의 패키지에서 뚜렷하게 평등을 강조했다. 따라서 신 국제경제질서의 요구들을 낳은 주요 목표는 국가들 간의 충분성(특히, 아마도 국가들이 자체적으로 돌보는 개인들을 위한 것이 아닌)이 아니라 국가들 간의 평등이었다. 막대한 원조 증대부터 유리한 조건의 대부, 부채 면제, 기술 이전에 이르기까지 신 국제경제질서의 모든 정책 제안은 평등이라는 이상의 이름으로 정당화되었다. 신 국제경제질서 선언이 밝히고 있듯이, 목표는 "모든 선진국과 개도국 사이의 벌어지는 격차를 없앨 수 있도록 불평등을 수정하고 기존의 부당함들을 바로잡는 것"이었다. 마찬가지로, '국가의 경제적 권리와 의무에 관한 헌장'은 "개도국과 선진국의 경제적 격차를 해소하려는 목적에서의 개도국의 경제 성장 가속화"를 요구했다. 둘 다 개인의 인권에 대해 미미한 언급을 했을 뿐이고, 인권 중 경제·사회권에 대해서는 전혀 언급하지 않았다.[47]

신 국제경제질서는 공권력과 관련해서뿐만 아니라 개인 행위자들과 관련해서도 국민복지국가의 정치경제와 맥을 같이하고 그것을 확대했으며, 세계 정치경제에서의 다국적 기업의 역할에 대한 사상 최초의 중요한 논의를 후원했다. 신 국제경제질서에 가까운 경제 이론에 의하면, 다국적 기업들의 힘이 제어되지 않는 한 그 기업들은, 복지국가가 국내 기업들을 공적 의제에 종속시키기 전에 국내 기업들이 국가 환경 내에서 했던, 전 지구적 분배의 공정성을 망치는 바로 그 역할을 했다. 수년간 "남반구-북반구 대화"가 이어졌지만, 이와 관련된 신 국제경제질서의 제안들이 크게 진전을 보지는 못했다. 하지만 1970년대에 신 국제경제질서는 기존 국제 경제 질서의 불평등한 결과와 그 안에서의 사적 행위자들의 역할을 분명히 하는 데 성공했다.[48]

　국가들(또는 "국민들")의, 국가들에 의한, 국가들을 위한 운동인 신 국제경제질서가 어떤 면에서나(전체 기본권과 관련해서도) 국내의 분배나 거버넌스에 대한 조항을 전혀 두지 않은 것은 처음부터 쉽게 알 수 있는 일이었다. 니에레레는 부유층에게 유리한 국외의 억압적인 전 지구적 구조로부터의 "경제적 해방"을 이루려면 빈국들의 외교적 연대가 필요하고, 따라서 이론적으로 인권이 정당하더라도 국내 인권의 실제에 대해서는 신경을 덜 써야 한다고 주장했다. "국제적인 목적을 위해서 우리 모두가 국내 해방을 같은 수준으로 성취할 수 없더라도 우리는 함께 행동해야 한다"고 그는 완곡하게 표현했다. "우리는 제3세계의 압제적이거나 잔혹하거나 부정의한 정부와 체제를 비판하겠지만, 북반구-남반구 논쟁의 맥락에서는 그러지 말아야 한다." 분명히, 이 이중 잣대에는 위선이 가득했다. 전 지구적 분배 정의에는 전혀 관심을 두지 않은 채, 마치 남반구의 "인권 침해"에 대한 우려를 해결할 유일한 방안은 단지 그 우선순위를 뒤집는 것인 듯했다. 하지만 일부 비정부 관계자들은 이 행보를 지지했다. 제일 눈에 띄는 사례는, 신 국제경제질서에 영감 받은 반식민주의 법률가 집단이 1976년 7월 4일(미국 독립 선언 200주년 기념일)에 알제에서, 국가들을 해방하고 평등의 이름으로 국제적 경제생활을 재편함으로써 탈식민지화를 완수하자고 제안하는 "국민의 권리 선언"을 내놓은 것이다. 이듬해에 유엔 총회는 "신 국제 경제 질서를 실현하는 것은 인권과 기본적 자유를 효과적으로 증진하는 데 본질적인 요소로서 우선권을 부여받아야 한다"고 선언함으로써 의제들 간의 차이를 미봉했다.[49]

신 국제경제질서는 근시안적인 물자 전략, 낯선 동료들과의 연합, 양가적 대응부터 대립적 대응(가장 결정적으로, 진행 중인 초기 신자유주의를 포함해)에 이르기까지 북반구의 대응으로 인해 실패로 끝났다. 당장은 아니었지만, 신 국제경제질서는 1970년대 후반에 가서는 죽어 있었고, 1980년대 초의 세계 부채 위기로 인해 스스로의 관에 마지막 못을 박았다. 신 국제경제질서가 전반적으로 전 지구화의 윤리에 접근한 것은, 머지않아 당대와 이후의 "진짜 새로운 국제 경제 질서"로 성장한 신자유주의 정치경제와 완전히 대조적이었다. 또한 신 국제경제질서는 그러한 선언에 마찬가지로 근접한 인권 혁명과 거의 모든 면에서 정반대였다. 탈식민지 국가들의 분배에 대한 생각을 이어받은 신 국제경제질서는 충분성보다 평등을 높이 샀다. 그 평등의 수혜자는 보다 부유한 국민국가들과 관계가 있는 새로운 국민국가들, 그리고 국가를 대표하는 대리인을 통해 전 지구적으로 서로 관련돼 있는 개인들이 될 것이었다. 이 분배적 공정성의 행위주체는 하나의 운동이었다. 하지만 그것은 비정부 세력의 운동이 아니라, 주로 국가들의 운동이었다. 인권 운동이 그 스스로 보여준 것처럼, 신 국제경제질서는 부당하게 대우받는 이들을 위한 국제주의적이고 세계화된 관심이었다. 그러나 인권 운동과는 다르게, 신 국제경제질서는 국가 주권을 약화시키는 것이 아니라 승인에 있어서 불공정한 분배를 조준하고 물질적 평등을 우선시했으며, 또한 변화를 중개함에 있어서 '공개적으로 망신주기'가 아닌 조직화된 외교력에 가장 크게 의존했다.[50]

하지만 다가오는 추세는 인권이었다. 인권법과 인권 운동은 궁극적으로 복지국가를 세계 무대로 확장하려는 비슷한 시도를 제공할 수 있을까? 분명 인권은 개인의 경제·사회권을 위해서도, 개인의 기본 욕구에 대한 관심을 위해서도, 분배에 대한 탈식민지 국가들의 기획보다는 훨씬 가능성이 많을 것이다. 그러나 윤리학에서 인권이, 경제학에서 신자유주의가 대두되고 국민복지국가가 위기에 처했으며, 세계화된 복지에 대한 보다 야심찬 초기 기획이 싹부터 잘려 나가면서 평등이라는 이상은 죽어버렸다. 충분성이라는 이상만이 근근이 살아남았다.

5장

기본 욕구와 인권

"기본 욕구를 충족시키는 것은 인권에 속하는가?" 개발경제학자 폴 스트리튼은 1980년에 이런 질문을 했는데, 그보다 10년 전만 해도 이런 질문은 어불성설이었을 것이다. 그해에 스트리튼은 음식, 주거 등 국민의 "기본 욕구"를 충족시키는 것을 목표로 하는 국가들에게 대출을 해주는 데 열중하고 있던 세계은행에서 자신의 첫 임기를 마치고 있었다. 그런데 이제 국제적인 인권 혁명이 세계에서 엘리트들의 논의를 휩쓸고 있었고, 두 의제가 서로 관계가 있다면 과연 어떤 관계인가 하는 질문이 시급해 보였다. "최소한의 영양, 건강, 교육은 가장 기본적인 인권에 속하는가? 아니면 인권 자체가 기본 욕구인가?" 스트리튼은 이렇게 물었다.[1]

그 모든 것이 매우 혼란스러웠다. 스트리튼은 스웨덴인 동료 군나르 뮈르달보다 한 세대 아래로 뮈르달의 영향을 받았고(뮈르달은 스트리튼의 딸들 중 하나의 대부이기도 했다), 세계의 진보에 대한 상상에서 후속 단계를 훨씬 더 잘 설명했다. 복지국가를 "복지 세계"로 확장한다는 전망의 성장은 전 지구적으로 이른바 개인들의 기본 욕구를 충족하는 것으로 바뀌었다. 하지만 개인들은 기본적인 전 지구적 권리 또한 갖는 것으로 드러났다. 스트리튼을 비롯한 많은 사람이 잘 알고 있었듯이, 1970년대에는 완전히 별개의 기원에서 나왔지만 결국 서로 교차하게 된 두 개의 유사한 주요 혁명이 있었다. 거의 하루아침에 (특히 국제 사회와 국제 프로젝트에서의) "기본 욕구"는 발전적 사고로 고정되었다. 믿기 어려운 일이지만, 전 지구적 빈곤은 이전에는 하나의 정책 분야로 존재한 적이 아예 없었고, 기본 욕구로 전환하면서, 전 지구적 빈곤은 개발에 대한 전문 지식과 점점 더 많은 대중적 관심의 중심이 되었다. 그러는 중에, 그리고 마찬가지로 갑작스럽게도 사회 운동에 힘입어, 국가들의 외교 의제에 포함되면서, 하나의 개혁주의 동기로서 인권이 일약 세계 무대에 등장했다. 두 개의 물결이 맞부딪쳐 부서지는 것과 달리, 기본 욕구와 인권이라는 두 물결은 서로를 무화시키지 않았다. 두 물결은 서로에게 다소 방해가 되기도 했으나, 대부분 움직임을 함께했다. 결과는 엄청났다.

인권이 어떻게 우리의 지고의 이상이 되었는지를 연구하는 사람이라면 누구도 인권이 비약적으로 발전한 시기인 1970년대를 간과할 수 없으리라. 그 비약이 이루어진 주된 이유는, 냉전이 후반전에 들어서면서 이상주의와 운동이라는 새로운 정신문화를 추구하게 된 데 있었다. 그 무엇도 냉전의 양측과 이에 예속된 자들이 세계에 야기한 폭력을 정당화할 수 없을 것 같았고, 세계의 개인들의 가장 기본적인 권리들을 주장하는 것이 새로이 의미를 띠었다. 그러나 인권 혁명이 '삶의 좋은 것들'의 분배에 대한 이상을 둘러싼 근대의 투쟁이라는 훨씬 폭넓은 역사 속으로 들어올 때, 시대에 대한 더 복잡하고 흥미로운 이야기가 펼쳐진다. 언론의 자유, 구금, 고문에 대한 새로운 초국가적 운동이 가시화되었으나, 인권과 경제 문제들의 잠정적 만남(기본 욕구의 혁명에 따른)은 미래에 운명적인 것으로 판명되었다. 동유럽 전체주의와 라틴아메리카 독재의 약탈, 구금, 고문에 맞서는 초국가적 운동에 새로이 포섭된 많은 활동가는 개인의 자유에 집중하기 위해서, 보다 넓은 사회 정의의 문제 전반을 무기한적으로 방임하거나 완전히 내려놓았다. 그럼에도 몇몇은 전 지구적 최저 생활 윤리의 측면에서 사회권을 재정립했다. 1970년대의 새로운 상황에서 복지 세계의 꿈은 최고조로 가시화되었다가, 신자유주의적 전환이 시작되면서 결정적으로 붕괴되었다. 집합적 국가들의 구원이 될 발전이 공허하게 들리기 시작했고, 계급들의 보상이나 화해를 위한 평등주의적 복지주의나 사회주의는 개인의 권리(기본 욕구와 인권이, 아직은 누구도 승리를 점치지 못한 채 다가오는 신자유주의 혁명과 더불어 서로 간에 공유한 기대사항)의 표현들에 밀려나고 있었다. 기본 욕구가 동시적인 인권 혁명과 교차하는 것을 비롯해, 개발 사상에서 기본 욕구의 패러다임이 생겨난 것은, 충분한 분배에의 기획이 어떻게 초기의 모든 물질적 평등 개념을 대체했는지를(특히 미국의 정치 지도자들과 비정부 지지자들 대부분이 권리와 필요needs라는 개념의 강화에 가장 이끌렸기 때문에) 극명하게 드러내 보인다.

두 개념을 연결하는 것은 기본 욕구에 인권의 높은 지위나 책무적 성격을 부여하는 작용을 할 수 있었지만, 그 과정에서는, 한때 평등주의 의무들과 관련돼 있었던, 사회권에 대한 복지주의적 해석과의 심각한 단절이 수반되었다. 이제 그것은 시민들을 위한 복지국가를 수립하려는 1940년대의 노력이 아니라, 갑자기 하나의 집단적 존재로 드러난 전 지구적 빈곤층에 대한 새로운 형태의 인도주의적 관심이었다. 여러 부국에서 빈곤 퇴치를 위해 캠페인을 벌인 것이 전 세계로 확산되었으나, 그것의 결과는 복지주의적 평등의 꿈을 몰아내는 것이었다. 1970년대에는 국가 내에서든 새로운 세계 무대에서든 그런 성과를 더 이상 자신할 수 없었다. 그리고 개발 영역에서도 같은 일이 일어나, 과거에 식민지였던 세계의 성장을 평등화한다는 생각은 믿기 어려워 보였다.

기본 욕구를 최우선시하는 형태로든 사회권을 세계화하는 형태로든 전 지구적 충분성이 시급한 과제로 부상한 것은 너무나 시기적절해서, 권리와 욕구가 보다 야심찬 전 지구적 평등을(탈식민지 국가들 스스로가 1974~1975년의 "신 국제경제질서"의 요구들을 통해 제시한) 윤리적으로 앞지르는 시도들이라는 결론을 사실상 피할 수 없었다. 많은 이에게 충분성의 강조는 평등을 폐기한 것에 대한 위로의 뜻으로 주는 보상으로 보였다. 기본 욕구의 충분한 성취를 기획하는 일은 탈식민지 세계에서 계속되는 빈곤에 대한 분개와 그 같은 탈식민지 세계가 제시하는, 평등주의 정의라는, 대가를 치러야 하는 희망 사이에서 갈팡질팡했다. 전 지구적 사회권의 추구가 시작되면서(냉전이 끝나고서야 온전히 지지를 받을 수 있었지만), 충분성이라는 분배의 이상만 살아남고 평등이라는 이상은 사라졌다.

1970년대에 인권 혁명은 거의 무無에서 일어났다. 1940년대부터 유엔에서 관련 논의와 조약 체결이 있긴 했지만, 이는 서로를 보호하기 위해 결탁한 국가들에 대한 증언에 더 가까웠다. 평화뿐만 아니라 정의 역시 제도화한다는 유엔 헌장의 약속을 이행하려는 진지한 움직임은 전혀 없었다. 점점 더 상황이 심각해지고 있던 남아프리카공화국과 같은 지극히 예외적인 경우는 차치하고, 정부 차원의 인권에 대한 발언은 무익했고, 어떤 국가도 뚜렷한 인권 정책을 보유하고 있지 않았다. 이러한 상황이 일련의 단계를 거치며 변화했다. 이는 무엇보다 1960년대의 새로운 사회 운동들의 옥석이 가려지고 인권에 대한 것으로 정의된 그 운동들이 향후 10년간 갑작스럽게 주목받은 덕분이었다. 역사상 처음으로 대중의 이목을 끈 인권 비정부기구인 국제사면위원회는 1977년에 노벨평화상을 수상했고, 같은 해에 미국의 지미 카터 대통령은 부분적으로는 국가 이미지에서 베트남 전쟁의 오점을 씻어내기 위해서 미국을 새로운 인권 정책으로 이끌었다.[2]

'삶의 좋은 것들'의 분배 방식에 대한 이상들의 측면에서 볼 때 이 인권 혁명에 대한 가장 특이한 사실은, 몇몇 중요한 예외가 있을 뿐, 인권 혁명이 분배의 평등에의 온전한 헌신은 말할 것도 없고 경제·사회권에 대한 관심을 거리낌 없이 몰아냈다는 점이다. 이는 사회권이 인권 전반에 필수적이었을 뿐만 아니라 국가 차원의 평등주의적 이상주의 및 성과와 연결되어 있었던 국민 복지 시대의 사회권 정신에 대단히 어긋나는 일이었다. 세계인권선언(1948)의 약속이 국민 복지에 대한 것이 결코 아니었다는 듯이, 이제 세계인권선언은 개인의 번영과 평등을 현실화하도록 국가에 힘을 실어주었다기보다는 국가에 시민의 자유를 약탈당하는 것으로 부터 개인을 구하려 한 헌장으로 기억되었다.

경제적·사회적 조항들이 헌장에 포함되었다는 점, 그리고 그 조항들이 새로운 초국가적 동원에서는 부재했지만 국민복지국가의 도래에서는 중심 역할을 했다는 점을 고려할 때, 그 역이 얼마나 쉽게 달성되었는지 놀라울 따름이다. 이러한 전환의 주된 원인으로 두 가지를 꼽을 수 있을 것이다. 첫째, 특히 북반구에서, 냉전의 전망이 주장과 반복의 힘만으로 시민적·국가적 권리와 경제적·사회적 권리 간의 1940년대의 친교를 오래전에 손상시켰다는 점이다. 둘째, (탈식민지화 이후의 사회주의 형태를 포함해) 사회주의의 실패에, 혹은 사회주의 정책이 촉발한 폭력에, 혹은 그 둘 다에 환멸을 느낀 활동가들이 "인권"을 과도한 희망이나 과거의 유토피아에 대한 우울한 타협을 필요로 하지 않을 도덕적으로 순수한 형태의 운동으로 상상하며 자신들의 역할을 받아들임에 따라 인권 이상들에 대한 새로운 시야가 생겨났다는 점이다.

최초의 유명한 전 지구적 비정부기구의 설립자인 피터 베넨슨과 미국의 인권 관련 주요 비정부기구의 설립자인 애리에 나이어는 사회주의와의 결별 및 사회권에 대한 회의주의를 보여주는 생생한 증거다. 베넨슨은 몇 차례 노동당 후보로 출마한 적이 있었음에도 불구하고, 1960년대에 국제사면위원회를 설립하면서 분명하게 이를 사회주의의 대안으로 생각했고, 정치적 구금이라는 좁은 범위에 초점을 맞추는 방식으로 이 기구를 작동시켰다. 국제사면위원회는 그 전문 분야에 1970년대에는 고문을, 1980년대에는 사형 제도를 추가했으며, 2000년대가 되어서야 빈곤으로 옮겨 갔다. "너희 강대한 자들아, 전 세계의 사회주의 정당들을 보라, 그리고 절망하라." 베넨슨은 자신이 강조하는 바를 정당화하기 위해 기자에게 이렇게 설명했다. 그가 절망한 이유는 부분적으로는 선거 운동에서 연속으로 패한 데 있었지만, 그는 또한 자신의 저작에 자주 스며든 기독교적 표현을 통해서, "외면적이고 눈에 보이는 왕국을 추구하는 것은 틀렸다"고 인정했다. 그에게 인권 운동이란 사회 정의를 세우는 것이라기보다는 활동가의 영혼을 구하는 일이었다.[3]

　미국인 애리에 나이어는 1970년대에 좌파 정권과 우파 정권의 정치적 위법행위에 전적으로 관심을 갖고 국제인권감시기구(휴먼 라이츠 워치)를 설립했다. 나이어는 여섯 차례 대통령 후보가 되었던 사회주의자 노먼 토머스 덕분에, 그리고 노동과 연계된 산업민주주의학생동맹(후일 민주사회학생회가 됨)을 이끌었던 이력 덕분에 정치적 각성이 이른 편이었으나, 계급 없는 자유지상주의를 자신의 최종 정치 유형으로 택했다. 그가 국제인권감시기구를 공동 설립하기 전에 이끌었던 미국시민자유연맹이 그 연맹을 낳은 계급 정치에서 탈피함으로써 명성을 얻게 되었음을 고려할 때, 자유와 권리에 대한 나이어의 냉전 시대에의 책무는 그로 하여금 언론의 자유와 표현의 자유 같은 기본적인 것에 관심을 한정하게 했다. 국제인권감시기구는 보다 논쟁적인 사회 정의를 추구하기보다는 재단 보조금의 지원 아래 국가 억압의 사례를 조사함으로써, 성실한 자유지상주의를 해외에 전하는 기능을 주로 했다. 국제인권감시기구에서의 경력이 끝날 때까지 나이어는 분배 정의(사회권의 문제로서의 분배 정의를 포함해)의 여지를 위해 애쓰는 모든 사람과 치열하게 싸웠으며, 냉전 자유주의자 이사야 벌린이 스스로의 논리를 방어하기 위해 소극적 자유와 적극적 자기실현을 구별한 것을 끊임없이 상기시켰다.[4]

그러나 더 넓게 보면, 북반구의 가장 눈에 띄는 두 인권 조직 내에서 펼쳐진 이와 같은 대표적인 국면은 특히 1970년대의 초창기 초국가적 인권 정치의 수혜자들, 즉 동유럽과 남아메리카 원뿔꼴 지역 활동가들 사이의 많은 예외를 감안한 것이었다. 두 지역에서는 국가가 생명권과 사상·행동의 자유를 박탈하는 것에 압도적으로 관심이 쏠려 있었다. 헌법과 국제법을 준수하겠다는 약속을 어긴 정부들을 고발하는 전략의 연합적 기반은 사회주의자들에게 물질적 정의의 이상을 내려놓거나 약화시킬 것을 요구했으나, 그들이 그 이상을 간단히 폐기한 것은 아니었다.[5]

사실 1970년대 중반에 오랫동안, 널리 확산된 사회주의 단체들이 인권을 받아들였고, 이는 좌파 운동을 억압했던 민주주의 국가들에서도 마찬가지였다. 프랑스에서는 "급진주의자들이 권리를 위한 투쟁을 단순한 개혁주의와 동일시했으나, 1970년대 초에는 국가의 억압 때문에 민주주의 투쟁을 자신들의 정치 과업의 근본 축으로 삼지 않을 수 없었다. 그렇다고 해서 그 집단들이 폭력혁명, 자본주의 전복, 최종 목표인 프롤레타리아 독재를 포기했다거나 의회 정치라는 좁은 영역에 노력을 국한시켰다는 뜻은 아니었다." 콜롬비아에서도 비슷한 일이 있었는데, 국가 폭력에 대한 기록인 『억압의 흑서』의 저자들과 같은 혁명론자들이 그런 이상들의 총체적 목표는 항상 크나큰 정치적 변화를 위한 것이었다고 주장하면서, 국가 폭력을 강조하기 위해 인권 규범을 환기했던 것이다. 초기 근대의 혁명으로부터 현재에 이르기까지, 목표는 "그런 의식의 혁명적 결과들을 피하지 않고 사실상 그런 결과들을 추구하면서, 인간의 권리를 보유한 사람들을 위해 인간의 권리의 내용을 '대중화하는' 것"이었다. 사회주의자들이 권리의 언어에 얼마나 개방적이었는지 과장하려는 게 요지가 아니다. 예를 들어, 1960년대의 가톨릭 사회사상의 전 지구화를 바탕으로 하여 수립된 라틴아메리카의 새로운 해방신학은 점차 급진화되면서 권리에 등을 돌렸다. 또한 마르크스주의가 학문적 언어나 대중적 언어로 남아 있는 곳에서는 사회 정의를 권리와 관련된 것으로 규정하는 것에 대한 거부 반응이 강하게 남아 있었다. 그렇다고 해서 당대의 인권혁명이 다른 가능성들을 배제했다는 말은 아니다.[6]

독재 정권이 들어서 있던 동구권과 남아메리카 원뿔꼴 지역에서는 사회주의자들이 자신들의 사회주의를 폐기해야 할 이유도 알지 못했고, 국내에서든 망명자로서든 광범위한 반체제 연합에 합류할 때의 모순도 알지 못했다. 잘 알려진 체코슬로바키아 반체제 집단 77헌장이 만들어졌을 때, 여기에 가담한 가장 유명한 개혁 공산주의자 이리 하예크는 인권 운동이 자신이 사회주의를 포기한다는 의미를 담고 있지 않음을 완강히 주장했다. 하예크가 쓴 바에 따르면, 공산권 국가들은 세계인권선언에 대해 반신반의했으나, 인권 협약의 초안을 마련하는 데 충실히 참여하고 협약을 엄숙히 비준했다. (하예크의 체코슬로바키아는 협약이 법적 효력을 갖게 되면서 그렇게 했다.) 이러한 사실들은 "바르샤바조약기구[즉, 공산권] 국가들의 적극적으로 사회주의를 지향하는 시민들의 의심을 일소하며, 문서의 시행이 사회주의 사회의 범위와 틀을 벗어난 것으로 보이거나 심지어 사회주의 사회에 적대적인 것으로 간주될 수도 있다는 그들의 염려를 불식시킨다." 사실 "사회주의 사회는 이 [정치적·시민적 권리와 경제적·사회적 권리의] 통합을 실현하고 지속하는 데 다른 어떤 사회보다 훨씬 잘 준비되어 있다"고 그는 덧붙였다. 체코슬로바키아로부터 영구히 추방되기 이전, 서방 여행 중이던 1981년 말에 세계 사회주의를 요구하며 올바른 의식을 호소한, 77헌장의 대변인 즈데나 토미노바도 마찬가지였다.[7]

폴란드에서의 공산주의에 대한 저항은 1976년 설립된 소규모 단체인 노동자방어위원회가 폭발적으로 부상해 "자유노조"로 성장한 때인 1980년 여름과 가을에 세계적으로 널리 알려지게 되었다. 그단스크 레닌 조선소에서 고전적인 파업 활동에 참여한 의식화된 노동자들의 운동 덕분에 이런 일이 일어난 것은 우연이 아니었다. 자유노조의 정책이 "비정치적"이고, 상황에 따른 필요와 전략적 선택으로서 체제에 대한 노골적 도전을 피하는 것이었다 해도 말이다. 처음에, 즉 학자들이 참여하고 자유노조가 광범위한 민주적 야당으로 변화하기 이전에 제시된 자유노조의 21개 요구 사항은 오늘날에는 국제적으로 보장되는 파업권에 대한 주장을 필두로 했고, 나머지는 충분성 보장과 특히 당대 경제 위기 중의 물가 통제 및 체제의 배급 정책에 관련된 것이었다. 한 동시대인이 설명한 것처럼 레흐 바웬사는 "폴란드만이 아니라 세계 전체를 위한 새로운 종류의 노동조합주의자"였지만, 1981년 자유노조가 불법화되기 이전에 순식간에 전 세계에 생겨난 많은 지지자에게 전기공 레흐 바웬사는 무엇보다 한 명의 노동자였다.[8]

쿠데타 발생으로 1973년 이후 칠레와 우루과이에서, 그리고 1976년 이후 아르헨티나에서 억압을 피해 도망친 많은 라틴아메리카 사람들 역시 더 광범위한 평등주의적 소망들을 갖고 있었다. 사회주의에 보다 우호적인 풍토로 간 사람들도 있었지만, 심지어 초보적인 미국 네트워크에 합류한 사례들도 있었다. 민주사회주의자 살바도르 아옌데 정권에서 칠레 정무장관을 지낸 경제학자 오를란도 레텔리에르는 정부가 무너지자 미국으로 피신했고, 거기서 고국의 인권 회복을 호소했다. 그렇지만 1976년 워싱턴 D.C.에서 충격적인 차량 폭발로 암살될 때까지 레텔리에르는 군사 정권의 지도자 아우구스토 피노체트가 추진한 신자유주의 정책 또한 비난했다. 미국의 수도에 위치한 좌파 정책연구소에 기용된 레텔리에르는 사실, 당시 신 국제경제질서를 지지하는 프로젝트를 주도하고 있었다. 장소에 따라 인권과 사회주의 열망의 접촉은 당분간 생명을 이어갔다. 인권이 사회주의의 부활과 생을 같이한 것이 아니라 도처의 신자유주의 정책 및 불평등한 결과와 생을 같이했다는 것이 가장 타당해 보인다는 것을 몇십 년 뒤에 알게 되었다면, 그러한 깨달음은 마르크스주의 휴머니즘을 외친 동유럽의 "인간의 얼굴을 한 사회주의자"들과 마찬가지로 레텔리에르에게도 끔찍한 일이었을 것이다. 어떻게 그런 일이 일어났는지는 복잡한 문제지만, 어떻게 인권이 처음부터 개발 영역에서 "기본 욕구" 개념에 대한 공상을 통해 세계의 분배 정책과 연결되었는지는 이를 간파할 수 있는 하나의 프리즘이다.[9]

전 지구적 차원의 국제 개발은 각 탈식민지 국가의 엘리트들이 자기 나라의 성장과 근대화를 위해 짊어진 프로젝트들에 비하면 항상 부차적인 것이었다. 1949년에 미국은 전형적인 식민지 개발 계획을 좇아, 해리 트루먼의 유명한 포인트포 계획으로 더 나은 삶의 방식을 세계에 가져올 것을 약속했다. 서유럽 국가들 역시 기존의 제국주의 설계가 서서히 무너짐에 따라 그런 행보를 취했고, 유엔과 다른 국제기구들 또한 나름의 장치와 계획을 만들었다. 이러한 모험적인 사업에 대한 자금 지원은 늘상 매우 적었다. 미국인들은 자신들의 부에 비해 인색하기로 유명했다. 국외 원조에 대한 유엔의 기대치가 국민소득의 1퍼센트도 안 되는 수준이었음에도 이를 충족시키지 못했다. 유럽인들의 실적은 비교적 나아서, 제2차 세계대전 후의 경제 회복 및 탈식민지화에 발맞추어 일찍이 시작되고 지속되었으나, 총액은 북반구의 지출에서 상당히 미미한 비중을 차지했다. 또한 미국인들의 주도하에 이러한 총액은 흔히 안보 과제에 연결되었다.[10]

1960년대에 "근대화"라는 일종의 변화 이론의 지배하에 미국인들은 근대적 풍요라는 물질적 전제 조건을 갖추는 데 필수적인 지름길로서 권위주의적 통치를 기꺼이 정당화하고 지지했으며, 이러한 편견은 베트남 전쟁에서 그랬듯이 미국인들이 옹호받기 어려운 어떤 정책들을 합리화하는 데 이용되곤 했다. 그렇더라도 전 지구적 개발은 일반적으로 국가 엘리트들이 자국을 위한 원대한 계획을 세우고 실행하도록 돕는 "기술적 원조"와 조언의 형태를 띠었다. 미래의 진보라는 미명하에 막대한 고통이 가해졌음에도 불구하고, 성장은 세계적으로나 (특히) 탈식민지 국가들 내에서나 불평등했다. 유엔이 1960년대를 "개발 10개년"으로 표현했음에도 뭔가 잘못됐다는 인식이 팽배했다. 세계은행이 1968년에 전 캐나다 총리 레스터 피어슨을 총재로 임명하자 이에 비판적인 많은 사람이 불공정을 주장하고 나섰다. 빈국은 부국을 따라잡지 못하고 있었고, 이렇게 격차가 계속 벌어지는 탓에 빈국이 아무리 약진해도 가난은 여전했다.[11]

심지어 국가의 성장이 이루어진 경우에도 성장이 얼마나 불균등하게 배분되었는지가 1970년대에 갑자기 문제시되었다. 유엔이 1970년대를 "2차 개발 10개년"으로 만들었지만, 그럼에도 이에 대한 개발경제학자 마붑 울 하크의 판단은 암울했다. 1934년 펀자브에서 태어난 하크는 영국과 미국에서 교육을 받은 뒤 1960년대에 모국인 파키스탄 정부에서 일했고, 1970년에는 세계은행으로 소속을 옮겨 정책 기획을 총괄했다(스트리튼이 그의 보좌관이었다). 파키스탄에서는 하크의 견해가 널리 인정되었다. 즉, 국가의 계획과 자유 시장 정책을 결합해 국가 성장에 시동을 걸고, (언젠가) 결실이 대중에게 미치게 될 것이라는 논리 위에서 대규모 불평등을 용인하자는 것이었다. 미래의 복지국가를 위한 조건들은 단기적으로 사회 분열의 악화를 감수해야만 마련될 것이었다. 문제는, 1970년대 들어 그런 전략들이 유발하는 초기 성장이 거의 없어서(특히 그 전략들이 서구 수입품에 대한 값싼 대체재를 공급하기 위해 토착 산업을 개발하는 형태를 취했기에) 국가적 불평등만이 아니라 국제적 불평등도 악화되었고, 그런 전략들이 빈국의 상황을 크게 개선할 것처럼 보이지 않는다는 데 전반적으로 합의가 이루어져 있었다는 것이다. 사실, 빈국들만 더욱 뒤처지는 것이 아니라, 그 국가들 내의 빈민들 또한 한층 나쁜 상황에 처하게 되었다. 전반적으로 소수 엘리트의 권력과 부가 더 견고해지는 결과가 나타났으며, 하크는 고작 22개 가문이 파키스탄의 상업 전 부문을 지배하게 된 상황을 비난한 것으로 널리 알려졌다. 하크는 잘 알려진 어떤 글에서(인도 총리 인디라 간디가 정책 연설에서 이 글을 표절한 것으로 드러나 유명해진 측면도 있을 것이다) 다음과 같이 결론 내렸다. "더 빠른 성장과 자본 축적을 위해 우리가 만든 바로 그 제도들은 훗날 더 나은 분배와 더 큰 사회 정의를 위한 모든 노력을 위축시켰다." 순진하게도 하크는 자신의 새로운 워싱턴 D.C. 근무지에서, 중대한 재고의 시간이 왔다고 끝을 맺었다.[12]

그의 대학 친구이자 훗날의 노벨상 수상자인 인도의 경제학자 아마르티아 센(그는 하크의 많은 아이디어를 대중화하고 다듬었다)과 마찬가지로, 하크는 자신이 크게 변화시킨 주류 개발경제학 내부에서 목소리를 냈다. 그는 절대 실현되지 않을 복지 세계를 꿈꾸는 것은 가치가 없다는 냉소적인 관점을 취했다. 무너진 헛된 기대의 폐허 위에서 갑자기 빈곤 완화가 주된 달성 목표로 떠올랐다. 급속 성장을 위해 노력했으나 결국 오히려 더 많이 뒤처지고 만 국가들을 위한 상대적으로 신속한 해결책(신 국제경제질서가 요구한 것과 같은)도 없었고, 근본적으로 불평등한 세계가 스스로를 고칠 수 있는 완전히 이상적인 별세계도 없었다. "손에 잡히지 않는 오늘날 서구의 기준들을 추구하는 것은 다음 세기 전체를 통틀어도 달성될 수 없다." 하크는 이렇게 단언했다. 전 지구적 불평등을 받아들이는 것이 지혜의 출발점이었다. "격차는 계속 커질 것이고 부국들은 점점 더 부유해질 것이다." 이런 추세가 뒤집히기를 기대하는 것은 "가망 없는" 일이었다. 신 국제경제질서가 전 지구적 불평등의 심화에 대한 저항으로 전례 없이 이목을 끌게 되기 불과 2년 전, 하크는 전 지구

적 충분성이 가장 실현 가능성 있는 희망이라고 결론 내렸다.[13]

개인들이 현재 겪고 있는 가슴 아프지만 분명한 사실에 정통한 것으로 유명한 하크는 사실 물질적 평등과 기본 지급 사이에서 중대한 윤리적 선택을 하고 있었다. 새로운 목표는 세계의 빈곤층을 지금 당장 돕기 위해 국제적인 불균형을 포기하는 것이었다. 기본 욕구를 위한 개발은 아직 민간의 참여 동기라기보다는 주로 정부의 의제였다. 하지만 이는 불특정한 집단적 해방보다는 개인의 당면한 고통에 관심을 집중시키는 현대 인권 혁명의 도덕 영역으로 나아가는 큰 발걸음이었다. 1971년에 하크는 성장 규모에서 눈을 돌려 다음과 같이 강조했다. "개발의 목적은 최악의 빈곤에 대한 선택적 공격으로 여겨져야 한다. GNP[국민총생산]가 빈곤을 해결할 것이기에, 우리는 GNP에 신경을 쓰도록 교육받았다. 이를 뒤집어, 빈곤에 신경을 쓰자 (…) GNP의 증가율보다 GNP의 내용에 더 관심을 갖자."[14]

하크는 처음부터 기본 욕구에 대해 이야기했으나, 초기에는 직접적인 빈곤 퇴치 의제가 정확히 무엇을 뜻하는지를 분명히 하지 않았다. 그는 기본 필수품의 지급을 보장한다는 목적에서 기본 필수품 목록을 정하기도 했고, 또 제3세계 국가들이 최소한의 소득을 위해 분투할 것을 권고하기도 했다. 그리고 그는 이 필수품들을 결코 인권이라 칭하지 않았다. 사실, 훗날 하크는 1980년대에 유엔개발계획으로 소속을 옮기고 나서 이제는 유명한 "인간개발지수" 계획에 착수했는데, 그에게 인간개발지수는, 충족시켜야 할 여러 가지 욕구와 권리의 굳건한 집합보다는 균등한 정확성을 띤 하나의 척도를 통해서 결과를 단순화하고 국민총생산이라는 주문呪文을 대체하는 한 방법이었다. 그의 생각에 따르면, 국제적 불평등을 문제시하는 것을 포기한다고 해서 국가적 불평등에 대한 관심을 완전히 상실하는 것이 아니었다. 그러나 국가적 불평등은 보통 식량, 건강, 공공 서비스에 대한 충분한 최저치의 성취를 위한 하나의 보충 사항으로서 추가되었다. 그가 1972년의 고전적인 연설에서 설명한 것처럼 "개발의 목표는 영양실조, 질병, 문맹, 불결, 실업, 불평등을 점진적으로 축소하고 결과적으로 퇴치한다는 관점에서 표현되어야 한다."[15]

1971~1972년에 "기본 욕구"에 대해 개념적으로 새로운 것은 없었다. 서구 지성사에서, 기본 욕구들의 이러저러한 조합은 오랫동안 최소한의 충분한 삶의 내용을 가리키는 아주 흔한 방법이었으며, 사실 어떤 권리 이론보다 훨씬 오래되었다. 욕구는 특히 사회주의 전통에서는(특히 마르크스 자신의 사상에서는) 권리보다 훨씬 중요했다. 그래서 "인간의 노동 욕구"가 복지국가의 기원에서 논의되었는데, 영국의 개혁가 시봄 론트리가 20세기 초에 벌인, 산업 도시의 빈민들을 돌보는 운동에서 특히 두드러졌다. 그러나 욕구의 친숙함에도 불구하고, 이 개념은 국가의 성장을 개발 지수로 대체하고 개인들의 각각의 욕구를 직접적으로 충족시키고자 하는 전 지구적 개발 사고에서 중요한 역할을 했다. 1970년대의 전문가들은 기본 욕구의 근원을 추적했는데, 그 근원은 흔히 심리학자 에이브러햄 매슬로(1943년에 인간의 욕구들에 대한 추상적 위계를 제시했다)나 인도의 경제학자이자 국가 설계자 피탐바르 판트(자국의 성장에 대한 합의에 동참했으나, 최저치 지급을 감당할 수 있는 전략들을 만들어낼 것을 일찍이 주장했다)으로부터 비롯되었다. 기본 욕구가 명성을

얻기 직전에도 "기본 욕구"에 대해 학문적으로 혁명적인 것은 없었다. 중요한 것은, 어떻게 이 개념이 그 분야를 이전 원칙에서 벗어나게 하는 주문呪文으로 기능할 수 있는가 하는 것이었다. 또한 가장 엄중한 비판자들을 위해서 남반구의 세계적 평등에 대한 요구를 반대하고 완화하면서 말이다.[16]

이는 부분적으로는, 분명 처음에는 국가적·국제적 개발이 완전히 실패했다는 것에 대한 제스처 이상의 것이 관련돼 있지 않은 탓이었다. 기본 욕구는 "개념인가 슬로건인가, 합성인가 연막인가?" 미국의 개발경제학자 레지널드 그린은 이렇게 물었다. 그는 개신교의 에큐메니즘 논의에 우호적이던 인물이자, 아프리카 국가들의 조언자였다가 나중에는 서식스대학에 개발 연구소를 설립한 인물이다. 심지어 하크도 'basic needs'라는 "순수한 다섯 글자짜리 단어 두 개가 어떻게 그토록 많은 다양한 사람에게 그토록 많은 다양한 것을 의미할 수 있는지 놀랍다"고 인정했다. 놀라운 사실은, 기본 욕구가 그런 모호함에도 불구하고 정부와 학계에 걸쳐 만연했다는 것이다. 비록 약간씩 다른 형태를 취하긴 했지만 말이다. 세계은행이 자체적으로 기본 욕구를 규범화하기 위해 움직이긴 했지만, 기본 욕구 기획의 또 다른 중요한 현장은 국제노동기구였다. 국제노동기구는 탈식민지 세계에 맞춰 스스로를 재창조하기 위한 자체 규정으로서 1960년대에 시작된 "세계고용프로그램" 안에서 기본 욕구를 알렸다. 국제노동기구는 제1차 세계대전 이후 소련에 대한 개혁주의적 대응으로서 선진국들에 의해 고안되었는데, 목표들을 대부분 달성하자(인도주의적인 노동 환경과 심지어 파업권까지) 이제 새로운 임무를 찾아 나섰다.

국제노동기구의 첫 번째 행동은 후기 제국 통치하의 개혁에 개입하고, 강제 노동 폐지를 추진하며, 북반구의 노동 기준을 따르기 시작하는 것이었다. 탈식민지 세상에서 국제노동기구는 북반구의 복지국가 계획이 아니라 남반구의 개발 계획에 참여하는, 이전과 다르고 더 복잡한 책임을 떠안아야 했다.[17]

국제노동기구는 제2차 세계대전 후의 행보에서 가장 영향력이 크고 중추적이었던 이 시점에 기본 욕구를 인권과 결부시키지 않았다. 국제노동기구의 기본 욕구로의 전환은, 완전히 다른 남반구 노동·생산 구조를 인식하지 못한 채 북반구의 산업 분쟁을 해결하기 위해 개발된 전략을 채택하는 것이 별로 이치에 맞지 않는다는 인식에 기인했다. 그래서 1976년의 세계고용회의에 이르기까지의 몇 년 동안 국제노동기구는 확장되었는데, 공식적으로는 올바른 고용 환경을 마련하기 위해서였지만, 실제로는 개발에 대한 나름의 전면적 접근법을 제시하기 위해서였다. 세계고용회의는 "기본 욕구"가 유엔 체제(국제노동기구도 어느 정도 체제의 일부였던)를 뒤흔들었던 1975~1977년의 시기 중에 가장 눈에 띈 순간이었다. 하크는 당시 엄청난 영향력을 발휘했으며, 센은 세계고용프로그램이 보고서를 작성하는 동안 상담역을 맡았다. 완전 고용, 또는 적어도 보다 완전한 고용을 위한 조건들을 생각해내는 일은 계속해서 국제노동기구의 필수 업무였으나, 여기에는 필수적인 공공 서비스 및 의식주가 개발을 통해 최우선적으로 조속히 달성해야 할 기본 욕구라는 전제가 깔려 있었다. 고용은 이러한 목표들을 위한 수단이지, 단지 그 자체가 목표가 아니었다. 국제노동기구는 하향식 시행의 위험을 피하기 위해 수혜자가 전략에 참여할 것을 요청했지만, 그럼에도 국제노동기구의 기획에서 모호함은 사라지지 않았다. 그리고 국제노동기구는 유연성 있는 전망을 내놓으면서도, 보편적 적용과 쉬운 측정이라는 장점을 갖고 있을, 필수 재화와 서비스의 절대적 최저치를 설정하고 있는 것이 바로 "기본 욕구"라는 특성이라고 주장함으로써 세계은행의 정책들을 예고했다. 회의 선언문은 다음과 같이 밝혔다. "기본 욕구는 상대적일 수도 있고 절대적일 수도 있다. 그러나 현 상황에서는, 우선 절대적인 기본 욕구를 충족시키는 것이 합당하고 현명하다." 지구상의 비참한 사람들은 도움의 손길이 닿기까지 너무나 오래 기다려온 터였다.[18]

세계은행이 이리저리 건드려보기 시작했고 국제노동기구가 주장한 것을 다양한 비정부 집단이 같은 시기에 받아들였는데, 당대의 평자들은 이를 일반적으로 경합 관계에 있는 의제들의 거의 숭고할 정도의 수렴이라고 여겼다. 영국의 경제학자이자 남반구–북반구 문제에 대한 저명한 대중 교육자인 바버라 워드는 남작 작위를 받은 지 얼마 안 되어 1974년 가을에 멕시코 코코요크에서 어떤 회의를 주재했다. 회의에서는 "인류는 식량, 주거, 의복, 건강, 교육에 대한 기본 욕구를 지니고 있다", 그리고 "기본 욕구의 충족을 이끌어내지 못하는(혹은 더 악화시키거나 교란하는) 성장 과정은 모두 개발이라는 개념을 곡해한 것이다"라고 주장하는, 널리 대중화된 선언들이 나왔다. 아마 더 흥미로운 것은, 아르헨티나의 지리학자 아밀카르 에레라가 바릴로치 재단의 후원을 받아, 전 세계 빈민들의 기본 욕구를 충족시키기 위해서 부자들이 "과소비"를 끝낼 것을 제안하는 단체를 이끌었다는 점일 것이다. 1976년에 발표된 그의 보고서는,

기본 욕구 담론이 폭증하는 가운데, 빈곤을 개선하는 "합의된 하한선"에 대한 맹렬한 탐구를 "본질적으로 평등주의적인 소득 분배"라는 먼 목표와 연결시킨 유일한 사례였다. 하지만 인구 과잉에 대한 신맬서스주의 공포의 시대에, 다른 모든 제안과 마찬가지로 그것은 국가주의적 성장이 인류의 미래를 위해 충분할 수 있다는 전제를 공격하는 것이었다.[19]

이 몇 년 동안 기본 욕구에 대한 발언이 정부 간 논의와 비정부적 논의의 범위에서 급속히 확산되었음에도 불구하고, 세계은행은 미국의 전국방장관 로버트 맥나마라가 베트남 전쟁 중이던 1968년에 새로이 총재로 취임해 이 기관을 재가동하면서 기본 욕구와 가장 밀접한 관계에 놓이게 되었다. 세계은행 총재로 임명되기 전 맥나마라는 민주당의 '위대한 사회' 기획에 근접해 있었지만, 그럼에도 그가 빈곤에 대한 직접적인 공격의 중요성을 깨닫게 된 것은 1970년 이후 하크의 영향을 통해서였다. 세계은행의 활동은 맥나마라의 지휘하에 보다 후한 대출 덕분에 변화했다. 세계 곳곳의 빈곤 개선을 직접 겨냥한 이 기관의 지출은 그다음 10년간 6배(전체 계획의 5퍼센트에서 30퍼센트로) 증가했다. 그럼에도 세계은행은 처음엔 단지 당시 "성장을 통한 재분배"로 알려져 있던 입장으로 살짝 바뀐 것뿐이었고, 1970년대 중반에 가서 기본 욕구 패러다임의 소유권을 확고히 하게 되었다.[20]

맥나마라가 세계은행을 이끈 중요한 첫 10년간 그의 생각은 진화해서 "절대 빈곤"을 전 세계적 재앙으로 칭하는 편에 훨씬 더 기울어 있었다. 세계은행 대출을 부분적으로 목표로 해야 할 필수품들의 항목별 일정이 있다는 관점이 서서히 생겨났고, 지속적 성장이라는 선결 과제를 결코 완전히 몰아내지 않았다. 사실, 광범위한 가뭄과 높은 유가로 인해 성장 목표가 달성되지 못하는 경우가 많았던 1972~1974년의 위기를 보면서 맥나마라는 몹시 경악하게 되었는데, 부분적 이유는 극빈층이 가장 큰 고통을 받는다는 데 있었다. 또한 신 국제경제질서로 정점에 이른 운동 덕분에 전 세계적인 구조적 정의가 헤드라인을 장식하고 있는 상황에서 그는 세계적 "공정"에의 욕구에 대해 그저 도덕적으로 걱정하는 수준에 머물러 있을 뿐, 그 이상은 아니었다. 그가 의미한 바는, 극빈층이 불평등으로 인해 어느 정도 불리한 처지에 놓이거나 사실상 더 가난해지는 경우에만 불평등이 용인될 수 없다는 것이었다. 그는 1977년 9월 세계은행의 이사회에서 이러한 점을 다음과 같이 전적으로 솔직하게 드러냈다. "[개도국과 선진국 간의] 격차를 없애려는 개도국들의 경우, 주된 개발 목표는 단지 불필요한 좌절에 대한 처방이다." 하크가 주장했던 것처럼, 비현실적인 전 지구적 평등을 버리면 성취 가능한 목표들이 허락되었다. "'격차를 없애는 것'과 달리 빈곤을 줄이는 것은 현실적인 목표이며, 사실상 필수적인 목표다." 맥나마라는 이렇게 설명했다. 기본 욕구가 맥나마라의 수사 속에 가장 분명하게 등장한 것도 바로 이 연설에서였던 바, 이는 우연이 아니었다. "절대 빈곤에 대한 공격(인간의 기본 욕구와 그것의 충족)은 등한시될 수 없고, 영원히 미뤄질 수 없고, 결국, 이를 평온하게 견뎌내고자 하는 그 어떤 국제 사회에 의해서도 부정될 수 없다."[21]

솔직히 말해서 맥나마라 자신의 논리에는 예방적인 측면이 있었다. 소득과 부의 불균형이 증가하는 가운데 빈곤층에게 적어도 최저 수준의 보호마저 제공하지 않는 사회는 혼란이 임박한 사회라는 것이다. 겸손함을 일깨워준 베트남 전쟁에서의 실패 후, 그는 어쨌든 불만이 공공연한 반란이라는 무리한 형태로 확대되었을 때 불만을 해결하고자 애쓴 노련한 인물이었다. "'진작에 잘했어야지', 바로 이것이 권한을 잃어버린 정치 체제를 위한, 역사의 가장 보편적인 묘비명이다." 이제 그는 현명하게 이렇게 말했다. 1970년부터 맥나마라가 세계은행에서 점점 보다 명확한 빈곤 퇴치 의제로 더욱 나아간 데는 "빈자를 희생시켜 부자를 이롭게 하는 정책은 명백히 부정의하기만 한 것이 아니라 결과적으로 자멸적이다"라는 통찰이 반영되어 있었다. 그러나 충분한 최저치를 제공할 도덕적 필요성에 대한 한층 진실한 수사도 있었다. 맥나마라는 충분한 최저치가 선진국 생활 습관의 급진적 변화를 요구하는 것은 아니라고 워싱턴의 지지자들에게 거듭 장담했다. 충분한 최저치는 선진국들에게 "부자와 권력자는 빈자와 약자를 도울 도덕적 책무가 있다"는 예로부터 전해져온 종교적 명령을 진지하게 받아들일 것을 요구했다.[22]

이 중대한 여러 해 동안 맥나마라는 특권층의 소비 감소를 조건으로 하여 극빈층의 기본 욕구 충족을 꾀한 바릴로치 급진주의에는 전혀 다가가지 않았다(원래 책무로서 공식화된 국민소득의 1퍼센트 이상의 해외 원조를 다소 건성이긴 해도 지속적으로 호소했지만 말이다). 보다 중요한 사실은, 세계은행이 국제 문제에서 기본 욕구의 최고 지도자를 자처했음에도, 세계은행이 하방식으로 기본 욕구를 정의한다고 널리 알려져 있었다는 것이다. 궁극적으로, 다각도의 인간 성취를 제대로 다룬, 기본 욕구의 다원성에 대한 모든 논의에도 불구하고, 진정 세계은행이 기여한 바는 지속적 성장이 가장 현저하게 가난한 이들에게 이익이 되는지를 평가하는 기본적 최저치의 측정값을 화폐화한 데 있었다. 그럼에도 맥나마라의 세계은행이 결국 남긴 것은, 제3세계 부채의 증가를 방조함으로써 신 국제경제질서의 전 지구적 공정에 대한 지지를 파국으로 이끌고 후일의 구조 조정 정책의 길을 닦은 것이었다.[23]

개발 공동체가 국민 성장 전략을 작동시키는 데 수반된 선명한 급진주의는, 자신들의 이전 계획이 잘 먹히지 않거나 혹은 베트남에서처럼 명백히 더 나빠지는 경험을 했던 부국의 관측자들의 새로운 윤리 예절에 많은 영향을 미쳤다. 그리고 토론에서 소수의 사람이 변화하는 빈곤 퇴치 전략들의 통일된 목표인 개도국 내의 평등에 지속적으로 관심을 갖긴 했지만, 그 출발의 주된 결과는 충분성으로 시야를 좁히는 것이었다. "기본 욕구"의 시대에는 개발이 국내의 단기적인 충분성 목표들에 집중했고, 그래서 충분성과 평등 모두를 지연시키는 단기적인 국가 성장 전략들을 밀어냈다. 한편, 남반구 국가들의 미래를 상상할 때 기본 지급에 대한 관심의 수용만큼 국제적인 분배 정의를 강조하지는 않았다. 사실, 전자는 후자에 대한 신 국제경제질서의 해석을 거슬렀다.

맥나마라가 "개개인"의 기본 욕구에 대한 헌신을 공표했을 때, 오스트레일리아의 젊은 인권 변호사 필립 올스턴은 "개개인 모두가 국제적으로 인정된 인권 주체이며 개개인 모두가 이 권리들을 거부당하고 있다고 세계은행 총재가 덧붙였을지도 모른다"고 다소 냉소적으로 언급했다. 욕구와 권리의 진영에서 의심을 갖는 것은 당연했다. 두 개념이 어떻게 연결되어 있는지, 두 개념이 과연 연결되어 있는지는 전혀 명확하지 않았다.

전문가들의 영토 분쟁이 뒤따랐다.[24]

폴 스트리튼은 가장 기본적인 욕구 충족을 공략하기 위한 독립 혁명이 인권으로 인해 진흙투성이가 될 위험에 대해 신랄하게 비꼬았다. 1917년에 빈에서 태어난 스트리튼은 그곳에서 배운 청년 사회주의를 결코 완전히 외면하지 않았다. 1934년 이후 반동주의적 기독교의 득세를 겪어야 했던 그는 4년 뒤 나치 점령 중에 빈에서 도망쳤다. 그는 망명자로서 제2차 세계대전에 영국군으로 참전했고, 그 뒤 옥스퍼드대학에서 공부했으며, 이후 이 대학의 교직에 남아 있으면서 학계와 정부 사이에서 활동했다. 1972년 세계은행으로 적을 옮기기 이전에 그는 이미, 남반구에서 "인권"이 그저 요원한 염원일 뿐 실제로 이식될 수 없음을 우려하고 있었다. 복지국가를 추진하는 가운데 경제·사회권이 선언되게끔 해주었던 그런 최초의 물질적 번영을 가져오는 것은 남반구 정부들에 달려 있었다. 스트리튼은 베르톨트 브레히트의 「서푼짜리 오페라」에 나오는 "일단 먹고 나야 도덕도 찾는 법"이라는 말을 곧잘 인용했다. 그가 하려는 말은, 식량이 권리라 명명된다 해서 마법처럼 식량이 나타나지는 않는다는 것이었다. 식량이 먼저 주어져, 식량의 수혜자들이 필요한 도덕적 주장을 유용하게 할 수 있어야 했다. 스트리튼은 "가까운 미래에 빈곤을 퇴치하는 것"에 대해 설파하면서, 법학자보다는 경제학자의 과제인 "절대적" 부족에 대한 이야기로 시작했다. 생물학적 욕구가 가장 우선적이며, 보다 원대한 목적은 그다음이다(최저 생활이 먼저고, 보다 광범위한 충분성은 그다음이다). 그러나 순서가 매겨진 우선 사항들의 목록은 순위가 바뀌거나 다른 항목으로 대체되는 등 계속 달라져야 할 것이며, 뒤로 미룸으로써 더 나은 성과를 얻을 수 있다면 미루어지기도 해야 할 것이다. 스트리튼은 그렇다고 해서 기본 욕구가 어려운 선택을 통해 승자를 가려야 하는 필요성을 없애주는 것은 아니라고 주장했다. ("부자들이 훨씬 더 빠르게 보다 부유해지는 동안 빈곤을 신속히 근절하는 것은 가능하다"고 스트리튼은 정확히 말했다.)25

스트리튼은 기본 욕구와 사회권을 융합하는 잘못에 대해 결코 생각을 바꾸지 않았다. 아마도 권리가 사람들을 충분성의 수준으로 끌어올리는 일이 처해 있는 경제 현실을 숨기고 있다는 이유였을 것이다. 1970년대 후반의 인권 혁명을 목격한 뒤에도 스트리튼은 여전히, 절대적인 개인의 권리라는 개념을 국가의 억압을 비판하는 그것의 핵심 용도를 넘어서는 것으로 받아들이는 것은 이치에 맞지 않는다고 주장했다. 책임감 있게 말할 수 있는 것은 오직, 모든 개인이 "부족한 자원 중 최소한의 몫"("평등한 몫"은 분명 아니고)을 가질 권리가 있다는 점뿐이다. 오히려, 기껏해야 도덕성 덕분에 개인들은 모든 기본 욕구의 충족이라는 유토피아적 기대를 버리고 실현 가능해 보이는 만큼의 기본 욕구 충족을 요구할 수 있었다. 다른 개발 이론가들은 이보다 다소 관대해서, 인권의 부상에 의해 마련된, 기본 욕구에 힘을 실어줄 기회를 놓치지 않았다. 스트리튼의 가까운 동료인 영국의 경제학자 프랜시스 스튜어트는 "욕구는 권리와 같지 않다"고 말했다. "기본 욕구를 인간의 권리에 포함시키는 것은 기본 욕구 접근에 두 가지 요소를 추가해준다. 즉, 그것은 기본 욕구의 충족에 도덕적 중요성과 정치적 의무를 더해주며, 권리와 관련된 감독·집행 메커니즘의 본성에 따라 범위와 성격을 달리하는 어떤 국제법적 지위를 기본 욕구의 충족에 부여한다. 기본 욕구에 부여되는 법적 지위는 기본 욕구의 충족을 보장하기 위해서 아주 중요한 부가적 수단을 더할 가능성이 있다." 전략적 노림수보다는 종교적 열정에 더 기울어 있던 기독교 개발 사상가 레지널드 그린은 욕구와 권리는 "기본적으로 하나의 자급자족적 통일체의 일부"라고 역설했다.[26]

스트리튼의 완고한 반응에는 지적인 면도 있었지만 영역주의적인 면도 있었다. 인권 혁명의 영향으로 기본 욕구에 대한 관심이 폭증하면 적어도 개발경제학자들보다는 다른 전문가 그룹에 권위가 부여될 것이기 때문이었다. 인권 변호사 올스턴은 이들 두 개념은 같은 것이 아니며, 분배에 대한 자신의 전문성이 개발경제학자들이 현재 받아들이고 있는 개인들에 대한 관심에 꼭 불필요한 것은 아니라고 주장하며 호의를 표했다. 올스턴은 인권법이 얼마나 독특한 것인지 자신의 입장에서 역설했다. 인권법은 구속력 있는 책무에 대한 것인데, 인권법 규범들은 "설득력 있는 국제적 의의를 제한적으로 띠고 있을 뿐인" 기본 욕구에 대한 "비교적 급하게 작성된 어떤 진술"과 중복될 수 있을 뿐이다. 종합적인 어떤 분석에서 올스턴은 기본 욕구와 인권이 조화를 이루는 영역과 충돌하는 영역을 배치했고, 기본 욕구는 최근에 등장했기에 인권이 명확히 다루지 않았던 '물' 같은 꼭 필요한 것들과 '이주민' 같은 몇 가지 범주를 명확히 다루었음을 인정했다. 기본 욕구 접근이 "최저 생활수준의 소비를 달성하기 위한 기술 관료적 계획으로 퇴화"할 수 있다는 위험성은 사회·경제권을 염두에 두어야 하는 한 가지 주된 이유였다(이 권리가 근근이 생존하는 수준의 최저 생활보다는 더 후한 충분성 기획을 내포하므로). 마찬가지로, 인권을 특히 물질적 욕구에 따라 제한하는 것이(기본 욕구에 대한 몇몇 해석이 그랬듯이) 불가능하다는 점은 경제·사회권의 중요한 쓰임을 남겨두었다. 노르웨이의 학자이자 평화학 창시자인 요한 갈퉁은 덜 조심스럽게 대응해, 기본 욕구와 인권의 부상을 기본 욕구 목록과 인권 목록에 올라갈 새로운 항목들을 선언하는 기회로 여겼다. 올스턴은 관광이 기본 욕구이기도 하고 인권이기도 하다며 당대 어떤 유엔 기구가 확언한 것을 인용하여 다음과 같이 우려했다. "특정한 욕구가 실제로 인권으로 번역되었다는 무심한 주장이 기존 인권 보장의 가치와 효력에 대한 해로운 회의주의 풍토를 조성할 수도 있다." 궁극적으로 기본 욕구의 굉장한 인기가 시사하는 바는, 당시에는 법으로서의 강제성을 띠지 못했던 권리를 다른 구실을 동원해 성취하는 것, 즉 권리를 기본 욕구에 편승시키는 것이 전략적으로 시의적절했으리라고 올스턴은 결론 내렸다.[27]

그런데 기본 욕구로 옮겨 가는 것의 중요성에 대해 가장 흥미로운 사례를 제공한 사람은 아마르티아 센이다. 당시 센은 아직 한동안은 인권에 관여하지 않을 생각이었지만 그럼에도 사실상 관여했으며, 그러한 움직임은 그의 탁월한 도덕적 통찰을 드러내는 것이라기보다는 당시에 스스로가 취하고 있던 논쟁의 우선순위를 드러내는 것이었다. 어쨌든 이 점은, 1973~1976년에 센의 기본적 우선순위가 조정되어, 그가 스스로를 충분한 분배와 인권 시대의 상징으로 만들어준 바로 그 견해를 받아들이게 되었음을 확연히 보여준다. 1933년에 동東벵골(지금의 방글라데시)에서 태어난 센은 서西벵골의 산티니케탄 공동체에서 라빈드라나트 타고르의 교육 환경에서 교육받았고, 케임브리지대학과 대학원에서 수학하여 경제학 박사 학위를 받았다. 이후 센의 초기 관심사는 "사회적 선택"이라는 새로운 이론이었다. 그럼에도 불구하고, 마르크스주의자 모리스 돕을 비롯한 인도와 영국의 몇몇 경제학 조언자의 영향으로 센의 학위 논문과 첫 저서는 준사회주의 개발경제학에 할애되어, 성장과 국가 수립을 이루는 방안에 대한 자신의 이론을 다루었다. 센은 1972년까지만 해도 욕구와 빈곤의 문제를 물질적 불평등이라는 보다 넓은 틀 안에서 개념화했다. 1973년 이후에야 센은, 미국과 영국의 여러 대학에 재직하며 국가적 불평등에 대한 글을 쓰던 시기를 마감하고 빈곤과 결핍으로 관심을 돌렸다.[28]

1970년대 초에 센은 국제노동기구 세계고용프로그램의 상담역으로 고용되어, 기본 욕구 운동에 처음부터 관여했다. 그러나 그는 스트리튼과는 상당히 다른 방식으로 기본 욕구를 이론화했다. 당시의 세계 식량 위기를 보며 그는 소년 시절에 목도한 1943년의 벵골 대기근을 떠올렸다. 이제는 방글라데시의 영토가 된 고향에서 100만 명에 달하는 남녀와 어린이가 굶주림으로 사망한 일에 대응하기 위해 센은 기근으로 인한 최악의 결핍에 대한 개선과 방지를 강조하면서, 빈곤에 대한 이론을 보다 정밀하게 만들 것을 요구했다. 센이 국제노동기구의 보다 광범위한 프로그램의 일원으로 고용되어 있긴 했지만, 그는 이러한 사태에서 보다 단기적인 기획에 초점을 맞추었다. 특히, 개인들에게 지급받을 자격entitlements을(사실상 권리를) 부여할 경우 어떻게 그들이 흉작을 비롯해 "더 나쁠 수 없는 극심한 절대적 결핍"을 내포하는 사태들에서 살아남는 데 필요한 충분성을 요구할 수 있을지를 주목했다. 식량 규모나 인구 증가에 대한 관심보다는 "사회보장제도로 인한 최소한의 교환 가치 보장"이 오히려 기아와 극빈을 방지하는 데 가장 효과적일 것이었다.[29]

센은 아직 이 자격을 권리로 인식하지 않았지만, 사실상 그렇게 인식해가는 중이었다. 센이 기근 중의 최저 생활과 빈곤으로 인한 곤경에 초점을 맞춘 것은 국가적 불평등에 대한 그의 지속적인 사고와 동떨어져 있지 않았다. 센은 세계 식량 위기가 발생하기 전에는 불평등과 빈곤의 연관성을 주장했으나, 이제는 "불평등은 (…) 빈곤과는 별개의 문제"라고 강조했다. 센은 국제적 불평등에 대한 관심 역시 부인했다. 신 국제경제질서가 부상했다가 쇠락하기까지의 시기를 통틀어 그가 국제적 불평등에 대해 언급한 것은 "어떤 논의들은 빈자의 고통이라는 형태를 띠는 한 나라 안에서의 만연한 빈곤보다는 국가 전체의 상대적 풍요에 관심을 갖는다"고 말한 경우가 유일했다. 그러나 센은 신 국제경제질서에 회의적이던 하버드대학 경제학자 리처드 쿠퍼의 말(신 국제경제질서는 "무비판적으로 으레 (…) 국가가 개인인 것처럼 (…) 국가들을 의인화하며, 개인들에게 적용하기 위한 다양한 윤리적 주장을 1인당 평균 소득에 기초를 두고 있는 국가들에 외삽한다")을 공유했을 뿐, 그런 논의 자체를 피했다. 국가들 간의 불평등을 포함하는 집단 윤리가 주변으로 밀려나면서, 이제는 개인들에게 기본 욕구에 대한 자격을 부여하는 것이 중요한 문제가 될 터였다.[30]

기본 욕구 지지자와 인권 지지자 간의 내분은 그치지 않았고, 이 지지자들은 서로 간에 학문적 내지 전략적 타협 이상을 이뤄내지 못했다. 하지만 그들의 모든 주장에도 불구하고, 돌아보면 기본 욕구나 인권 모두 남반구의 희망을 재정의하고 대부분의 관측자들이 남반구의 위험하거나 잘못된 요구라고 느낀 신 국제경제질서의 제안들을 교묘하게 회피할 수 있도록 기능한 것처럼 보인다. 신 국제경제질서가 복지의 평등을 전 지구화하겠다는 전례 없는 야망을 끌어들이긴 했지만, 신 국제경제질서의 도덕적으로 가장 민감한 약점은 그것이 국가 내에서의 '삶의 좋은 것들'의 분배를 등한시한다는 점이었다. 그리고 신 국제경제질서의 반대자들은 이 점을 거세게 공격했다.

전 지구적 기아의 반복적 발생과 같은, 10년간 만연한 세계 인구 과잉에 따른 "성장 한계"에 대한 걱정거리들은 기본 욕구가 도래하게 된 중요한 이유이기도 했고, 종전의 국가주의적 성장 계획의 위기에서 보통 사람들이 길을 잃지 않게 해야 한다는 당연한 과제가 주어지게 된 중요한 이유이기도 했다. 그러나 신 국제경제질서는 역사적으로 특별 요인이었고, 계속되는 가난과 죽음은 그렇지 않았다. 분명 과도했지만 말이다. 탈식민지 국가들의 분배에 대한 기획이 개인들을 위한 기본 지급을 결여하고 있다는 사실에 대한 반감은 그 반감만큼이나 반감을 느낀 사람들에 대해서도 많은 것을 알려주었다. 한 통찰력 있는 평자가 말했듯이, 세계은행을 비롯한 여러 집단에서 전 지구적 빈곤에 대한 우려가 고조된 것은 대체로, "많은 제3세계 정부와 그곳의 개발경제학자들이 오랫동안 주된 우려 사항으로 여겨온 것을 그 집단들이 과거에 등한시한 데 기인했다." 우선성에 대한 새로운 감각은 "서구 국가들의 의견 기류 변화"에서 비롯되었다. 몇백 년 이어진 식민지주의의 종국적 종료와 미국의 직접 개입은 상황을 바로잡을 기회를 만들려는 것이 아니라, 평등 역시 요구하는 사람들에게 충분성을 이루지 못한 죄책감을 투사하는 것이었다.[31]

최저치 지급에 대한 쌍둥이 구상인 기본 욕구나 인권이나 모두, 국가적 불평등의 폭발 직전에 국가적 불평등을 빈곤 외의 또 하나의 잘못으로 언급하지 않았고, 국제적 불평등을 국가들이 당연히 맞서 싸워야 할 악으로 언급하지 않았다. 그렇다면 가장 중요한 것은, 인권 혁명이 시작될 때, 기본 욕구와 인권에 똑같이 집중하는 것이 전 지구적인 평등주의 규범들을 제시하려는 노력의 전조가 된다는 점을 얼마나 인식하고 있었는지를 따져보는 일이다. 신 국제경제질서가 불쑥 등장한 직후, 혼란이 있을 것에 대비해 아스펜 연구소는 일련의 단체를 소집해 "인간 욕구 충족을 위한 어떤 신 국제경제질서"를 제안했다. 아스펜 연구소의 보고서는 남반구가 어디서 잘못되었는가 하는 일반적인 주제를 다루면서 "국가는 국민이 아니다"라고 결론지었다. "빈곤한 사회와 부유한 사회의 평균적 시민 간의 '격차'와 더불어, 이와 동등하게 중요한 '격차들'이 국가들 내에서 분명해지고 있다. (…) 개개 인간의 욕구들에 따라 합의된 하한선을 설정하기 위해 세계 공동체가 협력해야 할 때다." 결국 1970년대 후반까지, 기본 욕구를 공격하는 것이 일상적이었다. 기본 욕구란 신 국제경제질서의 요구를 회피하기 위한 뻔한 근거이자, 각국이 이전의 식민지 지배국과의 비공식적이나 변함없는 종속 관계에서 스스로 그러듯이, 빈민 구제를 남반구의 근본적인 책무로 삼으려는 뻔한 근거라는 것이었다.[32] 1978년 여름에 베오그라드에서 회담을 가진 비동맹운동의 외무장관들은 개인들의 기본 욕구에 대한 갑작스러운 관심에 대해 거의 공통적으로 의심을 피력했다. 모두를 위한 최저치 지급이 중요하지 않다는 것이 아니고(심지어 이는 시급한 일이었다), 그것이 "진정한 발전의 대체물이 아니라, 국가 정책의 많은 우선적 목표 중 하나로" 간주될 필요가 있다는 것이었다. 그리고 보다 중요한 점은, "국제적인 차원에서 이 전략이 세계 경제 질서의 근본적 변화가 시급하다는 필요성을 흐려서는 안 된다"는 것이었다. 심지어 유엔 인권위원회에서도 인도 대표 비자야 락슈미 판디트(자와할랄 네루의 여동생이자 몇십 년간 원칙들을 확고히 지지한 인물)는 "형평과 사회 정의는 어디서나 경제적·사회적·문화적 권리를 실현하기 위한 주된 필요조건이다"라고 주장했다. 결국 그녀는 "개도국의 유일한 문제는 최저 생활에 필요한 최저치[를 지급하는 것]임을 내세울 구실로 기본 욕구 전략이 사용되어왔다"고 우려했다. 파키스탄 학자 알타프 가우하르는 다음과 같이 씁쓸하게 덧붙였다. "체제에서 빈곤을 떼어내는 것으로는 빈곤이 근절될 수 없다. 질병이 증상을 억누름으로써 치료될 수 있는 것이 아닌 것처럼 말이다. 그리고 이것이 '기본 욕구' 접근에서 잘못된 점이다."[33]

물론, 끝없이 계속되는 빈곤과 가아를 다루기 위해 그들의 잉여분 일부를 사용하는 것에 대한 관심이 탈식민지 국가들에 대한 신 국제경제질서 의제에 맞지 않을 이유가 없었다. 유네스코가 1978년 소집한 것과 같은 전문가 포럼들에서는 기본 욕구와 인권의 정확한 관계 및 신 국제경제질서는 넘쳐나는 열띤 토론의 주제였다. 그러나 이론적으로 유효한 것이 꼭 실행에 옮겨지는 것은 아니었는데, 이는 무엇보다 기본 욕구가 남반구의 빈곤과 함께 북반구의 소비를 촉진하는 데 적용된 적이 없기 때문이었다. 갈퉁은 "기본 욕구 접근이 시작되어 대부분 제3세계에만 적용된 것을 고려하면, 제3세계가 기본 욕구 접근을 신 국제경제질서에 의해 제기된 세계 경제 문제를 교란하려는 책략으로 간주할 이유가 충분하다"고 주장했다. 게다가 신생국들이 인권과 마찬가지로 기본 욕구가 힘들게 얻은 자신들의 주권을 서서히 약화시키는 또 하나의 수단이 될까 봐 우려하는 것은 타당성이 없어 보이지 않았다. 갈퉁은 "과거사에 비추어 보면, 제1세계가 개입주의적 의도를 부인하는 것은 신뢰가 가지 않으며, 기본 욕구 접근이 의도치 않은 결과를 초래하는 일은 없을 것이라는 주장도 마찬가지"라고 말했다.[34]

사실 어떤 이들은 기본 욕구를 신 국제경제질서를 보완해주는 가치가 있는 것으로 간주했는데, 하크가 가장 흥미로운 사례다. 하크는 전 지구적 평등의 꿈이 환상이라고 선언한 뒤 개발경제학에 "기본 욕구"가 도입되는 데 가장 큰 기여를 한 인물이다. 1970년대 중반에 하크가 신 국제경제질서에 참여한 것이 이전에 그가 전문가들 앞에서 했던 주장, 즉 남반구는 북반구를 결코 따라잡을 수 없다는 것이 기본 욕구로의 전환에 대한 전적인 근거라는 주장과 어떻게 부합하는지는 명확히 알려진 바 없다. 그러나 센과 달리 하크는 "개도국들의 해방 제2단계는 신 경제 질서를 모색하는 것"이라는 당시의 널리 알려진 수사에 동의했다. 신 국제경제질서 선언 몇 달 전인 1974년 11월에 스웨덴에서 그는 분개하여 다음과 같이 덧붙였다. "선진국들이 제3세계에서 일어나는 일에 신경 쓰지 않는다는 것이 나의 신념이다." 하크는 제3세계가 기존의 국제 질서에 "스스로 맞춰야 한다"는 상투적인 생각에 맞서 "제3세계가 미래의 국제 질서다"라고 주장했다. 그리고 1970년대 중반에, 소득과 부를 직접 재분배하지 않는다면, "미래의 성장 기회"를 재분배해야 한다는 하크의 주장이 북반구에서 이따금 주목받았다.[35]

하크는 신 국제경제질서와 같은 것을, 아래로부터의 전략적 압박을 통해 다시금 달성된 국민복지국가 출현의 국제적 등가물이라고 이해했다. 1975년에 하크는 다음과 같이 설명했다. "국가 차원의 전환점은 1930년대에, 즉 뉴딜 정책이 노동자 계급을 개발의 동반자로 격상시키고 소비사회의 필수 구성원으로 받아들인 시기에 찾아왔다. 국제적 차원에서는 우리는 아직 빈국의 발전이 필수적인 것으로 여겨지는 그런 철학적 혁신에 이르지 못했다. (…) [하지만] 철학적 가교에 가까워지고 있는지도 모른다." 이번에는 노동조합들의 기능적 등가물인 반체제 국가들에 의해 (단독으로는 변화를 가져올 만한 큰 힘을 발휘할 수 없는 개인들을 대표하는 존재들) 아래로부터의 압박이 가해졌다. 그리고 1970년대 말에 하크는 미국 정부는 말할 것도 없고 개발 전문가들과 원조 제공국들이 전 지구적 빈곤을 구제하는 데 앞다퉈 뛰어드는 것이 어떻게 더 본격적인 의제를 방해받을 수 있다는 경각심을 남반구에 불러일으키는지를 세밀하게 썼다. 1980년에 이르러서는 그것이 국제적 분배와 국내적 분배에 대한 관심, 전 지구적 평등과 기본 욕구에 대한 관심의 공존을 위협하는 수준으로까지 치닫고 있었다. 하크는 기본 욕구가 너무나 주의를 딴 데로 돌리게 해서, 예상대로 남반구가 "목욕물을 버리려다 아기까지 버리게" 만들고 있다고 단언했다.[36]

하크는 열정적인 제3세계 지식인으로서 결국 유례없이 균형 잡히고 회유적인 입장을 추구했고, 그리하여 국가적 분배와 거버넌스를 간과하지 않으면서 전 지구적 불평등에 대해 윤리적으로 분노했다. 그는 남반구 지식인들의 협회인 제3세계 포럼을 만드는 데 참여했으며, 새로운 국제 경제 질서를 생각하는 태스크포스를 이끌었다. 하크는 다소 체제 전복적으로, 국내적 저항의 위험(맥나마라가 경고하며, 더 큰 관대함을 발휘할 이유로 여긴 것)이 세계에도 적용되며, 위험은 단지 충분성이 아니라 평등을 위해서도 적용된다고 말하기까지 했다. 그러나 신 국제경제질서가 쇠퇴하면서 하크는 점차 "개발의 진짜 과제는 국내에 있다"고, 그리고 사실상 "어떤 정도의 국제적 동요도 그 사실을 가릴 수 없고, 어떤 규모의 국제 자원 이전도 근본적 개혁에 대한 국가적 결정을 대체할 수 없다"고 결론짓게 되었다. 그는 다음과 같이 덧붙였다.

> 제3세계 지식인들은 여기서 잔인한 딜레마에 맞닥뜨린다. 국제 질서보다 국내 질서 개혁의 문제를 먼저 강조할 경우 부국들에게 현재의 세계 질서를 개혁하는 것에 대한 진지한 논의를 뒤로 미룰 수 있는 편리한 구실을 제공할 위험이 있고, 자국 정부의 지지를 잃을 위험도 있다. 그러나 국내 질서 안에서 대다수에게 기회의 평등이 거부된다면 국제적으로 기회의 평등이 개선된다고 해서 무슨 득이 있을까?

하크의 세계은행 동료인 경제학자 스트리튼은, 기본 욕구가 신 국제경제질서를 결코 방해하지 않는다는 점을 설명하는 것이 최우선적으로 필요하다는 데 동의했다. 사실, 이 둘을 종합함으로써 각자를 각자의 최악의 병으로부터 구해냈다. 기본 욕구를 "전 지구적 자선 프로그램으로의 퇴화"로부터 구하고, 신 국제경제질서를 탈식민지 국가의 엘리트들만을 위한 봉사serving로부터 구해 낸 것이다. 그러나 이런 가능성에도 불구하고, 이렇게 기본 욕구를 어떤 식으로든 신 국제경제질서에 조화시키려는, 수사적으로 회유하는 시도는 전형적이지 않다.[37]

인권 혁명은 어떤 형태로든 분배로부터 기원한 것이 아니기 때문에, 기본 욕구보다 더, 남반구의 평등주의 움직임에 반하는 사악한 계획으로 보일 여지가 많았다. 인권 혁명에 관해서는 사용할 속임수도 많지 않았다. 인권이 흔히 신 국제경제질서 국가들의 약점을 찾을 수단으로 공공연히 알려져 있었기 때문이다. 인권을 들먹일 때, 신 국제경제질서 국가들의 "영국식 사회주의"의 잔재와 정치적 무질서를 비판함으로써(미국인 대니얼 패트릭 모이니핸이 널리 읽힌 『카먼테리Commentary』 기고문에서, 그리고 후일 유엔 대사로서 그렇게 했듯이) 그 국가들의 윤리적 주장의 정당성을 박탈할 수 있었다. 어떤 이들은 인간 욕구와 마찬가지로 인권이 제3세계 프로젝트를 북반구가 더 잘 수용할 수 있게 하는 동시에 프로젝트를 그 자체로부터 구원할 수 있기를 바랐다. 이들 역시 주류는 아니었다. 또 어떤 이들은 "개발권"이라는 새로운 것을 만들어내는 데 착수해, 그것을 유엔의 여러 포럼에 끌어들였다. 인도의 국제법학자 우펜드라 박시 같은 몇몇 지지자에 따르면, 개발 자체를 하나의 권리로 만들 경우 남반구의 전 지구적 형평에의 요구를 떠오르는 인권 혁명의 범위에 넣을 수 있을 것이고, 결과적으로 기본 욕구 개념이 세계적으로 제1세계 엘리트의 지배 아래 혹은 지역적으로 제3세계 엘리트의 지배 아래 갇혀 있지 않게 해줄 것이었다. "[기본 욕구를] 인권 원칙과 연결하면 제3세계의 관점에서 기본 욕구 개념에 대해 표출되어온 정당한 우려를 적어도 완화시키는 방향으로 갈 수 있을 것이다." 올스턴은 이렇게 썼다.[38]

그러나 기본 욕구와 인권의 통합이 여러 가능한 의제에 도움이 될 경우 인권과 기본 욕구를 통합할 가능성이 가장 높은 이들은 일반적으로 미국인, 구체적으로는 미국 정부였다. 그들은 신 국제경제질서의 죽음을 무심히 지켜보거나 심지어 그 무덤 위에서 춤을 추면서도 충분성의 기획을 조화시키려 했기 때문이다. 미네소타의 하원의원 도널드 프레이저가 주도한 1973년의 대외원조법(부정의하게 정적들을 구금하는 국가들에 대해서는 원조 제공을 거부하는, 미국의 선구적 인권 입법으로서도 유명한)은 미국 개발 정책의 "새로운 지침"에 따라 재정을 식량 생산, 영양, 교육에 쏟았다. 전 지구적 빈곤층이 정체돼 있다는 익숙한 인식에서 나온 이 방향 전환이 기본 욕구에 대한 국제적인 담론과 만났다. 이는 아마도 가장 위협적이던 시기의 신 국제경제질서에 대한 국무장관 헨리 키신저의 처음의 회유적 대응에서 추진력을 얻었을 것이다. 그는 특히 1974년 9월에 유엔 총회에서 한, "상호 의존"에 대한 이목을 사로잡은 연설에서 그런 회유적 대응을 보여주었다. 거기서 키신저는 제3세계 운동을 억제하고 분열시키는 데 각도를 맞추고 있으면서도, 세계 개발에 수정이 필요함을 인정했고, 식량 원조를 늘리겠다는 약속으로 남반구를 "달래는" 쪽으로 방향을 틀었으며, 결국 평등에의 요구에 최저 생활 쪽을 가리키는 것으로 응답하는 미국의 지속적인 전략을 개척했다. 어떤 사람들에게 정책 방향 전환으로 보인 것이 다른 사람들에게는 더 큰 소홀함에 대한 또 다른 평계로 보였다. 한 분석가가 언급했듯이, "어떤 쌍무적 공여국들에게 있어, '인간의 기본 욕구' 접근은 보다 확실하게 인도주의적인 것으로 인식되며, 아마도 일반적으로 대외 원조를 최우선적인 것으로 보지 않는 국내 유권자들의 지지를 받을 가능성이 높다."[39]

몇 년 안에 제일 먼저 미국인들이 기본 욕구와 인권을 광범위하고 체계적인 방식으로 연결시켰다. 1970년대가 끝날 때까지, 즉 대외 원조에서 (이집트와 이스라엘의 할당액이 급증하면서) 안보 우려가 다시 한번 인도주의 우려를 상대로 승리를 거두고 새로 선출된 로널드 레이건 대통령이 미국의 새로운 인권 정책을 엎어버리게 될 때까지, "미국 대외 정책이 기본 욕구와 인권 모두를 향해 나아가기 시작했다." 미국 정부 안팎에서 대변인들이 지미 카터의 새 정책들에 대한 설명의 일환으로 경제·사회권을 가리키기 시작한 것도 이러한 맥락에서였다. 카터는 1977년 5월에 인권 정책에 대한 그의 역사적 연설인 노트르담대학 졸업식 연설에서 "개도국들이 스스로를 도울 수 있도록 돕는" "공정한 거래"가 바람직하다는 것을 인정하면서, "정의[와] 형평이라는 새로운 전 지구적 문제"를 확실하게 언급했다. 그러나 그는 청중에게 "굶주림, 질병, 문맹이라는 시급한 문제가 당장 여기 존재함"을 상기시켰다. 특히, 거의 같은 시기인 1977년 봄에 국무장관 사이러스 밴스는 널리 주목받은 조지아대학 연설에서, 행정부의 획기적인 정책이 다루게 될 인권에는 "식량, 주거, 건강, 교육 등 생명에 필요한 욕구들을 충족할 권리"가 포함될 것임을 확언했다. 이 중요한 말은 "계획적이기보다는 우연적으로" 연설의 최종안에 추가된 것이었는데, 미국의 인권 정책이 또 하나의 반공산주의 이상의 것이 되기를 바라는 이들을 매우 기쁘게 했다. 국무차관 워런 크리스토퍼 역시 같은 해 여름에 미국변호사협회에서 같은 이야기를 했다. 동시에 밴스는 경제개발협력기구OECD 장관급 회의에서 이제 "새로운 방향"은 다른 곳으로부터 전파된 "인간의 기본 욕구" 개념을 의미한다고 공식화했다.[40]

놀랍게도, 미국의 평자들과 비정부기구들 역시 권리와 욕구를 통합하는 것에 매혹되었다. "인권 지지자들이 대량 체포 및 학대 사례뿐 아니라 경제권에도 관심을 가질 때, 그들은 사실상 인간의 기본 욕구의 충족을 이야기하는 것이다." 이듬해에 학자 퍼트리샤 와이스 페이건은 이렇게 썼다. 비슷한 맥락에서, 프린스턴대학의 국제 변호사 리처드 포크는 "기본 욕구를 인권이라 일컫기를" 제안했다. 법 활동가 피터 와이스와 그가 속한 좌파 정책연구소는 미국이 정책을 만든다기보다 그저 인권과 기본 욕구에 대해 말만 번지르르하게 할 뿐이라고 비난했다. 와이스는 1977년 9월에 한 연설에서 다음과 같이 설명했다. "세계의 무수히 많은 사람이 고문, 자의적 형벌, 언론 검열에서 자유로울 권리에 대한 침해로 고통받기보다는 직업, 식량, 건강, 거주, 교육을 누릴 기본권에 대한, 즉 생존을 위해 싸우는 대신 삶을 살 권리에 대한 '지속적인 엄청난 침해 양상들'로 고통받고(정말로 고통받고) 있다." 미국이 인권 침해에 대해 그렇게 신경 쓴다고 주장한다면, 전 지구적 빈곤이라고 해서 마찬가지로 필수 정책 과제가 되지 못할 이유가 무엇이겠는가? 기본 욕구는 권리였다.[41]

제럴드 포드가 과도기 임시 대통령으로서 재임하던 때의 키신저의 수사에도 불구하고, 카터 행정부에서 남반구에 대한 미국의 정책은 기본 욕구를 냉소적이기보다는 진실하게 수용했고, 또한 신 국제경제질서의 보다 평등주의적인 요구들에 반대했다(대체로 키신저의 교활한 계략을 눈감아주기보다는 그 요구들이 넝쿨 위에서 그냥 시들게 두는 식으로). 1977년 여름에 OECD 연설에서 밴스는 "북반구 – 남반구 간 대화는 인류에 대한 것이며, 보다 온전한 삶은 국가만이 아니라 사람들에게도 타당하다"고 매우 분명하게 밝혔다. 어쨌거나 카터 행정부에서 지도자적인 인물은 밴스보다는 폴란드 이민자 출신의 즈비그뉴 브레진스키였던 것으로 판명되었다. 그는 카터의 국가 안보 보좌관으로서, 신 국제경제질서를 보다 철저하게 피하되 약간은 덜 전략적으로 전 지구적 빈곤에 집중하는 식으로, 키신저 시절에 만들어진 북반구 – 남반구 위기에 대한 미국의 대응책을 응용하는 쪽으로 나아갔다. 카터는 어떤 종류의 전 지구적 재분배도 받아들이지 않을 것임을 일찍부터 분명히 했다. "나는 우리 부국의 빈민들이 내는 세금으로 빈국의 부자들에게 돈을 보내는 것에 찬성하지 않는다." 그는 행정부가 출범한 지 몇 달 후에 그렇게 설명했다. 그러나 그의 집권기는, 널리 알려진 그의 인권 증진이라는 배경과 대조적으로, 기본 욕구에 대한 지나친 수용을 보여주었다. 1960년대에 세워져 1970년대 중반 내내 기본 욕구 개념을 유포한 연구소인 해외개발기업의 연구에 의지해, 카터는 기본 욕구 개념을 신 국제경제질서 요구들의 임시적 대안으로서 공공연히 강조했다. 권리와 욕구는 토론할 가치가 있었다. 평등은 별로 그렇지 않았다. 미국 정부식의 기본 욕구와 인권의 통합이 수사의 수준을 훨씬 뛰어넘었다는 말이 아니다. 평등주의적 신 국제경제질서의 쇠퇴가 가시적임에도 그러한 신 국제경제질서가 여전히 정책 입안자들에게 방사적radioactive 인상을 주는 시대에 보호의 기본적 최저치를 정의하는 데 기본 욕구와 인권이 모두 역할을 했다는 말이다. 기본 욕구 자체에 의해서든 인권과의 실험적 통합에 의해서든, 미국이 평등 요구에 대해 그저 충분성을 약속하는 땜질로 답한 것임은 분명했다.[42]

미국은 신 국제경제질서의 요구에 가장 덜 협력적인 경향이 있었으나, 다른 나라들은 보다 관대했다. 피어슨 위원회가 발족한 지 10년 뒤, 맥나마라는 서독의 전 사회민주당 총리 빌리 브란트에게 개발의 현주소를 검토할 새로운 위원회의 의장직을 제안했으며, 1980년에 이 위원회는 세간의 이목을 끄는 결과물을 내놓았다. 이 조직은 근본적으로 특이했는데, 무엇보다 남반구의 대표자들을 포함하고 있다는 점, 그리고 진행 중인 "북반구-남반구 대화"에 수사적으로 참여한다는 점에서 그랬다. 브란트는 이것이 "전 지구적 사회민주주의" 발상에 충격을 주길 희망했으며, 세계 무기 거래 수익의 일부를 재분배하기 위해 무기 거래에 과세하자는 제안에 힘썼다. 네덜란드의 노벨경제학상 수상자이자 사회주의자인 얀 틴베르헌이 4년 전에 내놓은 보고서는 유명세는 덜했지만 훨씬 신 국제경제질서에 다가간 것처럼 보였고, (전 지구적 불평등을 줄이는 것을 포함해) 훨씬 더 급진적인 행보를 촉구하고 있었는데, 이와 달리 브란트의 결과물은 논란의 소지가 덜했다. 브란트의 보고서는 분명 완전한 자원 이전과 보다 공정한 무역 협정의 형태로 대외 원조를 좀더 확대할 것을 요구하긴 했지만, 전 지구적 불평등이 아니라 전 지구의 빈곤을 최우선순위로 삼고 있었다. 보고서는 식량과 더불어 고용과 건강을 "기본 욕구"로 다루었다(비록 2000년까지도 기본 욕구의 충족을 요구하지 않아 비판받았지만). 위원회가 종료될 무렵, 남반구가 북반구의 양심에 가한 압박은 빠르게 사라지고 있었다. 소련의 아프가니스탄 침공으로 냉전이 재점화되는 중이었다. 그리고 워낙 불안정했던 제3세계의 위상이 이제는 쉽게 회복될 수 없을 만큼 약해 보였다. 머지않아 어떤 사람들은 적어도 "하나의 정치적 대안"으로서 "제3세계"의 "종말"을 선언하기에 이르렀다.[43]

1970년대 말에 이르러서는 초국가적 인권 운동이 획기적인 현상으로 자리 잡고 있었다. 국제사면위원회는 고문 반대 활동을 추진해 존재감의 정점에 올랐으며, 동유럽의 반체제 인사들과 라틴아메리카의 희생자들이 초국가적 운동과의 새로운 연대에서 세계사적 도덕의 아이콘이 되었다. 지미 카터의 인권 정책이 탄생하여 토론 대상이 되기도 했다. 모든 인권 지지자가 분배 문제에 대해 눈감은 것은 아니었고, 물론 경제적 공정성과 관련해 변혁에의 야망을 포기한 것도 아니었다. 그러나 1980년경 인권은 동료 시민들을 위한 평등주의적 복지 정책 원칙들로부터 동료 인류를 위한 전 지구적 충분성에의 열망으로 한창 옮겨 가는 중이었으며, 일반적으로는 개발 사상과, 그리고 구체적으로는 "기본 욕구"에 대한 최소한의 해석과 일찍이 만남으로써 변화를 더 빠르게 진척시키는 윤활제역할을 했다. 인권은 다른 방식으로 정의되었던 시기를 견디고 살아남은 것일 수도 있지만, 인권이 국민복지국가와의 연관성을 잃고 가장 위급한 전 지구적 빈곤에 대한 논의들과 훨씬 더 친숙해짐에 따라, 인권이 분배와 연관되었던 드문 사례들은 인권을 전 지구적 빈곤 퇴치라는 맥락에서 재구성했다. 이 과정에서 기본 욕구라는 렌즈가 중요한 역할을 했으며, 사회주의가 쇠퇴하기 시작하고 신 국제경제질서의 요구들이 무시됨에 따라 국가 안에서든 국가를 초월해서든 기본 욕구와 인권은 분배의 평등을 피하기 위한 초점으로서 많은 이를 위해 등장하여 모두에게 봉사했다.

6장

전 지구적 윤리, 평등에서 최저 생활까지

1970년대에 걸쳐 진행된 신 국제경제질서의 성쇠를 지켜본 어떤 학자는 당시 다음과 같이 언급했다. "새롭고 좀더 평등주의적인 경제 질서에 대한 제3세계의 요구의 또 다른 결과들이 무엇이건, 한 가지는 분명하다. 그 요구가 전 지구적 분배 정의를 주제로 하는 전례 없는 논쟁을 낳았다는 점이다." 오늘날 철학에서 "전 지구적 정의"는 동시대의 사건들과 함께 발명되었으며, 그 분야가 평등에서 충분성으로 이동한 데 따른 변화하는 의제들을 반영했다. 세계를 아우르는 인권 철학과 같은 것을 제기한 역사상 최초의 책이 이러한 움직임을 완성했다. 철학이 사상 속에 자신의 시대를 담아낸다는 것은 항상 진실은 아니다. 하지만 이 경우에는 맞는 말이어서, 이 경우에 철학은, 충분성에 집중된 인권 운동이 후일 신자유주의 시대로 판명된 것에 대한 낙관론의 한계를 재설정하기에 앞서, 신 국제경제질서와 그것이 품었던 전 세계적 평등이라는 유토피아의 성

쇠를 기록하는 데 꼭 필요한 관점을 제공했다.[1]

1945년으로부터 몇십 년 후까지도 주류 철학에는 '삶의 좋은 것들'을 분배할 때의 "전 지구적 정의"와 같은 것이 존재하지 않았으며, 탈식민지 국가들은 사회 정의라는 용어의 범위를 세계로 넓히는 데 앞장섰다. 그러나 '삶의 좋은 것들'의 세계 차원의 충분하고 평등한 분배를 옹호하는 것이 철학에서 가능해진 반면, 철학계에서 유래한 새로운 이론들은 아주 다른 운명을 맞았다. 평등주의적 선택지(이후 지지자들과 비판자들에게 "세계주의"로 알려진)는 신자유주의 시대의 운동의 기준으로서는 여전히 유토피아적이고 상상하기 힘든 것이다. 반대로 전 지구적인 최저 생활의 권리를 추구하는 것은 같은 시기에, 특히 생계의 가장 기본적인 요소들을 보장하려는 국제적인 인권 운동의 형태로, 상당한 정도의 실질적 지지를 받았다. 전 지구적 정의가 발명되었던 핵심적인 몇 년간 철학이 그린 궤적은 우리의 현실 상황의 기원들을 어느 정도 완벽하게 보여준다.

미국 철학자 존 롤스의 『정의론』(1971)은 제2차 세계대전 시기와 이후 국민 복지의 꿈에 대한 많은 전제를 반영했는데, 특히, 극빈층의 운명에 각별한 관심을 기울인다면 정의의 공동체가 물질적 평등을 달성할 것이라고 보았다. 그러나 뒤이은 시대상의 관점에서 보면 『정의론』은 또 다른 이유에서 시사하는 바가 있다. 롤스는 분배 정의의 대상을 국경으로 나뉜 국가들과 국민들로 한정했는데, 이는 국민 복지의 시대에는 말할 것도 없이 당연한 일이었지만, 1960년대와 1970년대에 진행된 개발이 자명함에 이의를 제기하면서 갑자기 논쟁적인 것이 되었다. 롤스의 사상은 위기 직전의 국민 복지의 전제들을 새겨두는 것이거나, 신자유주의 혁명으로 그 전제들이 약화되려는 상황에서 전제들이 더 확대되길 바라는 희망을 기리는 것이었다. 1970년대 초에 수치스러운 기근에 직면해 국제 윤리가 부상한 것은 전 지구적 빈곤에 대한 윤리를 새로이 강조하기 시작한 것이었고, 이러한 윤리가 이후 "인권"을 재정의하게 된다.

　신 국제경제질서가 두각을 나타냈던 짧은 기간에 전 지구적 평등을 요구한 것은 이른바 "전 지구적 정의"에 대한 이론(롤스의 평등주의적 국민복지국가의 규모를 확대해 그것을 개념상 전 세계적인 것으로 만들기)의 등장을 촉진했다. 군나르 뮈르달이 "복지 세계"라고 처음 명명한 것을 전 지구적은 아니더라도 적어도 동시대의 철학으로 끌어들인 것은 남반구의 비루함과 빈곤이 아니라 남반구의 활동과 도전이었다. 그러나 평등에 대한 꿈의 무덤 위에서, 지구촌의 최저 생활 윤리가 양심을 변모시킴에 따라 사회권의 충분한 최저치를 추구하자는 제안이 급격히 인기를 얻었다. 신 국제경제질서에 매이지 않게 된 철학은 신자유주의 시대의 실현할 수 없는 평등주의적 유토피아를 기릴 힘을 갖고 있었다. 그러나 철학은 새로운 인권 운동과 연대해 완화 윤리와 "기본 욕구" 충족을 우선시함으로써, 불평등한 세계를 위한 새로운 최저 생활 윤리를 성공적으로 공식화했다.

　미국 국민 복지의 최후의 성과와도 같은 롤스의 『정의론』은 혁신적인 면모들에도 불구하고 국제 정세를 놀랍도록 관행적으로 묘사한다. 롤스는 자신이 생각하는 사회 계약에서는 당사자들이 계급, 육체(성별 포함), 문화를 갖지 않는다고 가정했으나, 역사 세계의 국가라는 단위national units는 롤스의 정의 원칙의 기원인 소위 "원초적 입장" 속에 계속 존재했다. 롤스는 간략한 논의를 통해, 국제 문제를 국가들이 당사자로 참여해 국제 질서의 관례적인 최소 원칙들을 낳는 2차적 계약으로 밀어두었다. 인권은 언급되지 않았고, 분배와 관련된 책무는 없었다. 요컨대 그것은 복지에 대한 열망이 반영된 제2차 세계대전 후의 국가 기획의 지속력을 명백하게 보여주는 증거였다.[2]

윤리 이론이 결여된 적은 없었지만, 전 지구적 정의에 대한 이론가 오노라 오닐이 일찍이 조롱조로 논평했듯이, 전후 시대에 윤리 이론은 "삶의 사소한 딜레마(진입 금지인 잔디밭을 걷는 것, 도서관 책을 반납하는 것) 같은 고상한 예들"과 관련 있었고, "'실제 세계'의 가장 가혹한 도덕 문제들"을 다루는 데는 실패했다. 베트남 위기는 윤리 이론을 자극했고, 1970년경부터 거의 원점에서 주류 정치철학이 형성되도록 촉진했다. 전 지구적 정의 개념은 미국 젊은이들의 시민 불복종과 양심적 병역 거부에 대한 논쟁 속에 이미 깃들어 있었지만, 1968년 이후 군대가 철수하면서 훨씬 넓은 그림이 보이게 되었다. 옥스퍼드대학에서 공부한 유능한 정치 이론가로서 결국 전 지구적 정의에 대해 직접 글을 쓴 브라이언 배리가 나중에 논평했듯이, "몹시 길고, 그다지 체계적이지 않고, 문체가 돋보이지 않는"『정의론』의 출간이 세계 정의 분야가 급상승한 내적 원인으로 간주된 것처럼, "베트남 전쟁은 의심의 여지 없이 중요한 외적 자극이었다." 그러나 국제 윤리의 초기 양상에서 특징적인 주제는 주로 전쟁, 그중에서도 특히 해외의 만행과 국내의 시민 불복종에 대한 것이었다. 분명, 영어권의 주류 철학자들은 미국 냉전의 미심쩍은 도덕성을 알아채거나 이론적 근거 위에서 그것을 비판한 세계 최초의 사람들이 아니었다. 더 중요한 것은, 베트남 전쟁이 촉발한 도덕철학이 "전 지구적 정의"의 즉각적인 발명으로 이어지지는 않았다는 점이다. 이는 적기로서 1970년대를 더 탐구해볼 필요성을 제안한다.[3]

롤스 책의 즉각적인 여파 속에서 빠르게 윤곽을 드러낸 두 가지 지정학적 맥락에서, 롤스가 배제했던 전 지구적 차원에서의 정의에 대한 접근을 갑자기 상상할 수 있게 되었다. 하나는 베트남 전쟁이 잦아들면서 바로 확연해진, 소위 "세계 식량 위기"였다. 오스트레일리아 철학자 피터 싱어가 기근에 대해 쓴 유명한 논문은 10년간과 이후에 널리 퍼진 도덕적 책무에 대한 가장 영향력 있는 개입일 듯하다. 이 논문은 잔인했던 1970~1972년에 지금의 방글라데시에 해당하는 지역에서 벌어진, 파괴적인 사이클론 이후의 강제 이주와 빈곤, 그리고 성공적인 독립 시도를 돌아보는 데서 나왔다. 그러나 이는 이후 몇 년간 이어진 위기의 서막에 불과했다. 그것은 빈곤에 대한 지속적인 관심을 부추겼고, 철학자들로 하여금 탈영토적 원조의 책무를 정당화할 가장 좋은 방법에 대해 서로 토론하게 했다. 그러나 세계 정의를 먼 곳의 고통에 대한 감성적 대응으로 축소한 것은 심각한 실수였다. 기아의 망령과 함께 평등주의적 신 국제경제질서가 부상했다가 추락했으며, 이는 그와 맞먹는 힘으로 세계 정의라는 발명품을 변화시켰다.

"내가 이 글을 쓰고 있는 1971년 11월, 동벵골에서는 식량, 주거, 의료의 부족으로 사람들이 죽어가고 있다." 싱어는 1972년 봄에 전 지구적 정의 이론의 학문적 진원지인 『철학과 공공 문제』 제3호에 실린 논문을 이러한 말로 시작했다. 빈 출신의 유대인 난민 부모에게서 태어난 싱어는 옥스퍼드에서 공부한 뒤 그곳의 젊은 전임강사가 되어 있었다. 싱어는 먼 곳의 기아에 관심을 갖고 있었지만 냉전 이후에야 이에 대해 많은 글을 썼을 뿐, 당시만 해도 이는 그에게 보조적인 주제로 머물러 있었다. 그럼에도 적절한 시의성 덕분에 그의 초기 논문은 기념비적인 영향력을 발휘하게 되었다. 싱어는 몇 페이지를 할애해, 윤리적으로 급진적인 결론을 정말로 간단한 몇 단계를 가지고 논증했다. 첫째, 고통과 죽음은 나쁘다. (흔히 공리주의적 입장을 취하는 싱어는 처음에는 사실 고통과 죽음이 왜 나쁜지 명시하지 않았다. 그는 그렇게 할 필요를 느끼지 못했다.) 둘째, 누군가 "도덕적 중요성을 조금도 희생시키지 않으면서" 그런 나쁜 결과들을 방지할 수 있다면, 그렇게 하는 것이 그의 도덕적 책무다. 싱어는 물에 빠진 아이라는 인상적인 비유를 사용해 합당한 도덕 행위자라면 모두 물에 빠진 아이를 구할 것이라고(그리고 옷을 더럽히는 것과 같은 사소한 희생 때문에 물에 빠진 아이를 모른 척하지 않을 것이라고) 주장하면서, 또한 아이와의 거리가 이러한 판단을 달리하게 만들지 않는다고 주장했다. 싱어가 분명히 밝힌 바에 따르면, 더 나아가 그는 모든 도덕 행위자는 도덕적 의의에 버금가는 것이 조금이라도 개입될 정도로(단지 그 사람의 값싼 옷이 아니라 그의 돈뭉치가) 희생해야 한다고 믿었다. 싱어의 논지에서 설득력이 떨어지는 이 견해는 너무나도 혁명적이어서 그는 만족스러워했다. 싱어가 알고 있었듯이, 그의 간단한 전제가 암시하는 바는 박애주의를 크게 확장해야 한다는 요구였다. "우리가 도덕 문제들을 보는 방식(우리의 도덕에 대한 개념 체계)이 완전히 바뀌어야 한다. 그리고 이로써 우리 사회에서 당연하게 여겨져온 삶의 방식도 바뀌어야 한다."[4]

싱어의 모험적 이론은 강력했지만, 주로 새로운 탈식민지 상황에서 철학적 전통을 훨씬 오래된 인도주의와 연결한다는 점에서 새로웠다. 19세기 초 공리주의의 시조인 제러미 벤담이 사망한 직후부터 내내 공리주의적 결과주의는 국제 정세와 밀접하게 엮여 있었는데, 이는 그것의 주요 지지자들이 대영제국의 지지자들(그리고 드물지 않게 종복인 이들)이기 때문이었다. 싱어의 시대에 대영제국이 사라진 것은 아니었으나, 제국은 1970년대에 포르투갈령 중앙아프리카에서 마지막 전투를 치렀다. 영어권 철학자들은 자신들이 살고 있는 더 큰 사회들을 과거에 특징지었던 식민지 사업 지지라는 기본값에서 이미 벗어나 있었기 때문에, 이 유혈 투쟁에 대해 언급하지 않았다. 따라서 싱어가 전 세계적 윤리를 위해 결과주의를 전개한 것은 한층 중요했는데, 싱어의 견해가 전례 없는 것이기 때문이었다기보다는, 철학이 세상과 격리되어 있는 가운데 세상이 탈식민지화되었기 때문이었다. 사실 싱어는 논문에서나 후기 경력에서, 박애주의 도덕이 세계의 부자들에게 얼마나 많은 것을 요구했는지가 실질적인 문제라고 보았다. 그러한 맥락에서 싱어의 주장은 때마침 대서양 연안 지방들에서 폭발한 친숙한 인도주의 논리에 잘 맞았다. 그의 논문의 계기가 된 동벵골(훗날의 방글라데시)에서의 독립 비극 전후의 분리독립 위기에 대응해 대서양 연안 지방들에서 다시 한번 인도주의가 폭발한 것이다.[5]

싱어의 논문에는 더 많은 생각거리를 던져주는 또 다른 점들이 있었다. 그는 외국의 고통을 원인에 관계없이 동일시했다. 고질적 빈곤, 자연 재해, 내전 같은 원인들은 분명 철학적으로 유의미한 것은 아니었다. 싱어의 접근은 전반적으로 전 지구적 결과주의를 소환하는 것이었지만, 그럼에도 분명 원조를 위해서 자연적인 것이든 정치적인 것이든 가장 심각한 오류들을 가려내도록 명백히 틀이 짜여 있었다. 물론 싱어의 접근은 모든 인간을 동등하게 다루었다는 점에서(모든 인간의 고통은 똑같이 관심 받을 가치가 있다) 평등주의적이었다. 그러나 그는 자신의 원칙이 단지 끔찍한 광경에 대해서가 아니라 전반적으로 적용될 경우에 일어날 수 있는 일을 자신의 주장과 의식적으로 구별했고, '삶의 좋은 것들'에 대한 분배의 평등을 전반적으로 요구하지 않았다. 바로 이 점에서, 그의 논문은 악을 경감하는 것으로서의 국제 윤리를 설정했다. 싱어의 윤리학은 당시에나 이후에나 세계 질서(탈식민지화 이후의 지정학이든 전 지구적 분배든)에 대한 제도적 비판이 아니라 개인의 자선에 영향을 주었다. 적어도 첫 단계에서 요점은 전 지구적 분배의 평등은 고사하고, 행정적이고 가동적인 최저 생활 정책도 아니었다. 오히려 싱어는, 가장 확연히 절실한 욕구를 아마도 개인의 재정을 이용해 완화하는 것을 윤리적으로 적절하게 했다.[6]

철학자들로 하여금 갑자기 방글라데시에 관심을 갖게 했고 관심을 유지시키는 데 필수적인 역할을 했을, 베트남 전쟁 말기의 분명한 상황은 1972~1975년에 뒤따른 세계 식량 위기 덕분에 계속되었다. 곡물 가격이 치솟았고, 기아의 물결이 방글라데시(또다시)의 100만 명을 포함해, 에티오피아와 서아프리카 사헬 지대 등지에서 수백만 명을 사망케 했다. 원인은 복합적이어서, 날씨, 소련의 곡물 수입 급증, 더 높은 가격을 유지하기 위해 일부 농민들에게 보조금을 지급하며 곡물을 재배하지 않도록 유도한, 미국을 비롯한 몇몇 국가들의 지속적인 농업 정책 등이 원인으로 작용했다. 유엔은 이 재앙에 대처하기 위해 1974년 11월에 로마에서 세계식량회의로 알려진 회의를 열었다. 그러나 특정 정부들과 비정부 자선단체들이 나섰음에도 불구하고 국제적인 기근에 대한 대책은 거의 나오지 않았다. 대신에, 기상 패턴과 세계 경제 같은 통제 불가능한 힘에 의해 가장 극심한 타격을 받은 전 세계의 소농민을 후원하기 위해 새로운 유엔 협의가 계획되었다.[7]

전 지구적으로 수치스러운 죽음이 계속 보도되는 가운데 논의가 이어졌고, 철학자들은 싱어가 1971년에 그랬던 것보다 훨씬 더, 전 세계적 "인구 폭탄"의 가능성을 통제하는 것에 대해 의구심을 갖게 되었으며, 관련 인구 통제 프로그램들을 더욱 회의적으로 보게 되었다. 그러나 최저 생활의 권리 정책과 전 지구적 평등의 제도화에 대한 논의가 제기되면서 전 지구적 정의의 철학이 진가를 발휘하게 되었다. 첫 논의는, 1970년대 후반의 인권 혁명에 이르러서야 만개하긴 했지만, 싱어 논문의 즉각적인 여파에 기반을 두고 있었다. 북아일랜드 출신 영국 고위 외교관의 딸인 (그리고 후일 남작 작위를 받은) 오노라 오닐의 초기 대응은 매우 중요했다. 그녀는 롤스의 제자로 철학 박사 학위를 취득했으며, 바너드대학에서 강의하면서 윤리적 분배가 "능력에 따라 각자로부터, 필요에 따라 각자에게" 이루어진다는 카를 마르크스의 격언을 옹호하는 유명한 글을 쓰는 것으로 사회주의 옹호자로서의 경력을 시작했다. 한참 후 그녀는 사실상 더 이상 마르크스를 언급하지 않게 되었고, 욕구에 따른 의무 쪽으로 사고의 방향을 바꾸었다(그러나 이 욕구들은 몇 년 내의 세계 식량 위기로 인해 두드러진 명백히 먼 거리의 욕구들이었다).[8]

싱어의 논문이 실린 지 3년 뒤에 『철학과 공공 문제』에 실린 오닐의 중요한 논문 「구명선 지구」에서, 오닐은 피해야 할 나쁜 결과에 대한 좀더 모호하고 개괄적인 이론의 일부라기보다는 개인의 권리 문제로서 최저 생활의 권리에 대한 전망을 제시했다. "사람들이 부당하게 죽임을 당하지 않을 권리를 가지고 있다는 가정으로부터 우리가 기근으로 인한 사망을 방지하고 지연하기 위해 노력할 의무가 있다는 주장"이 도출된다고 오닐은 설명했다. 이런 식으로 접근하면 싱어의 접근보다 범위를 좁힐 수 있고, 따라서 논쟁의 여지를 줄일 수 있다는 것이 오닐의 생각이었다. 그것은 방대한 전 지구적 비용-편익 분석의 단순한 한 부분이 아니었다. 오닐이 싱어의 접근에서 문제시한 것은 광범위함이었다. 도덕 행위자들이 나쁜 일을 막는 것을 도와야 한다고 말하는 것, 그러면서 그렇게 하는 과정에서 중요한 것은 아무것도(또는 버금가는 것은 아무것도) 희생되지 않아야 한다고 가정하는 것은 지나치게 일반적인 원칙이어서, 거기에 실제로 필요한 것은 정말로 중요한 권리나 욕구에 명확히 초점을 맞추는 것이 아니라, 어디서 시작해야 할지에 대한 큰 계산이었다. 훨씬 더 중요한 것은, 기근으로 인한 죽음이 외부적이고 멀리 떨어진 것이 아니라는 점이었다. 즉, 오닐에게 가장 중요한 사실은, 새로운 "상호 의존적" 세계에서 우리는 우리가 보호해야 하는 권리들, 생존권을 비롯한 가장 기본적인 권리들을 가진 사람들과 연결되어 있다는 것이었다. 상황은 상호의존성을 넘어서는 것이었다. 오닐은 (비록 당시 전 지구적·평등주의적 개혁을 지향하는 탈식민지 국가들의 신 국제경제질서 방안들에 대한 인식을 드러내지는 않았지만) 기근이 선진국 부유한 시민들의 탓이라는 주장이 커지고 있음을 알고 있었다. 그럼에도 그녀는 기근의 역사적 맥락이나 정치적 치유법을 설명하는 것이 아니라 어째서 기근이 개인의 권리를 침해하는지를 설명하는 것을 과제로 삼았다.[9]

가시적 기근에 초점을 맞춘 전 지구적 기아에 대한 새로운 윤리학은, 나쁜 결과에 기반을 두었든 기본권에 기반을 두었든, 가장 긴급한 경우들에서의 전 지구적인 도덕적 책무를 위한 경우를 넘어서려는 모험을 하지는 않았다. 그러나 오닐의 접근 방식은 권리 기반 이론을 제시하려 하고, 또한 보다 암시적이긴 해도, 국경을 넘어서는 정의 이론을 스승 롤스의 접근 방식의 폭넓은 수용과 연결하려 함으로써, 윤리학 분야가 나아갈 방향을 가리킨 셈이었다.

절대 빈곤에 대한 윤리적 성찰은 정의를 단순한 자선을 넘어 박애주의 책무를 강화하는 문제로, 그러나 여전히 완화책에 대한 문제로 만들었다. 하지만 머지않아 몇몇 주류 철학자에게는 이것이 너무 제한적으로 보였다. 그들은 국제 제도를 정의로운 사회관계에 대한 탐구의 한 주제로 만들고자 했다. 마치 세계 자체를 롤스가 국민복지국가의 정의로운 사회관계의 무대로 여겼던 그런 "기본 구조"와 같은 것으로 보는 것이 가능하다는 듯이 말이다. 즉, 철학자들은 "복지 세계"에 대한 나름의 생각을 제시했다. 이 지점에서 신 국제경제질서가 대단히 중요해졌는데, 왜냐하면 세계 식량 위기가 일어났을 때 남반구 역시 확립된 전 지구적 위계에 대한 공개적이고 매우 지독한 반감의 출처가 되었기 때문이다. 1970년대 중반에 이르러서는, 굶주리는 아이들에 대한 생생한 기억이 사라지면서 기아와 빈곤이 전 지구적 불평등에 대한 전례 없는(철학자들에게는) 토론에 대체로 흡수되었다. 1976년 말에 선구적인 윤리학자 헨리 슈는 정의로운 식량 정책은 전 지구적 정의의 근본 원칙들과 분리될 수 없다고 주장했으며, 마찬가지로 철학자 토머스 네이글은, 같은 해의 싱어의 주장에 대응해, 기아의 "윤리적 양상"은 "전 지구적 경제 불평등이라는 일반 문제들의 일부"일 뿐이므로 "자선으로는 충분하지 않다"고 주장했다.[10]

　네이글과 슈 모두, 식량 정책에 대한 구체적인 결론들보다 국제적 분배의 평등주의 원칙들이 우선한다고 주장하면서, 찰스 비츠가 1975년에 『철학과 공공 문제』에 발표한 기념비적 논문을 인용했다. 이 논문은, 1976년에 완성되어 1978년에 심사받고 1979년에 『정치 이론과 국제 관계』라는 책으로 출판된 비츠의 프린스턴대학 학위 논문을 예고하는 것이었다. 1970년대에 일개 대학원생이었던 비츠는 장기적으로 대단히 중요한 존재였던 셈이다. 그의 프린스턴대학 친구 새뮤얼 셰플러에 따르면, 당시 비츠의 주제는 "일종의 공손한 거만함처럼 보였을 수도 있겠다 싶은 그런 반응에 맞닥뜨리곤 했는데, 우리 대부분에게는 롤스 이론이 제기한 주요 문제들에 비해 비츠의 주제가 다소 지엽적인 것으로 보였기 때문이었다." 그러나 비츠가 "새로운 주제, 오늘날 정치철학 전체에서 가장 열띤 논쟁 영역 중 하나인 전 지구적 정의라는 주제를 발명하는 데 도움이 되었음"은 이젠 분명한 사실이라고 그는 말을 이었다. 비츠가 20대에 불과하긴 했지만, 전 지구적 정의는 비츠가 지은 집이었다. 롤스가 후원한 자유주의 정치사상의 광범위한 부활이 분명 롤스가 지은 집인 것처럼 말이다. 슈(비츠보다 몇 년 앞서 프로그램에 참여한), 비츠, 그리고 결국 전 지구적 정의는 프린스턴대학의 정치철학 학제 간 프로그램의 산물이었다. 슈에게는 이것이 중요했다. 큰 진척을 이룰 만큼 "정치학, 특히 국제 정치학에 대해 충분한 지식을 갖춘 기존 철학자는 거의 없을 것"이기 때문이었다.[11]

비츠가 자신이 흥미를 느끼는 기존의 어떤 세계 운동을 옹호하기 위해 롤스를 논하고자 했을 뿐만 아니라 자신의 이전 운동의 역사에 의지하고자 한 것 또한 사실이었다. 베트남 전쟁기에 콜게이트대학 졸업생이자 윤리학자 헌팅턴 테럴의 제자였던 비츠는 대학 졸업 후의 여름에 세계질서연구소의 자금 지원을 받는 프로그램에서 테럴을 도와 평화학平和學 영역을 구축하는 일에 참여했다. 테럴의 평화주의 경향은(그의 아내는 평생 퀘이커 교도였다) 그를 학문적 운동의 초기 멤버로 이끌었으나, 비츠는 졸업 후 보다 활동가적인 길을 선택하는 듯 보였다. 그의 첫 출판물은 이러한 행보에 기초한 글들을 엮어 만든(공동 편집) 논문집으로, 1970년대 후반에 접어들며 널리 퍼진 정신적 방향 전환에의 갈망에 답하는 것이었다. 이어서 그는 신좌파와 학생 운동의 영향을 받아 집에서 시작해 세상을 변화시키자는 생각을 갖게 된 사람들을 위한 한층 개괄적인 안내서를 친구와 협업해 만들었다. 『미래 창조』(1974)는 비츠가 공동 집필하고 대량 발행된 "사회 변화를 가져오는 삶과 일에 대한 안내서"로, 이 책의 간결한 결론 부분만이 전 지구적 정치학과 관련 있었다. 이 책은 분배 정의에는 거의 신경 쓰지 않았지만, "모든 좋은 것이 북반구로 흐르거나 단지 북반구 안에서 순환할 뿐인" 전 지구적 위계를 비난했다. 비츠와 그의 공저자는 아래로부터의 변화에 대한 "굳건한 믿음"을 고백하면서, 개혁을 바라는 이들은 의식 고양과 체계적 비판에 참여하는 법이라고 권고했다. "만약 당신이 기획자, 철학자, 공상가, 시인과 같은 성향을 갖고 있다면, 전 지구적 사회라는 개념이 당신의 장기적 창의력을 쏟을 만한 것은 아닌지 생각해보라."[12]

그러나 비츠는 신좌파가 쇠퇴하는 가운데 자신의 소명을 선택해야만 했다. 많은 이가 그랬듯이 그는 학자의 길을 택했다. 비츠가 활동가들을 위한 안내서의 서문에 썼던 것처럼, 이제 급진주의의 매개변수를 설정하는 것은 "변화의 조류의 밀물이 아니라 썰물"이었다. 단지 그의 논증으로서만이 아니라 직업으로서의 철학은 무너진 희망을 지켜줄 방법이었다. 비츠가 (미시간대학을 잠깐 거친 뒤) 프린스턴대학에 등록하기로 결정한 것, 그리고 거기서 보다 진보적인 리처드 포크 교수에게서 멀어지는 쪽을 선택한 것(포크의 세미나를 통해서 전 지구적 정의에 대한 논문에 착수했음에도)이 이를 잘 보여준다. 그리고 시간이 흐르면서 그는 세상의 진짜 문제들은 대체로 군사적인 것이거나 반드시 군사적인 것이 아니라 주로 경제적인 것이라는 생각에 이르게 되었다. 갓 대학을 졸업했을 때의 비츠는 다음과 같이 썼다. "전쟁과 평화에 대한 질문들은 국제 관계에 대한 전통적인 질문들보다 훨씬 심오하다. 각 개인은 자신의 개인적 운명과 도덕적 정체성을 가지고 그가 세상에서 선택했어야 할 역할에 임해야 한다." 이제 비츠는 첫 논문에서, 최근에는 전쟁과 평화에 초점이 맞추어지다 보니 "보다 시급한 분배 문제는 너무 자주 관심을 빼앗기게 된다"고 강조했다. 비츠의 프로젝트는 1970년 이후 10년간 이어진 신좌파의 몰락을 천천히 보여주었지만, 신 국제경제질서가 평등주의 정의의 세계화에 대한 철학적 견해를 제시하는 그의 프로젝트를 촉발했을 때 창구는 닫히고 있었다.[13]

간단히 말해서, 그의 프로젝트는 전 지구화된 평등주의 정의에 대한 요구를 정당화하기 위해 롤스를 전 지구화하라고 비츠를 자극했다. 베트남 전쟁이 일반적으로 자유주의 정치철학에 대해 갖는 의미는, 세계 식량 위기와 함께 신 국제경제질서가 특별히 전 지구적 정의에 대해 갖는 의미와 같았다. 그것들은 의식의 변화와 하나의 학문 분야의 탄생을 촉발한 민감한 사건 혹은 불쾌한 자각이었던 것이다. 신 국제경제질서는 복지국가의 재분배 감수성을 전 세계로 북돋울 때가 되었다는 훨씬 더 일반적인 인식에 부합한다는 점에서 가장 중요했다. 1971년에 존 레논은 국가와 위계(그리고 재산)를 초월한 세상을 상상해보라고 노래했고, 같은 해에 그의 음반이 크게 흥행하는 가운데 포크송 스타 캣 스티븐스는 하나 된 세상에 대한 꿈을 노래했다. 아폴로 17호의 우주 비행사들은 우주에서 "푸른 구슬"로 알려진 지구 사진을 찍었으며, 이는 하나의 행성이라는 전례 없는 의식의 통합을 이끌어냈다. 바버라 워드는 당시의 세계 경제 동향에 대한 가장 중요하고 잘 알려진 저술가로, 유엔 식량 회의에 제출한 의견에서 다음과 같이 진술했다. "인간의 산업화와 근대화 노력에 대한 간결한 기록은, 어떤 중요한 순간들에, 경제적 기회와 소득을 분배하는 대체로 자동적인 시장 메커니즘에 대한 완전한 의존을 버리고 이를 분배 정의 시스템으로 대체하는 정치적 결단이 사회 전체에 새로운 출발의 기회를 부여했음을 시사한다. 세계라는 더 큰 무대에서도 이러한 전환점이 도래했을 수 있으며, 부유한 강국들과 집단들에 있어 생존의 관건은 분배의 새로운 기준들을 받아들이는 능력이다."[14]

그러니 세계의 경제적 불공정에 대한 의식이 폭발해 롤스의『정의론』(당시에나 이후에나 사회 정의의 본성에 대한 철학적 논쟁의 중심을 차지하는)의 한계를 치받은 것도 놀라운 일이 아닐 것이다. 그러나 늘 지적할 사람이 필요한 법이고, 비츠가 바로 그 사람이었다. 비츠 이전에 세계 문제를 2차적 계약으로 밀어두는 것이 타당하지 못하다고 인식한 사람이 몇 명 있었지만, 비츠는 국민국가를 분석적으로나 정치적으로나 독립 존재로 간주되게 하는 롤스의 논리(심지어 롤스가 "이상적 이론"이라고 칭한 것에서도)에 대한 비판을 지지했고 상세히 설명했다. 비판은 세계주의적 보편성이라는 관점에서 도덕적으로 자의적인 민족과 국경을 만들어내는 데 있어서 이전의 폭력적 역사(신 국제경제질서에 의해 중요성이 강조된 식민주의를 포함해)의 윤리적 의의를 거스르지 않았다. 대신에 비츠는, 각 국가는 분석적으로는 따로따로 다루어질 수 있을 만큼 자족적이며, 정치적으로는 독자적인 사회 계약을(따라서 국경을) 갖고 있다는 롤스의 가정을 겨냥했다.[15]

이에 비츠는 크게 두 가지를 주장했다. 첫째, 전 세계적인 천연자원의 불평등한 분배는 전 지구적 정의를 2차적 문제로 다루는 단순화를 허용하지 않았다. 둘째, 한층 대담하게 비츠는, 다국적 기업, 자본 흐름, 경제적 "상호의존성"의 시대에 특히 사회 계약이 분배 정의를 지배하게끔 할 목적에서 국가를 해체하는 것이 가능하다고 가정하는 것은 거짓일 뿐이라고 주장했다. 비츠는 경험적으로 1970년대의 세계 상황에(혹은, 적어도 당시의 새로운 상호의존성 관점에) 익숙한 사람은 누구도 개별 국가에 기반한 사회 정의의 모험을 감행하는 것이 가능하다는 결론에 이를 수 없다고 주장했다. "세계의 경제적·정치적 상호의존성의 증거가 세계 차원에서 사회 협력의 존재를 보여준다면, 우리는 국경이 근본적인 도덕적 중요성을 갖는다고 보지 말아야 한다." 비츠는 이렇게 확언했다. 국가 기반 계약을 직접 시행하는 분석적 방책이 실패하면 뒤이어 세계적 협상이 일어나게 될 것이다. 극빈층을 돕는 한에서만 분배의 불평등을 허용하는 롤스의 차등 원칙이 적용될 경우, 그것은 세계 경제 관계에 우선적으로 적용되었다. "세계의 국가 중심적 이미지는 전 지구적 경제의 상호의존성 증가로 인해 규범적 관련성을 상실했다. 분배 정의의 원칙들은 세계 전체에 우선 적용되어야 하고, 그다음에 국민국가에 파생적으로 적용되어야 한다." 비츠는 이렇게 결론지었다. 비츠는 이내 자신의 대안을 "세계주의cosmopolitan"로 부르기 시작했지만, 또한 그는 자신의 두 주장이 철학 전통 내의 어떤 텍스트보다 동시대의 출처를 훨씬 더 많이 따랐음을 사실상 인정했다. 프랑스 혁명 때 인도주의를 주창한 아나샤르시 클로츠를 제외하면, 비츠는 역사상 처음으로 전 지구적인 사회 계약을 제안한 것이었고, 제안은 전 지구적 분배의 평등을 요구했다.[16]

후일 비츠는 자신이 사용한 상호의존성이라는 말을 가리켜 당대의 "은어의 하나"라고 일컬었다. 맞는 말이었다. 신 국제경제질서는 상호의존성에 대해, 세계 정치가 정의를 위한 처방을 내리는 것에 관한 사실이라고 나름의 정의를 제시한 바 있었다. 기본 원칙들에 관한 한, 신 국제경제질서의 선언은 상호의존성을 주권 평등 및 자결권과 함께 언급한 것이었다. 비동맹운동은 비츠의 논문이 발표된 1975년에 리마 회담에서, "상호의존성의 진정한 의미는 신 국제경제질서를 수립하기 위한 공동의 노력을 분명하게 반영"한 것이어야 한다고 주장했다. 그러나 상호의존성의 "진정한 의미"는 전혀 명확하지 않았으며, 어떤 이들은 상호의존성이 모든 종류의 죄를 덮어버릴 수도 있으리라고 걱정했다. 아마도 미국에서 가장 확고한 신 국제경제질서 비판자였을 로버트 W. 터커는 『카먼테리』에서 "국가들의 서열화가 자연스럽고 불가피한 것으로 보이는 세계" 대신에 "상호의존성"을 지향하는 것을 환영하는 "자유주의적 지식인들" 사이의 "새로운 상식"을 강하게 비판했다. 그는 신 국제경제질서 자체도 많이 언급했지만, 그에 못지않게, 1975년에 미국의 건국 원칙을 200년 만에 갱신한 것이라고 널리 소개된 「상호의존성 선언」(역사가 헨리 스틸 코매거가 초안을 작성)과 같은 국내의 동조의 목소리도 많이 언급했다. 터커는 하나의 새로운 전제를 감지했다. "지금까지는 국가 내에서만, 그리고 이 세기 내에서만 (그리고 미국의 경우 지난 세대에만) 적용되어온 보편적 적용에 대한 집단 책임"이라는 전제였다. 또한 그는, 어째서 전제가 선의를 품은 미국인들을, 전 지구적 경제 공정성을 위한 도덕 운동에 임하면서도 가면 뒤에서 억압적 통치를 펴는 제3세계 독재자들을 위한 변호로 잘못 인도하는지를 현명하게 설명했다. 그럼에도 심지어 헨리 키신저까지 1974년 말에 유엔 연설에서 오일쇼크로 (그리고 베트남 전쟁으로) 타격을 입은 미국을 향해 이 위기에 대응하기 위한 상호의존성을 주장했다.[17]

비츠가 롤스의 설명에 대응해 전 세계적으로worldwide 불평등한 천연자원 분배를 언급하자, 신 국제경제질서의 뛰어난 명성이 주장을 주도했다. 심지어 비츠가 그 주장을 개선하고자 했음에도 말이다. 남반구의 자체적인 접근법은 국가들이 "천연자원에 대한 영구 주권"을 누린다고 주장하는 것이었는데, 이는 이전의 자원 추출 계약을 무효화하거나 탈식민지 국가의 땅속에 묻혀 있는 귀중한 자원들에 대한 다국적 기업의 소유권을 몰수함으로써 양여적concessionary 제국주의의 유산을 공격하기 위해서였다. 1975년에 비츠는 그 관점이 당장은 정당화될 수 있을지 몰라도 윤리적으로 결함이 있다고 여겼다. 그가 쓴 바에 따르면, 국민 주권 원칙을 천연자원으로까지 확장함으로써 국민 주권 원칙을 급진화하기보다는, 많은 탈식민지 국가가 양여적 제국주의의 유산이 아니라 형편없이 부실해져버린 영토로 인해 특히 고통받는다는 점에서, 자연의 우연적 선물이 아무나 가질 수 있는 것이라는 기대를 약화시키는 것이 더 이치에 맞았다. 그럼에도 비츠는 신 국제경제질서에 대한 지지를 표했고, "외국 기업의 자원 수탈에 맞서 개도국들을 지키고 자원을 몰수할 국가의 권리를 보증하는 것"이, 전반적으로 그런 것도 아니고 항상 그런 것도 아니지만, 흔히 지역적·한시적으로 이치에 맞는다는 근거에서 결국 신 국제경제질서의 천연자원 원칙에 대한 우려를 완화했다.[18]

반면, 전 지구적 분배의 평등에 대한 신 국제경제질서의 요구에 관한한, 비츠의 지지는 강경했고 복잡하지 않았다. 신 국제경제질서는 보다 평등주의적인 결과를 위해 경제 체제에 대한 전 지구적 제도 개혁을 요구할 만한 확고한 윤리적 근거를 갖고 있었다. 비츠는 지배적인 무역 규칙들에 더해 "(보통 가난한) 한 사회에서 만들어진 가치가 (보통 부유한) 다른 사회들의 구성원들에게 이득을 주기 위해 사용되는" 역학까지 만들어낸, 다국적 기업의 탁월한 기능을 고발했다. 훨씬 더 흥미로운 사실은, 비츠가 오닐과 마찬가지로 종속 경제학(어째서 전 지구적 제도 arrangement가 최빈국들에 곤경을 초래하는지를 설명하는 것으로 널리 이해되는 학파)을 따라, "빈국들이 부국과 맺는 경제 관계가 사실상 빈국의 경제 상황을 악화시켰다"고 결론 내렸다는 점이다. 이러한 사실들로 미루어 "롤스가 국가들에 대한 법에 관심을 갖지 않은 것은 전 지구적 정의의 요점을 완전히 놓친 것으로 보인다"고 비츠는 단호히 결론지었다. 마찬가지로 비츠는 싱어의 접근에 대해서도 "요점을 놓친 것으로 보인다"고 썼다. "국제적 식량 분배에 영구적 변화를 가져오려는 모든 노력은 오늘날의 국제적 부의 분배를 유지시키는 제도들의 과감한 변화를 필요로 하리라는 점"을 놓쳤다는 것이었다. 비츠가 1975년에 결론지었듯이, "아무 제도도 없는 곳에서 정의로운 제도를 확보해야 하는 의무는 특정한 정치적 주장[즉, 신 국제경제질서의 주장]에 도덕적 진지함을 부여한다. (…) 계약 원칙이 전 지구적 차원에서 해석될 때, 오늘날의 이상적이지 않은 세상에서 불리한 사람들의 요구(주로 식량 원조, 개발 원조, 세계 통화와 무역 개혁에 대한 요구)는 전 지구적 정의의 원칙들에 근거한다."19

비츠의 논문과 마찬가지로, 4년 뒤에 나온 그의 책 『정치 이론과 국제 관계』(1976년에 거의 대부분 쓰였으나 출간 전에 두 차례의 개정을 거친)도 상호의존성을 강조하는 신 국제경제질서 선언의 표어와 함께 국제적 분배 정의에 대한 논의를 열었다. 그러나 비츠가 자신의 설명을 완성했을 때 중요한 일이 일어났고, 그는 생각을 크게 바꾸었다. 우선 지미 카터의 미국 대통령 당선과 관련된 인권 혁명이 개입했다. 롤스는 『정의론』에서 "인권"이라는 말을 쓰지 않았으나, 1977년 이후 그의 추종자들이 그 말을 사용하기 시작했다. 더 중요한 사실은, 비츠가 전 지구적 사회 계약을 처음 상상한 1973~1975년의 시기와 일치하는 신 국제경제질서의 절정기가 지나가버렸다는 점이다. 비츠는 전 지구적 평등에 대한 자신의 본래 주장들에 충실했지만, 그 주장들을 신 국제경제질서의 주장을 뒷받침하는 것이라기보다는 신 국제경제질서의 주장에 대한 하나의 대안으로서 훨씬 더 분명하게 제시하려 노력했다. 이런 변화들은 본래 주장들만큼이나 주목할 가치가 있다. 왜냐하면 변화들은, 고통받는 인류에 대한 최소한의 분배 또는 충분한 분배라는 목표가 영속적으로 신뢰할 만한 것으로 등장했음에도, 전 지구적 평등을 유토피아적인 것으로 남겨두려 한, 1970년대 후반의 정신 같은 것을 보여주기 때문이다.[20]

비츠는 이제 스스로가 "국가들의 도덕"이라고 부른 것을 매혹적으로 고발하게 되었고, 신 국제경제질서 이념의 표제가 되는 집단적 자결권을 주장하게 되었다. 비츠는 1975년의 원래 논문에 인민의 자결권에 대한 찬성을 드러내는(미국이 살바도르 아옌데의 칠레에서 추진된 민주사회주의democratic socialism 실험에 개입함으로써 자결권을 침해한 것을 언급하면서) 한 구절을 추가했다. 그는 또한 전 지구적 정의에 대한 이론은 롤스의 비개입주의 접근에는 없는, 국제 공동체가 대중의 자결권을 수호해야 할 이유들을 제공할 수 있다고 주장했다. 그러나 비츠의 1979년 최종본의 경우, 그것이 중심 목표로 삼은 것은, 단지 전 지구적으로 공정한 분배의 타당성을 제시하는 일이 아니라, 자결권에 대한 신 국제경제질서의 논리가(그리고 어쩌면 신 국제경제질서 자체가) 폐기되어야 한다는 뜻을 담은 하나의 해석을 제시하는 일이었다.[21]

신 국제경제질서의 평등 요구는 신 국제경제질서가 집단의 "자결권"이라는 이름으로 식민주의를 배격하는 것이 정확히 어떤 의미인지는 분명히 하지 않은 채, 철저한 철학적 검토 끝에 단지 "어떤 가상의 사회 계약에서 합의될 원칙들의 적합성을 높이는 수단"으로서 살아남았을 뿐이며, "자결권이 사회 정의라는 최종 목표로 인도할 수단"이라고 비츠는 결론지었다. 그러나 정의의 수혜자들은 개인들이지, 신 국제경제질서가 평등화를 주장한 국민들 또는 국가들이 아니다. 아무튼 비츠는 "근본이 되는 것은 사람들의 이해관계이며, '국가의 이해관계'는 사람들의 이해관계에서 파생되는 한에서만 국제 원칙을 정당화하기에 적합하다"고 썼다. 그리고 이는, 만약 자결권이 제국이나 남아프리카공화국의 아파르트헤이트에 맞선다면, 그것은 자결권이 부정의한 체제들(어쩌면 신생국들 자체를 포함해)을 뒷받침하는 그 어떤 비개입주의 주장에도 맞서기 때문이라는 것을 의미했다. "원칙들에 따라 식민주의 정부는 흔히 불법적이지만, 후속 정부가 같은 원칙들에 따라 조금이라도 더 합법적이리라는 보장은 없다." 비츠는 이렇게 언급했다.[22]

이러한 내용이 전 지구적 차원의 분배 정의의 원칙들을 다루는 부분에서 서두로 추가된 후, 결과가 단지 신 국제경제질서의 여전히 국가주의적이고 애국주의적인 전제들(새로운 국제 정의를 위한 국가적 기초를 주장하는 국가들의 움직임)과 극명히 달라지기만 한 것은 아니었다. 비츠의 수정은 또한 서구의 널리 퍼진 어떤 인식을 반영하고 있었다. 당시 서구에서는 탈식민지 국가들의 자결권 주장이 도를 넘어, 국제적 억압을 주장하는 신생 탈식민지 국가 엘리트들의 국내 통치를 은폐하는 역할을 해왔다는 인식이 확고해지고 있었다. 비츠의 이런 논의는 제3세계의 국가주의 및 세계 개혁에 대한 제3세계의 종속적 시각에 등을 돌리는 것이나 다름없었다. 즉, 개발 및 인권 혁명에 대한 기본 욕구 접근법으로 전환하는 것이나 다름없었다. 미국의 인권 담론이 약진한 해인 1977년에 아서 슐레진저 주니어가 언급했듯이, "국가들은 민족 자결권의 모든 기준을 충족시킬 수 있고 그러면서도 여전히 지구의 오점들로 남을 수 있다. 인권은 개인적 자결권이라는 더 깊은 원칙에 도달하는 방법이다." 비츠는 여전히 분배의 평등화라는 신 국제경제질서의 목표를 따르면서도 그것을 자격 있는 개인들과 연동시키고자 했는데, 이제 그는 신 국제경제질서가 아무리 목표를 달성해도 그것에는 결코 도달하지 못하리라고 우려하는 것처럼 보였다.[23]

　비츠가 왜 신 국제경제질서가 그토록 중요한지에 대한 애초의 보다 급진적인 자신의 가정들을 폐기한 것은 우연이 아니다. 그는 신 국제경제질서의 지적 기반을 만들어준 "종속" 경제학에 기댔던 몇 년 전의 설명에서 벗어났다. 비츠는 신 국제경제질서에 너무나 소중한 것인 경제적 자결권의 긴급한 요청에 대한 논의에서(원래 북반구와 남반구의 경제 관계에 대한 자신의 논문에 들어가 있었던 논의를 옮겨놓은), 부국이 그 밖의 나라들을 궁핍하게 한다는 공격적 비판이 경험적으로 논란의 여지가 있다고 생각을 바꾸었다. 그는 이제, 윤리적 관점에서 볼 때, 집단적 국가

경제의 탈권력이 아니라 개인의 권리에 대한 침해가 문제가 되는 그런 새로운 틀로 전환하는 것이 중요하다고 주장했다. "무엇보다 유감스러운 점은, 종속에 대한 비판이 국가national 자율성의 박탈이라는 측면에서 제기되어왔다는 것이다." 비츠는 이렇게 썼다. 또한 비츠는, 종속 경제학이 옳다 해도, 신식민주의적 집단 지배보다는 개인의 권리에 대한 침해라는 측면에서 그것을 설명하는 편이 좀더 철학적인 의미를 갖는다고 주장했다. 결국 "종속의 불쾌한 특징들(국가 권력의 과도한 행사나 국내에서의 심각한 분배의 불평등 같은)은 겉으로 자율적으로 보이는 국가에 의해서 재생산될 수 있다." 이는 비츠가 이제 신 국제경제질서의 적들과 의견을 같이해, 제3세계가 위선적이게도 국제적 위계에 이의를 제기하면서 동시에 자국 시민들을 계속 착취할 수는 없다고 생각하게 되었다는 표시였다. 마찬가지로, 이제 비츠는 전 지구적 사회 계약에 대한 자신의 주장으로 경제적 상호의존성에 대한 자신의 논의를 재정비하면서, 전 지구적 불공정을 조장하는 다국적 기업의 기능을 훨씬 덜 강조하는 진단을 내놓았다.[24]

　전 지구적 정의를 통해서 비츠는 분명, 터커와 같은 신 국제경제질서에 대한 미국의 보수적인 평자들에게, 즉 선의를 가진 엘리트들이 세계주의적 책무를 상정하는 선한 인도주의적 정서에서 미국의 국익과 서방의 패권을 저버리고 있다고 우려하는 사람들에게 하나의 대안을 제공했다. 광범위한 연대의 압박은 "전후 시기 이전의 인간의 상상력에는 이질적인 것"이었는데, 갑자기 "방어가 필요 없는 부정할 수 없는 진실"로 여겨지게 되었다고 터커는 불평했다. 그의 관점에서 "중요한 문제는 근대의 어떤 사회 윤리든 국제적 소득 분배에서의 현존하는 불평등에 대한 확고한 정당화 근거인 척할 수 있느냐가 아니라, 국경을 초월한 소득 재분배를 정당화하기 위해 진지하게 노력해온 근대의 사회 윤리가 과연 있느냐"였다. 놀랍게도, 이 지점에서 터커는 다른 사람이 아니라 바로 존 롤스를 언급하면서 스스로를 방어할 수 있었다. "이런 맥락에서, 수년 동안 서구 세계에서 가장 널리 논의된 바로 그 '정의론'이 이 주제에 대해 할 말이 거의 없다는 것은 중요한 점일 것이다." 그는 이렇게 덧붙였다.[25]

그럼에도 불구하고 비츠는, 심지어 롤스의 기념비적인 설명에서도 직전까지 통념이었던 국민 복지의 한계를 넘어, 일종의 "세계주의"로 옮겨갔다. 그리고 그는, 터커와 같은 신 국제경제질서 비판자들이 동맹의 첫 번째 목표이자 가장 중요한 목표는 윤리 영역에 속하는 개인의 정의보다는 권력 영역에 속하는 지정학적 변화를 성취하는 것임을 주장할 때 제시하는 논거를 추상 원칙의 문제로 격상시켰다. 다른 격렬한 구절에서 터커는 다음과 같이 썼다. "국가 시스템이 현재와 같은 부와 권력의 전 지구적 불평등에 책임이 있다고 정의하지만, 비난받는 것은 국가 시스템 자체가 아니다. 반면, 역사적으로 억압받고 불이익을 당한 사람들이 지속되는 부정의한 불평등에 성공적으로 도전하는 것은 주로 국가 제도를(그리고 물론 신생국들 간의 협력을) 통해서다." 터커가 바로 이 점에서 전 지구적 복지에의 요구가 위험한 권력 행사를 고귀한 원칙이라는 가면 아래 감추고 있다고 보았다면, 비츠는 신 국제경제질서의 국가들 사이에서의 전 지구적 형평에의 요구를 개인들 사이에서의 전 지구적 형평에의 요구로 대체할 필요성을 받아들였다. 터커의 입장은, "전 지구적 소득과 부의 재분배가 주로 국가의 이름으로, 국가에 의해 이루어진다면, 재분배는 역사의 '새로운 시작'이라 할 만한 게 아니"라는 것이었다. 비츠의 경우에는, 그가 관련 논문에서 아주 명확하게 설명했듯이, "국가주의 관점에서 세계주의 관점으로의 전환이 가져오는 결과는 국가를 외부의 도덕적 평가에(그리고 어쩌면 정치적 개입) 노출시키는 일이자, 국가보다는 사람을 외부적 도덕의 궁극적 대상으로 이해하는 일"이라고 보았다. 도덕적 형평을 주장하는 국가들에 대한(그리고 짐작건대 신 국제경제질서와 관련된 종속 국가들의 결탁에 대한) 저마다의 의심은 확연히 달랐으나 겹치는 부분도 있었다.[26]

비츠는 국가들에 기초한 국제 질서의 윤리적 효력을 허용하지 않은 것은 아니지만 그것의 근거를 변경해, 국민-국가를 자체적으로는 도덕적 지위를 갖고 있지 않은, 전 지구적 원칙들과 자격 있는 개인들 사이의 중재자로 축소했다. 비츠는 자신의 저서에서나 그 이후에, 전 지구적 조직보다는 국가 간 조직의 지속이 전 지구적 정의라는 요구를 충족시킬 수 있을 것임을 매우 분명히 했다. 그리고 그가 『정치 이론과 국제 관계』에서 국가들을 넘어서는 윤리적 움직임이 현재의 있는 그대로의 세계에 미치는 영향을 더욱 면밀히 설명하는 쪽으로 방향을 틀었을 때, 결과는 정책적으로는 친숙했지만 기존 현실에 견주면 혁명적이었다. 윤리 사상가로서 비츠는, 싱어처럼 약간의 조력이나 의무적인 기본 지급 이론을 요구하는 대신에 평등주의 정의의 한 책무로서 외국의 원조를 요구하게 된 과정에서 주로 새로움과 엄격함을 추구했다. 그러나 신 국제경제질서의 종속적 국제주의는, 어떻게 평등주의 세계가 도래할 것인지에 관한 한 일

반적으로 침묵하는, 비츠가 완성한 형태의 전 지구적 정의에서 설 자리가 없었다.[27]

신 국제경제질서의 꿈을 결정적으로 무산시킨 전 지구적 부채 위기의 2년 전인 1981년까지만 해도 신 국제경제질서는 어느 정도 비츠의 공감을 샀다. 그러나 다른 많은 사람처럼 그는 성장의 "대체로 토착적인 과정들"이 전개되는 것이 결국 가장 중요하리라고 강조하는 쪽으로 옮겨 갔다. 비츠는 "대규모 현금 이전은 토착적 식량 생산을 증진하기 위한 유인책들을 제거하는 데나 성공할 수 있을 뿐이며, 심지어 신 국제경제질서의 개혁과 같은 제도 개혁들도 많은 가난한 사회에서 발견되는 구조적 불평등을 강화하기나 할 수 있을 뿐"이라고 씁쓸히 결론지었다. 전 지구적 평등을 지향하는 행위주체 가운데 그의 마음에 드는 이가 없고, 제3세계 복지 프로그램이 단지 국내의 압제와 불공정에 대한 구실에 불과하다고 우려되는 상황에서, 세계주의는 철학에 이룰 수 없는 꿈으로 다가왔다. "전 지구적 평등주의의 진정한 딜레마이자 최고의 불확실성은 신 국제경제질서가 그저 불완전한 윤곽이 되어줄 뿐인 그림을 완성할 수 있도록 부국들 내에서 어떤 정치적 연합이 동원될 수 있는지 여부다. 그러한 전망에 대해 낙관적이기는 어렵다." 비츠는 이렇게 결론 낼 수밖에 없었다.[28]

전 지구적 평등에 도움이 될 만한 정치 연합은 없었으나, 기본 욕구에 대한 지급과 전 세계적인 인권 수호를 목표로 하는 정치 연합은 생겨나게 된다. 비츠의 철학적 "세계주의"는 학문 영역의 한 가지 선택지로 등장했고, 냉전이 끝난 후의 규율에서 매우 크게 나타나, 현실에서는 여전히 달성되기 어려운 전 지구적 평등주의를 기념했다. 신자유주의 시대에 복지국가의 평등화 약속이 멀어지기는 했지만 말이다. 인권 정치가 등장함에 따라 실질적으로 훨씬 더 중요한 형태의 국제 윤리가 제시되었는데, 그것은 세계적 생존권에 초점을 맞추고, 싱어에 대한 오닐의 초기 반응에서 조짐이 보였던 접근법을 밀고 나가는 것이었다. 헨리 슈에게는 이 일이 기본 욕구와 인권의 국제적인 틀 안에서 작동하고 전 지구적 궁핍에 맞서는 국가 정책(특히 미국의)을 장려하는, 전 지구적 문제에서의 평등주의적 선택지를 외면하는 것으로 이어졌다.

비츠 자신이 후일 기록했듯이, 인권이 "전 지구적 도덕 담론에서 공용어 지위"에 오르게 된 것에 "자극받기도 하고 기여하기도 한 정치철학 저작들 중" 슈의 저작보다 "중대한 것으로 판명된" 것은 지금껏 없었다. 비츠의 『정치 이론과 국제 관계』가 어느 면에서 가지 않은 길을 기념하는 것이었다면, 1980년 출간된 슈의 『기본권』은 선택한 길을 들여다볼 창을 제공했다. 이 책은 소수의 미국 인권 활동가들이 인류의 기본 욕구에 대한 의식을 자국의 대외 정책 혁명에 편입시키고자 한 시점을 돌아보았으며, 그렇게 함으로써 오늘날의 세계 인권 운동 시대가 국가의 억압뿐만 아니라 충분한 지급에도 신경을 쓸 것을 기대했다.[29]

서부 버지니아 시골인 셰넌도어밸리 출신의 점잖은 남부인이자 독실한 기독교 신자인 슈는 노스캐롤라이나의 데이비드슨대학에 진학했고, 이후 1961년에 옥스퍼드대학 로즈 장학생이 되었다. 그는 옥스퍼드와 프린스턴에서 1960년대를 보냈다. 프린스턴에서는 박사 학위 및 "동남아시아의 밀림에 대한 대학생 징병 유예"를 받았으며, 양심적 병역 거부에 대한 글을 쓰면서, 처음엔 애국 차원에서 지지했던 전쟁에 점차 반대하게 되었다. 학위 논문을 출판하지 않은 채 웰즐리대학에서 강의를 하던 슈는 롤스의 업적에 대해 경의를 표하며 해설하는 글을 썼다. 종신 재직권tenure을 얻지 못했던 슈는 동료 철학자 피터 브라운의 초빙을 받아, 1970년대 초에 오하이오 주립대학에 의해 설립되어 짧은 기간 존속한 공공 정책 연구소인 현대문제아카데미Academy of Contemporary Problems에 합류했다. 슈는 그곳에서 공공 정책에 관여하기를 어쩌면 정치에 입문하게 되기를 바라면서, 국제 기근의 시대에 미국의 식량 정책에 대한 생각을 정리하는데 힘썼다. 그러다가 브라운을 따라 메릴랜드대학으로 적을 옮겼고, 그곳에서 1976년 가을에 철학과공공정책연구소의 창립을 도왔다.[30]

이 연구소는 미국의 윤리학 연구소들 중 처음으로 윤리 이론과 공적 문제를 연결시킨 곳이었으며, 중심이 되는 행사들을 개최하고 획기적인 책들을 출간하는 등 전 지구적 정의의 발명에서 중심적 역할을 했다. 브라운은 포드 재단과 록펠러형제기금의 후원을 받아, 공공 정책 논의에 관여한다는 분명한 사명을 띠고 연구소를 설립했다. 연구소가 워싱턴 D.C.에 위치했다는 점과 설립 시기가 지미 카터의 1977년 미국 인권 정책 선언과 겹쳤다는 우연은 슈의 사상에 심대한 영향을 미쳤다. 이 연구소가 활동을, 그것도 아주 시기적절하게 활동을 시작하자, 슈는 이전의 의회 운동 지도자들과 일원들 및 비정부 지지자들을 포함하는, 미국 대외 정책에서 인권을 담당하는 실무진을 고안하고 조직했다. 차후 인권이 인지도를 얻어가게끔 역할을 한 것은 바로 이들이었다. 카터가 1977년

1월 취임사에서 카터 행정부의 유명한 인권 정책을 멋지게 알렸을 때 슈는 이에 대응하기에 완벽하게 유리한 입장에 있었다. 게다가 개발에서의 기본 욕구 혁명도, 그리고 1977년 5월에 미국 국무장관 사이러스 밴스가 최저 생활을 위한 필수 욕구가 미국 정책의 일부가 될 수 있다고 확언한 것도 슈의 사상에 분명한 자극제가 되었다. 마찬가지로, 인권 패러다임과 기본 욕구 패러다임의 통합을 촉구하는 퍼트리샤 와이스 페이건 및 다른 활동가들, 분석가들과 슈의 제휴는 그에게 과제를 남겼다. 그 과제는 바로 기본 욕구를 기본권으로 규정하는 일이었다. 철학에서의 다른 세계 정의와 마찬가지로, 추상성에도 불구하고,『기본권』은 매우 구체적인 시간과 장소의 산물이었다.[31]

비츠보다 거의 10년쯤 연상이었지만 비츠와 달리 철학 논증을 전 지구적 정치학에 연계시키는 데는 뒤처졌던 슈는 1977년에『기본권』집필을 시작했고, 1970년대 초중반의 전 지구적 분배 정의에 대한 논의가 아니라 이후의 인권 혁명에 대한 논의만을 다루었다. 따라서 그는 비츠와는 결정적으로 다른 방식으로 개입해, 제3세계의 평등주의 요구에 자극받지 않았고, 오히려 그와는 아주 다르게, 기본 욕구와 인권이라는 새로운 수사들을 다루는 미국, 특히 연방정부의 국제 문제 영역들에서 갑자기 부각된 최소한의 충분성을 강조하게 되었다. 슈가 주장했듯이, 전 지구적 최저 생활은 인권 문제였다. 사회권은 국민 복지의 산물이 아니라, 최악의 빈곤에 대한 국제적 구제책을 정당화해주는 것이었다.[32]

『기본권』은 알베르 카뮈의 실존주의 소설『페스트』에서 인용한 제사題詞로 시작했다. 역병과 공포의 "끈질긴 맹공"에 맞서 카뮈의 주인공인 의

사는 "최후의 승리"를 절대 얻지 못할 것이라고 결론 내렸다. 슈가 인용한 부분에서, 이 사실은 "성인聖人은 될 수 없지만 역병에 굴복하기를 거부하면서 역병을 치유하기 위해 최선을 다하고 있는 모든 사람"을 존경하는 것이 무엇보다도 중요하게 만들었다. 이 제사는 비츠의 반대편 극에 놓인 슈의 결정, 즉 완벽한 전 지구적 분배 이론을 찾으려 하지 않고 "도덕적 최저치"(그가 책의 첫 줄에서 설명했듯이 "모든 사람, 모든 정부, 모든 기업이 할 수 있는 최소한")에 집중하려는 결정을 단적으로 보여주었다. 그는 자신이 감동적으로 "심층의 도덕morality of depth"이라 일컬은 것을 옹호했다. "큰 열망과 고귀한 이상은 여기서는 전혀 나타나지 않는다. 그것들은 부정당한 것이 아니라 그저 다른 기회로 미루어진 것이다." 그는 이렇게 썼다. 기본권 이론은 "누구도 그 아래로 내려가서는 안 되는 하한선을 특정"해야 했다. 슈는 안전과 최저 생활의 중요성과 함께 평등과 탁월성의 중요성을 배제하지 않았다. 그러나 카뮈의 소설에 입각해 말하자면 (슈는 치유라는 긴급한 과제에 대한 인권 활동가들의 연대를 촉구하며 말미에서 다시 『페스트』를 인용했다), 악의 영속성으로 인해 선을 추구하는 사람들은 결국 최소한의 보호를 추구하는 데 그쳐야 한다는 비극적 도덕관이 『기본권』의 전제가 되고 있다 해도 무방할 것이다. 공식적으로 『기본권』은 그저 비츠가 신 국제경제질서로부터 가장 결실을 맺고 싶어 한 그런 종류의 전 지구적 사회 정의를 미뤄둔 것이었다. 그러나 기질적으로 『기본권』의 치유자 윤리는, 완벽하거나 영구적인 건강은 없고 오직 구조를 요하는 끝없는 질병이 있을 뿐이라고 상정하고 있었다. (40년 뒤, 슈는 "상처로 남은 싸움fighting hurt"이라는 말로 자신의 이력에서 목표

를 요약했다.)³³

슈의 획기적인 점은, 전 지구적 빈곤을 완화하는 것이 모든 사람의 의무이며, 이 의무는 자유나 안전뿐만 아니라 최저 생활도 아우르는 인간의 가장 기본적인 권리들과 관련돼 있다고 주장한 점이다. 그는 전문적인 철학 영역 안에서나 훨씬 밖에서나 꽤 지속적인 효력을 갖는 참신한 논리들을 만들어냈다. 그의 가장 추상적이지만 가장 심오한 업적은 "인권"이 무엇인지를 다시 생각한 데 있다. 슈에게 인권은 항상, 무엇보다도 하나 또는 그 이상의 명백한 의무를 부과하는 주장이었다. 이전까지 어떤 권리들은 국가에(그리고 어쩌면 다른 행위자들에게) 그 권리들을 침해하는 것을 삼갈 의무를 부과할 뿐이라고 보는 것이 철학적 합의였다. 그리고 이러한 관점에서 사회권은 종류가 달라 보였고, 또 어쩌면 부당해 보였는데, 왜냐하면 사회권은 권리가 향유될 수 있도록 **행동할** 의무를 부과했기 때문이다. 언론의 자유가 단지 국가가 언론에 개입하지 말 것을 요구하는 것이라면, 의료 서비스에는 국가의 계획이 필요하다. 하지만 슈는, 모든 권리는 삼가거나 행동할 복잡한 의무들을 부과하며, 권리마다 의무들이 다를 수는 있지만 "소극적" 권리와 "적극적" 권리 간에 철학자들이 흔히 생각해온 것 같은 범주적 차이는 없다고 주장했다. 슈는 각각의 권리가 수반하는 의무들을 세 종류로 분류했는데(권리를 침해하지 않을 의무, 제3자가 권리를 침해하지 않게 할 의무, 권리를 누리도록 보장할 의무), 이 세 종류의 의무는 후일 유엔에서 모든 인권을 "존중하고, 보호하고, 충족시킬" 의무로 받아들여졌다. 더 넓게 보면, 그 주장은 다른 어떤 주장보다 더, 철학적 합의를 결국 사회권에 대한 기본적 회의주의로

부터 벗어나게 했다.[34]

그러나 슈가 권리와 의무의 본질에 대한 철학적 수정에 착수한 것은 최저 생활의 권리를 기본적으로 포함하는 일련의 기본적 권리가 존재한다는 결론을 도출하기 위해서였다. 인권에 관심이 있다고 말하는(슈가 책을 쓸 당시 많은 미국인이 갑자기 그렇게 말했듯이) 사람이라면 최저 생활의 권리를 언론의 자유 같은 자유권이나 고문당하지 않을 권리 같은 안전권만큼 중요한 것으로 취급하지 않을 수는 없었다. "안전권이 모두에게 기본적인 권리임을 확고히 하는, 그 같은 신중한 고려가 최저 생활의 권리가 모두에게 기본적인 권리라는 결론 또한 뒷받침한다"고 슈는 주장했다. 이 점에서 슈는 어떤 냉전적인 철학적 합의를, 즉 화제를 이어가는 한 "사회권"의 중요성을 포함하기를 거부하거나 "사회권"의 중요성을 격하해온 그런 철학적 합의를 무시하고 있었다. 여기에는 심지어 롤스가 포함되었는데, 롤스는 (역사적 국가나 개발 국가 이외의 다른 국가에서는) 특히 개인의 자유와 그것을 보호하는 기본권이 분배 정의라는 과제보다 우선하고 중요한 것으로 간주되어야 한다고 주장했다. 미국공보처의 후원하에 이루어진 인도네시아와 필리핀 여행을 계기로 생각을 바꾸게 된 슈는, 롤스의 우선순위를 뒤집고 최저 생활이 자유나 안전보다 더 근본적임을 주장하려 했던 종전의 입장에서 벗어났다. 특히 자카르타에서 독재적 발전을 잠깐 접하면서 그는 그런 주장이 자유주의자들이 복지를 무기한 연기하기 위해서 자유를 강조한다고 우려하는 좌파에게 호소력을 발휘하는 것 못지않게 우파 통치를 뒷받침할 수 있음을 깨닫게 되었다. 슈는 고문의 부도덕성에 대한 유명한 철학 논설도 썼는데, 이것은

1978년에 『철학과 공공 문제』에 실렸다. 『기본권』에서 그는 자신의 요지는 "자유가 부차적인 것이라고, 자유가 우선권이 없다고 주장"하는 것이 아니라고 설명했다. 오닐은 전반적 복지가 아니라 기본권의 측면에서 기아의 개선을 정당화해야 한다는 주장에 처음 화답한 사람으로, 일반적으로는 권리 이론에서 그리고 구체적으로는 최저 생활의 중요성을 입증하는 것에서 슈의 돌파구가 갖는 중요성을 이해했으며, 후일 이 양쪽 움직임 모두가 기존의 가정들에 "매우 해롭다"고 말했다.[35]

전 지구적 최저 생활의 권리를 주장하면서, 슈는 (비츠와 오닐이 그랬듯이) 탈식민지주의 이후의 위계의 근원과 교정에 대한 반체제적 통찰을 자기 지지자들의 구미에 맞는 용어로 전환하는 일이 자신의 과제라고 보았다. 슈의 경우 그것은, 사람들이 이미 점점 더 많이 인권에 헌신하기를 요구하는 가운데 "인권" 개념의 재조명을 의미했다. 슈는 서문에서 다음과 같이 솔직하게 언급했다. "기본권에 대한 글을 쓰게 된 애초의 동기는, 약속된 자유를 실제로 행사하는 데 필수적인 것들을 내포하지 않은 약속, 고매하게 들리지만 보잘것없고 공허한 자유에의 약속에 대한 분노였다." 그의 목표는 "어떤 지적 전통의 맹점에 의해서도 왜곡되지 않는 권리 개념의 점진적 진화에 나름 기여하는 것"이었다. 그러나 사실 슈는 대안적 철학 전통에 대한 철학적 번역가라기보다는 남반구의 최악의 고통에 대한 끈질긴 치유자들의 대변인이었다. 학위 논문 이후 한때 장관 후보자가 된 슈는 1970년대 초의 서구 마르크스주의에 변칙적으로 잠깐 진출했었다. 그러나 『기본권』을 쓰기 위해 그가 읽은 자료들은 그가 전 지구적 궁핍화에 대한 문헌들을 접한 것이(빈자들을 치유하는 수녀와 빈자들을 옹호하는 변호사 — 그는 자신의 책을 이들에게 헌정했다 — 를 만나게 된 중요한 동아시아 여행과 함께) 그의 선택에 훨씬 더 중요했음을 보여준다.[36]

그러나 슈의 사상에 가장 강한 영향을 미친 것은 그가 읽은, 출판된 지 얼마 되지 않은 책으로, 바로 정치학자 제임스 스콧의 『농민의 도덕경제』(1976)였다. 어쩌다 보니 스콧은 슈의 아내의 동료가 되어 있었고, 그 우연으로 슈는 스콧과 그의 연구, 그리고 시공을 초월해 소작농들은 생계를 자신들의 도덕적 이상과 기대의 중심에 두었다는 주장과 만났다. 이 주장은 기본 욕구와 기본권의 우위를 슈에게 납득시키는 데 엄청난 영향력을 발휘했다. 스콧에 의하면, 봉건제 유럽과 식민지 아시아의 소작농들은 생존하기에 충분한 지급을 중심으로 마을들을 이루었으며, 권위에 대한 그들의 태도는 항상 "최소한의 사회권을 보장할" 필요성을 강조하는 것이었다. 자본주의와 식민주의가 그들의 전략을 위협하고 기존의 봉건적 권위를 대체하면서 반란이 뒤따랐다고 스콧은 주장했다. 식민지들과 나중의 신생국들이 흔히 그랬듯이, 태곳적부터 내려오는 생존 전략을 좌절시키는 외부자들은 신생국들의 통치에 끊임없이 문제를 불러왔다. 전 지구적 빈민들에게 중요한 점은 "모두가 동등해야 한다는 것이 아니라 모두가 거처와 생계 수단을 가져야 한다는" 것(슈가 자신의 짧은 책에서 한 번도 아니고 두 번이나 눈에 띄게 인용한, 스콧의 핵심 주장)이라고 슈는 강조했다. 농민들이 기독교적 구원이나 세속적 혁명과 같은 다른 것들을 바랄 수도 있다고 과거에 서양인들이 생각했었지만 이제는 아니었다. 슈가 생각하기엔, 물질적 평등 대신에 기본적 최저 생활을 목표로 하는 도덕은 단지 옳고 그름만 고려한 것이 아니라 전 지구적 빈민들이 표면적으로 원하는 것까지 고려해 등장한 것이었다. 그리고 심층의 도덕이라는 이름으로 더 높은 이상들을 뒤로 미루는 것이 무엇이든, 그것은 적절한 도덕적 이상으로서의 분배 정의에 대한 거부를 의미했다.[37]

이는 슈에게는 새로운 출발로, 스콧의 글을 읽은 것과 해외 여행이 그에게 영향을 미쳤음을, 하지만 무엇보다도 최근 윤리의 역사에서 불연속적으로 평등이 붕괴하고 최저 생활이 급상승했음을 증언해주었다. 사회 정의는 전 지구화되고 최소화되었다. 슈는 1976년의 논문까지만 해도 구체적인 정책 영역에 흥미가 있는 사람은 누구나 전 지구적 분배 정의라는 주제를 피할 수 없다고 (비츠를 언급하면서) 꽤나 완강히 주장했었다. 그것을 괄호 안에 넣어버리는 것(예컨대 식량 원조 정책이나 인구 통제 정책을 수립하기 위해서)은, 마치 빈국들이 애초에 빈곤한 것이 공정한지 아닌지를 판단하기에 앞서 인구를 줄이는 것이 의무이기라도 한 것처럼 "우리의 모든 부가 어떻게 획득되었든 우리의 부를 전부 가질 자격이 있다고 가정하는 경향이 있음"을 고려할 때, 기존의 부정의를 뒷받침하는 것이었다. 슈는 남반구가 "어떤 '신 국제경제질서'에서 이득을 얻는다면" 인도가 얼마나 많은 인간을 "책임지거나" 생존시킬 수 있는지가 극적으로 달라질 것이라는 결론을 내렸다. 반대로 비츠는 메릴랜드 센터 회의 기고문과 미국의 인권 정책에 대한 책에서, 흔히 경제·사회권에 대해 "1세대"에 유리하게 정렬되는 철학적 이유들은 설득력이 없다고 주장했다(1970년대의 북대서양 연안의 인권 혁명과는 결을 달리하지만 기본 욕구라는 수사에는 부합되게). 롤스의 주장과 같은 이론은, 이론이 분배 정의보다 강압으로부터의 자유에 우선적으로 매달리건 어떻건, 두 가지 책무가 서열화되기보다는 균형을 이루게끔 해주는 어떤 종합적인 사회 정의 이론 안에서 인권이 가장 잘 개념화된다는 것을 보여주었다. 그리고 비츠의 주장은 슈가 강조한 북반구 정부들 측의 그 같은 사회 개량적 정책들을 지지하기 위한 것이었다. 그들 간의 주된 차이는 그 정책들을 찬성하는 근거가 평등인가 최저 생활인가에 달려 있었다. 그러나 책을 끝마칠 무렵 슈가 평등주의로부터의 미묘한 이탈을 드러냈다는 점은 의미심장하다.[38]

비츠는 자신의 과제를 세계 무대로 직진시킬 정도로, 롤스의 차등 원칙에 거리낌 없이 이의를 제기했다. 슈는 롤스가 평등을 국제화하지 못한 것에 대해서는 그다지 반응을 보이지 않았으나, 오히려(그리고 복지국가 내의 차원에서 이전의 롤스 비판자인 프랭크 마이클먼과 매우 유사하게) 롤스가 전반적으로 분배의 불평등 완화로 정의의 방향을 설정할 때 어떤 절대적인 사회적 최저치에 찬성하지 못한 것에 분노했다. 사실, 슈가 권리에 기초한 전 지구적 사회적 최저치에 매달린 것은 근본적으로 비츠의 전 지구적 평등주의도, 롤스의 국내적 평등주의도 벗어난 것이었다. 그리고 그는 이 점을 알고 있었다. "최저 생활의 권리의 충족에 매달리는 누군가처럼, 롤스는 자신의 이론을 극빈층의 운명에 집중시킨다." 슈는 인정했다. "하지만 바닥을 제공하거나, 혹은 비유를 달리해 구명구를 제공하는 대신에, 롤스는 그저 최악의 상황에 놓인 이들을 형편이 보다 나은 사람들에게 (다소 느슨하게) 엮어놓는 밧줄을 제공할 뿐이다." 다시 말해서, 롤스의 이론에서 상위의 재산 증가가 하위를 돕는 한에서만 허용될 수 있다는 것은 사실이었다. "하지만 롤스 이론에는 모든 사람의 머리가 처음부터 수면 위로 올라와 있어야 한다는 규정은 없다. 롤스의 차등 원칙은 사람들이 계속 물속에서 죽어가지만 머리를 덮고 있는 물의 양이 계속 줄어들고 있는 경우에도 충족될 수 있다." 슈는 이렇게 설명했다. 사회권은 소득이나 부의 일반적 분배와 관계없이, 절대적 욕구의 기준으로서 중요했다. 그렇다면 롤스의 평등주의 원칙은 국내에서(그리고, 매년 수백만의 사람이 기아로 죽을 수 있고 더 많은 사람이 끝나지 않는 극빈 속에서 살아가는 세계 무대에서 더 확연하게) 잘못된 것이었다. 마찬가지로, 사실 슈는 『정치 이론과 국제 관계』에 대한 또 다른 열띤 논평에서, 비츠가 롤스의 차등 원칙을 존중해 세계 무대에 올린 것에 대해 상당히 비판적이었다. 비츠가 보여주었듯이, 세계의 분배 정의에 대한 어떤 원칙이 존재한다고 해서 그 원칙이 꼭 평등주의적인 것이지는 않았다. 비츠는 롤스를 존중해, "차등 원칙이 애초의 롤스의 국내 문제에서 선택된다 할지라도(의심스럽지만), 국제적인 확장을 인도하도록 선택되리라는 것"은 보여주지 않았다고 슈는 썼다.[39]

따라서 전 지구적 정의 담론에 기여하는 일원으로서 슈는 적어도 최저 생활의 권리를 지지하지 않는 전 지구적 정의는 누구도 받아들여서는 안 된다는 것을 보여주는 데(그리고 대외적·전 지구적 정책은 최저 생활의 권리를 옹호하는 것에 처음으로 그리고 최우선적으로 결연히 집중해야 한다는 것을 보여주는 데) 몰두해, 충분성의 이름으로 평등을 보류하거나 배제했다. 그리고 슈가 말하지 않은 것은 슈가 말한 것만큼 중요했다. 비츠와 달리, 1979년까지 슈는 참여하거나 반대할 만한 제3세계 의제를 발견하지 못했고, 전 지구적 분배의 평등(국가들의 평등이든 개인들의 평등이든)을 제3세계의 궁극적 목적으로 보지 않았다. 비츠와 달리 슈는 제3세계 주권에 뿌리를 두었다고 추정되는 윤리를 공격하지 않았다. 그는 단지 이 주장을 무시했다. 집단 윤리에 관한 한 싱어 이후 다른 많은 사람의 관심사와 마찬가지로 그의 관심사는, 부국의 사람들에게 자국 밖의 사람들의 절박한 요구들을(심지어 기초적인 최저 생활에의 요구까지도) 무시할 만한 특별한 책무들이 있는가 하는 것이었다. 철학에서의 국제 인권에 대한 최초의 진정한 연구에서 슈가 취한 피해자 지향성은 어떤 이들이 실현 불가능을 우려할 만큼 의무가 한없이 확장되는 것에 제동을 거는 기능도 했다. 오닐에게서 시작되어 슈에게서 계속 이어진, 권리에 기반한 최저선을 적어도 일차적이고 즉각적인 책무의 문제로 설정하는 것은, 전 지구적 윤리가 과도하기만 한 도덕적 부담을 수반한다는 비난에 대응할 수 있게 해주었다. 슈의 결론은, 미국이 카뮈의 의사처럼 "진정한 치유자"가 될 수 없다면 "적어도 피해자의 편을 들고자 노력할 수는 있다"는 것이었다.[40]

메릴랜드 센터의 위임을 받은 슈는 미국 정부의 정책에 대한 일련의 권고를 담은 책을 끝마치면서, 최저 생활의 권리를 공식적으로 인정하는 것에서 시작하자고 제안했다. 그는 유엔이나 국제 체제가 아닌 미국만을 다루었다(정작 그의 책은 전자에 가장 큰 영향을 미쳤지만). 당시 그렇게 하는 것은 실현 불가능한 일이 아니었을 것이다. 슈는 인권 혁명이 분배 정의로 이어질 것이라는, 카터 시대의 워싱턴D.C.에서 나온 아주 사소한 언질을 인용할 수 있었다. 어떤 이들은 더 나은 행위자들이 없다는 점에 비추어 미국이 전 지구적 상황에 대해 더 많은 소유권을 가질 수 있기를 바랐다. 많은 북반구 사람에게 유엔은 독재 정치에 대한 제3세계주의자 third-worldist들의 변명의 장에 지나지 않았다. 베트남 전쟁의 나락에서 회복 중인 미국이 정의를 실현할 이상적 행위주체는 아니었겠지만, 그 외에 누가 있었을까?⁴¹

인권 운동과 미국 인권 정책이 처음에 취했던 방향을 전환할 수 있는 기회인 이 순간을 포착하고자, 슈는 수혜국들이 자국민의 생계 기반을 박탈하지 않는다는 조건에서 미국의 해외 원조를 권장했다. 그는 또한 해외에서 활동하는 기업들을 더 잘 규제할 것을 제안했다. 그러나 슈가 정책 변경을 자신의 철학 목적으로 설정하는 한, 그의 때가 아니라는 것이 돌아가는 일들을 통해서 이내 드러났다. 사실 카터 행정부는 기본 욕구의 지급을 수사적인 것으로 여겼다. 미국만이 아니라 심지어 대부분의 비정부 인권 운동도, 마치 경제·사회권이 존재한 적이 없었던 것처럼 국민 복지의 시대와 세계인권선언으로부터 경제·사회권을 쳐냈다. 몇십 년 뒤 사회권이 힘겹게 회복될 때까지(미국 대외 정책에서는 결코 회복되지 않았지만) 말이다. 그리고 『기본권』이 등장한 해에 로널드 레이건이 대통령에 당선되면서, 전 지구적 사회적 최저치를 추진하는 것에 대한 인권 운동 측의 믿음은 완전히 미성숙한 것으로 보였을 것이다. 슈의 책에 대한 초기의 가장 열띤 논평들 중 하나가 언급했듯이, "인권 운동에 대한 레이건 행정부의 반감으로 미루어 최저 생활의 권리에 대한 슈의 주장은 냉대받을 것이 분명"했다. 심지어 슈는 북반구의 인권 운동에도 영향을 미치지 않았다. 냉전의 종식 이후에야 인권 운동에서 우선순위가 바뀌

어 사회권이 다루어지게 되었던 것이다.[42]

슈는 이후 자신의 책을 재출간하면서 정책에 대한 권고를 뺐지만, 권고는 심지어 책의 가장 추상적인 철학적 개입을 낳은 시점이기도 한 당시와 관련해 매우 중요하다. 분배 정의에 대해 책임을 지기 위해서 그 책이 집필되던 시기의 인권 혁명을 재조정하는 것은 가능성은 낮지만 그럴듯해 보였다. 그러나 슈의 손아귀에서 그리고 뒤이은 인권 운동에서, 그들은 불평등을 맞서야 할 정치적 위기로 분류하여 이를 확장시켰다. 극도의 빈곤을 치유해야 할 질병을 다룬다는 명분으로 삼은 것이었다.

먼 곳의 고통에 대한 원조(오랜 인도주의 정서와 관행에 기반을 둔)와 최저 생활의 권리를 정당화하려는 노력이 이후 더 많은 실질적 지지를 받은 반면, 전 지구적 평등주의 철학은 공상적 이상주의의 기록 보관소에 남아 있게 되었다. 카뮈의 치유자들이 병에 시달리는 사람들에게 생존이라는 도덕적 보상을 가져다주기 위해 일한다면, 최저 생활의 권리에 대한 철학을 요청한 슈의 주장은 평등이 관심사가 되지 못하거나 뒤로 미루어지는 세상을 예고하는 비전, 인간의 필수 재화의 분배를 아우르는 충분성의 비전을 제시했다.

전 지구적 정의의 탄생은 사회 정의 기초의 개인화에 대한 놀랄 만한 철학적 합의를 수반했다. 초국가적 정의의 수립자들은 모두, 이익의 문제로서든 권리의 문제로서든, 모든 초국가적 정의의 유일한 토대인 개개인의 특권이라는 관점에서 논했다. 롤스 이전의 복지국가에 대한 주장과 마찬가지로, 제3세계 국가주의나 국제주의에 대한 보다 집단주의적인 주장은 폐기되었다. 대안이 있다는 것을 인식하고 가장 노골적으로 입장을 바꾼 사람은 비츠(제3세계 정치 지도자들의 주장과 집단적 자결권에 대한 그들의 매우 다른 윤리를 예리하게 인식한)였다. 그러나 슈에게서도 외국의 고통에 대한 공감은 윤리의 개인주의적 근거에서 벗어나는 것으로 해석되지 않았다.

슈는 강력한 기관은 집단이라는 인식을 분명히 드러냈다. 그는 스콧의 소작농 연구를 상기시키는 강력한 구절에서 다음과 같이 썼다. "최저 생활의 권리와 관련된 부담들은 본래, 타인을 위협하지 않기 위해 스스로의 이득을 단념할 것으로 기대되는 고립된 개인들의 몫이 아니라, 사람들이 스스로 대처할 수 없는 생계를 위협하는 힘들에 직면하는 상황을 방지하는 제도들을 만들기 위해 협력하는 인간 공동체들의 몫이다." 그의 확고한 권고는 새로운 인권 운동을, 그리고 운동의 압박을 통해 미국을 겨냥하고 있었다. 그러나, 슈가 (각주의 주목할 만한 여담을 통해서) "자유주의의 중심에 있는 왜곡된 원자론"에 항의했음에도 불구하고, 그 역시 분명 개인주의적 근거에서 최저 생활의 권리에 대한 주장을 폈다.[43]

"세계 정의" 시대의 서로 다른 선택지들이 배타적인 도덕적 개인주의에 같은 출발점을 두고 있다는 것(경제적 자유주의가 그렇듯이)은 놀라워 보일 수도 있다. 이전 시대의 북반구 복지국가의 국가주의적 전제들과 복지국가를 남반구에 이식하려는 노력들을 생각하면 이는 판이한 양상이기 때문이다. 이 확고한 개인주의 속에서, 전 지구적 정의의 탄생은 윤리에서의 국제 인권과 경제에서의 전 지구화된 시장근본주의가 현재를 향한 길의 동반자가 됐을 때의 거대한 힘을(그리고 가능한 한계들을) 증언하는 것 같다. 마찬가지로, 평등주의가 책으로 기념되고 최저 생활이라는 목표가 천천히 실행에 옮겨지는 식의, 제도적·가동적 뒷받침을 받는 그런 전 지구적 정의는 신자유주의의 우선 사항들을 조정할 것을 필요로 했을지는 몰라도, 그것들을 아예 포기할 것을 요구하지는 않았을 것이다.

그러나 윤리적 개인주의, 그리고 불평등의 지속·폭증과 윤리적 개인주의가 실제로 구현된 형태가 양립할 수 있다는 것이 전 지구적 정의를 신자유주의의 명분으로 만들기는 어렵다. 이는 인권 운동 자체에도 해당되는 말이다. 인권 운동이 정치경제의 전환과 같은 기반, 같은 연대표를 갖고 있기는 하지만 말이다. 그러나 낙담스러운 결과들은 철학을 향해, 철학이 진정 사건들을 이끌 수 있는지, 어떻게 이끌 수 있는지와 같은 어려운 질문들을 던진다. 인권 운동이 자신이 만들지 않았지만 자신을 가두고 있는 신자유주의의 우리 안에서 투쟁하는 것처럼 말이다. 비츠의 평등 옹호는 그에 앞선 롤스의 평등 옹호만큼이나 감동적이었지만, 그것이 사유하는 것에 지나지 않는다면 무슨 소용이 있었을까? 우리에게는 윤리가 필요하지만, 철학은 대개, 복지국가가 끝없는 공격에 고통받으려는 바로 그때, 그리고 세계 복지에 대한 탈식민주의적 꿈이 수포로 돌아간 바로 그때 분배의 평등이라는 원칙을 선언함으로써 패배를 표명하는 것처럼 보였다.

이론을 넘어 살아남을 수 있었던 것은 분배의 평등이 아니라, 보다 사소한 것인 충분한 지급에의 노력과 그것을 정당화하는 전 지구적 기본권이었다. 그럼에도 불구하고, 세계 윤리가 역사적 재난으로부터 세계주의적 유토피아를 구해내면서 최저 생활 추구를 가장하는 것이 적어도 보다 인간적인 영향을 미치는 데 얼마나 큰 역할을 했는지는 대체로 명확하지 않았다. 이러한 결과들은 윤리적 모험의 가치 자체를 의심하게 만들었다. 윤리 원칙들이 과연 큰 차이를 만들 수 있을지 의심해온 모든 사람을 물리치기 위해, 그 결과는, 철학자들이 주장하는 것처럼 어떻게 도덕이 패배를 비통해하거나 순화하기보다 세상을 변화시킬 수 있는가 하는 여전히 건재한 난제를 제기했다. 비츠가 전 지구적 정의를 창안하는 시금석과 같은 논문을 마치며 우려한 것처럼, "도덕 이론이 확고한 행동 지침을 제공해주리라고 기대할 수 없다면, 사람들은 도덕 이론이 무슨 실질적 의미가 있냐고 의문을 가질지도 모른다."[44]

7장

신자유주의 소용돌이 속의 인권

칠레의 좌파 경제학자 오를란도 레텔리에르는 잔혹하게 암살되기 한 달 전인 1976년 8월 말에 『더 네이션』 지에서, 칠레에서 극도의 인권 침해를 야기하는 정치 테러와 새로 도입된 자유 시장 정책들 간에는 숨은 연관 성이 있다고 주장했다. 살바도르 아옌데 대통령이 사망한 후 민주사회주 의의 꿈을 좇지 못하게 된 레텔리에르는 밀턴 프리드먼과 다른 "시카고 보이스"(프리드먼의 시카고대학 경제학부를 중심으로 한 신자유주의 경 제학자들)가 초기 인권 운동에서 드러난 억압을 묵인했다고 말했다. "인 권 침해, 제도화된 폭력의 시스템, 모든 형태의 의미 있는 반발에 대한 극 심한 통제와 억압이, 군사 정권에 의해 시행되어온 고전적인 무제한적 자 유 시장 정책에 간접적으로 관련되어 있을 뿐이거나 사실상 전혀 관련이 없는 현상으로서 논의된다(그리고 종종 비판받는다)." 레텔리에르는 이 렇게 불평했다. 그러나 진실은 그 사이에 깊은 연관성이 있다는 것이었

다. 인권에 대한 관심을 인권 침해의 신자유주의적 근원에 대한 공격으로부터 떼어놓을 수는 없었다.[1]

40년 뒤인 2016년 9월, 『더 네이션』은 칠레의 독재자 아우구스토 피노체트가 워싱턴 D.C.에서 일어난 레텔리에르 살해에 관여했음을 밝히는 기록과 함께 레텔리에르의 대표적인 글을 다시 실었다. 좌파 학자 나오미 클라인이 소개했듯이, 이제는 인권의 가치와 신자유주의 정책들 간의 독특한 관련 혹은 레텔리에르가 주장한 것 이상으로 더 깊은 관련을 주장하는 것이 중요했다. 1976년 이후, 칠레에서 데뷔한 경제학은 전 세계로 진출해, 민주주의를 선택한 데 따른 일련의 다른 국가 환경들로도, 그리고 다른 많은 현장에서 기술 관료적 전문성의 일로서 (마지못해) 그러한 환경들을 부과하는 것인 국제 금융 기관들로도 나아갔다. 클라인이 보기에, 지금까지의 가장 일반적인 신자유주의 역사에서 단지 자유 시장 정책이 인권의 성과에 유해한 것이 아니었다. 인권 운동이 결탁에 대한 책임이나 혹은 적어도 이 진실으로 인한 혼란에 대한 책임이 있는 것이었다. 클라인은 레텔리에르를 존경했지만, 인권이 신자유주의와 공포의 관계에 대해 보지 못하게 한다고 주장했다. "인권 운동은 시카고학파 이데올로기가 첫 피투성이 실험실로부터 사실상 아무 상처 없이 탈출할 수 있도록 도왔다." 클라인은 칠레의 상황을 이렇게 보고 있었다. 예를 들어 국제사면위원회는 단지 의심의 여지 없이 명백한 국가의 박해에 대해 공개적으로 망신을 주는 알림 활동에 집중하기 위해서, 사건들의 가장 핵심적인 장본인을 가려내기를 거절함으로써 근본 원인에 대해 중립적인 태도를 취했다. 클라인의 추종자 중 한 사람이 일반적인 경우를 이야기하듯이, 신자유주의적 재건의 영향이 나타나기 시작한 곳에서는 인권 법과 인권 동원이 "그런 폐단들이 가능했던 여건을 문제 삼지 않는다." 신 자유주의를 언급하지 않은 채 신자유주의의 공포를 비난하는 것은 사 실상 악과 결탁하는 것일까?[2]

바로 그 추종자인 국제법학자 수전 마크스는 "인권의 역사는 자본주 의 역사에서의 발전을 떼어놓고 이야기될 수 없다"고 주장한다. 인권이 국가 폭력의 원인들과 맞서 싸우지 못한다면, 신자유주의의 부상은 어 째서 국내외적으로 인권이 정의의 주안점으로 떠올랐는지에 대한 부분 적 설명이 되어준다. 마크스는 다음과 같이 설명한다. "우리가 오늘날 알 고 있는 인권 운동은 1970년대에 형태를 갖추었다. [그리고] 인권 운동 이 등장한 맥락의 다소 중요한 양상은 (…) 그 시기에 신자유주의적인 '사적' 자본주의가, 즉 민영화, 규제 완화, 국가의 사회적 지급 철회라는 현재 익숙한 정책 처방을 수반하는 자본주의가 부상했다는 것이다." 세 계적으로 인권을 추진하려는 진보적인 노력이 신자유주의의 "마지막 유 토피아"와 시기적으로 일치한 것은 우연이 아니었다. 적어도 인권 운동은 운동이 반대한다고 주장하는 바로 그 악폐의 진정한 근원에서 시선을 돌렸다.[3]

1970년대에는 뒤이어 펼쳐질 신자유주의 시대를 내다본 사람이 거 의 없었다면, 40년이 지난 지금, 적어도 수사적으로는 인권 시대라 불리 는 시대의 정치경제에 인권이 얼마나 적합한지를 재평가하는 것이 시급 해 보인다. 국내적으로는 복지국가가 위기를 맞았다. 세계적으로는, 만약 어떤 "신 국제경제질서"가 우세하다면, 그것은 많은 국가에서 불평등의 폭증을 동반하며 시장근본주의가 인상적으로 침입하는 질서였다. 그러나 인권은 신자유주의 시대에 점차 두각을 나타냈다. 인권은 신자유주의가 첫 번째 약진을 이룬 1970년대에 크게 가시화되었으며, 또한 인권은 신자유주의가 전 세계 경제에서 합의된 공공 철학 같은 지위를 얻은 1990년대에 전 세계 윤리에서 그 같은 지위에 올랐던 것이다. 신자유주의와 인권의 이런 눈에 띄는 상응은 자연스럽게 상호 간의 관계에 대해 의문을 갖게 한다.

그러나 클라인의 주장은 과장되었고, 타당해 보이지 않는다. 그 주장은 인권을 인권이 처한 신자유주의 시대 안에 타당하게 혹은 적절하게 자리매김하지 않는다. 인권이 어떤 면에서 신자유주의가 성공하도록 "도움"을 주었는가? 인권이 경제 분야에서의 자신의 경쟁자와 같은 도덕적 개인주의를 공유하고, 또 국가주의와 사회주의 같은 집단주의 계획에 대한 같은 의심을 공유하긴 하지만, 인권은 신자유주의 시대를 불러오지 않았다. 마르크스주의를 이론적 곤경에서 구하거나 좌파를 현실의 실패에서 구하는 것은 인권 활동가들의 일이 아니었다. 레텔리에르가 말했듯이, "피상적" 박해를 규탄하는 인권이 보다 "구조적인" 어떤 정치와 공존할 수 없다고 생각할 이유는 없다. 지금까지 인권법과 인권 운동이 신자유주의라는 동반자와 어떤 관계에 있었건, 인권법과 인권 운동은 세계 곳곳에서 일어나는 국가 폭력만이 아니라, 국가가 시민을 성별, 인종, 종교, 성적 지향에 상관없이 동등하게 대하지 않는 일까지 전례 없이 면밀하게 탐구했다. 인권 운동은 또한, 고용에서 주거와 식량에 이르기까지 경제적으로 누릴 권리가 있는 것들을 요구하는 오래된 원천들(1948년의 세계인권선언에 담긴 사회권을 비롯해)을 점점 더 많이 소환했다. 그리고 사실 클라인이 신자유주의의 "재앙적 자본주의"라고 부르는 것은, 그것의 모든 해악에도 불구하고, 중국의 자유 시장 경제로의 전환이 역사상 다른 어떤 힘이(물론 인권 운동 자체를 포함해) 해낸 것보다 더 많은 사람을 빈곤에서 탈출시켰듯이, 때때로 인권법의 가장 거친 꿈들을 이루어 주기도 했다.

이것은 인권이 그들이 처한 신자유주의 환경에 부합하지 않았음을 뜻하는 것이 결코 아니다. 개인들이 기본권을 가지고 있다는 개념은, 이 개념이 근대의 이력에서 이전에 그랬던 것처럼, 도덕적 이상과 사회관계에 항상 다른 많은 영향을 미치는 정치경제에 의해 형성되었다. 인권은 19세기에 고전적 자유주의와 강하게 연결되어 있었는데, 이는 인권이 자유 계약과 불가침의 재산권을 옹호하는 이들의 구호로서 전개되었음을 의미했다. 20세기 중반의 국민 복지 시대에 인권은 각각의 배타적인 공동체들 안에서 평등주의적 소망이라는 정신으로 재구성되었다. 마지막으로, 신자유주의는 다시 한번 강력한 재정의再定義의 압박을 가했다. 인권의 언어는 19세기와 같은, 계약과 재산이라는 좁은 범위의 보호로 절대로 되돌아가지 않았다(카를 마르크스는 그러한 19세기를 비난했고, 하이에크는 1940년대에도 여전히 19세기에 대한 향수에 젖을 수 있었다). 비록 인권을 향한 움직임과 신자유주의 정책을 향한 움직임이 그같은 추상적 일대기를 공유하기는 했지만, 시공간을 넘나들며 그들 간의 구체적 관계는 그리 간단하지 않았다. 냉전 종식 후 의제로 복원된 경제·사회권을 고려해 보다 세심하게 그들의 관계가 재구성될 때 논쟁은 급변할 수밖에 없다.

인권과 국민 복지의 더 오래된 연합은 상쇄적 경향에 의해 확실히 무너졌다. 세계주의적 전 지구화cosmopolitan globalization 버전의 신자유주의가 시작되면서 인권이 국경을 초월한 정치라는 새로 나타난 정치 유형을 위한 것으로 갱신되었을 때, 인권은 특히 여성을 비롯한 하위 집단들에 대한 차별에 관한 한, 신분의 평등화를 이룰 국제적 도구로 재해석되었다. 인권법과 인권 정치는, 신자유주의적 전제들을 야기하거나 그 전제로부터 주의를 돌린 책임은 없더라도, 새로운 정치경제를 반박하는 데 방어적이고 사소한 역할밖에 하지 않아서 비난받았다. 문제는 인권이 어떤 필요한 구조적 정치를 약화시키는 것이라기보다, 새로운 시대에 어떤 종류의 분배적 고려에 늦게 합류한 사람들처럼 인권이 급증하는 물질적 불평등을 못 본 체하면서 물질적 불충분이라는 치욕만을 비난하는 것이었다. 신분의 평등과 초국가적 책임에 있어서는 엄청난 진보가 이루어졌으나, 매 단계마다 물질적 공정성이라는 비싼 대가를 치러야 했다. 인권법에는 물질적 공정성을 위한 규범이, 인권 운동에는 물질적 공정성을 지지하려는 의지가 없었다.

이론적으로는, 인권법과 인권 운동이 기능해 새로운 경향의 거버넌스를 '삶의 좋은 것들'을 분배하는 데 보다 인간적인 것으로 만드는 것이 가능했다. 인권이 세계에서 가장 빈곤한 땅을 개발하여 빈곤을 교정하고 복지국가가 이미 정착된 부유한 지역의 긴축 정책에 맞서 싸울 도구를 제공할 필요에 주의를 기울였다면, 이는 최악의 신자유주의 정책에 대한 저항의 이론적 토대가 될 수도 있었다. 그러나 인권은 이론적으로도, 세계화된 경제 안에서의 충분한 보호라는 하한선에만 도덕적 초점을 맞춘 탓에, 분배적 불평등의 상한선이 없어지는 데 어떠한 방해도 하지 못했다. 국민 복지적 환경을 빼앗긴 채, 신자유주의 시대의 인권은 충분한 지급만을 목표로 하는 나약한 도구로 부상했다. 인권의 이름을 내건 정치적·법적 프로젝트는 불평등이 폭증하는 가운데 힘없는 동반자일 뿐이었다.

신자유주의 사고가 출현하고 제도화된 시간과 공간을 아우르는 검토로 시작하는 것이 중요하다. 이러한 검토는, 인권법과 인권 운동이 서로 착종되어 있다는 관점의 타당성은 말할 것도 없고, 인권법 및 인권 운동과 어떤 식으로든 맺는 관련(만연한 개인주의와 시간적 동시성의 약한 관련을 넘어)의 타당성에 대한 심각한 난제들을 제기한다. 신자유주의가 점점 더 뚜렷해지던 시대의 다양한 국가, 지역, 국제기구를 둘러보면 각 상황이 시간과 공간을 아우르며 얼마나 달랐는지 알 수 있다. 인권 정치의 부상이 수십억 명의 삶을 바꾼 신자유주의적 변화에 주의를 기울이지 못하게 한다는 우려는 다른 장소에서, 다른 때에, 다른 방식으로 신자유주의적 변화들이 일어났다는 복잡성을 직시해야 한다.

신자유주의가 세계를 여행하기에 앞서 먼저 칠레를 방문했다는 레텔리에르의 말은 정확했다. 신자유주의의 지적 기원들은 한참 전으로, 즉 국민 복지와 사회적 시민권 시대의 한복판으로 거슬러 올라갔다. 충분한 지급, 그리고 시장 통제나 규제, 높은 세율, 노동자의 권한을 통한 제한된 불평등의 시대 말이다. 1930년대부터 초기 신자유주의자들은 많은 부분에서 의견을 달리했고, 불확실성에 시달렸다. 1947년에 설립된 유명한 신자유주의 단체 몽펠르랭학회는 불일치를 몰아내지 않았고, 어떤 점에서는 그것을 악화시켰다. 사실, 국민 복지를 둘러싼 합의의 정점에서 신자유주의자들은 거의 자신들의 반대파만큼이나 맹렬하게 19세기 자유방임주의를 비판하고 있었다.

오스트리아 경제학자 루트비히 폰 미제스는 구속받지 않는 시장 자유에 대한 충실한 지지자에 가장 가까웠다. 하지만 그의 학생 프리드리히 하이에크와 독일인 동료인 "질서자유주의자" 빌헬름 뢰프케 같은 더 젊은 지지자들은 계획 경제에 대한 자신들의 비판을 기꺼이 제한해, 국가가 부과하는 질서의 중요성, 기독교적 사회도덕의 목표들, 그리고 신생 복지국가들의 충분성 목표들을 주장했다. 그들이 혐오하는 것은 계획 경제의 망령이었다. 그러나 그들은 다양한 종류의 국가 역할을 입안하는 것에 반대하지 않았다. 그리고 그들은 생존을 위한 필수품에 관해서는 흔히 기본 지급의 가치를 기꺼이 수용했다. 하이에크는 경제 계획에 반대하는 유명한 저서 『노예의 길』(1944)에서 자신의 자유주의가 사회 보장 및 국가가 보장하는 의식주의 기본적 최저치와 양립할 수 있음을 숨기지 않았다. "보장되어야 하는 정확한 기준에 대한 어려운 질문들이 있다. (…) 그러나 건강과 일할 수 있는 가능성을 유지하기에 충분한 최소한의 의식주가 모든 사람에게 보장될 수 있다는 데는 의심의 여지가 없을 것이다." 하이에크는 이렇게 썼다. 물론 하이에크는 사회권을 더 큰 평등주의적 계획에 연결시키기는커녕, 사회권에 대한 수사를 늘어놓는 데 뛰어들지도 않았다. 하이에크가 생각하기에, 19세기의 권리 정신을 상기시키는 것인 기본적 권리는 국가 권위 팽창의 논거라기보다는 국가 권위에 맞서는 부적이었다. 그는 권리가 국민 복지에 도움이 되게 하려고 노력하는 이들을 조롱하며, "사회주의 운동이 시작된 이래 개인의 권리라는 '형이상학적' 발상을 공격해온, 그리고 합리적 질서가 잡힌 세계에는 개인의 권리가 아니라 개인의 의무만이 있을 것이라고 주장해온 보다 많은 개혁가가 훨씬 더 일관성 있다"고 언급했다. 이는 1940년대의 경제 거버넌스에, 심지어 그것의 후원자들에게 사회 정의를 도입하려는 노력에서 권리가 얼마나 논란이 되었는지에 대한 통찰력 있는 발언이었다.[4]

1949년 서독이 수립된 후 그곳에서는 뢰프케와 그의 동료인 질서자유주의자들이 새로운 기독교 민주주의 체제의 국가 재정 의제를 만드는 것을 도왔으며, "사회적 시장 경제" 개념이 혼합적 기독교-신자유주의 복지국가의 구호가 되었다. 국민 복지의 다른 공간들은 말할 것도 없고, 심지어 서독에서도, 자유 시장의 미덕을 옹호하는 목소리가 세계적인 수세에 몰려 있었다. 이런 상황은 단 한 곳에서 급변했는데, 바로 아우구스토 피노체트가 쿠데타 후 1973년 가을에 칠레에 신자유주의 경제학을 도입하는 데 따른 조언을 구하기 위해서 밀턴 프리드먼 및 다른 "시카고 보이스"들을 초청했을 때였다. 1976년 프리드먼이 노벨 경제학상을 수상했을 때를 포함해, 이 문제에 대한 많은 연구 끝에, 그 최초의 신자유주의 실험실인 칠레는 물리적 억압과 시장 자유를 확실히 연결시켰다. 피노체트의 재무장관 세르히오 데 카스트로나 경제 수장 호르헤 카우아스처럼 시카고에서 공부한 칠레인들이 프리드먼적 정책 시행의 중심 인물들이었다. (잘 알려져 있듯이 몽펠르랭학회는 1981년 비냐델마르라는 칠레의 해변 휴양지에서 모였다.)[5]

칠레의 실험은 능동적이고 강도 높은 신자유주의 전환이라는 점에서 독특했다. 인권 운동이 급증했고, 1973년 여름부터 (피노체트의 쿠데타보다 몇 달 앞서 우루과이에서 쿠데타가 일어나면서) 많은 라틴아메리카 진원지가 초국가적 연대 공동체들을 형성했다. 그것은 80대의 하이에크로 하여금 "인권"이 신자유주의자들에게 도움을 줄 수 있다는 모든 믿음을 버리게 했다. 개인의 권리를 19세기식으로 사회 정의의 "신기루"를 막아내는 데 사용되도록 되돌리려는, 그가 지키려 한 불꽃은 이제 사그라들었다. 이제 하이에크가 지지하는 경제학을 취한 피노체트에게, 그리고 그가 항상 경멸한 전체주의 국가들에게 정당화된 오명을 씌우기 위해 개인의 권리가 사용됨은 분명했다. 『노예의 길』이 나온 지 약 30년 후에 녹화된 아주 흥미로운 어떤 영상에서 하이에크는, 지미 카터가 이 원칙들을 확연하게 미국 대외 정책에 받아들였듯이, 이제 인권이 열심히 신자유주의 경제 정책을 시행해온 칠레 지도자들에 대한 비난을 포함해 국경을 초월한 비난을 암시한다는 것을 인정했다. 하이에크의 판단에 따르면 이 새로운 의미의 인권은 너무 멀리 나간 것이었다. "미국은 2년 내지 5년 전에 인권을 발견했다. 미국은 갑자기 주된 관심의 대상이 되고, 내가 전반적인 목적에는 공감하지만 그럼에도 절대로 정당화될 수 없다고 생각하는 다른 나라들의 정책에 어느 정도 개입하기에 이른다." 하이에크는 인권의 급증에 직면해 이렇게 언급했다.[6]

그런 표면상의 개입을 넘어, 인권이 오직 억압적 폭력을 겨냥함으로써 신자유주의의 승리를 어떻게든 조장하거나 그 승리로부터 주의를 돌린다고 해도 하이에크는 이를 깨닫지 못했다. 더 중요한 것은, 그런 현상이 존재한다 해도 한 장소에 국한되었다는 점이다. 칠레에서 초기 신자유주의의 유례없음은 "국가와 인권 유형을 막론하고 인권과 시장근본주의 간에는 아무 관련이 없다"는 것을 시사하며, 이후 시대의 복잡성이 이를 더욱 극적으로 증명한다. 정치 테러는 라틴아메리카와 그 밖의 지역의 다른 경제 정책들에 기초할 수 있었다. 더 중요한 것은, 더 많은 곳에서는 민주주의가 도래한 후에 신자유주의가 번성했다는 점이다. 칠레와 같이 군부 통치의 희생자가 된 몇 년 전의 브라질이나 몇 년 후의 아르헨티나도 10년 뒤 민주주의가 도래하고서야 강력한 신자유주의 전환을 추구했다. 그렇기에 아르헨티나에서는 칠레의 신자유주의 실험실이 세워진 지 15년이 지난 뒤에야 민주화 후 첫 지도자 라울 알폰신의 보다 실험적인 태도가 페론주의자 칼로스 메넴의 시장 친화적 정책에 밀려나게 되었다. 1970년대에 각지의 활동가들은, 레텔리에르가 분명 그랬듯이, 인권과 사회 정의(사실상 세계 사회주의)가 양립할 수 있다는 믿음을 쉽게 유지할 수 있었다. 따라서 1970년대의 인권이 신자유주의에서 시선을 돌렸다는 클라인의 고발보다 더 중요한 것은, 독재 체제들이 몰락하고 새로운 정치가 등장한 1980년대 후반에 둘의 관계가 어떻게 바뀌었는가 하는 점이다. 아르헨티나에서, 그리고 동유럽의 놀라운 탈공산주의 물결 속에서, 인권과 신자유주의의 가장 문제적인 관계는 독재 정권하에서 나타난 것이 아니라 보다 자유로운 사회들이 형성되면서 나타났다. 그때에도 그 관계는 연대기적 세부 사항과 지역 상황에 크게 좌우되었다.[7]

라틴아메리카의 우파 체제하에서와 달리 동유럽에서는 공산주의에서 민주주의로의 이행에 사회주의가 장기 존립할 가능성이 내포되어 있었는데, 바로 이 점 때문에 동유럽의 경우에 초점을 맞춰볼 필요가 있다. 레텔리에르는 민주사회주의 정신 안에서 인권을 다루었다. 그러나 이 둘은 1970년대의 공산주의 통치하에서 이별하기 시작했다. 당시 인권 운동의 등장으로 국가사회주의에 죄를 물을 수 있었다. 의도적이든 아니든 인권 정치와 더 광범위한 사회 정의 간의 당시의 구분은 장차 운명적인 것으로 판명되었는데, 1980년대 말에 공산주의가 그렇게 갑자기 무너졌을 때 특히 그랬다. 비록 동유럽 체제들이 가끔 사회권 증진의 모범이라고 스스로를 치켜세우긴 했지만, 타의 추종을 불허하는 국가사회주의에 대한 반체제적 비판이 대부분의 새로운 인권 운동이 정치적 자유를 지향하도록 방향을 설정했고, 사회주의 국가에 대한 비판에 대해 사회주의의 후속작이 이어질 가능성을 잠재웠다. 이것은 인권이 어떻게 국가적 사회 정의의 대명사에서 전 지구적 신자유주의의 무력한 동반자로 변했는지에 대한 전 지구적 역사에서의 가장 큰 중요성을 동유럽에 부여했다. 심지어 라틴아메리카에서도, 1989년의 사건들에 의해서는 거의 시작도 되지 않았던 민주화 물결이 공산주의 몰락에 매우 큰 영향을 받았다. 이것은 자유가 오직 시장 자유만을 기반으로 하는 시민적 자유를 점점 더 암시하는 전 지구적 계기가 되었고, 절망적이게도 인권법과 인권 운동은 이러한 상황을 바꾸는 데 거의 도움이 되지 않았다. 이것은 심지어 인도에도 해당되었다. 1970년대 중반 인도의 비상사태 때 인디라 간디는 자신의 권력을 행사해 인도가 사회주의 국가임을 국가 헌법에 명시했다. 겨우 20년 뒤 냉전 종식과 함께 모든 것이 바뀌었고, 1991~1992년에 재무장관 만모한 싱은 사회주의 이념을 파기하는 전 세계 추세에 영향을 받아 신자유주의 정책 개혁으로 선회했다.[8]

근본 동력은, 동유럽에서 인권이 성장함으로써 국가사회주의의 장애물이 사라졌고 전 세계의 좌파 중 대다수가 동유럽의 상황에서 인권에 대한 교훈을 얻는 중이라는 데 있었다. 인권의 지지자들 중 신자유주의가 이어지도록 길을 닦을 의도를 가진 사람은 거의 없었음에도 불구하고 말이다. 사회주의가 서서히 세계에서 사라지는 동안 인권은 정의의 핵심 언어로서 호소력을 갖게 되었다. 복지국가가 만들어지는 데 참여한 뒤의 사회주의는 물질적 평등을 설명하는 가장 명확한 언어가 되었고 오랫동안 그런 것으로 남았으며, 이러한 사회주의의 퇴장은 왜 인권의 시대가 신자유주의의 시대를 겸하는지 어떤 요소보다도 많은 것을 설명해준다. 더 이상 사회주의 좌파의 시대가 아니었던 것이다. 데이터가 분명히 보여주는바, 모든 언어에서 사람들이 인권에 대해 점점 더 많이 말하게 되었을 때 사회주의에 대해서는 점점 더 적게 말하기 시작했는데, 인권과 사회주의는 1970년대 중반이라는 같은 시점에 변곡점을 이루었고, 1989년부터는 사회주의가 하회한 반면 인권은 상회했다. 하지만 이는 인권을 시장근본주의 언어로 식별하도록 허용하기보다는, 인권 지지자들이 하나의 문제를 해결하기 위해 스스로 그러한 식별을 받아들이고 식별의 여파가 후일에 미치게 한 것에 가까웠다. 억압을 이유로 국가사회주의를 비판하는 것은 마치 그 무엇도 비판을 대체하지 못할 것처럼 20년간 이어졌다. 국가사회주의 비판자들에게 공평하게 말하자면, 신자유주의가 그러하리라고 예상한 사람은 거의 없었다.

동유럽 사회주의 국가에 대항하는 반체제 인사들이 불평등에 맞서는 주요 이념적 방벽이었던 서유럽과 동양을 무심코 깎아내렸을 때, 불평등을 야기하려고 그런 것은 아니었다. 한 가지 이유는, 자칭 사회주의자들이 참여할 때도 심지어 반체제는 거의 항상 "비정치적" 연합 수립의 형태를 띠었다는 데 있었다. 거의 모든 반체제 인사는 체제에 대한 정면 도전을 더 잘 피하기 위해 자신들의 과제를 도덕적인 것으로 규정했고, 국가 비판을 체제에 대한 반대의 유일한 도피처로 취급했다. 그들은 필연적으로, 보다 진실한 사회 정의로 보일 어떤 견해를 제시하는 계획적이고 정치적인 방식의 참여를 포기했다. 이는 단지 서구 복지국가들에서 재분배 협상을 촉진하는 데 큰 역할을 했던(그리고 동구 복지국가들에서 이루어진 것과 같은 독재를 정당화한) 혁명의 위협을 포기하는 것이 아니었다. 만약 당분간 정치가 여의치 않다면 사회주의 공약 역시 중단되는 것이었다.

당시 "사회주의에 대한 환멸"이 외국보다 사회주의의 고향인 동유럽 국가들에서 더 심각하게 가속화되고 있었다면, 이는 직접적인 비판보다는 회피 전략을 통해서였다. 그런 일이 어떻게 일어나게 되었건, 이로써 인권에 신자유주의 경제의 동반자라는 입장을 허락하기도 하고 강요하기도 하는 조건 하나가 제거되었다. 사실 몇몇 반체제 인사는 사회주의 국가를 건설하려는 노력이(혁명적이든 아니든) 특수한 공포의 위험을 내포한다고 분명하게 주장했다. 그들은 어떤 형태의 사회주의든 공포를 낳지 않을 수 없다고 주장했다. 그렇게 함으로써 그들은 특정한 어떤 체제를 비판하기 위해 발명된 도덕주의적 반反전체주의를 어떤 모습의 사회주의든 사회주의의 타당성을 공격하는 데까지 확장시켰다. 불과 몇십 년 전만 해도 인권이 사회적 시민권의 발명을 말해주는 하나의 대명사였다는 게 믿기지 않을 정도로 말이다. 그러나 이러한 열성분자들에도 불구하고, 반체제 인사들이 공산주의 복지국가를 윤리 원칙의 문제로서 거부할 필요가 없다고 생각할 때조차 분배적 평등에 대한 정치의 성공은 서서히 상상 가능한 범위를 벗어난 게 사실이다.[9]

예를 들어 체코슬로바키아의 영웅 바츨라프 하벨은 자신의 반정치에 긍정적인 내용이 전혀 없다는 것을 부인했다. 그러나 그는 자신의 반정치에 내포된 원대한 정치적 바람들이 당장은 거부되어야 하는(그 바람들이 권력자의 손아귀에서 권력자에게 유리하게 놀아난다는 이유에서) 그런 "숨겨진 영역"에서 인간의 근본적 "욕구"에 기초해 있다고 주장했다. "정치적 정책들은 지금 여기의 구체적이고 인간적인 것에서 덜 유래하고

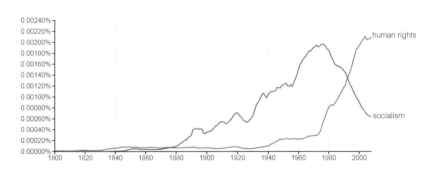

영어로 된 책들 중 인권과 사회주의라는 단어가 등장하는 책들의 비중을 연도별로 표시해 두 단어의 중요성 변화를 보여주는 그래프. Google Books Ngram Viewer를 통해 생성됨.

추상적인 '언젠가'에 더 많이 시선을 둘수록, 더 쉽게 새로운 형태의 인간 예속으로 전락할 수 있다." 하벨은 이렇게 설명했다. 욕구를 시사한다고 해서 충분한 지급의 정치를 약속하지는 않는다. 그렇다고 보기에는 너무 모호한 그 함의는, 주로 반체제 인사들이 전체주의화되는 여타 국가에 대해 도덕적 비판을 제기할 수 있는 근거를 설명해주었다. 그러나 이 함의에는 평등주의적 분배 정치를 위한 여지도 없었다. 사회주의적인 것도 아니고 신자유주의적인 것도 아닌 채로, 최악의 경우 전자를 밀어내고 후자를 제도화하는 이들에게 손쉬운 먹잇감이 되었다.[10]

인권 침해로 인해 체제에 대한 도덕적 비판이 가해지면서 사회주의가 후퇴하는 역학을 가장 잘 보여준 것은 의심의 여지 없이 폴란드였다. 폴란드의 경우, 전 지구적으로 주목받은 1980~1981년의 반체제 운동에서 유달리 큰 노동자 집단 운동이 일어났음에도 불구하고 공산주의가 막을 내린 후 신자유주의의 "충격 요법"을 받아들였기 때문이다. 자유노조 운동이 출범할 당시, 한때 마르크스주의의 기치 아래 관료주의적 사회주의에 비판적인 혁명가였던, 야체크 쿠론을 비롯한 반체제 인사들이 열성적으로 참여했다. 다른 사람들이 사회주의를 넘어선 반대 때문에 밀려난 것은 유명하다. 한때 마르크스주의적 인도주의 철학자였던 레셰크 코와코프스키(1970년대 초에 마르크스주의에 비판적이면서도 여전히 민주사회주의자였던)가 그렇게 쫓겨난 이들 중 가장 두드러진 예였다. 폴란드 내에서 반체제 인사 카롤 모젤레프스키는 이전의 혁명적 사고를 버렸지만 야만적 자본주의는 거의 받아들이지 않았다. 계엄령이 시행된 후인 1980년대 중반에 이미, 아담 미흐니크 같은 보다 젊은 반체제 인사들과 또 다른 인사들은 "한 표면적 지지자가 쓴, 노동자 계급 운동에 대한 가장 신랄한 고발 중 하나"를 내놓으면서, 개혁의 장이 다시 열린다면 폴란드식 반체제 운동을 키운 자유노조라는 형태의 노동조합주의가 포기되어야 한다고 생각했다. 그러나 후일 자유주의 사상을 받아들이는 그런 보기 드문 인권 활동가는 공산주의 시대에, 노동조합의 지위와 반대 조직망에 대한 정보에 내포된 생존 문제에 초점을 맞추지 않고 체제의 인권 침해를 비판함으로써 로마 가톨릭과의 공통 기반을 모색하고 로마 가톨릭과 연합하는 데 중요한 역할을 했다. 동유럽과 라틴아메리카의 다른 국가들과 마찬가지로 폴란드에서는 그런 연합을 통해서 인권 운동이 조성되어야 했고, 분배와 관련된 노력은 실천적으로 쉽게 뒷전으로 밀려났다. 신자유주의 이념은 운명적인 전술적 선택을 하는 사람들의 마음에서는 가장 먼 것이었다.[11]

반체제 연합 운동들에 의해 채택된 네거티브 정치의 결과와 운동들이 시민적 자유에 허락한 증가하는 특권의 결과는 1989년 공산주의가 몰락했을 때에야 분명해졌다. 그럼에도 불구하고, 중추적인 처음 몇 달 동안의 대중 담론은 민주적이고 비폭력적인 국가에서 대중을 위해 사회주의를 구할 새로운 개념의 혁명으로 넘어가곤 했다. "오늘날 우리 사회의 불화는 사회주의를 위해서 또는 사회주의에 반해서가 아니라 사회주의의 형태를 둘러싸고 발생한다. 결국 사회주의는 자신들의 특권을 유지하려는 공무원들의 유산이 아니다. (…) 사회주의는 이 나라 시민들의 유산이다." 그해에 한 체코슬로바키아 대변인은 이렇게 말했다. 이는 어떻게 인권이 신자유주의를 부추길 수 있었는지에 대한 의문이 아니라 어떻게 인권에 의해 변화되고 어느 정도 정리된 공간에 신자유주의가 뛰어들 수 있었는지에 대한 의문을 남긴다.[12]

　신자유주의는 다른 나라들과 마찬가지로 지역 곳곳에서 지지자들을 갖고 있었으며, 지지자들은 국가사회주의의 후속작이라 할 어떤 사회주의를 지지하는 사람들에 비해 외부로부터의 도움을 훨씬 많이 받았다. 경제적 자유를 포함해 개인의 자유가 가장 중요하다는 결론에 이른 사람들은 외부로부터 권고받은 시장화를 특히 철저히 하고자 했다. 폴란드의 자유연합, 헝가리의 자유민주주의자연맹, 체코슬로바키아의 시민민주동맹은 시장이 확실히 자리 잡을 수 있게 한다는 명분으로 계급화에 대한 우려를(불평등의 등장에 따른 불만을 포함해) 내려놓았다. 주로 인권 정책과 결부되어 명성을 얻은 정치가들이, 이전에는 어떤 정치적 의제도 거부하는 입장이었음에도 불구하고, 어느덧 국가의 운명을 지배하고 있었다. 동유럽에서도 라틴아메리카에서도, 반독재의 아이콘들이 자신들이 지지하지 않았을 법한, 심지어 이해하지 못했을 법한, 정책 선택이라는 카리스마 있는 면모를 스스로에게서 발견하는 것은 흔한 일이었다. 그 밖의 사람들은 빠르게 주류에서 밀려났다. 신자유주의는 중요한 전환점에서 서로 다른 규모로, 그리고 우연한 이유들로 성공했다.

　폴란드의 극단적인 사례는 신자유주의로의 전환이 격렬하고 낭만적인 민주화 시대에서 얼마나 빠르고 단호하게 일어날 수 있는지를 보여준다. 하지만 폴란드 사례는 또한, 사례가 오래전 인권이 던진 주사위로 인한 것이 아니라 우발적인 것임을 보여주었다. 일부 지식인들 사이에서 사회주의 비판이 이루어졌을 수도 있고, 또한 1989~1990년이라는 결정적인 시기에 자유노조 지지자들은 엘리트와 시장 친화적 정책을 선택해, 다른 길을 택하라는 노동계의 요구를 일축하고 보다 대중적인 의견들을 배제했다. 폴란드에서 노동조합들은 반체제 운동의 근간이 되었지만, 다른 나라들에서처럼 거기서도, 과거에 사회주의 국가들의 통치에서 명분이 되었던 노동조합들은 결과를 바꿀 강력한 위치에 있지 않았다. 그럼에도 폴란드에서 신자유주의가 승리한 것은 이전에 공산주의에 반대했던 모든 사람에게 신자유주의가 내재했기 때문이 아니었다. 승리는 "1989년 여름과 가을에 일어난 일련의 특정 사건들의 결과에 훨씬 가까웠다." 여하튼, 폴란드의 충격 요법과는 매우 다른 자유화 전략들이 시도되었으며, 결과는 비교적 다양했다. 헝가리의 경우처럼, 때때로 전환은 더 느리게 진행되기도 했고, 반체제의 아이콘들보다는 이전의 공산주의자 엘리트들의 지원하에 이루어지기도 했다.[13]

종종 주목할 만한 성장이 나타나기도 했지만 일정하지 않았다. 예를 들어 불가리아에서는 성장이 거의 이루어지지 않았다. 그리고 세계의 더 발달한 지역들 중 오직 라틴아메리카만을 좇은 동유럽은 다른 어떤 곳보다 더 빨리, 더 불평등한 곳이 되었다. 다양한 경제적 접근은 다른 많은 요인들과 함께 국가주의적·종교적 반발의 토대가 되었으며, 결국 동유럽 국가들이 수립한 민주주의는 훗날 이로 인해 황폐화되었다. 그 국가들이 끌어들인 새로운 불평등이 풀리지 않은 채로 말이다. 그러나 냉전 후기의 인권 운동이 특히 동유럽 국가들에서 이런 결과를 부추겼다고 결론짓는 것은, 어떤 병에 맞서 싸우고 있는 의사를 향해 머지않아 환자가 또 다른 병으로 고통받게 되리라는 것을 알아차리지 못했다고 비난하는 것과 다름없다. 인권 운동이 냉전 시대에 전체주의 국가를 비판했다고 비난받을 이유는 없다. 일단 냉전이 끝나면 새로운 문제들이 뒤따르지 않을 것처럼 기존의 문제들에 집착하는 것은 또 다른 문제다.[14]

동유럽, 라틴아메리카, 그리고 이른바 "제3의 물결"에 속하는 다른 나라들에서 민주화와 신자유주의화는 인권이라는 개념의 드높은 위신과 결부돼 있었는데, 이는 주로, 불평등의 역학이 뿌리내린 가운데 누구도 인권을 시장 가치의 승리와 효과적으로 분리하지 못했기 때문이었다. 그러나 신자유주의 숭배자들이 자기 일을 한다는 것이 훨씬 더 중요했다. 기존 체제에 반대함으로써 명성을 얻었던 반체제 인사들이 가끔 카리스마를 발휘함으로써 제 역할을 했다면, 신자유주의 정치인들 자신의 다양한 배경은 각기 다른 장소에서 더 결정적인 결과들을 낳았다. 하벨과 달리, 신자유주의자이면서 그의 경쟁자인 바츨라프 클라우스는 공산주의 체제하에서 중앙은행 공무원으로 근무한 바 있었다. 다른 신자유주의자들은 심지어 과거에 좌파였다. 가장 선명한 사례를 들자면, 브라질의 학자이자 훗날 대통령을 지낸 페르난두 엔히키 카르도주는 자국의 독재 시기에 "저개발"을 비판하는 마르크스주의자였다가 체제 전환 후에는 정계에서 인권과 신자유주의 개혁의 지지자로 변모했다. 다시 말해서, 가장 가혹한 판정은, 인권의 아이콘들과 인권 운동이 결국 장기적으로 명백해진 결과들을 포함해 신자유주의화의 불평등한 결과들에 주의를 기울이지 않았다는 것이다. 독재를 규탄하는 소명에 열심히 매달려온 인권 옹호자들은 사실 미래의 조건을 정하는 운명적인 경제 개발에 참여할 적임자가 아니었다.

인권(사회권을 포함하는)은 체제 전환 후의 헌법에 새겨졌다. 그러나 새로운 민주주의 체제의 초기 몇 년간 국내 인권 운동과 특히 초국가적 인권 운동은 분명 골치 아픈 문제인, 이전의 엘리트들을 다루는 문제에 집중했는데, 보통 동유럽에서는 전향의 방식이, 라틴아메리카에서는 처벌의 방식이 사용되었다. 이전에 국유화되었던 산업이 민영화되고(이전의 공산주의 유럽에서 미래의 독점 재벌들에게 파격적으로 싸게 매각됨) 대외 정책 입안자들과 지역 정치인들의 동맹을 통해 신자유주의 처방들이 제도화되었음에도 불구하고, 인권 운동은 언론의 자유와 집회의 자유 같은 풋내기 규범들의 보호를 요구했다. 신자유주의적 변화가 일어나면서 인권 운동은 다른 일을 하느라 바빴다. 민주주의로 나아가는 경로를 이론화하는 "이행기 정의transitional justice"라는 하나의 분야가 만들어졌는데, 이것은 드문 몇몇 경우를 제외하고는 분배와 관련된 문제들을 묵살하거나 소외시켰고, 불평등의 조건들이 조성되더라도 신경 쓰지 않았다.

이 과도기 초기 이후, 독재의 승리와 포퓰리즘적 분노가 가속화되는 가운데 인권 운동과 법 체제는 한때 너무나 유망해 보였던 새로운 민주주의 체제들의 퇴보에 주목했다. 특히 지역적 인권 보호 장치(아메리카 대륙 국가들을 아우르는 어떤 인권 시스템이든, 결국 구 동구권을 제외한 전 유럽으로 사법 관할권을 확장하게 된 유럽인권재판소이든)의 힘이 커지면서, 국가적 운동과 지역 당국 모두가 민주주의에 필수적인 정치적 권리와 시민권을 수호하려 노력했다. 그러나 이들은 분배 정의에 대해서는 어떤 것도 시행하지 않았다. 이는 보리스 옐친 치하 러시아의 민주화 희망이 블라디미르 푸틴의 독재 경향에 밀려나 좌절되면서 동유럽의 더 큰 반자유주의 물결을 예고한 것에도 해당되는 말이었고, 베네수엘라의 우고 차베스가 펼친 1999년 이후의 초기 포퓰리즘의 복합적인 양상에도 해당되는 말이었다. 시민적·정치적 자유에 국한된 유럽인권협약은 1980년대에, 특히 냉전 종식 후에, 자유주의 경제 수칙을 동유럽으로 추진하는데 수반되는 자유주의 정치 규범들을 제공하는 유럽 공동의 경제 공간의 건설과 더불어 중요성이 폭증했다. 동유럽의 인권 확대를 위한 이 법 프로젝트는 많은 동유럽 국가(특히 폴란드)를 대상으로 한 막대한 해외 직접 투자, 엄청난 불평등, 궁극적 반발을 포함하는 "신자유주의의 두 번째 물결"의 역사적 동반자였다. 그러나 분배의 정치에 대한 초기의 광범위한 태만에도 불구하고 이 지역에서 인권을 촉진하는 체제들과 운동들은 결코 그 자체로 신자유주의적인 움직임이 아니었으며, 그것들의 잘못은 시장 자유의 낭만을 부추긴 것이라기보다는, 때가 무르익어 그렇게 할 수 있게 되었을 때 시장 자유가 미칠 수 있는 영향에 대해서 '파울'을 외치지 못한 것이었다.[15]

동유럽과 라틴아메리카가 인권을 유명하게 만든 이후 전개된 운동의 고전적 지형도는 어떻게 하여 새로운 정치가 신자유주의적 변화를 수반했지만 변화를 크게 부추기지는 않았는지를 특히 잘 보여준다. 독재 정권이 끼어든 적이 없었고 현재에도 그러한, 영미권과 이후 서유럽 대륙에서의 시장근본주의로의 이행은 신자유주의의 승리와 인권의 관계를 훨씬 더 설득력 없게 만드는 상당히 독특한 일련의 특성을 보여준다.

미국이 재분배 정치를 추진하는 사회주의 정당이나 사회민주주의 정당을 갖고 있지 않았고 사회권을 꺼렸다는 사실을 마땅히 감안하면, 이 지역들은 비록 모두 성별과 인종에 근거한 차별에 시달리기는 했으나, 민주주의의 후원하에 충분한 지급과 평등주의적 시민권을 제공하는 복지국가를 향해 상당히 많이 나아갔던 곳이었다. 그러나 냉전 후기의 동구와 남반구의 전제 정부들과 달리, 대서양 연안 국가들 및 특히 영국과 미국이라는 두 영어권 국가는 새로운 인권 운동의 비난을 받지 않는 새로운 정책들을 만들었다. 국내에서 국민 복지가 역전당하는 가운데 주로 해외에 집중하는 정책들이었다. 미국은 한 번도 근본적인 경제 보호 장벽을 세운 적이 없었고 지미 카터의 재임기에 그것이 이루어지기를 기대했었지만, 1980년 로널드 레이건이 대통령에 당선된 후, 보다 높은 세율, 보다 개입적인 규제, 보다 후한 복지 프로그램, 보다 평등주의적인 결과를 특징으로 했던 국가로부터 신자유주의로 전환했다. 영국은 유서 깊은 노동당이 존재하며 수사적으로나 실제적으로나 근대 복지국가의 충분성과 평등이라는 목표에 더 많이 헌신한 나라였다는 점에서 훨씬 더 충격적인 사례였다. 그러나 영국에서도 미국에서도 인권 논의나 인권 운동이 두드러지게 개입되지 않았다. 특기할 만한 것은, 서유럽 국가들과 마찬가지로 두 국가는 민간 활동가들 사이에서 가장 큰 비중을 차지했으며, 자국 내에서 연대가 시들해지는 가운데 외국에서 일어나는 기본적인 시민적 자유의 침해에 집중하는 새로운 대외 정책을 개발했다는 것이다.

서유럽에서 사회주의는 1960년대까지 강하게 남아 있었고, 대중의 생각과 사회주의 사상에서 계속 평등주의의 주축으로 여겨졌다. 휴 게이츠 컬 같은 냉전 시대의 영국 노동당 지식인들은 복지가 계획을 필요로 한 다는 것을 이전만큼 확신하지 못했으나, 물질적 평등은 계속 절대적 성 역으로 남아 있었다. 게이츠컬의 실험적인 추종자이며 아주 포부가 컸던 앤서니 크로슬랜드는 저서 『사회주의의 미래』(1957)에서, "자본주의"가 충격적일 정도로 허용한, 충분한 지급과 소득 평준화에서의 큰 진전을 축하할 수 있었다. 실로 영국에서는 두 목표가 모두 거의 이루어졌다고 단언할 수 있었다. 그러나 시간이 지남에 따라, 노동당 사상의 평등주의 적 관심사는 1970년대의 암흑기와 함께 "비전 후퇴"의 문제가 되었다. 그 암흑기란 노동당의 카터 상대역인 제임스 캘러헌의 규제 철폐 움직임이 있었던 시기였고, 결국 대처의 당선과 신자유주의 정책 입안을 부른 시 기였다. 유럽 대륙의 국가들은 이를 똑같이 따르지는 않았다. "유럽 공산 주의"가 당시 일시적으로 유행했다는 것을 기억하는 사람은 거의 없다. 대처가 당선되고 2년 후 프랑스에서는 프랑수아 미테랑이 단도직입적인 사회주의 프로그램을 내세우며 대통령에 당선되었지만, 머지않아 그는 다른 방향으로 선회했다. 그러나 이들 모두는 복지 계획의 주요 변화에 대해 숙고하지 않을 수 없었다.[16]

그러나 복지국가들의 개혁에서 나타난 다양한 "제3의 길"이 인권의 기 치 아래 취해진 것은 아니었으며, 그런 길에서도 충분성 보호 조치는 대 체로 지켜졌다. 그 점에서, 거의 모든 다른 나라들과 대조적으로, 특히 대 처의 영국과 대조적으로, 서유럽 대륙의 국가들은 대공황 이후 이루어 낸 소득 평준화의 진전을 신자유주의 처방의 물결로부터 지켜내고자 했다. 이 때문에 신자유주의자들은 이 나라들이 복지국가를 충분히 개혁하지 않아 몰락을 자초했다고 흔히 불평했다. 서유럽 복지국가의 궤적에서 분명 인권법이나 인권 운동은 "재앙적 자본주의"로부터 주의를 돌리는 작용도 하지 않았고, 심지어 동유럽이나 라틴아메리카에서처럼 인권이 탈권위주의 이후 시장 자유로 전환하는 길을 닦을 때 기초 경제 여건에 대한 관심을 분산시키는 작용도 하지 않았다. 서유럽 대륙 국가들은 자국의 복지 계획을 완고하게 보존하면서, 전 지구적 문제 지역들에, 그중에서도 특히 남반구의 운명에 초점을 맞춘 인권법을 구축하는 데 기꺼이 참여했다. 그들에게 유럽 인권 시스템의 느린 활성화는 대체로 신자유주의화와 별개의 일이었다. 영국 해협을 사이에 둔 양측에서 예산, 재정, 세금 정책의 결과는 너무나 다를 수밖에 없었다.

사실, 경제적으로 자유주의적인 유럽연합은 동유럽을 포함하는 것으로 확대되기 이전에, 그리고 1999년의 조약 개정 후 일반 시민들의 유럽인권재판소에 대한 접근성이 커지기 이전에 힘을 얻었기 때문에, 서유럽 국가들은 사회권의 보장(유럽인권재판소의 힘이 미치지 못하는)을 지역 거버넌스에까지 확장하지 못했다. 정치적 권리와 시민권은 갑자기 국가 법원들을 넘어, 전 지구적 역사에서 개인의 권리를 옹호하는 가장 강력한 공간이 된 곳에서 수백만의 유럽 시민을 위해 집행될 수 있게 되었다. 가난한 유럽인들이 분수 이상의 생활을 하도록 부유한 유럽인들이 재정을 지원함으로써 결국 가난한 유럽인들이 부채에 빠지는 데 유럽연합이 영향을 미쳤음에도 불구하고, 경제·사회권은 이에 걸맞은 관심을 받지 못했다(그 지역에서 물질적 평등이 추구되기는커녕). 이전의 유럽인권협약과 달리 사회권을 포함하는 새로운 유럽연합 기본권헌장이 2000년에 제정되었다. 하지만 안타깝게도 유럽연합 기본권헌장은 긴축 정치에 들어간 2008년 이래 거의 가치가 없는 것으로 드러났다. 국민복지국가의 물질적 평등주의에 관한 정치 문제들은 결코 지역의 전제가 되지 않았다. 그러나 대부분의 시기에 복지권뿐만 아니라 경제적 평등 역시 침식되지 않도록 보호하는 데 있어서 대부분의 서유럽 대륙 국가들이 이룬 주목할 만한 성과를 고려하면, 유럽 지역의 신자유주의적 변화에 대해 지나치게 가벼이 말하는 것은 잘못이다. 마찬가지로 중요한 것은, 1980년대 초의 부채 위기 이후의 아프리카·라틴아메리카와 1989년 이후의 동유럽에서 시작해 세계의 다른 곳들로 신자유주의 정책이 세계화되는 데 중요한 역할을 한 국제 금융 기관들의 지시에 서유럽 국가들이 강하게 영향을 받지 않았다는 점이다. 2008년 이래의 그리스 경제 위기 때와 같이, 또는 예산 제약을 통해서나 경쟁력을 명분으로 행해진, 서유럽 국가들의 경제 연합 내에서의 더 가난한 회원국들에 대한 이후 긴축 정책들은 지역적인 자체 규제에 더 가까웠다. 다시 말해서, 인권의 이상들을 추구하고 유럽을 그 이상들의 유토피아적 모델로 만들려는 열의는 우선순위를 잘못 매긴 것이었을 수는 있지만, 그렇다고 해서 그 자체가 신자유주의적 충동인 것은 아니었다.[17]

1990년대 들어 신자유주의 정책과 거의 동의어가 된 국제기구들과 특히 세계은행에 대해 말하자면, 이들이 초래한 고통에 대해 인권의 성장을 탓하는 것은 가장 설득력이 떨어진다. 개발 사업은 기본 목표들에 대한 1970년대의 비판(세계 빈곤층을 등한시한 것을 포함해)을 놀랍도록 잘 이겨냈으며, 돌아보면 세계은행 총재 로버트 맥나마라가 모든 인간의 "기본 욕구"를 말로써 강조한 것은 주의를 돌리기 위한 것으로 보인다. 1982년 맥나마라의 세계은행 임기가 끝난 후, 그의 지휘가 남긴 진정한 유산은 막대한 제3세계 부채의 증가 및 그 부채의 채무자들에게 부과한 구조 조정 조치임이 점차 드러났다. 파키스탄 출신 조언자 마붑 울 하크가 세계은행을 떠나기 전 항의했음에도 불구하고 맥나마라의 후임 총재는 빈곤 완화의 우선성을 평가절하했다. 세계은행은 많은 국가에 대출과 상환의 가혹한 조건들을 부과하는, 즉 국가가 점점 더 자국의 규정에 관여하기 어렵게 하는 조건들을 부과하는 이른바 "워싱턴 합의"의 필수적인 부분이 되었다. 아시아, 특히 동아시아의 "호랑이"들을 통해서 다시 한번 총체적인 국가 발전이 극빈층의 운명을 바꿀 열쇠로 보이게 되면서, 빈곤의 해결책이 성장이라는 종교는 오랜 교회로 돌아갔다. 그리고 권한을 부여받은 제3세계 정치 프로젝트나 소련이라는 위협적인 적 없이(당시 레이건의 언사가 어떠했든 간에) 비난이 쏟아지고 수정이 이루어진 시기인 1990년대 후반에 걸쳐 거의 신자유주의 사상 단독으로 국제 금융 기관들을 지배하게 되었다. 이는 세계은행과 국제통화기금 같은 오래된 기관에도, 냉전 종식 후 1995년에 신자유주의의 후원하에 가동된 새로운 세계 기관인 세계무역기구에도 해당되는 상황이었다.[18]

1970년대의 "기본 욕구" 접근이 세계은행 정책에서의 소외를 극복하고 살아남는 데 실패한 것은 아니다. 반대로, "기본 욕구"의 부상은 극빈층에 대한 관심을 촉구하고 세계의 빈곤 퇴치라는 친숙한 대의를 내세움으로써 개발 사업에 영구적 변화를 가져온 후, 지속적인 방향 전환을 예고했다. 예를 들어 하크와 그의 대학 친구 아마르티아 센은 그들의 이력에서 중추적인 시기였던 1970년대에 불평등으로부터 빈곤으로 선회한 후 1980년대에 공식적으로 힘을 합쳐, 유엔개발계획을 위해 새로운 "인간개발지수"를 개발했다. 국내총생산보다 개발 수준을 더 잘 나타내줄 만한 지표들에 대한 탐색은 기본 욕구 패러다임에서 시작되었다. 이제 탐색은 개인의 적절한 구매력으로 측정될 수 있는, 기본 재화와 용역의 충분한 지급을 기대 수명 같은 다른 요소들과 결합하는 것으로 발전했다. 심지어 냉전이 끝나고 유엔이 새천년개발목표를, 그리고 훗날 지속가능개발목표를 공식화한 뒤에도, 다양하게 해석되는 빈곤 퇴치의 우위는 표면적으로 수정된 현재의 개발 사업의 절대적인 핵심으로 남았다. 접근법과 방법에 대한 논쟁은 격화되었다. 탈식민지 국가들과 함께, 탈식민지 국가들을 통해 일하는 것은 설득력이 약화되었고, 개발은 비정부 단체, 특히 자선 단체로 확대되고 방향을 바꾸었다. 그러나 이 모든 일은 세계 인류를 위한 유토피아적 개혁의 지평으로서의 충분한 지급이라는 제1의 지침에 대한 심오한 이면 합의(소멸할 기미가 보이지 않는 합의)에 반하는 것이었다.[19]

그러나 공식적 국제 금융 기관에서든 더 넓은 개발 분야에서든, 이러한 움직임은 인권을 결국 심각하게 받아들여야 한다는 압박으로 인해 일어난 것이 결코 아니었다. 신자유주의의 심장부에서는 인권 개념, 인권법, 인권 운동이 새것이든 옛것이든 국제 금융 기관에 진출하기까지 놀랍도록 오랜 시간이 걸렸으며, 심지어 산재하는 개발 수행 영역들에 진출하는 데도 마찬가지였다. 국제 금융 기관들은 종종 인권의 성과를 간접적으로 돕는다고 주장했지만, 자신들의 주요 임무가 방해받을 위험을 무릅쓰고 인권 규범을 직접적이고 의도적인 목표로 채택하지 않으려 했다. 물론 몇몇 기관은 단지 자유 시장에 찬성하는 것이 궁극의 인권 운동이라고 주장했다. 국제 무역 전문가 에른스트 울리히 페터스만은 인권법이 효율성을 어느 정도 희생시킬 수는 있지만, 경제적 자유와 인권의 일반적 관계는 전자를 발전시키든 후자를 발전시키든 사실상 같은 사업일 정도로 생산적이고 강력하다고 주장했다. "인권을 누릴 수 있으려면, 자유로운 시민들 간의 분업을 통해서, 그리고 경제적 복지를 촉진하는 자유무역을 통해서 가장 효율적·민주적으로 공급될 수 있는 흩어진 정보와 경제적 자원의 사용이 필요하고, 선택의 자유가 필요하며, 시민에 의한 수요와 공급에 부응해 국경을 넘나드는 불충분한 재화·용역·정보의 자유로운 흐름이 필요하다." 그는 이렇게 설명했다. 따라서 경제 자유화와 국제 인권 증진 사이에는 거의 틈이 없다. 그러나 페터스만의 주장은 엄청난 논란을 불러일으켰다. 실제로, 신자유주의와 인권의 관계에서 가장 두드러진 사실, 특히 국제적 차원에서 가장 생생하게 드러나는 사실은 아마도, 인류의 타고난 권리들에 대한 생각이 시장 자유를 만병통치약으로 미화하고 정당화했던 19세기식 권리의 역할로 돌아가지 않았다는 것이었다. 인권이 국제 신자유주의 생태에 적응하도록 강요받았다면, 익숙한 방식으로는 아니었다.[20]

1980년경부터 국제 금융 기관들과 국제 개발 수행은 인권의 가치와 인권법을 충분히 고려하지 않는다고 시달리기 시작했다. 법률가 필립 올스턴이 1982년에 쓴 바에 따르면, 유엔의 2차 '개발 10개년'에 해당하는

1970년대에는 근본적인 인권보다는 인간의 기본 욕구가 개발에서 관심을 모으기 시작했다. 그를 비롯해 인권 개념으로 개발의 방향을 돌려야 한다고 믿은 사람들은 그러한 변화를 이루기 위해 몇십 년간 지속된 캠페인을 시작했으나, 이는 심지어 수사의 차원에서도 거의 성공하지 못했다. 독재적 억압의 지원하에 이루어지는 개발은 이제 웬만해서는 전문가들에게 정당성을 인정받지 못했지만, 우선순위 조정에 대해서는 진지한 토론이 계속되었다. 센의 호소에도 불구하고, 사회권을 개발 사업의 당면 목표로 삼는 사람은 거의 없었다. 경제·사회권의 중요성을 주지시키려는 제안들은, 언급만 되면 개발 의제를 방해하는 것으로 취급되었다. 예를 들어 미국의 대외 원조는 1970년대에 외견상 "생존에 필수적인 욕구"를 지향하는 것처럼 보였음에도 불구하고, 단 한 번도 경제·사회권을 지침으로 홍보하지 않았다. 또한 국제 금융 기관들은 인권의 침투에 대해 면역성을 갖고 있었고, 1990년대에 이르러서야 인권과 인사를 나누었다. 하지만 2006년에 이르러 세계무역기구 사무총장 파스칼 라미가 산티아고에서 신자유주의의 워싱턴 합의를 넘어서자고 주장할 때도 인권은 논의에 등장하지 않았다. 2015년에, 이제 극심한 빈곤과 인권에 대한 특별조사위원이 된 올스턴은 인권 규범에 대한 세계은행의 무지를 신랄하게 우려하는 보고서를 여전히 발간할 수 있었다. 요컨대, 국제 금융 기관들의 복합체가 신자유주의 정책의 주된 실행 기관이었다면, 그것은 그 복합체가 인권법이나 인권 운동에 의해 뒷받침되는 것이어서가 결코 아니었다(인권법이나 인권 운동의 가치를 내세우는 것이 아님은 말할 것도 없고). 신자유주의는 인권이 아닌 신자유주의의 잘못이다.[21]

인권이 신자유주의를 조장하지 않았다면, 어떻게 인권이 그렇게 쉽게 신자유주의의 동반자가 될 수 있었는지를 따져볼 필요가 있다. 최고의 이상으로서의 인권의 부상, 인권의 입법에서의 진전, 인권을 둘러싼 추진력은 인권을 신자유주의의 행보를 바꾸는 데 거의 절망적으로 아무것도 하지 못하는, 신자유주의의 동반자로 만들었다. 초기 인권 운동이 정치적 억압을 겨냥하며 본거지로부터 분배 문제들로 뒤늦게 그리고 조심스럽게 빗나갔을 때, 이 두 현상이 양립할 수 있는 이유는 이미 너무 많았다. 거버넌스와 비정부적 압력이라는 두 새로운 체계 모두가 세계 경제 문제에서 점차 인권과 기본 지급의 관련성을 주장했으나, 그것은 주로 자신들이 세계화에 대한 진정한 대안을 제시하지 못하는 상황에서 세계화를 "길들이려는" 시도였다. 법에 정해진 것처럼(화나게도), 충분한 지급에 대한 인권은 초국가적인 분배의 책무의 여지를 요구하지 않았다. 이는, 개발, 인도주의, 공중 보건 같은 기존 분야들이 그랬듯이, 사회권에 대한 관심의 확실한 증가는 각국에 할당된 수준 내에서 작동하도록 강요받거나 아니면 국경을 초월한 자선이라는 수사로 바뀌었음을 의미했다. 사회권이 국가라는 환경 내에서 법적 요구로 자리매김된 경우, 활동가들은 주로 사회권이 법원에서 사법적으로 집행되게 하려고 힘썼는데, 이 노력은 엄청난 관심을 끌었지만 불행히도 거의 보답을 받지 못했다. 하지만 최종적이면서 가장 중요한 것은, 인권이 자체적으로 물질적 평등에 참여한 바 없으며, 인권이 새로운 정치경제의 위계를 방해하지 않고 그 위계와 공존했다는 점이다.

경제·사회권은 세계 기관들에서 학문적으로 줄곧 수세에 몰려 있었고, 오직 냉전만이 여론을 바꿀 수 있었다. 인권에 찬성하는 사람들조차, 경제·사회권을 옹호하는 데 진지하게 노력하고 전 세계에서 인권의 정당성을 입증하는 적절한 기관들을 찾기보다는, 경제·사회권이 제3세계에서 일어난 만행에 대한 변명이 될까 봐 우려하는 것이 훨씬 흔한 일이었다. 1986년에 이미 유엔 인권위원회는 훗날의 슬로베니아 대통령인 다닐로 튀르크를 경제·사회권 특별조사위원으로 임명했는데, 이 직책은 다음 10년 동안 오래된 것과 새로운 것을 막론하고 다양한 권리의 위상을 추적하는 많은 전문적 직책으로 갈라졌다. 그러나 새로운 의제로의 전환을 예고하는 가장 가시적인 징후는 분명 냉전이 끝난 뒤에야 나타났으며, 1993년에 개최된 빈 세계인권회의는 거버넌스 프로젝트들의 재설정을 허용했다. 세계인권회의는 경제·사회권이 정치적·시민적 자유와 "불가분"의 관계에 있으며, 전자를 보장하지 않고는 후자를 뒷받침할 수 없다고 선언했다. 본질적으로 이것은 서로 다른 권리들의 상대적 중요성과 우선순위에 대한 앞선 몇십 년간의 주요 논쟁들을 은폐해왔고, 1940년대에는 개인의 권리들이 인간의 욕구들을 공식화하는 적절한 방법이라는 합의가 거의 없었다는 사실을 은폐했음은 말할 것도 없었다.[22]

진짜로 벌어지고 있는 일은 사회권이 사회권을 탄생시킨 국민 복지 계획으로부터 분리되고 있는 것이었다. 1940년대에도 1970년대에도 실질적으로 하나의 인권 조직으로 재구성되지 않았던 국제노동기구는 새로이 시작된 국제 인권 의제의 후원하에 노동권 증진이라는 전통 과업을 이어가면서 1989년 이후 침착하게 인권 기구로 탈바꿈했다. 국제노동기구의 1999년 이후의 "양질의 일자리 의제"에 따른 "핵심 표준" 측면에서 초국가적 노동권 증진이 이루어지면서 다양한 길이 제시되었고, 다른 사람들이 세계화의 극악한 결과를 시장 친화적으로 해석하려 드는 중에도 그러한 결과에 저항할 몇 가지 도구가 제공되었다. 그러나 이 사업들은 어떤 형태의 것이든 모두, 원래의 국민 복지 프로젝트, 즉 보다 나은 결과(보다 평등한 것을 포함해)를 위해 계급 권력의 균형을 이룬다는 목표 없이 작동했다. 남은 것은, 신자유주의의 세계화에 달리 도전하지도 않으면서, 세계를 보다 인간적인 곳으로 만든다는 목표였다.[23]

요컨대, 인권 거버넌스가 경제 문제에 끼어드는 방식은 기본적으로 절제된 것이었다. 어떤 이들은 구체적으로 신자유주의적 "민영화"가 기본 지급을 보호하는 인권법에 저촉된다고 주장했다. 변화를 더욱 잘 보여주는 것은 신자유주의 시대에 공공 거버넌스가 퇴각하면서 힘을 얻게 된 민간 다국적 기업들에 대한 주류 사고였다. 기업이 공익에 기여한다는 국민 복지 시대의 인식은 완전히 사라졌다. 유엔 내의 신 국제경제질서 관련 단체들은 복지의 전 지구화를 제안하면서, 다국적 기업은 낡은 양여적 제국주의가 신제국주의적으로 연속되는 것이 아님을 확실히 하려고 노력했으나 그런 기업들의 행동 강령을 만들어내려는 그들의 계획은 반대에 부딪혀 좌초되었다. 이어진 국제 인권 시대에, 지지자들은 기업들이 최악의 잔학 행위에 연루되는 것(때로는 후원하는 것)을 방지하고 처벌할 수 있도록 기업들을 전 지구적 규범에 종속시킬 방법을 논했는데, 이는 완전히 다른(그리고 여러모로 훨씬 작은) 포부였다. 그렇게 하는 것이 합법적인지에 대한 논쟁이 있었지만, 보다 흥미로운 점은 기업들이 전 지구적 차원의 기본 지급을 보장하도록 노력하라는 것도 아니고, 최악의 폭력을 자제할 것을 요청받고 있다는 것이었다.[24]

개입의 절제는 또한 거버넌스와 별개로 큰 압력을 가할 수 있는 비정부 단체들에도 해당되는 말이었다. 냉전 종식 이후 주류 국제 인권 운동은 일반적으로, 인권의 가치와 "전 지구화"가 공존할 수 있는 어떤 넓은 지대를 계속 상상했다. 신자유주의의 전성기인 1990년대에, 그리고 이후에도, 대부분의 대변자들은 혹시라도 전 지구화가 잘못된 방향으로 나아가면 국제 인권의 가치가 전 지구화를 인도하거나 "길들일" 수 있다고 주장했다. 이는 인류의 운명을 대체로 더 낫게 만들어온 초국경적 시장 개방의 시대를 수정하고 "개선"할 법적 표준 및 기타 표준들로 구성된 도구 상자의 개발과 사용을 통해서 이루어질 수 있을 것이었다. 국내 노동조합들이 보다 전면적인 권리들을 지지하느라 약화되었음에도, 새로운 전 지구적 대의와 관련해서는 북반구의 초국경적 운동이 굽이쳐 일어났다. 1999년의 세계무역기구에 대한 항의 시위들(유명한 "시애틀 전투")에서도, 2008년 금융 위기 이후 급증한 시위들에서도, 초국경적 운동이 인권 차원에서 주로 분노를 표출한 적은 없었다. 이는 가장 큰 피해를 입은 지역의 국가들에서도 마찬가지였다. 이른바 "핑크 타이드pink tide" 전후의 라틴아메리카의 국가들이나, 대중 동원 및 몇몇 정부가 신자유주의 정책을 반대한 훗날의 남유럽 국가들처럼 말이다. 새롭든 오래되었든 비정부 국제 인권 운동은, 자유 시장들을 통해 유지되는 전 지구화에 대한 대안을 제시하는 데 사실상 힘이 되지 못했다. 자유 시장들이 충분한 지급의 이름으로, 그리고 엄격한 한도 내에서 천천히 동요하기 시작했을

때도 말이다.[25]

  실례를 들어보자면, 세계 경제·사회권에 대한 최초의 국제적 비정부기구인 경제·사회권센터가 1993년에 뉴욕에서 만들어졌다. 아마도 가장 잘 알려진 단체일 국제사면위원회는, 북반구 지도부로부터 벗어나 현재 멀리 떨어져 있는 회원국들(남반구의 회원국들을 포함해)에게 보다 지역적인 활동 지침을 허용하는 방향 전환의 일환으로서 궁극적으로 분배로 옮겨 갔다. 방글라데시의 법률가 이레네 칸이 2001년 국제사면위원회 사무총장이 되었을 때, 그녀는 인권 문제로서 전 지구적 빈곤에 관심을 가질 것을 주장했다. 가장 재정 지원을 많이 받는 세계 감시 단체인 국제인권감시기구의 설립자 애리에 나이어는 인권을 완강하게 시민적 자유로 보았으며, 이 때문에 국제인권감시기구는 경제·사회권의 실행 가능성을 지지하기를 거부했다. 나이어가 1993년 오픈소사이어티 재단의 수장으로 임명되어 국제인권감시기구를 떠난 뒤에도, 그의 후임자인 케네스 로스의 오랜 재임 동안에 국제인권감시기구는 계속해서 경제·사회권에는 지리멸렬한 관심을 보였다. 로스는 부끄러운 일로 지목되기 비교적 어려운 구조적 부정의보다는, 분명하게 식별되는 부정의가 발생했을 때에만 국제인권감시기구의 알림 활동이 뭔가를 변화시킬 수 있다고 설명했다. 후일 남반구에서 인권 비정부기구가 급성장할 정도로, 남반구의 인권 비정부기구들은 북반구의 그것들과는 완전히 다르게 거의 항상 경제·사회권을 배제하려고 하지 않았다. 북반구에서든 남반구에서든 어떤 인권 비정부기구도 불평등 자체를 위해 불평등을 강조하지 않았다.[26]

  사회권에 대한 새로운 관심이 직면한 가장 엄격하고 극복하기 어려운 한계 또한 사회권을 지극히 한정적인 것으로 만들었다. 즉, 각국의 국경 내에서가 아니라면 분배의 책무를 제대로 주장할 길이 없는 것이었다. 1976년 '경제·사회·문화권에 관한 국제 규약'이라는 형식의 전 지구적 사회권법이 이를 비준한 국가들에서 발효된 후에도 한참 동안 이 규약이 시행될 전망은 보이지 않았다. 시민적·정치적 자유를 수호하는 규약은 일종의 인권위원회를 두어 그 규약을 해석하고 국가들의 행동이 그 규범들을 얼마나 준수해왔는지 추적할 것을 요구했으며, 대부분의 국가들 역시 위원회에 개인들의 불만을 접수할 권한을 주는 보충 협약을 비준했다. 그러나 이 경제·사회권 규약을 위해 그런 위원회가 만들어지기까지는 10년도 넘게 걸렸으며, 다시 20년 뒤에 오직 소수의 국가만 그 위원회가 국가에 대한 불만을 접수할 수 있도록 하는 데 동의했다. 일단 가동하기 시작하자 위원회도 어느 누구도 규약의 충분성 조항들이 초국가적 분배의 영역보다는 국가적 분배의 영역에서 각국 예산의 재편을 통해 독자적으로 충족되어야 할 것이라는 예상을 크게 약화시킬 수 없었다. 신생 경제·사회·문화권위원회는 1991년에 규약에 대한 가장 중요한 초기 해석을 내놓은바, "개발과 이에 따른 경제·사회·문화권 실현을 위한 국제 협력은 모든 국가의 책무이며, 이와 관련해 다른 국가들을 도울 위치에 있는 국가들에게 특히 책무가 있다"고 밝힌 것이다. 그럼에도 불구하고, 국가들이 스스로 자국 시민들의 경제·사회권을 충족시켜야 한다는 전제는 지금까지 심각하게 손상되지 않았다. 양심이 세계화되지 않았다는 것은 아니며, 비정부기구의 관심과 활동은 냉전 이후 경제·사회권으로 대거 옮겨 갔다. 그러나 법은 신자유주의의 긴축 정책을 저지하라는 부유한 국가들 내부의 요구와 부적절한 예산을 조정해 빈곤을 조금이나마 완화하라는 가난한 국가들의 요구 이상을 제시하지 못했다. 전 지구적 평등에 대한 국제법을 제도화하자는 노력이 신자유주의 시대인 1970년대에 이르러 사실상 사라지면서 국제법은 국가 간 재분배 도구들을 마련하지 않았으며, 그런 도구들을 만들고자 애쓰는 활동가나 정부도 거의 없었다. 신자유주의와 인권의 시대의 자선이 어떠하든, 사회 정의의 전 지구화는 없었고, 이는 심지어 최저 생활의 기본권을 위해서도 마찬가지였다.[27]

경제·사회권 주장과 추구는 북대서양 연안 국가들의 백인 남성 노동자들을 위한 계급 정치 프로젝트를 후방에서 지원하는 것이라는 개념에서 천천히 벗어나, 전 지구적 차원에서, 가장 눈에 띄게는 아프리카 대륙에서, 가장 빈곤한 사람들에 대한 관심의 부속물이 되었다. 비정부 인권 기구들이 물꼬를 트려 애쓰며 양심을 동원했을 때 이는 기구들을 전 지구적 부자들이 전 지구적 빈자들에게 인도주의적 자선을 베풀어야 한다는, 훨씬 오래된 호소의 부속물로 만든 것이다. 동유럽과 라틴아메리카의 억압에 초점을 맞춘 초국가적 운동의 절정기가 지나가자, 이번에는 아프리카가 인권 의식의 주된 관심지가 되었다. 아프리카는 과업의 목표들을 생각하는 데 있어 줄곧 주변으로 남아 있다가 1990년대 이후 중심적 위치를 차지하게 되었다. 그 과정에서, 어떤 특정한 권리가 요구할 수 있는 것이 무엇인지를 구체화하는(전문 용어로는 표준화) 데서나, 국민 복지의 시대에는 거의 또는 전혀 생각이 미치지 않았던 새로운 권리들에 기회를 마련해주는 데서 큰 진전이 있었다. 그러나 규범들의 등장과 변화 자체는 또한, 사회권이 심지어 기본 지급을 위해서도 보다 전 지구적 분배의 움직임과 연결되어 있지 않을 때, 사회권 논리가 점점 더 인도주의 경향을 띤다는 것을 분명히 보여주었다.

식량과 물에 대한 권리가 좋은 예다. 이는 1948년의 세계인권선언에서 이미 언급되었다. 그러나 생활수준의 향상을 요구하는 국민복지국가의 한 본보기로서의 세계인권선언은 주로 전 지구적 고통의 인도주의적 난제들보다는 선진 시민권의 완성에 기울어 있었는데, 어쨌든 이 난제들은 대체로 당시의 제국들이 다루어야 하는 문제들이었다. 예를 들어 유엔 식량농업기구는 인권 개념과 관계없이 1945년에 설립되었다. 1960년대의 국제 사회권 규약에 식량에 대한 보다 구체적인 권리가 포함된 후, 1970년대의 세계 식량 위기를 계기로 1980년대 및 그 이후에 규범을 위한 중대한 노력이 촉발되었다. 반복적인 가뭄에 직면해, 훨씬 더 새로운 권리인, 물에 대한 권리가 만들어졌다.[28]

건강에 대한 권리는(그리고 하나의 인권으로서의 전 지구적 보건을 추구하는 더 광범위한 운동은), 본래 제국주의적인 전 지구적 보건 사업이 뿌리 깊은 지속적 위계 속에서 존속해오던 그런 세계에서, 탈식민지화 이후 어떻게 인도주의 확산의 일환으로서 규범들이 정교해졌는지에 대한 마지막 사례로 남았다. 1946년의 세계보건기구 헌장으로 거슬러 올라가는, "가능한 최고 수준의 건강"에 대한 권리의 언어에도 불구하고, 진취적인 조너선 맨을 비롯한 몇몇 공중 보건 전문가가 보건에 대한 노력을 인권 차원에서 재고하기 시작한 것은 에이즈 위기가 한창이던 1990년대에 이르러서였다. 이는 엄청난 필요를 보다 더욱 가시화하려는 노력이었지만, 궁극적으로 전 지구적 보건은 그 전에도 오랫동안 그랬었고 지금도 여전히 그렇듯이 박애주의적이고 기술 관료적인 사업으로 남아 있었다. 의약품 접근성에 대한 운동으로 약을 훨씬 싸게 구입할 수 있게 되었을 때, 또는 심지어 제약 회사들이 극빈자들에게 자사 제품을 분배한다는 조건에서 시장에 접근할 수 있게 되었을 때, 거의 몇백만 달러에 달하는 부가 국경을 넘어 이전될 수 있었다. 잘 알려진 활동가 폴 파머 같은 사람들은 최악의 상황에서의 질병 치료에 개입해온 자신들의 영웅적 활동을 한시적으로 인권 캠페인으로 재설정했다. 이러한 표현이 진정 의미하는 것은 권력의 불평등에 대한(세계 차원의 부의 불평등은 말할 것도 없고) 도전임을 역설하면서 말이다. 선례가 없었고, 전형적이지 않은 방향을 잠시 취했던 파머는 이내, 자신이 애초에 요구했던 방식으로 인권을 개혁하는 것이 더 낫다고 생각하게 되었다.[29]

혁신적이고 새로운 사회권으로 이루어진 규범으로의 전환은, 역사적으로 전례가 없고 의문의 여지 없이 고귀한, 인간적 감성의 확대와 불가분의 관계에 있었다. 그러나 인간적 감성의 확대는 부와 권력의 위계적 구분선들을 위협하지 않고 그것들을 초월해 작동해야 했으며, 결국 인권 개념을 인도주의의 더 오래된 전통들에 점점 더 가까워지게 했고, 방대한 빈곤의 광경에 직면해 20세기 중반의 시민권의 평등주의 전제들(충분성을 통해서 충분히 추구할 만해 보였던)을 포기하도록 인권 지지자들을 몰아가야 했다. 분배와 관련된 인권의 열망에 관한 한 이제 남은 것은 국가 차원의 기본 지급이라는 목표, 특히 기본 지급의 사법 집행에 대한 계획이었다.

'삶의 좋은 것들'의 분배에서 국내 법관들에 의지해 기본 지급을 집행하려는 의도는 여러 요인에 의해 예정된 것이었다. 이 사법적 전환은 국민 복지 추진에서 비롯된 규범들을 옹호하고자 했으나 그럼에도 불구하고 한 번도 시도된 적 없는 기본 지급을 집행할 행위주체의 희망을 걸고 급진적으로 시동을 걸었다. 예전과 달리, 노동자 계급에 권한을 부여하고 협상 결렬 시 자본가 계급과의 갈등을 조정하는 국가 주도의 계급 타협이 개인을 최악의 경제적 결과로부터 지키는 데 최선이라는 가정은 더 이상 인기를 끌지 못했다. 1945년 이후의 사회권 입헌주의의 국면은 총력전이 끝난 뒤 물질적 평등을 포함해 국민 복지를 요구하는 다수의 정신 속에 있던 것이었다. 이제 사회권을 포함하는 특정한 권리 개념은 권력과 이익을 다투는 경쟁에서 질 가능성이 높은 사람들, 그리고 다수자들에 맞서 자신의 권리를 지켜줄 법관들을 필요로 할 사람들과 연계되었다. 극빈층을 위한 사회경제적 보호의 영역을 훨씬 넘어서, 영웅적인 법관들이 두 세대 동안 진보적인 상상을 휩쓸어온 터였다. 1989년 이후, 행정 조치와 입법에 대한 사법 심사와 같은 제도들(한때 미국만의 특이한 요소였던)은 미국의 지정학적 우위의 시대에서 세계를 정복했다. 시카고 대학의 법학 교수 캐스 선스타인처럼 신자유주의 사상에 영향을 많이 받은 논평자들은 처음에는 새로이 민주화되는 국가들의 헌법에 경제·사회권을 포함시키는 것조차 반대했다. 경제·사회권이 재산권의 친성장적인 보호를 방해할 수도 있다는 이유에서였다. 선스타인은 논쟁에서 패했지만, 단지, 신자유주의 시대 한가운데 있으면서도 법관들에 의해 사회권

이 옹호되는 데까지 입헌주의가 확장될 때에 이르렀기를 바라는 사람들에게 패한 것이었다.[30]

1960년대로 거슬러 올라가, 하버드대 교수 프랭크 마이클먼은 사회적 최저치를 헌법에서 규정하는 것이 적절하다는 선도적 주장을 펼친 바 있었다. 그의 동료 철학자 존 롤스는 『정의론』(1971)에서 정의로운 분배에 대한 이론의 개요를 서술하며 사회적 최저치를 빼버렸지만 말이다. 마이클먼은 동료 법률가들을 상대로 미국 헌법은 심지어 수정 없이도 법관들에게 그러한 최저치를 집행할 권한을 부여할 수 있다는 주장을 폈다. 이 주장은 성공하지 못했다. 마이클먼이 이러한 주장을 하자 다른 급진주의자들은 더욱 야심차게도, 미국 수정헌법 제14조를 더 큰 계급 평등을 요구하기에 유망한 장치로 여겼다. 리처드 닉슨이 당선된 후 미국 대법원은 영구적으로 오른쪽으로 방향을 틀었으며, 분배 정의는 인식되려는 찰나 미국 헌법에서 사라졌다. 충분한 지급 기준은 결코 헌법으로 정해지지 않았으며, 더 나아가 "복지 개혁"과 이데올로기적 논쟁의 대상이 되었다. 그리고 미국에서 물질적 불평등이 폭증했다. 그러나 1989년이 되자, 정치에서의 패자들을 위해 경제·사회권을 사법적으로 집행될 수 있게 하려는 계획이 다른 곳에서 유행하게 되었다. 세계 각국의 헌법 거의 모두가 경제·사회권을 포함시켰으며, 사법적 이행의 가능성을 둘러싸고 뜨거운 관심이 형성되었다. 마이클먼을 비롯한 많은 사람이 최저치 지급의 사법 집행에 대한 희망을 구한 가장 유명한 무대가 남아프리카공화국이었다. 1996년에 채택된 남아프리카공화국 헌법은 아프리카에서 경제적으로 가장 나은 이 나라가 시민들에게 양질의 생활을 권리로서 제공하도록 법원이 어떻게 도울 수 있는지에 대한 참신한 접근법을 안내해주었다. 마이클먼이 생각하기엔 그저 어떤 평등주의적인 계획에 친화적인 헌법 수정으로서 시작된 일이 인권 시대에 그 자체로 중요해졌다. 남아프리카 공화국에서는 집권한 아프리카민족회의가 토지 개혁을 그만두고 신자 유주의에 의한 변화를 허락했는데, 이런 남아프리카공화국을 비롯한 매우 많은 나라에서 물질적 평등이 파괴되면서 충분한 최저치에 대한 사법적 보호가 대단한 관심을 끌었다.[31]

법적으로, 사회권을 위한 사법의 역할을 부여하는 일은 어려운 장애물들에 직면했다. 어떤 헌법에서는 경제·사회권이 전통적인 보호 장치들과 동등한 수준의 강제성을 갖지 못했고, 또는 공식적으로 권리라기보는 "국가 정책의 지도 원칙"에 가까웠다. 그리고 경제·사회권을 보호하는 국제 규약은 처음부터 이행 가능성이 없었는데, 왜냐하면 국가들이 단지 경제·사회권의 "점진적 실현"에 동의했을 뿐이고, 이는 경제·사회권이 빠른 시일 내에 성문화될 필요가 없다는 것을 암시했기 때문이다. 그러나 충분한 최저치를 충족시킬 국경을 초월한 책무를 암시했던 경제·사회·문화권위원회의 1990년의 그와 같은 규약 해석은 새로운 사법적 전선을 형성할 필요성에 보다 완강했다. 위원회는 경제·사회권에 인간의 존엄성이 즉각적으로 필요로 하는 "최소 핵심"이 있다는 발상을 제공했다. 달리 말하면, 충분한 지급의 많은 규범 중에는 최저 생활의 하한선, 즉 최저치 안의 최저치가 있었다. 권리를 온전하게 충족시키는 데는 오랜 시간이 걸릴 수도 있지만, 최소 핵심은 지금 당장의 사법 집행을 허용하고 또 요구했다.

특히 2000년에 남아프리카공화국 헌법재판소가 헌법적·국제적으로
보장된 자신의 주거권이 침해되고 있다며 소송을 제기한 아이린 그루트
붐의 손을 들어준 후 흥미진진한 실험의 시기가 이어졌다. 헌법재판소는
아무것도 하지 않기보다는 뭐든 하도록 정부에 의무를 지우는 것으로
권리를 집행했고, 그것이 의미하는 바를 민주적·정치적 의사 결정을 위
해 열어두었다. 이 판결에 대해서 많은 글이 쏟아졌는데, 일정 부분 그것
은 절제 있는 결정을 많은 미국인이 다행스럽게 여겼기 때문이었다. 미국
헌법에서는 사회권이 아예 성공할 가망이 없기 때문이기도 했고, 또한
미국인들이 자신들의 경험으로 미루어 "사법 운동"이 얼마나 역효과를
낳는지를 가르쳐줄 수 있다고 생각했기 때문이기도 했다. 미국인들은 국
내 민권 운동이 엄격한 한계에 이르자 자국 내에서 사회개혁을 위한 운
영상의 개입이 심각하게 약화되는 것을 목도한 바 있었다. 이와 반대로,
법관들이 활발한 사회 운동의 보조자로서의 역할을 계속하면서 정부의
정책 부서들에 사회권 충족을 강제한다면, 궁극적으로 더 인상적인 결
과를 얻을 수도 있었다.[32]

더 큰 역량과 부를 가진 몇몇 국가에서는 사회적 최저치의 사법 집행
이라는 발상이 굉장한 호소력을 발휘했고, 어쩌면 주목할 만한 역할을
할 수도 있었다. 독일의 연방헌법재판소는 1949년의 헌법이 자국을 "사
회 국가"라고 칭했다는 점에서 국민 복지 공약의 사법 집행에 오랫동안
뜻을 두고 있었고, 인간의 존엄이라는 가치는 모든 시민에게 최저 생활
에의 권리가 있음을 뜻한다고 냉전 이후 공표했다. 그리고 헝가리에서는
과거의 공산주의 분열을 넘어, 1990년대에 이미 새로운 자유민주주의의

시민들이 체제 전환 후의 헌법에 담긴 사회권 조항들을 언급하면서 신자유주의 "복지 개혁" 제안들을 막기 위해 법원으로 향했다. 그러나 다른 동유럽 국가들은 법관들이 헌법상의 권리를 해석하는 것을 시장화의 장애물을 없애기 위한 것으로 보았다. 그리고 2008년 이후 금융 위기가 유럽 복지국가들에 긴축 조치를 불러오며 예견된 희생자들을 낳았을 때, 인권 규범과 인권법은 몇몇 예외적인 경우(예컨대 리투아니아와 포르투갈)를 빼고는 거의 도움이 되지 못했다.[33]

민중 운동들(예컨대 인도에서 일어난, 소송을 더 광범위한 전략의 일부로 만든 식량권 캠페인)은 구체적인 상황에서의 법적 집행에 진보적인 역할을 한 시민권 정치의 흥미로운 예다. 그러나, 경제·사회권 옹호의 법적 발판을 찾으려는 치열한 노력에도 불구하고, 냉전 이후 경제·사회권이 인권 운동으로 빠르게 유입된 상황에서도 광범위한 성과는 안타깝게도 감지되지 않았다. 논평자들은 경제·사회권을 법제화하는 것이 국가 예산 편성에 영향을 미쳤다고 생각할 경험적 근거가 있는지 의심했다. 그리고 국제 인권법의 긍정적인 영향을 증명하려는 학자들 사이에서 데이터를 중시하는 경향이 유행하는 가운데 경제·사회권법은 일반적으로 계산에서 빠졌다. 가장 실망스러운 점은, 처음에는 원리의 차원에서 아주 흥미로웠던 남아프리카공화국의 예가 결함이 있는 것으로 드러났을 뿐만 아니라(법관들이 정부의 정치 부처에 구제를 "강제"했으나 아이린 그루트붐은 개선안을 넘겨받지 못했다), 사회권 집행의 보다 일반적인 형태를 대표하지 않는 것으로 드러났다는 것이다. 물론 법관들이 질서와 재산의 수호자가 아니라 빈자를 위한 새로운 목소리로 보일 수 있다는 것은 그 자체로 놀라운 일이었다. 그러나 사법부에 의지하는 것이 극 빈층에는 거의 쓸모가 없었다. 사법부에 접근하기 위해서는 일반적으로 문해력과 조직이 필요했기 때문이다. 재원을 다른 용도로 돌리는 예산 재조정에 맞서 싸우는 연금 수령자들은 라틴아메리카 및 다른 곳들에 서 법원을 설득해 자신들의 권리를 확고히 할 수 있었다. 이러한 이유로 사회권 판결은 극빈층을 원조하는 기능보다는 기득권의 강탈에 맞서 중 산층을 옹호하는 기능을 훨씬 더 잘 수행했다. 극도로 빈곤한 이들의 요 구를 파악하고 해결책을 제시하는 데는, 국제적으로 개발된 각 사회권에 대한 "최소 핵심" 개념이 처음에 많은 사람이 기대했던 것에 비해 유용하 지 않다고 밝혀졌다.[34]

요약하자면, 인권 정치가 냉전 이후 경제·사회권 옹호에 의해 바뀌었 다는 데는 의심의 여지가 없었지만, 결국 충분성 규범은 특히 사법부의 관리하에서 대체로 하찮거나 역설적인 영향을 미쳤다. 몇몇 진보적인 마 르크스주의 논평자는 신자유주의가 결국 인권 일반에 대한 씁쓸한 진 실을 드러내 보였다고 결론짓기도 했지만, 또 어떤 이들은 경제·사회권 에 다시 몰두해 구원을 찾아야 한다고 주장했다. 이 집요한 시각은 인권 운동이 물질적 충분성을 성취하기 위해 시작된 반면, 여기서 인권 운동 의 엇갈리는(부정적이지는 않더라도) 성과는 물질적 평등의 기준들에서 실패한 데 따른 것임을 무시했다. 결국, '삶의 좋은 것들'의 충분한 최저치 지급에 대한 권리를 옹호하는 법적 기술이나 활성화 기술이 달성되었다 해도, 이는 신자유주의 시대에 사실상 가장 치명상을 입은 존재인 물질

적 평등을 조금도 보장하지 못했을 것이다.[35]

인권의 기치 아래 세계화를 바로잡는 것은, 심지어 제대로 되더라도, 국가적으로 불평등이 폭증하거나 세계적으로 불평등이 뿌리내릴 우려 없이 '삶의 좋은 것들'의 분배에서 보호의 하한선을 마련하는 것을 의미했다. 이러한 이유에서, 인권이 새로운 정치경제에 직면해 충분성을 어떻게 다루었는지를 살피는 것으로부터 해당 시기의 물질적 평등의 운명을 살피는 것으로 전환하는 일이 가장 중요했다. 가장 너그러운 결론은, 인권이 거의 채택하려 하지 않은 목표, 그리고 신자유주의와 인권의 시대에 특히 철저하게 포기된 그 목표를 인권이 달성하기를 기대하는 것은 공정하지 않다는 점이었다. 인권이 신자유주의를 부채질하지는 않았지만, 인권 혁명은 분명 분배적 보호의 윤리적·실질적 하한선을 통해 신분의 평등을 이루는 일에 가장 야심차게 몰두한 탓에, 물질적 불평등의 상한선을 없애버린 신자유주의에 대응하는 데(혹은 심지어 그것을 인식하는 데) 실패하고 말았다.

인권법과 인권 운동은 그 어느 때 옹호되었던 것보다도 더 타당한 사회적 다원주의를 위해 노력했다. 기본 지급을 위한 투쟁이 이 우선순위에 밀렸다면 이는 법적·정치적 인권 운동이 당대의 가장 주된 추세에 순응했기 때문이다. 1960년대 이후, 북대서양 연안의 선진 복지국가들은 동시에 더 다양한 종류의 사람들을 자신들의 수혜자로 맞아들였고, 물질적인 측면에서 결속상의 위기를 겪었다. 인권이 복지국가의 정치경제를 중심으로 돌아갔던 1940년대와 정반대로, 1970년대 이래 인권 개념은 국민국가의 기득권적 관련자들을 위한 유례없는 재분배의 정치에서

"차이"를 수용한 것으로 나아간 신자유주의적 전환과 밀접한 관련이 있다. 백인 남성 이외의 사람들의 인정 투쟁은 기존 복지국가들의 협소한 조건에 도전했지만, 때는 국가의 재정 삭감 및 재분배 실패의 시대에 불과했다. 과거에 가족 안에서 침묵을 강요당했던 여성들과 인종, 성별, 토착성, 장애에 근거해 낙인찍혔던 사람들이 보다 공정한 처우를 요구했고, 가끔은 이에 성공했다. 단지 걱정스러운 점은, 점점 더 인정이 이루어지는 세계사적 약진 속에서 모든 사람이 전보다 평등하게 대우받지만, 물질적으로는 아니라는 것이었다.

북반구에서, 특히 앵글로아메리카에서 궤적이 뚜렷했다. 노동력에서 대거 배제된 여성들은, 예외적으로 사회적 지급 대상으로 고려되었을 뿐, 남성 가장이 이끄는 가족의 일원으로서 복지국가의 진보적 사회 정책의 틀 일부로서 여겨져왔다. 1960년대 이후, 가부장제에 대한 이러한 용인은 사라지기 시작했다. 점점 더 많은 이익이 부자들에게 쏠렸음에도, 이제 성별(혹은 인종)상 가장 비참한 사람들이 점차 계몽된 사회 정책의 수혜자가 되어갔다. 그런 집단들의 종속은 계속 확연했으며, 진보주의자들이 이에 주목한 것은 잘못이 아니었다. 국가 원조와 사회적 상호 의존이 아니라 "개인의 책임"이 자구책으로서 우세해야 한다고 중도파와 우파가 더욱더 주장했다는 점에서 특히 그랬다. 신분의 평등이라는 명목으로(특히 고용에서) 복지국가를 혁신하려면 영웅적 분투가 필요했다. 그러나 물질적 평등이 악화되기 시작했다. 더 나쁜 점은, 진보적 변화의 의제에서 계급 불평등을 잘라내기를 거부하는 사회개혁 모델들이 제한되거나 파괴되었다는 것이었다.[36]

인권법과 인권 운동은 그러한 추세에 부응했고 추세를 따랐다. 세계인권선언이 신분 차별을 직접적으로 금지했음에도, 돌아보면, 인권법과 인권 운동이 원래 얼마나 계급 차별에 관심이 없었는지 충격적이다. 나중의 신자유주의 시대에 어떻게 여성들이 인권 혁명의 새로운 주체이자 대상이 되었는지는 신분 차별에 대항하는 극적인 캠페인과 새로운 형태의 포용적인 전 지구적 발전의 요약본이 될 수 있다. 근대 이전의 종교에서부터 근대의 국가주의와 사회주의에 이르기까지 역사상의 진보적 사회정의 운동들은 거의 모두가 위계에 대한 도전에서 여성 평등에 중점을 두지 않았다. 주로 사회주의 역사에서의 일부 예외적인 경우를 제외하면, 물질적 정의의 추구는 대부분 남성의, 남성에 의한, 남성을 위한 운동들로 이루어져 있었으며, 남반구의 평등주의적 신 국제경제질서 시도가 특히 그랬다. 1975년 '세계 여성의 해'를 기념하기 위해 멕시코시티에 모인 페미니스트들은 이란 공주 아슈라프 팔라비(당시의 샤의 여동생) 같은 사람들이 여성의 이익과 권리에 대해 무관심한 것을 보고 질겁했다. 공주는 오직 국가 발전과 국제적 개혁만이 여성에게 도움이 된다고 주장했던 것이다. (미국인 페미니스트 베티 프리댄은 "우리 여성은 여성 평등이 '신 경제 질서'를 기다릴 수 없다고 주장하기 위해 연합했다"고 설명했다.)[37]

페미니스트 운동이 엄청나게 폭증하고 급진적 사회주의 페미니즘이 여전히 존재하던 1970년대에, 전통적으로 남성 중심적이었던 인권 운동은 저항을 받았다. 여성차별철폐협약은 1970년대 말에 채택되어 1981년에 법적 효력을 갖게 되었다. 이 협약에는 줄곧 국가의 동의와 집행이 부족했지만, 그것은 분명 과거에 기획되었던 어떤 인권 협약보다 변화의 힘이 큰 인권 협약으로서, "사적" 영역으로 뻗어나가 고용과 정치뿐 아니라 가족과 가정 내에서도 가부장적 관계를 공격하기를 요구했다. 놀랍게도 여성차별철폐협약은 모든 국가가 "여성 차별을 야기하는 기존의 법, 규제, 관습, 제도를 수정하거나 폐지하기 위해 입법을 포함한 모든 적절한 방법을 취할 것"을 명했다.[38]

  그러나 뒤이은 신자유주의 시대의 대부분의 다른 운동들과 마찬가지로 페미니즘은, 공정한 분배가 분명 부차적인 것이 되고 발전이 자유 시장의 맥락에서 유익하게 여겨지는 그런 지배적인 틀로 인권 혁명의 방향을 바꾸었다. 냉전 이후 인권법과 인권 운동이 시야에서 여성을 빼버리는 것은 용납될 수 없게 되었다. 유엔 인권 기구는 전례 없는 홍보 캠페인을 벌였고, 국가들과 국제인권감시기구 같은 주류 압력 단체들이 드디어 관료 체제 내의 성차별을 수긍했다. 남반구와 북반구의 더 모험적인 다수 비정부기구들이 성장해, 국제적·지역적 여성 인권의 급성장을 추구하는 새로운 접근을 모색했다. 미국 영부인 힐러리 클린턴은 1995년 베이징에서 열린 4차 유엔 세계여성회의에서 "인권이 여성의 권리이고, 여성의 권리가 인권이다"라고 발언했는데, 이는 학계의 정설이었다. 많은 국가들에서 이미 여성을 노동력으로 통합하는 데 괄목할 만한 진전이 있었고, 20년간 추세가 이어졌다. 반면, 여성의 동등한 정치적 지위에서는 서유럽이 홀로 앞서 나갔다. 국가 차원에서든 그보다 큰 지역 차원에서든 유럽의 인권에서는 성별에 따른 종속 관계를 금지하는 차별금지법이 이 지역에서 새로이 권한을 부여받은 법관들이 집행할 수 있는 가장 홍미롭고 눈에 띄는 규범 체계로서 서서히 발전했다.

1970년대에 여성의 형평equity을 우선시했던 운동은 냉전 후 급격히 발전하는 가운데, 신체적 폭력을 맞서야 할 가장 화급한 난제로서 재발견했다. 여성의 사적 종속을 바로잡으려는 대단한 노력에도 불구하고, 여권을 인권으로서 국제화하고 재해석할 때 성폭력을 빠트렸다는 것은 불가해한 일이었다. 1990년대에 이르러서는 빈 세계인권회의 등에서, 고통받고 있는 몸들에 초점을 맞추라는 전 지구적 명령이 하루아침에 급증했다. 이는 여성의, 여성에 의한, 여성을 위한 운동을 분열시키는 차이들(세계의 근본적으로 다른 상황들에서 비롯되는 차이들)을 해소해주는 것이었다. 국제 회의, 국내 환경, 다른 운동들에서 우선순위가 바뀌었다. 1970년대에 성희롱법을 개척한 페미니스트 캐서린 매키넌은 1990년대부터 전쟁 범죄의 모든 희생자, 특히 전시 강간 피해자들을 심각하게 받아들이도록 전시의 잔학 행위를 범죄화할 것을 강요함으로써 "여성은 인간인가?"라는 질문을 던질 수 있었다. 아주 구체적으로 성폭력은 지역적으로나 세계적으로나 물질적 분배와 무관하게 다루기에 가장 쉬운 종류의 차별이었고, 종종 외국 "문화"의 한 문제로 다루는 것이 타당해 보였다. 성폭력에 대한 관심을 포함시키려 노력해온 남반구와 북반구의 활동가들은 이젠 성폭력이 페미니즘의 다른 모든 대의를 대체할까 봐 우려할 수도 있었는데, 성폭력이 지역적·전 지구적 분배의 맥락에서 폭력을 떼어놓을 때 특히 그랬다.[39]

남반구에서든 북반구에서든 개혁가들은 성폭력에 대한 관심을 끌어내는 데서 거둔 눈부신 성공에 반대하지 않았지만, 몇몇은 그것이 낡은 오리엔탈리즘적 고정관념을 반복하고 새로운 캠페인들이 더 큰 목표들에서 분리될까 봐 우려하기도 했다. 제1세계의 페미니즘은 물질적 불평등이 치솟는 중에도 부국들에서의 고용 차별에 맞선 싸움에서 점차 성공을 거두었고, 여성 할례에서부터 처벌되지 않는 부부 강간과 명예 살인에 이르기까지 여성 신체를 침해하는 전 세계의 문화를 규탄할 때만, 극복할 수 없는 전 지구적 부의 격차를 건너가봤다. 19세기 말과 20세기 초부터 국경을 초월한 여성 인신매매에 대한 우려가 대대적으로 부활했을 때 유사한 선택들이 이루어졌다. 여성 인신매매에 대한 우려가 살아나면, 성매매와 "새로운 노예무역"에 대한 규제를 지지하는 오랫동안 우세했던 측과, 그러한 캠페인이 (특히 성매매의 범죄화를 촉구하는 경우) 여성의 경제적 곤경을 악화시키는 동시에 여성의 덕목에 대한 억압적 이해를 용인할 수 있다고 우려한 회의론자들이 서로 대립하게 된다. 그러나 프리댄이 여성의 권리를 세계화하는 캠페인을 시작하면서 주장했듯이, 여성의 운명은 구조적인 정의 프로젝트가 지연을 필요로 한다는 논리에 사로잡혀 있었다. 이에, 여성 신체가 마주한 운명에 관심을 집중하는 것은 이제 이데올로기적이고 전략적인 하나의 선택이었다. 그 과정에서 물질적 평등이 중요성을 상실하는 것은 불가피했다.[40]

신자유주의의 등장 및 전반적인 지배에 대해 그런 것처럼, 그러한 페미니즘에 비판적인 사람들이 신자유주의 페미니즘이라 칭한 것은 시간과 장소에 따라 매우 상이했다. 그리고 1970년대 이후의 흥미로운 새로운 페미니즘 인권 운동이 필연적으로 분배 문제를 경시한 것은 전혀 아니었다. 그러나 점점 기억에서 멀어진 사회주의 페미니즘과 달리 이 페미니즘은, 부자들이 당대의 진정한 승자임이 드러났고 전 지구적 불평등이 최우선적 관심사가 아니라는 점에서, 많은 국가의 소득 곡선 팽창에 더욱 광범위하게 접근하는 일 없이 여성과 남성의 평등을 주장했다. 보다 부유한 국가들의 차별금지법에 비해, 인권으로서의 여성의 권리로 전환한 것은 엄청난 전 지구적 위계를 훨씬 덜 정면으로 마주했다. 그러한 한, 그 전환은 기본 지급 및 특히 빈곤에 대한 모든 프로젝트에서 여성이 갖는 중요성을 강조하기 위해 오래전에 페미니즘 관점을 취하기 시작한 어떤 개발 의제를 추적했다. 여성 특유의 곤경의 중요성은 1970년대의 기본 욕구 운동 과정에서 이미 새롭게 주목받았는데, 기본 욕구 운동의 여러 잘못 중, 탈식민지 국가들의 개발이 보통 여성을 성장의 수혜자들 중 가장 중요치 않은 존재로 취급한 것 때문이었다. 선도적인 덴마크 경제학자 에스테르 보세루프는 1970년대에 유익한 시선 변화를 주도해, 점점 더 많은 관련자가 자신들의 전 지구적 과제를 수행함에 있어 여성 차별적인 부분에 시선을 주게끔 이끌었다. 신자유주의적 가정에 딱 맞게 비정부 영역이 엄청나게 팽창하고 소액 대출 혁명과 같은 비정부적 혁신이 부상하는 가운데, 1980년대와 1990년대에 개발은 여성을 보다 중심적인 위치에 두었다.[41]

여러 관점에서 여성은 인권 시대의 주요 수혜자에 속하게 되었고, 이전의 어떤 이데올로기도(페미니즘 자체를 제외하면) 여성을 그만큼 대우한 적이 없었다. 북반구에서나 남반구에서나 복지국가의 정치경제에서 여성이 국가의(그리고 남편의) 부속물로 다루어졌다면, 이제 이러한 대우는 완전히 달라졌다. 그러나 여성들의 이득 형태는 북반구에서는 계급 간 분배의 평등보다는 개인 간 신분의 평등을 추구하는 것으로 나타났고, 남반구에서는 국제적 불평등에 대한 관심과 단절한, 여성을 인지하는 새로운 개발에서 충분성 기획을 추구하는 것으로 나타났다. 한 반대자는 "국가가 경제 정의를 책임져야 한다는 독트린이 널리 받아들여지지 않았다는 것"이 곧 신분의 평등은 증가하고 물질적 평등은 감소함을 의미한다면, 그러한 독트린 수용의 결여 자체가 용인될 수 없다고 설명했다. 이어서 그녀는, 세계적으로 인권으로서의 여성의 권리는 "논의의 지정학"에 진입했지만, "일부 국가들을 다른 국가들보다 더 탁월한 국가로 대우하게 해주는 규칙들을 바꾸지는 못했다"고 말했다. 그러나 지배적인 페미니즘 형태에 대한 이러한 비판들은 무시당했다.[42]

새로운 정치경제가 자리 잡으면서, 1970년대부터 지금까지 근본적인 피해자는 전 지구적 물질적 평등이라기보다는 국가적 평등임이 대단히 명백하고 뚜렷했다. 뒤늦게 프랑스 경제학자 토마 피케티는, 특히 앵글로 아메리카 국가들에서 20세기 중반에 소득 불평등이 축소되었다가 다시 도금 시대 무렵과 후기 빅토리아 시대 수준으로 최고소득자들에게 소득이 집중되는 극명한 역전을 보여줌으로써 격렬한 논의를 촉발했다. 대서양 연안의 독자들이 보기에 훨씬 덜 불명예스러운 수준이긴 했지만, 특히 시장 개방으로 전환한 후의 중국과 인도 같은 개도국에서 불평등이 훨씬 더 빨리 증가하는 것 또한 분명했다. 빈곤을 완화하는 데 있어서의 두 나라의 성공, 특히 중국의 성공은 신자유주의의 지배적인 문제가 빈곤이 아니라 불평등임을 부인할 수 없게 했다. 그것은 또한, 인권이 신자유주의의 "재앙적 자본주의"와 결탁하는 일은 그리 많지 않았으며, 오히려 신자유주의는 인권 운동의 가장 소중한 목표들 중 일부가 이루어지도록 도울 수 있었음을 분명히 해주었다. 인권법과 인권 운동은 이러한 개발 및 중국의 악명 높은 억압적 정부 모두의 폐단을 고발하는 데 계속 중요한 존재였다. 많은 사람이 여전히 빈곤 상태에 있거나 사회경제권을 보다 구체적으로 침해당했기 때문이다. 그러나 인권법과 인권 운동은 자신들의 기본 지급 규범의 일부를 정당화하는 데 성공하게 해준 대단히 불평등한 방식을 거부할 능력이 없었다. 신자유주의 시대에 인권법 체제와 인권 운동의 최대 오점은 충분성의 달성을 추진하는 데 도움이 안 된 반면, 충분성이 성취됨에 따라 폭주하는 불평등을 고발할 윤리 규범이나 실질적 능력조차 결여했다는 점이다.

마오쩌둥의 사망과 덩샤오핑의 집권 이후 중국 지도자들은 외국 경제사상의 다양한 근원에 의지해 시장 개혁에 뛰어들었다. 한때 사회주의를 지역적 여건에 맞게 바꾸겠다고 주장했었던 이 나라는 이제 "중국적 특성을 지닌 신자유주의"를 제도화했다. 밀턴 프리드먼이 방문한 시기는 1980년이었지만, 중국 지도자들에게 신자유주의의 후기 사회주의적 형태들은 더 중요하지는 않더라도 적어도 똑같이 중요했다. 여전히 많은 사람이 동유럽 출신의 사회주의 경제학자들이자 중국 체제의 조언자들이었던 야노시 코르나이, 오타 시크, 부오지미에시 브루스가 발전시킨 "시장사회주의" 기획과 같은 이론들을 배우며 놀라워한다. 30년 후 결과는 분명했다. 세계은행이 정한 극심한 빈곤의 선 아래 머물렀던 수억 명의 사람이 구제를 받은 것으로 드러난 것이다. 인도는 빈곤 완화에서 이만큼의 성공을 누리지 못했다. 인도의 민주주의 체제는, 인도 헌법에서 경제적·사회적 지도 원칙들을 보다 구속력 있는 생명권으로 해석하려는 헌법재판소의 관할 아래, 여러 성공적인 법률 캠페인을, 특히 식량 접근과 식량 안보를 둘러싼 법률 캠페인을 허락했다. 이 시기에 인도는 국내 불평등 증가율이 중국에 이어 두 번째로 높았다. 아프리카에서는 이에 비견될 만한 일이 전혀 일어나지 않았다. 아프리카에 고통을 준 구조 조정 정책들의 결과는, 대처 방법에 대한 익숙한 정도의 국제적 조언들(가끔은 고통을 안겨주는 바로 그 관계자들로부터 주어지는), 이전 방식들의 실패 후 변화를 일으킬 방법에 대한 개발 전문 지식, 그리고 특히 새로운 사적 "박애 자본주의philanthrocapitalism"의 후원하에 이루어지는 인도적 원조의 증가였다.[43]

물론 그런 결과들을 증명하기가 얼마나 어려운지 인정하지 않고는 누구도 극심한 빈곤에 대한 중국 및 다른 나라들의 승리를 축하해선 안 된다. 얼마나 많은 사람이 하루에 1달러 정도나 그 미만으로 생활하는 것으로 정의된 극심한 빈곤 상태에 머물렀는지를 일깨우는 이야기는 많았지만, 그보다 사정이 아주 약간 나을 뿐인 "심각한" 빈곤의 범주에 속한 수혜자들이 가장 큰 부분으로 여전히 남아 있음은 언급되지 않았다. 그럼에도 이득을 종합해보면, 시장화가 어떤 상황에서는 인권 운동과 인권법의 가장 원대한 꿈을 실현시킬 수 있다는 것, 그 정도는 아니더라도, 때로는 적어도 보다 인간적인 세계화를 약속하는 방향으로의 수정을 가능하게 한다는 것을 알 수 있었다. 1990년대에 걸쳐 싸움이 필요했지만, 워싱턴 합의의 신자유주의 정책 도구는, 인권의 차원에서 정당화되든 아니든, "사회적 안전망"을 구축하도록 업데이트되었다. 그러나 그런 정책들은 일반적으로 정부 예산을 축소하라는 지속적인 권고를 통해서 충분한 지급 공약을 조절했으며, 국민복지국가가 도래하며 한때 생생하게 다가왔던 물질적 평등주의를 조금이라도 복구하려는 목적은 없었다.[44]

인권 공동체들 내에서 그런 변경을 반기는 목소리가 없었던 것은 아니다. 1980년의 한 세미나에서 당시 유엔 인권국을 이끌고 있던 테오 반 보번은 다음과 같이 말했다. "인권 영역과 경제 영역 사이의 간극을 효과적으로 메울 수 없다면, 우리는 한편으로는 우리가 애써 이루려 하는 근본적인 인간 발전의 목표들을 간과하는 국제 경제 질서를 추구할 위험이 있고, 다른 한편으로는 부정의의 더 깊고 구조적인 원인들을 간과한 채 인권에 피상적으로 접근할 위험이 있다." 신자유주의 시대에 세계의 공정성에 대한 시선을 유지하려는 가장 두드러진 노력은 분명 1986년의 유엔 총회에서 제기된, 이른바 개발권이었다.[45]

그것은 1970년대에 기원을 두고 있으며, 신 국제경제질서의 몰락 후 신 국제경제질서가 주었던 자극의 일부를 구해내고 세계적 평등을 인권으로서 다시 생각하려는 노력으로 해석되는 것이 가장 적절하다. 1950년대와 1960년대에 인권법의 일부가 되었으나 탈식민지 국가들의 외부 개입으로부터의 자유(국민 스스로 생존의 방법을 결정할 권리를 포함해)에 집중했던 집단적 자결권과 달리, 개발권은 신 국제경제질서를 따라 부정의한 전 지구적 위계가 그 자체로 인권 침해라고 공격했다. 그러나 개발권은 지지자들에게 매우 큰 의미를 지녔고 10년 넘게 유엔 회의들에서 많은 말을 낳긴 했지만, 반대자들과 스스로의 모호함 때문에 추진력을 얻지 못했다. 이전의 자결권처럼 개발권은 해로운 것으로 널리 여겨졌는데, 많은 인권 활동가가 개발권을 주권에 대한 비판을 막는 방패로 해석했기 때문이었다. 인권을 입에 올리는 것이 최신 유행이 된 새로운 세상에서 국가들로서는 자국의 이익에 도움이 되는 수사를 모색하는 가운데 개발권이 홍보되었기에 더욱 그랬다. 자결권과 마찬가지로 개발권은 많은 이에게 단지 정치적으로 위험하게 여겨지지 않고 개념적으로 혼란스럽게 여겨졌다. "정의로운 세상에서는 저개발이 용납되지 않을 것이다. 그러나 단지 이 때문에 어떤 도덕적인 개발권이 성립되거나, 심지어 강력하게 제안되는 것은 결코 아니다." 수많은 개발권 비판자 중 한 사람은 이렇게 말했다. 또 다른 반대자들은 개발권이 탈식민지 국가들의 부정의한 국내 역학을 위한 또 다른 고급스러운 변명에 지나지 않는다고 보았다. 인권이라는 현상이 널리 퍼지게 된 것은 탈식민지 국가들의 실정失政이 드러나 맹비난을 부른 탓이기도 했고, 탈식민지 국가들의 기본적 분배 프로젝트가 국내의 위계는 간과한 채(특히 여성에 관한 한) 국제 평등을 겨냥한 탓이기도 했다. 개발권이 건의하는 강력한 지정학적 프로젝트가 없다면 개발권은 부정의한 세계 역학에 대한 감시적 수사를 부르는 데 그칠 수 있었다. 개발권이 규칙을 증명하는 예외가 되었을 뿐, 전 지구적 불평등은 신자유주의 시대의 인권 정치에서 실종되었다.[46]

슬로베니아의 인권 변호사 다닐로 튀르크는 냉전이 끝나가던 시기에 특별조사위원이라는 위치에 있으면서 여전히 경제·사회권을 신 국제경제질서 제안들이 그려낸 구조적 정의로 이루어진 새로운 세계의 일부분으로 생각하고 있었고, 이에 따라 국가들 사이의 소득 불평등을(각 국가 내의 소득 불평등이 아니라) 간략히 조사했다. 그러나 그는 "극심한 빈곤"을 없애는 것이 주된 목적임을 이해했음에도 불구하고, 자신의 예비 보고서 서두에서 문제를 해결하는 데 도움이 되지 않는 정책들에 반론을 제기하면서 인권의 가치에 집중했다. 불평등에 대한 관심은 1990년대에 완전히 부재했던 것은 아니지만(특히, 단지 전 지구적 불평등만 논하지 않고 증가하는 국내적 불평등에 대한 논의로 나아간 칠레의 호세 벵고아를 위해 소득 불평등과 인권에 대한 직책이 만들어졌을 때), 이내 사라졌다. 심지어 불평등에 대한 관심이 사라지기 이전에도 불평등 문제에 대한 공격은 점점 더, 사회의 시장 억압에 의해 강요되는 소득 평등보다는 시장들 내에서의 기회의 평등을 중심으로 전개되었다.[47]

인권 공동체가 어떤 식으로든 중요하게 싸움에 복귀한 것은 장장 20년 뒤, 신자유주의하에서 국내 불평등에 대한 의식이 급증하면서였다. 다른 많은 것에 대해 말하자면, 피케티와 포퓰리즘이 결국 갑작스러운 깨달음을 촉발했다. 적어도 이 시기는 인권의 시대와 신자유주의 시대의 불가결한 관련성을 변명하는 기회였고, 어찌하여 인권의 시대와 신자유주의 시대가 일치했는지에 대한 자기비판과 자기검증은 거의 없었다. 올스턴은, 개인의 사회권에 대한 전문가들을 위해 만들어진 유엔의 역할들과 더불어, 본래 튀르크가 했던 일의 흔적으로서 등장한, 극심한 빈곤과 인권을 다루는 직책에 임명되었고, 2015년에 갑자기 불평등으로 관심을 돌렸다. 학계의 대가로서 올스턴의 가장 큰 우려는, 피케티가 불평등을 광범위한 지적 성찰의 중심으로 돌려놓았지만 아무도 인권을 신경 써야 할 이유나 대처할 이유로서 언급할 생각을 하지 않았다는 데 있었던 것 같다. 쉽게 말해서, 올스턴의 관심의 무게중심은 이제 (튀르크 시절과는 완전히 반대로) 전 지구적 불평등보다는 국내적 불평등에 놓여 있었다. 그리고 올스턴으로서는, 적어도 불평등이 "극단적인" 상태에 이르렀을 때는 인권을 불평등에 대한 적절한 대응으로 보는 것이 중요했다.[48]

올스턴은 "인권법 하에 명시적으로 언급된 평등권 같은 것은 없다"고 솔직하게 인정했다. 적어도 기존의 틀 내에서 평등은 그 자체로 하나의 목표로 이해되지 않고 경제·사회권에 의해 설정된 다른 목표들을 위한 수단으로 이해되는 것이 적절했다. 달리 말해서, "극심한 불평등"이 "극심한 빈곤" 또는 다른 권리 침해와 인과적 관련이 있는 것으로 나타났다면, 법은 간접적으로 보다 평등한 결과를 요구했다. 어쨌든, 문제의 불평등은 기회에 영향을 미치는 한에서만 수단 혹은 결과와 관련 있었는데, 이는 올스턴이 심지어 자신의 논거를 옹호하기 위해 하이에크를 인용하면서까지 모두가 동의할 만하다고 본 불평등 유형이다. 이는 적어도, 현실 세계의 시나리오에서는 세계인권선언에 기초한 책들에 쓰인 인권 규범들이 분배의 평등을 결코 요구하지 않는다 할지라도 사실상 불평등에 대한 어떤 제한을 요구하는 것임을 시사했다는 점에서 강력한 주장이었다. 올스턴의 보고서와 함께, 불평등 위기에서 인권이 할 수 있는 역할에 대한 더 폭넓은 대화가 서서히 시작되었다.[49]

불평등의 폭증에도 불구하고, 충분성 이득의 증가는 인류가 알아온 빈곤의 병폐들로부터의 "가장 위대한 탈출"로서 축하할 일이었다. 비록 충분성 이득의 증가가 주로 중국에 기인한 것이자, 일반적으로 인권 충족보다는 소득이나 구매력으로 측정된 것이긴 했지만 말이다. 신자유주의자들에게 불평등은 단지 그러한 결과를 위해 치르는 비용이었다. 이 답에 개인적으로 만족하는 인권 활동가는 거의 없었을 텐데, 단지 모든 국가에서 너무나 많은 사람이 여전히 끝없는 빈곤에 처해 있는 마당에 그것이 너무 자축하는 것으로 보이기 때문은 아니었다. 신자유주의 시대에 개도국에서나 선진국에서나 불평등이 증가하는 추세라는 데에는 이견이 없는 반면, 전 지구적 불평등이 개선되었는지 악화되었는지의 문제는 보다 논쟁적이었다. 측정하기도 더 어려웠고, 윤리적으로도 더 까다로웠다. 신 국제경제질서가 득세하던 시절과 달리 세계의 소득과 부의 격차를 강조하는 일은 훨씬 줄어들었다. 주로 경제학자 브란코 밀라노비치의 경험적 발견 덕분에, 전 지구화의 가장 큰 장점은 세계의 평등화라고 (비록 국내 불평등의 악화라는 대가가 따르지만) 가정하는 것이 몇 년에 걸쳐 대중화되었다.[50]

평등화는 느리고 불규칙하게 진행되었으며, 극빈층은 여전히 궁핍했다. 특히 사적 형태를 취한다는 점에서 신자유주의하의 평등화는, 신 국제경제질서가 경쟁 상대인 신자유주의의 전 지구화가 자리를 잡기 이전에 추진했던 복지 세계 모델과는 현저히 달랐다. 부유층의 부가 치솟으며 대부분의 국가에서 약간의 평등주의적 공정성마저 파괴된 마당에, 지속적인 세계의 생활수준에서 평등화를 기대하기는 어려운 일이었으며, 이는 꼭 중국의 성공과 (두 번째로) 인도의 성공이라는 독특한 상황 때문만은 아니었다. 오늘날에도 대부분의 불평등은 국가 내부가 아니라 국가들 사이의 평균 소득 차이에 기인한다. 한 경제학자가 이야기했듯이,

빈국의 부자가 되는 것보다 부국의 빈자가 되는 것이 훨씬 낫다. 인권은 인류가 하나라고 상정하고 있는 것처럼 보이지만, 인권은, 심히 불평등하며 아마 계속 그렇게 불평등할 세계에 존재하는 지고의 이상으로서 생겨났다. 불평등의 결과들에 습격당한(특히 불평등이 포퓰리즘적 반발의 형태로 나타날 때) 인권 운동은 격변하는 무서운 현재와 미래를 마주했다. 인권 운동이 승승장구하는 신자유주의를 진정시키는 것은 고사하고, 폭풍 속에서 스스로의 원칙을 지킬 수 있을지도 확실치 않았다.[51]

결론: 크로이소스의 세계

한 사람이 모든 것을 가졌다고 상상해보자. 그리고 고대 신화에 나오는 왕의 이름을 따서 그를 크로이소스Croesus라고 부르기로 하자. 너무나 "기가 막히게 부자"여서 "자신이 유한자들 중에서 가장 행복한 자라고 생각했다"고 헤로도토스가 전한 그 왕 말이다. 동류 남자들과 여자들보다 아득히 높은 곳에 위치한 이 근대의 크로이소스는 또한 관대하다. 그는 사람들이 굶주리길 원치 않으며, 이는 단지 그의 전 지구적 부동산들을 유지하는 데 그들 중 일부가 필요하기 때문만은 아니다. 크로이소스는 자신의 자비롭지만 완전한 지배 아래 생활하는 모두가 빈곤에서 벗어날 수 있도록 최저한도의 보호를 주장한다. 크로이소스가 모든 것을 분배한다. 건강, 식량, 물, 심지어 휴가까지.[1]

많은 사람이 이러한 혜택을 누리지 못하는 세상, 바로 오늘날 우리가 살고 있는 세상에 비하면 크로이소스는 일종의 유토피아를 제공한다. 많은 사람은 세계인권선언(1948)을 통해서 유토피아가 예견되었다고 믿고 있으며, 지난 50년간 국제적인 인권 운동이 부상하면서(특히 인권 운동이 세계인권선언이 원래 약속했던 경제·사회권으로 뒤늦게 관심을 전환한 지금) 유토피아는 점점 우리 자신의 것이 되어왔다. 이 유토피아에는 가진 자 대 못 가진 자의 문제는 없다. 극빈자도 충분히 가지고 있다. 그러나 극빈자는 크게 벌어진 위계 내에서 가진 자들의 한참 아래에 위치해 있다.

우리가 사는 세계는 점점 더 크로이소스의 세계가 되고 있다. 소수의 부자들이 자신들의 부로 나머지 사람들을 왜소하게 만들고 있고, 어떤 국가들은 절대적 불평등의 경향으로 기울고 있다. 세계의 상황은 한층 복잡하지만 말이다. 기본적인 시민적 자유를 제공하려는 투쟁은 끝이 없지만, 계몽된 체제라면 모두 기본적인 시민적 자유를 존중한다는 것은 말할 것도 없다. 크로이소스는 극빈뿐만 아니라 억압도 미워한다. 그는 결코 경찰국가에 동의하지 않을 것이다. 그는 전쟁과 점령의 만행을 몹시 싫어한다. "고문"이라는 말이 나오면 그는 분노로 달아오른다. 그는 최상부의 유일한 거주자이지만, 하층부의 궁핍함이 존재하는 세계에 사는 것을 수치스러운 일로 여긴다. 그래서 크로이소스의 관대함은 크로이소스의 부만큼이나 전례 없는 수준이다. 그 누가 크로이소스가 제공하는 것을 어떻게 하찮게 여길 수 있겠는가?

우리의 조상 중 많은 이는 더 많은 것을 요구했을 것이다. 물질적 평등에 대한 직접적인 약속(빈부 격차의 상한선)은 크로이소스의 마음속에 없었던 것처럼 세계인권선언에도 없었고, 세계인권선언을 길잡이로 삼은 법 제도와 사회 운동에도 없었다. 인권은 신분의 평등을 보장하지만 분배의 평등을 보장하지는 않는다. 크로이소스의 세계가 '삶의 좋은 것들'의 충분한 지급을 특징으로 하는 한, 크로이소스의 세계와 그 세계의 절대적 지배는 인권 기획에서 결코 배제되지 않는다.

크로이소스의 관대함이 지금까지 본 것 중 가장 광범위한 불평등과 어느 정도 겹친다면 이 관대함은 그 자체로 매우 결함이 있어(심지어 부도덕해) 보인다. 이것이 이 사고 실험의 요지다. 아무리 완벽하게 실현된 인권이라도 인권은 불평등과, 심지어 근본적인 불평등과 양립할 수 있다는 것이다. 놀라워 보일 수 있지만, 극단적인 물질적 불평등과 기본 지급의 충족 사이에는 모순이 없다고 밝혀졌다. 우리의 질문은, 크로이소스의 세계를 이상화하면서 매일매일 우리의 세계를 크로이소스의 세계처럼 만들어가야 하느냐는 것이다.

단명한 자코뱅파 국가에서부터 20세기 중반의 복지국가(북대서양 연안, 라틴아메리카, 탈식민지에서 저마다의 형태를 취한)에 이르기까지, 세계인권선언과 제휴한 정치경제는 국가들을 새로운 형태의 사회생활에 내맡겼다. 그것은 어느 때보다 많은 기득권 시민을 위한 충분한 최저치와 그들 간의 약간의 사회경제적 평등을 성취하기 위해 애쓰는 정치였다. 대공황기의 빈곤의 경험, 제2차 세계대전에서의 연대, 공산주의의 위협이 동기로 작용해 자본주의 국가들은 열성적으로 국민 복지를 승인했다. 동유럽의 공산주의 국가들도 나름대로의 복지국가를 수립했으며, 사회주의적인 탈식민지 국가들은 흔히 이를 따르려 했다. 성별에 의한 종속관계와 끔찍한 인종 차별로 망가지기는 했으나, 이는 근대에 나타난 물질적으로 가장 평등주의적인 정치경제였다. 최근에 철학자 데릭 파핏은 보호의 하한선을 마련하고 불평등의 상한선을 제도화하는 것으로 우리의 책무에 순서를 매기는 일이 최선이라고 주장했다. 이론상으로는 전자로 시작하는 것이 후자에 도달하는 것을 결코 방해하지 않는다. 그러나 국민 복지 시대가 준 교훈은, 충분한 보호와 더 평등한 결과를 모두 옹호하려는(둘 다 잘하기 위해서) 투쟁은 순차적이 아니라 동시적이어야 한다는 것이다. 두 목표를 한꺼번에 추구하는 데 따르는 불가피한 난관들을 끌어안은 채 말이다.[2]

복지의 이상은 단지 약자 보호를 의미하지 않았다. 복지의 이상은 19세기 자본주의의 자유지상주의적 전제를 비판했고, 자본주의 개혁의 이름으로든 공산주의 혁명의 이름으로든, 기독교 민주주의의 이름으로든 세속 사회주의의 이름으로든, 공동선을 위해 개입하는 국가의 역할을 옹호했다. 19세기의 불평등을 완화하고 역전시키는(없어지는 못하더라도) 것에 대한 합의는, 생산 혹은 생산 수단의 소유에 대한 국가 개입은 말할 것도 없고, 독점 금지에서 조세 정책에 이르기까지의 정책 지형을 두루 보여주었다. 인권은 물질적 평등이라는 원대한 최종 희망이라기보다 충분한 보호라는 겸손한 첫걸음이었고, 아마도 이 때문에 인권이 널리 무시되거나, 거부되거나, 혹은 1940년대의 불안 속에서 좋은 삶의 궁극적 공식화로서 다루어졌을 것이다. 어쨌든 권리에 대한 논의는 국가를 발전시키기보다는 속박하곤 했다. 세계인권선언의 시대에 "사회권" 주장을 감행하는 사람들도 있었다. 그러나 그 주장은 충분성과 평등 모두를 얻기 위한 것으로서 시민의 권리를 대폭 수정하라는 의미였다. 심지어 프랭클린 루스벨트는 비교적 자유지상주의적인 자신의 나라에서 뉴딜 정책의 꿈이 수명을 다하자 "제2권리장전"을 내놓으면서, 그저 보통 사람에 대한 적절한 지급을 위해서가 아니라 "소수를 위한 특별한 기득권"의 종식에 의한 약간의 물질적 평등을 위해서 최고의 수사를 남겨놓았다.

이러한 이상들이 전 세계에 퍼지기를 많은 이가 바랐지만, 복지는 전파되면서 국제적으로 조직되기보다는 국가적으로 조직되었다. 이는 정치경제와 인권에 대한, 우리 시대에 널리 알려져 있는 가정들과는 극명하게 대조된다. 물론 세계인권선언은 근원이나 형식에서 국제적이었으나, 본질적으로는 각 국가들을 위한 틀이었다. 서론에 "모든 사람과 국가가 달성해야 하는 높은 기준"이라고 적시하고 있듯이 말이다. 복지는 양차 대전 사이의 위기의 시기에 강력하게 대두된 이래 계속 국가적이었다. 정치경제의 거버넌스는 1940년대에 개별 국가들이 자국의 경제를 관리해야 하는 책무에서 실패할 경우 재앙을 피하기 위해서나 국가를 넘어섰을 뿐, 불평등에 대한 전 지구적 상한선은 고사하고 보호의 전 지구적 하한선을 위해서도 결코 국가를 넘어서지 않았다. 따라서 세계인권선언과 정치경제의 원래의 관련은 국민 복지 실험이 얻으려 애써야 하는 최소한의 보장이었다. 유엔의 권리 선언은 거기 언급되지 않은 보다 원대한 평등주의적 계획과 공존했다.

빈곤에 맞서는 캠페인과 평등을 추구하는 캠페인이라는 한 쌍의 캠페인은, 그 관대함의 정도로 따지든 세계에서 캠페인들로 이득을 보는 사람들의 비율로 따지든, 부분적 성공을 거두었을 뿐이다. 어떤 사람들은 복지를 세계화하면서 몇몇 국가가 내부적으로 달성한 보호의 하한선과 불평등의 상한선을 모색할 수 있기를 바랐다. 가장 눈에 띄는 것은, 개도국들이 명백히 전 지구적 공정성을 목표로 하는 "신 국제경제질서"를 제안했으며, 1973년의 오일쇼크로 선진국들이 모든 상품의 착취적 가격에 직면할 수도 있으리라는 우려가 커졌을 때 신 국제경제질서의 제안들이 명성을 누렸다는 것이다. 대신에, 시장근본주의라는 "진정한 신 국제 경제질서"가 승리를 거두었다. 복지국가들은 복지국가의 적들과 복지국가 자체의 승리로 인해 훼손되어 위기에 처했다고 인식되었으며, 국민 복지를 둘러싼 이데올로기적 합의를 파괴하려 나선 정치인들이 당선되었다(혹은 아우구스토 피노체트의 칠레에서처럼, 정권을 찬탈했다). 신 국제경제질서가 남긴 유산은, 이제 전 지구적 물질적 불공정이 윤리적으로 문제가 되지 않는 그런 세상으로 후퇴한다는 것은 상상도 할 수 없게 되었다는 점이다. 그 밖에는, 희망은 깨졌으며, 아주 다른 종류의 세계적 자유 시장화에 대한 신자유주의적 꿈이 실현되었다.

　1970년대 이후 크로이소스의 세계는 점점 현실에 가까워졌다. 그의 윤리가 우리 자신의 것이 되었기 때문이다. 어떤 정의의 유토피아가 살아남았다 해도, 그것은 전 지구적이지만 최소한의 것이어서, 국가가 저지르는 최악의 폭력이 비난받게 해줄 뿐이었다. '삶의 좋은 것들'의 분배에 관한 한 충분한 지급에의 투자는 확대되었으나, 물질적 불평등을 정책적으로 제한하려는 노력은 증발했다. 성별과 인종에 따른 편견과 배제는 복지국가를 구제 불가능하고 탐탁지 않은 것으로 만든 결함들이었는데, 신분의 평등이 엄청난 추진력으로 이러한 결함들을 극복했다. 예를 들어 여성의 권리는 인권이 되었으며, 다방면의 종속이 반박되었다. 그러나 물질적 위계는 흔히 인정되고 강화되었다.

인권 운동은 이론적으로 어떤 잠재력을 가졌든 실제에서 새로운 환경에 적응했다. 우선, 인권에 대한 생각은 정치경제가 전 지구적 전망을 취하는 것으로 변한 데 따른 것이었다. 나아가, 인권 활동가들은 이제 국민복지를 시작하고 관리하는 국가 기능에 우선순위를 두지 않고, 상해를 당하지 않을 권리와 재난과 곤궁을 방지하는 기본 행정을 누릴 권리 같은 개인의 권리들에 우선순위를 두었다. 경제 영역에서 물질적 평등은 하나의 이상으로서는 버려졌다. 새로운 인권 운동은 세계주의를 얻는 대신에, 그리고 초기의 약간의 불확실성에도 불구하고, 이론적으로나 실제적으로나 제2차 세계대전 후의 평등주의와의 어떤 관련도 포기했다.

세계인권선언이 (우리의 관대한 크로이소스처럼) 자유 시장의 최악의 빈곤에 맞서 충분한 지급의 보장을 제시한다는 명백한 반론에도 불구하고, 인권과 신자유주의 간의 분명 밀접한 연대기적 관계는 안타까움을 안겨준다. 인권이 도덕의 공용어가 된 것이 시장근본주의의 성장, 혹은 적어도 국민 복지의 쇠퇴와 정말로 아무 관계가 없을 수 있을까? 이에 답하려면, 인권이 시장근본주의를 부추긴다는 혐의에서 완전히 자유롭다고 주장하는 사람들과 인권이 시장근본주의에 대한 사죄에 불과하다고 말하는 마르크스주의자들 사이에서 방향을 잘 잡아야 한다. 인권을 세계 정치경제 변화의 비열한 공범자로 보는 음모론적 설명은 설득력이 없지만, 물질적 불공정 앞에서의 인권의 명확한 실패와 한계는 그에 못지않게 마음에 들지 않는다.

인권이 역사적으로 시장근본주의와 관련될 때의 진짜 문제는 인권이 시장근본주의를 부추긴다는 것이 아니라, 인권이 시장근본주의의 성공 앞에서 이론적으로는 소극적이고 실제적으로는 무능하다는 것이다. 인권 운동이 신자유주의에 어떤 위협도 가하지 않는 사이에 신자유주의는 세상을 바꾸었다. 인권의 비극은 인권이 전 지구적 상상력을 점령했지만 지금까지 거의 주목을 끌지 못했다는 것이다. 인권은 그저 변함없이, 거리낌 없이 나아가는 신자유주의라는 거인의 뒤꿈치를 물고 늘어질 뿐이었다. 그리고 인권이 시장근본주의의 무력한 동반자가 되어온 결정적인 이유는 단지, 인권이 물질적 불평등에 관해 아무것도 말하지 않았다는 데 있다. 인권에 대한 주된 걱정거리는, 인권이 "재앙적 자본주의"를 부추긴다는 것이 아님은 말할 것도 없고, 인권이 제공하려 나선 분배적 보호 자체를 인권 스스로가 파괴한다는 것도 아니다. 너무나 많은 곳에서 그러한 보호는 아예 존재하지도 않았다. 그리고 전 지구적 자본주의는 국가 악폐의 유일한 원천도 아니고, 심지어 주된 원천도 아니다. 사실, 자본주의는 1970년대 이후 주로 중국의 시장화에 힘입어 역사상 이전의 어떤 힘이 해냈던 것보다 더 많은 사람을 가장 극심한 빈곤으로부터(따라서 최저 생활의 기초 한계선 위로) 탈출시켰다.

오히려 문제는 크로이소스의 예가 보여주는 그 문제다. 인지되지 않을 만큼 낮은 야망이야말로 인권을 시장근본주의의 동반자로 만들어 그 둘이 같은 시기에 함께 큰 도약을 이루게 한 원인이다. 인권과 시장근본주의의 주된 연결 고리는, 연결 고리가 없다는 것이다. 인권 혁명이 국가의 악폐에 오롯이 집중해왔고, 가장 야심차게는 충분한 지급을 보장하는 데 전념해왔다는 바로 그 이유에서, 인권 혁명은 신자유주의가 불평등에 대한 제한들을 없애는 것에 대응하지 못했거나, 심지어 그것을 인식하지 못했다. 인권은 신자유주의가 보다 인도적이기만을 요구하는데, 이 때문에 인권은 신자유주의 시대의 상징적 도덕이 되어왔다. 우리의 세계는 크로이소스의 세계를 점점 더 닮아가게 되었다.

인권 운동이 부적절하다는 말이 아니다. 그렇게 말한다면 나사못을 돌리는 데 쓸모가 없다고 망치를 비난하는 것이나 마찬가지다. 기본적 가치를 지키지 못하는 국가와 공동체를 규탄하는 일은(그것이 선택적인 것이 아니고 강대국 간 외교를 위한 연막이 아닌 한) 의심의 여지가 없는 공헌이다. 지난 25년간의 사회권의 성장은 분명 의미심장하지만, 대부분의 지지자들과 최고 강대국들(경제·사회권이 국제 시스템의 원칙이 되는 것을 줄곧 거부해온 미국을 필두로)은 정치적 가혹 행위와 억압을 우선시한다. 심지어 사회권이 보다 더 중요성을 인정받을 때도 사회권은 일반적으로 빈곤의 한계선을 신경 쓰지, 부자들이 나머지 사람들보다 얼마나 더 높이 솟아 있는지를 신경 쓰지 않는다.

크로이소스는 이를 이해하고 있으며, 바로 이것이 인간의 욕구에 초점을 맞추는 사람들이 그의 규칙대로 일할 때 지배자로서의 그의 지위가 안전한 이유다. 현재의 인권 운동은 부지불식간에 크로이소스가 자신의 계획을 실행하는 데 도움을 주고 있는 것처럼 보인다. 누군가는 물질적 평등이란 해결하고자 선명히 하고 조직해야 하는, 다른 이들의 문제라고 답할 수도 있다. 또 다른 운동을 만드는 것은 하나의 운동이 할 일은 아닌 것이다. 그러나 인권 현상과 사회주의의 죽음의 공존은 역사적 사실이다. 그리고 우리 시대에 세계의 많은 이상주의를 물려받은 인권 활동가들과 법률가들은 그저 모든 규모의 물질적 평등주의 열망의 폐허 속에서 성공을 거둔 것에 부끄러워해야 한다. 인권 운동은, 공개적으로 크로이소스에게 반대하지 않는 한은, 혹은 적어도 공개적으로 반란을 일으키는 다른 사람들과 공모하지 않는 한은, 크로이소스의 동맹처럼 보이게 될(크로이소스의 지배가 강력해질수록 인권 운동은 번성했으니) 위험을 각오해야 할 것이다. 오늘날 인권 운동이 지금보다 훨씬 더 사회권에 집중한다면, 예컨대 특히 집단적 권한 부여의 장치로 기능하는 노동권의 증진에 집중한다면, 인권 운동은 물질적인 결과에도 상당한 변화를 가져올 것이다.

평등주의에 대한 압력이 없다면, 심화되는 위계와 물질적 정체에 빠진 국가들에서 포퓰리즘적 분노가 폭발할 것이 뻔하다. 마찬가지로, 계속되는 전 지구적 불평등은 끊임없이 이주 욕구를 자극해, 난민 위기를 악화시키고 극빈을 구조적인 악에서 가시적인 참상으로 바꾸어버린다. 인권 운동의 반향은, 인권 운동을 더욱 강하게 밀고 나가, 물질적 불평등이 정치적 재앙으로 이어질 때 물질적 불평등의 결과를 고발하는 것이었다. 그러나 인권 운동이 신자유주의와의 평화적 동반자 관계로부터 스스로를 구하지 않는다면, 인권 운동은 반복되는 악을 더 직접적으로 마주하지 않고 반복되는 악의 영구성을 인정하는 임시방편에 점점 더 가까워질 것이다. 포퓰리즘은 그저 병을 무시하고 증상을 고발하는 역학의 한 가지 예일 뿐이다.

인권법이나 인권 운동이 물질적 불평등의 위기와 공존하는 것을 다른 형태의 인권법이나 인권 운동이 바로잡을 수 있을까? 인권법이나 인권 운동의 급진적 변화를 통해서(예를 들어 사회주의 운동으로의 변화를 통해서) 그렇게 할 수 있다고 믿기 어려운 이유가 있다. 정치적 억압과 싸우고 과도한 폭력을 저지하는 것에 관한 한, 혹은 사실상 보다 논란이 있기는 하지만 경제·사회권을 위한 싸움에 관한 한, 인권의 도덕적 중요성과 어쩌면 심지어 인권의 역사적 성공을 부인할 수는 없다. 그러나 불평등이 제한된 경우, 인권이 자신의 시장근본주의적 도플갱어와 공유하는 것은 결코 개인주의적이고 종종 반국가주의적인 근거가 아니었다. 그리고 경제적 공정성에 대한 지지를 모으는 것에 관한 한, 인권 운동의 주된 도구들(국가의 억압이나 전쟁의 참상을 규탄하는 알림 활동)은 용도에 맞지 않는다. 인권 운동이 시장근본주의에 의미 있는 대안도, 그리고 분명 심각한 위협도 제공하지 못한다고 비난받아 온 것은 부분적으로는 인권 운동이 그러한 일을 할 수 없는 것이기 때문이다. 헤로도토스의 『역사』에서 철학자 솔론이 크로이소스에게 준 치욕은 왕의 자만심을 꺾었을 뿐이고, 크로이소스를 쓰러뜨린 것은 페르시아의 군대였다. 지역과 전 지구적 경제 정의를 이루기 위해서는 시장 재설계나 적어도 부자들에게서 나머지 사람들에게로의 재분배가 필요한 것이 사실인데, 이는 설령 새로운 형태의 법적 운동의 보조를 받는다 해도 공개적으로 망신 주기로는 결코 성취될 수 없는 일들이다.

신자유주의가 국가를 배제한 것은 아니지만(전혀 그렇지 않다), 자코뱅파 때부터, 신자유주의가 초래한 것과는 매우 다른 종류의 국가가 상상 속으로 밀려들어와서 인민의 구제자 같은 모습을 가장하고는 인민의 헌신과 자기희생을 자아냈다. 신자유주의와 마찬가지로 인권 운동도 국가에 의존한다. 그러나 인권 운동이 경제·사회권을 추구한다 해도 그것은 경제·사회권을 달성할 국가의 역량을 키워준다거나 경제·사회권 달성의 의지를 북돋아주는 데는 아무 도움이 되지 않았다. 자코뱅파 때부터 내려온, 충분성과 평등이라는 두 목표를 결합하는 대안적 복지 전통에서는 하나의 강한 국가(개입주의적 역량을 갖추었고 높은 세금으로 자금을 조달하고 자국 인민의 열의를 불러일으킬 수 있는)가 평등화하는 힘으로 작용했다. 평등은 거버넌스를 규탄하는 것에 의해서는 결코 달성되지 않았고, 거버넌스에 대한 열의와 심지어 거버넌스에의 헌신에 의해서 달성되었다. 신 국제경제질서가 사멸하기 이전에 전 지구적 평등을 추구하는 운동은 비정부 운동이라기보다는 정부 운동이었고, 단지 기존 제도를 규탄하기 위한 운동이라기보다는 새로운 제도를 수립하기 위한 운동이었다. 세계 복지는, 국민 복지에 대한 아바타로부터 세계 무대로 완전히 확대된 정부의 역량과 동등한 정서적 헌신을 필요로 할 것이다. 세계를 시야에 담지 않고는 국가에서 국가로 나아갈 방법이 없다고 말하는 크로이소스는 인권 운동과 마찬가지로 옳다. 단지 둘 다 분배의 평등을 설득력 있는 규범으로 채택하지 않을 뿐이다.

그러나 인권 운동이 단지 평등으로 전환하는 것만으로는 신자유주의와의 동반자 관계를 끊을 수 없다고 믿는 데는, 인권 운동이 계획적인 사고 및 국가 권력과 맺고 있는 조심스러운 관계보다 더 깊은 이유가 있다. 더 거슬리는 것은, 20세기 중반의 상대적 물질적 평등의 시대가 다른 한편으로는 세계에 끔찍한 피해를 입힌 전체주의 체제와 냉전의 시대이기도 했다는 게 우연이 아닐 수 있다는 점이다. 국민 복지는 무서운 내부적·외부적 위협(침소봉대되긴 했지만, 잘 조직된 현저한 노동 운동과 공산주의의 위협)이 있을 때에만 보호의 하한선과 불평등의 상한선을 구축했다. 이러한 위협에 대한 반응으로서, 피에르 로장발롱이 "공포의 개혁주의"라고 칭한 것에 따른 변화가 일어났다. 국가가 그 자신만이 막을 수 있는 위협보다는 덜 무서워 보였기 때문에, 거버넌스는 물질적 평등을 확보하는 방향으로 확장되었다. 반대로, 인권 운동은 정부의 억압과 폭력을 규탄하는 데 최고조의 영향력을 발휘했지만, 20세기의 공포를 딛고 살아남은 사람들에 대한 보호와 재분배를 불러온 두려움의 의식을 기능적으로 대체하지는 못했다.[3]

복지의 꿈이 현재 유배되어 있는 그 이상의 영역에서 현실로 돌아올 수 있다면, 그저 계획으로서가 아니라 운동으로서 지지를 받아야 할 것이다. 그러나 운동은 우리의 세계가 크로이소스의 세계를 점점 닮아가면서 두드러지게 된 우리의 인권 운동과 같은 것은 아닐 것이다. 무엇보다도 운동은, 단지 비판에 그치지 않고, 지역과 전 지구적 거버넌스라는 과제를 떠안아야 한다. 그리고 운동은, 20세기의 갈등과 같은 엄청난 비용을 발생시키지 않으면서, 복지국가가 물질적 공정성을 목표로 감독한 사회적 교섭을 촉진할 수 있을 만큼 충분히 무서워야 한다. 인권의 시대는 국가적 사회 정의(특히 여성을 위한)에 더 많이 내포되어왔으며 어떤 새로운 계획이나 운동도 그러한 소득을 보존하고 확대해야 한다. 최종적으로는 그것이 전 지구적인 것으로 규모가 확대되어야 한다. 도덕의 차원에서, 세계의 부자들은 사람들이 가장 극심한 배제, 극빈, 폭력에 내몰려 있을 때에만 그들을 동료 인간으로 알아보는 협소한 인식에서 벗어나야 한다. 오늘날에 이르도록 전 지구적 복지의 구조는 그저 상상 속에 있었을 뿐 제도화된 적이 없다. 그만큼 그것은 쉬운 일이 아니다. 사실 그것은 극히 힘든 일이다.

그러나 물질적 평등이 필연적으로 배제 또는 폭력에 달려 있다거나, 국제적 공정성에 대한 대담한 계획이 몽상이라고 생각할 이유는 없다. 인권이 잔학 행위와 폭정에 맞서는 데 필수적인 방어벽이라는 생각이 한 세대 만에 친근한 것이 되었다. 그러나 이제는 사회주의냐 야만이냐의 더 오래되고 더 원대한 선택을 다시 배워야 할 때고, 또한 한 번도 전 지구적 계획이 되지 못했던 선택을 전 지구적 계획으로 승격시켜야 할 때다. 불평등이 지속되거나 심지어 증가하는 가운데 기본권과 기본 욕구가 충족되는 크로이소스의 세계는 그저 부도덕하기만 한 것이 아니다. 그러한 세계에는 불안정과 몰락이 예정돼 있음이 하루하루 분명해지고 있다.

물질적 위계가 고질화되거나 악화되었을 때에만 인권은 우리의 지고의 이상이 되었다. 이는 양심의 돌파구이자 엄청난 반전이었다. 인권은 불평등한 세계에서 최고의 도덕으로 떠올랐는데, 신자유주의 환경에서 그 도덕의 신봉자들은 인간화를 위해 고군분투할 수 있었지만, 결국 자기도 모르게 신자유주의와 공모했다고 비난받는 처지가 되어 있었다. 인권 활동가들이 자신들의 역할은 평등 찬성론을 펴는 것이 아니라고 판단하더라도, 인권 활동가들이 신자유주의와의 동행을 원해서는 안 된다. 보다 중요한 것은, 인권 지지자들이 인권이 세계의 미래를 열어줄 유일한 열쇠, 혹은 주된 열쇠라고 믿어서는 안 된다는 점이다. 인류가 작은 야망에서 벗어나기만 하면 인권은 옹호할 만한 중요성을 되찾을 것이다. 그렇게 된다면, 지역과 세계의 복지를 위해, 충분성과 평등은 우리의 도덕적 삶에서나 정치적 사업에서나 다시금 강력한 동반자가 될 수 있을 것이다.

감사의 말

이 책은 빠르게 집필되었지만 구상하는 데 오랜 시간이 걸렸다. 감사의 말만 가지고는 그동안 이 책에 도움을 준 너무나 많은 사람에게 진 빚을 갚기에 충분하지 않다. 대니엘 앨런은 내가 이 책의 원고를 쓴 2016~2017년 안식년 동안에 하버드대학 '에드먼드 J. 새프라 윤리센터'에서의 소중한 자리와 환상적인 경험을 기꺼이 내주었다. 베르그루엔 연구소와 웨더헤드 국제문제연구소가 체류비를 지원해주었다. 이렇게 한동안 강의에서 벗어날 수 있게 해준 니콜라스 베르그루엔, 크레이그 캘훈, 시어도어 길먼, 미셸 러몬트에게 깊이 감사한다. 하버드대학의 '앤과 짐 로센버그 인문예술기금' 또한 연구비를 지원했다. 또한 나는 너무나 많은 것을 베풀어준 하버드 로스쿨의 전임 학장 마사 미노에게 특히 감사한다. 그녀는 내가 한 학기 동안 학교를 떠나도록 허락해주었고, 이를 위해 무수히 많은 방법으로 장학금을 지원해주었다. 애초에 그녀가 나를 교수진으로 불러준 데 대한 고마움은 말할 것도 없다.

이 책이 대체로 하버드에서 보낸 시간의 산물이기에, 이 지면을 빌려 그곳에서 내게 친절을 베풀어준 사람들 모두에게 감사를 표하고자 한다. 특히 나의 로스쿨 동료 게이브리엘라 블룸, 존 골드버그, 잭 골드스미스, 데이비드 케네디, 덩컨 케네디, 벤저민 색스에게 감사한다. 인권 분야의 너그러운 동료 제럴드 뉴먼은 없어서는 안 될 동료애를 보여주었을 뿐만 아니라 특유의 세심함으로 이 책의 한 장을 검토해주었다. 프랭크 마이클먼은 충분성에 대한 나의 고민에 언제나 평등주의적인 관심을 보여주었다. 그는 나와 같은 수많은 평범한 부류에게 언제나 현세의 모범이었고 앞으로도 쭉 그럴 것이지만, 역사적 주인공으로 대우받는 것에 과민반응하지 않았다. 걸출한 학자들에 대해 말하자면, 로스쿨에서 나의 멘토였던 로베르토 웅거와 함께 어울리고 강의하는 것은 스스로 겸손해지는 영광스러운 일이었다. 그는 내가 이 책에서 깊은 평등과 깊은 자유의 차이가 아니라 충분성과 평등의 차이에 대해 썼다는 것을 좋아하지 않겠지만, 어떤 사람들은 자기 시대의 논쟁에 임하는 것이 미래의 가능성을 선동하는 최선의 방법이라고 여긴다는 것을 너그럽게 봐줄 것이다. 하버드대학의 인권 드림팀, 특히 마이클 이그네이티프, 머사이어스 리스, 캐스린 시킹크, 베스 시먼스는 나를 진지하게 맞아주었다. 또한 호미 바바와 리처드 턱은 매우 깍듯하게 캠퍼스로 나를 맞아주었다.

수많은 하버드 학생이 각기 다른 역량으로 이 프로젝트에 대해 나와 의논하고 협력했으며, 샤프 예술과학부 프로그램이 그중 두 사람에게 여름 학기 장학금을 지급했다. 특히 레프 아시모프, 루카 마티노 리바이,

미셸 멜턴, 카리 라그나슨, 프랜 스완슨, 댄 드래피콘트, 그리고 이전에 컬럼비아대학에서 전 지구적 정의에 대한 나의 초기 연구를 도왔던 샌디 딜(이제는 하버드 학생)에게 특히 감사한다. 멀린다 이킨과 톰프슨 포터는 크고 작은 문제들에 귀중한 도움을 주었고, 도서관 직원은 감탄스럽게도 내가 부탁하는 것은 뭐든 가져다주었다.

나는 하버드 밖에서도 엄청나게 많은 도움을 받았다. 몇 년 전, 시카고대학에서 맡았던 강의와 『크리티컬 인콰이어리』의 특집호를 계기로 세계인권선언을 되돌아볼 기회가 있었는데, 이때 처음의 사고가 촉발되었다. 나중에 각 장의 집필에 들어갔을 때 각 장마다 각기 다른 집단들이 크게 관여했으며, 나는 이들 모두에게 감사한다. 1장에 대해서는 크리스토퍼 브룩, 앤드루 자인칠, 대린 맥마흔, 아잔 야딘 이스라엘, 그리고 오늘까지도 미치고 있는 복지에 대한 자코뱅파의 유산을 개척하도록 내게 영감을 준 오랜 동료 이서 윌록에게 감사한다. 2장에 대해서는 이 장에 담긴 견해를 소개할 기회를 준 찰스 월턴 및 그가 주최한 회의의 참석자들에게 감사한다. 3장에 대해서는 이 장에 대해 조언해준 윌리엄 포배스와 제러미 케슬러, 그리고 내가 이 장의 한 형식을 발표한 보스턴대학 '엘리자베스 배텔 클라크 법제사 강의'의 애나 디 로빌런트 및 그녀의 동료들에게 감사한다. 4장에 대해서는 이 장에 대해 영감을 준 앤터니 앵기, 신 국제경제질서와 그것에 직접 유입된 군나르 뮈르달에 대한 협력 프로젝트를 진행한 『휴머니티』 관계자들과 동료들, 구성을 도와주고 논평해준 닐스 길먼, 그리고 곧 출간될 자신의 책을 내가 먼저 접할 수 있도록 특권을 베풀어주어 나 자신의 책을 수정하는 데 너무나 큰 도움을 준 아돔 게타

추에게 감사한다. 5장에 대해서는 이 장에서 다루어진 시대에 대해 서신을 통해서나 점심식사를 통해서 회고해준 퍼트리샤 와이스 페이건과 아마르티아 센, 그리고 진행 중인 자신들의 논문을 읽게 해준 폴 애들러, 시빌 뒤오투아, 마이클 프란차크에게 감사한다. 그리고 6장은 내가 연구 주제로 삼은 지 가장 오래된 것을 다룬 만큼, 아주 많은 사람으로부터 전 지구적 정의 관련 자료에 대한 도움을 받았다. 자신들의 젊은 시절의 관여에 대한 자문에 응해준 (그리고 무엇보다 그런 훌륭한 약진을 이뤄낸) 찰스 비츠와 헨리 슈, 같은 주제의 논문의 공동 필자들인 카트리나 포레스터와 테힐라 새슨, 나의 글에 대해 훌륭한 반향을 보여준 제프리 플런, 약간의 판매량을 만들어준 로브 템피오에게 감사한다.

7장은 마지막에 쓰였지만 책 전체가 이 장의 논의에서 영감을 얻었다. 그러한 이유로 나는 이 프로젝트를 시작한(의도적이지는 않았지만) 수전 마크스와 이전 책에 대해 흥미로운 평을 남겨 결국 나를 현재의 방향으로 이끈 퀸 슬로보디언에게 감사를 표하지 않을 수 없다. 내가 이 책의 주장을 일찍이 체계화하게 된 것은 나의 친구들인 데이비드 그레이월과 제디 다이어 퍼디의 주문 덕분이었는데, 이들은 미국 법학에 신자유주의에 대한 성찰을 도입한 것에 대해 마땅히 칭찬받아야 할 사람들이고, 나의 이 책은 그러한 맥락의 한 작은 사례일 뿐이다. 내가 아는 한 경제·사회권에 대해 가장 중요한 전문 기관인 코네티컷대학 스토어스 인권연구소에서 나는 2주간 '마샤 릴리엔 글래드스타인 초빙교수'로 일하는 특권을 얻었으며 많은 것을 배웠다. 또한 나는 유엔 프로세스에 관한 귀중한 서신 교환과 초안 작업으로 도움을 준 줄리아 뎀에게, 건강권과 더 광범위한 주장에 대한 생각에 도움을 준 에이미 칸친스키에게, 환상적인 조언을 해주고 길동무가 되어준 박학다식한 조앤 마이어로위츠와 몰리 놀런에게, 그리고 사상가로서의 깊은 영감과 동료로서의 너그러움을 보여준 마고 살로먼에게 빚을 졌다. 캐런 이글과 벤 골더는 일찍이 내 초기 관점을 대화로 전달할 수 있는 토론의 장을 열어주었고, 『크로니클 오브 하이어 에듀케이션』은 이를 요약 수록해주었으며, 후일 국제사면위원회 네덜란드 조사국 및 열린 국제권리(오픈 글로벌 라이츠) 사이트도 지면을 제공해주었다. 카리 라그나슨에게 특별한 감사의 말을 전하고 싶다. 그는 4장의 일부 조사를 맡아주었을 뿐만 아니라 7장과 나머지 부분의 원고를 전문적으로 세심하게 읽어주었으며, 기초 자료를 조사하고 그에 대한 가르침을 주었다.

오대륙에 걸쳐 많은 사람이 이 연구를 발표하도록 초청해주었으며, 나는 특히 이 주제에 대한 내 생각이 초기 단계에 있던 시기에 옥스퍼드대학의 '시릴 포스터 국제 관계 강의'를 맡아서 기뻤고, 얼마 후에는 '루뱅 가톨릭대학 폴리테이아 강의'와 '텔아비브대학 미네르바 인권 강의'를 맡게 되어 기뻤다. 다양한 행사에서 나온 논평과 질문이 중요한 영향을 미쳤으며, 따라서 주최자들에게 아무리 감사해도 모자란다. 레너드 베나도와 알렉산더 소로스 덕분에 오픈소사이어티 재단 행사에서 내 생각 일부를 발표할 수 있어서 행운이었다. 여기 언급되었든 아니든 새로운 인권사의 동료들과 친구들은 나에게 늘 자극제가 되었으며, 그중에서도 특히 마크 브래들리, 로널드 버크, 크리스티안 크리스티안센, 마코 듀란티, 얀 에켈, 댄 에델스타인, 마크 구데일, 스테판 루트비히 호프만, 호르헤 곤살레스 하코메, 스테벤 L. B. 엔센, 패트릭 켈리, 바버라 키스, 린데 린드크

비스트, 제임스 레플러, 살라르 모한데시, 유멍 오서를 꼽아야 할 것이다. 폴 칸은 나를 위해 너무나 많은 일을 해주었는데, 내가 원래의 서론을 뺀 것도 그의 주장을 따른 것이었다. 그 부분은 결론을 이루게 되었다.

조이스 셀처는 오래전에 이 책을 쓸 것을 주문했고(그때만 해도 이 책이 어떤 것이 될지는 우리 둘 다 정확히 알지 못했지만), (잘못된) 구상에서 출간까지 이 책이 이루어지는 과정을 지휘했다. 본질에 있어서나 문장력에 있어서나 원고 전체에 대한 제임스 채플의 통찰력 있는 논평은 이중으로 나를 부끄럽게 만들었다. 우선은 내가 자초한 단점들이 부끄러웠고, 허용된 시간 안에 그 단점들로부터 나를 구하기 위해 그가 준 엄청난 도움을 전부 다 수용하지 못한 것 또한 부끄러웠다. 폴 헤인브링크와 마크 매조위는 특히 내가 원고를 어떻게 마무리해야 할지 고심하던 바로 그 순간에 딱 알맞은 중요한 조언을 주었다. 그들에게 깊은 감사를 표한다. 마지막 단계에서 하버드대학 출판부의 익명의 독자들이 긴요한 도움을 주었다. 애나머리 와이는 표지를 멋지게 디자인해주었다. 케이트 브릭, 그리고 특히 케리 웬트는 좀더 매끄럽게 글을 고쳐주었다. 그리고 그레고리 콘블러가 이 책을 세상에 알리기 위해 노력해주었다. 데어 맥패든이 교정을 봐주었고, 브라이언 오스트랜더가 제작을 마무리했고, 레이철 롤닉이 색인 작업을 했다.

이 책을 조지프 네이선에게 바친다. 그의 우정은 내 가족, 특히 앨리사, 릴리, 매들린의 사랑만큼이나 내게 항상 과분한 것이었다. 그에 걸맞은 고마움을 표하는 것은 해도 해도 충분치 않고 또 벅찬 일이다.

옮긴이의 말

이 책은 2019년 하버드대학 출판부에서 출간된 *Not Enough: Human Rights in an Unequal World*를 번역한 것이다. 저자 새뮤얼 모인의 여러 저서 중에서 *The Last Utopia: Human Rights in History*(Harvard University Press, 2010)를 비롯하여 공저인 *The Right to Have Rights*(Verso, 2018)가 각각 『인권이란 무엇인가』(2011)와 『권리를 가질 권리』(2018)로 국내에서 번역된 바 있다. 『인권이란 무엇인가』가 인권이 비교적 최근의 유토피아적 기획으로서 발명된 것임을 이 개념의 역사적 전개를 통해 보여주었다면, 『권리를 가질 권리』는 "'권리들'을 가질 권리"라는 표제하에 복수형의 '권리들rights'에 주목하면서 "권리들의 전제 조건에서 권리들의 달성으로, 또 정치체로의 포괄적인 통합에서 구체적이고 견고한 시민의 자격으로 우리의 관심이 이동"하게 된다는 점을 강조한다. 이들 저작에서 모인은 인권이 주권국가의 고전적 자유주의의 정치경제 안에서 시민의 권리로만 축소되는 문제점을 일관되게 지적하고 있다.

『충분하지 않다』에서 모인의 문제의식은 보다 입체적이고 급진적으로 발전한다. 그에 따르면 인권의 역사는 분배의 두 가지 절대 원칙, 즉 '충분성'과 '평등'을 논하고 정착시키려는 광범위한 투쟁의 역사이다. 충분성과 평등은 고대 그리스·로마에서부터 프랑스 혁명에 이르기까지 긴밀하게 연결되었으나, 국민복지국가의 등장과 함께 분리되기 시작한다. 특히 그간의 인권운동과 인권법은 불평등을 제한하기보다는 충분한 지급을 보장하려는 노력에 치중한 나머지 위계를 고착화하고 (물질적) 평등을 달성하는데 실패해버렸다. 결과적으로 인권의 시대는 동시에 부자가 승리한 시대가 되었고, 우리가 사는 세계는 크로이소스의 세계가 된 것이다. 앞서 인권이 도덕의 공용어가 되는 과정을 세밀하게 묘사한 것을 넘어 모인은 이러한 과정이 시장근본주의의 성장 혹은 국민 복지의 쇠퇴와 관련 있다는 점을 면밀하게 보여준다. 특히 인권이 전 지구적 상상력을 자극했음에도 불구하고, 물질적 불평등에 대해서 아무것도 말하지 않았기 때문에 시장근본주의의 성공 앞에서 이론적으로는 소극적이고 현실적으로는 무능할 수밖에 없었다는 점을 강조하면서, 인권이 신자유주의 시대의 상징 도덕으로 전락한 것을 개탄한다. 심지어 1948년의 세계인권선언에서 강조된 사회권조차 점차적으로 빈곤의 한계에만 치중했을 뿐 부를 통해 만들어진 위계에는 신경 쓰지 않았다. 이러한 인권 현상과 사회주의의 종언은 궤를 같이한다는 점도 지적할 필요가 있을 것이다.

구조적인 문제는 언제든 가시적인 재난으로 표출되기 마련이어서, 평등이 배제된 시대에 심화된 불평등은 국내적으로는 양극화로 인해 포퓰리즘적 분노에 직면하게 되고, 전 지구적으로는 이주 욕구를 자극해 난민 위기를 악화시킨다. 이처럼 불평등이 지속되거나 증가하는 가운데 기본권과 기본 욕구만 충족되는 크로이소스의 세계가 부도덕한 것을 넘어 불안정과 몰락이라는 더 큰 파국을 내재하고 있음은 점차 분명하다. 때문에 충분한 보호와 더 평등한 결과를 지향하려는 투쟁은 동시적이어야 한다. 불충분성으로부터 보호하는 하한선만이 아니라 불평등을 제한하는 상한선에 대한 고민도 필요한 것이다. 전 지구적 정의의 기획으로서 전 지구적 평등주의 분배를 제시하는 『충분하지 않다』는 그동안의 인권이 전 세계적 충분성에 천착함으로써 전 세계적 불평등이 심화되는 것에 기여한 책임을 분석하면서, 인권이 분배의 평등과 맺었던 애초의 관계를 복원하고 더 나아가 분배의 평등을 세계 무대로 확장할 방법을 모색하는 일종의 지성사이자 이념사이다. 그럼으로써 저자는 전 지구적 정치 언어이자 도덕 언어인 인권이 오늘날 우리 시대에 재정의되고 새롭게 부상하기를 전망한다.

　비록 '삶의 좋은 것들'을 얼마만큼 나누어 가져야 하는가에 대해서는 합의를 도출하기가 쉽지 않을지라도, 우리 시대 인권의 기획은 충분성과 함께 분배의 평등에 더 많은 고민과 노력을 기울여야 한다. 그럼으로써 인권은 '텅 빈 기표'가 아닌 구체적 이념이자 실천으로서 자리매김할 수 있다. 저자에 따르면 부자를 제외한 나머지 사람들 모두가 최소한의 품위를 유지할 수 있더라도 "부자가 나머지보다 얼마나 높이 솟아 있는지가 윤리적으로 중요한 문제라고 주장한다면 당신은 충분성 지지자에서 평등 지지자로 넘어간 것"이라고 한다. 다시금 이렇게 말할 수 있을 것이다. "충분한 것으로는 충분하지 않다Enough is not enough."

주

서론

1) Zdena Tominová, "Human Rights and Socialism", *The Crane Bag* 7, no. 1 (1983): 119.

2) Ibid. 패배에 대해서는 Jonathan Bolton, *Worlds of Dissent: Charter 77, the Plastic People of the Universe, and Czech Culture under Communism* (Cambridge, Mass., 2012), 180.

3) 용어의 데이터에 대해서는 7장을 참고하라.

4) 신분의 평등 혹은 "기본적" 평등에 대해서는 다음을 보라. Siep Stuurman, *The Invention of Humanity: Equality and Cultural Difference in World History* (Cambridge, Mass., 2017); Jeremy Waldron, *One Another's Equals: The Basis of Human Equality* (Cambridge, Mass., 2017).

5) Thomas Paine, "Agrarian Justice", *Political Writings*, ed. Bruce Kuklick (Cambridge, 2000), 332.

6) 프랭크퍼트의 이른바 "충분주의" 주장은 1980년대부터 시작되었으며, 로저 크리스프 등등이 이를 지지했다. Harry Frankfurt, "Equality as a Moral Ideal", *Ethics* 98, no. 1 (1987): 21~43; Frankfurt, *On Inequality* (Princeton, 2015). 이에 대한 대응의 하나로 Paula Casal, "Why Sufficiency Is Not Enough", *Ethics* 117, no. 2 (2007): 296~326 참조.

7) 어떤 선택 국가들에서의 이러한 성취와 그 성취의 쇠퇴를 잘 보여준 것이 Thomas

Piketty, *Capital in the Twenty-First Century*, trans. Arthur Goldhammer (Cambridge, Mass., 2013)이다. 또한 Anthony B. Atkinson, *Inequality: What Can Be Done?* (Cambridge, Mass., 2015)을 보라. 전 세계적 불평등에 대해서는 다음을 보라. François Bourguignon, *The Globalization of Inequality* (Princeton, 2015); Branko Milanovic, *The Haves and the Have-Nots: A Brief and Idiosyncratic History of Global Inequality* (New York, 2011); Milanovic, *Global Inequality: A New Approach for the New Age of Globalization* (New York, 2016); Simon Reid-Henry, *The Political Origins of Inequality: Why a More Equal World Is Better for Us All* (Chicago, 2015).

8) 비판적이지 않은 향수의 많은 예 중 하나로 Tony Judt, *Ill Fares the Land* (New York, 2010)를 보라. 나의 "Unfinished Arguments", *New York Times*, January 28, 2015 참조.

1. 자코뱅파의 유산: 사회 정의의 기원들

1) William Temple, "The State", *Citizen and Churchman* (London, 1941).

2) R. R. Palmer, *Twelve Who Ruled: He Committee of Public Safety during the Terror* (Princeton, 1941), 311. 이번 장은 이어지는 지배적인 마르크스주의 및 "수정주의" 설명과 의견을 달리하는, 프랑스 혁명과 근대사에 대한 사회민주주의 역사학의 회복을 제안한다.

3) 분배 정의에 대한 두 가지 일반 역사(팽팽히 대립하는)가 많은 도움이 되었다. Christopher Brooke, *Who Gets What? A History of Distributive Political Theory from Rousseau to Rawls* (출간 예정); Samuel Fleischacker, *A Brief History of Distributive Justice* (Cambridge, Mass., 2004). 평등주의의 역사에 대해서는 Pierre Rosanvallon, *The Society of Equals*, trans. Arthur Goldhammer (Cambridge, Mass., 2013)를 보라. 20세기 이전의 사회권의 역사를 종합하려는 시도는 본래 존재하지 않으나, Wilhelm Brepohl, *Die Sozialen Menschenrechte: ihre Geschichte und ihre Begründung* (Wiesbaden, 1950); Peter Krause, "Die Entwicklung der sozialen Grundrechte", Gunter Birtsch, ed., *Grund- und Freiheitsrechte im Wandel von Gesellschaft und Geschichte* (Göttingen, 1981)를 보라.

4) 다음을 보라. Paul Veyne, *Bread and Circuses: Historical Sociology and Political Pluralism*, trans. Brian Pierce (London, 1992); Peter Brown, *Poverty and Leadership in the Later Roman Empire* (Hanover, 1992), 특히 chap. 1; L. L. Wellborn, "'That There May Be Equality': The Contexts and Consequences of a Pauline Ideal", *New Testament Studies* 59 (2013): 73~90.

5) 70인역 성서는 히브리어 leḥem ḥuqqi를 "τά έοντα καί νά αύτάρκη"(필요하면서 충분한 것)으로 번역했으며, 이것이 후일 라틴어 번역어 sufficientia의 기초가 되었을 수 있다. 라틴어에서 "충분성"의 의미를 띠게 된 것이나 『부에 대하여』와 관련해서는 Peter Brown, *Through the Eye of a Needle: Wealth, the Fall of Rome, and the Making of Christianity in the West, 350~550* (Princeton 2012), chap. 19 at 315를 보라.

6) 나는 Julia McClure, "The Deep History of Socio-Economic Rights"(미발표)에 많은 빚을 졌는데, 이 논문은 다음과 같은 책들을 참고했다. Gilles Couvreur, *Le pauvres ont-ils des droits? Recherches sur le vol en cas d'extrême nécessité depuis la Concordia de Gratien (1140) jusqu'à Guillaume d'Auxerre* (1231) (Rome, 1961); Virpi Mäkinen, "The Franciscan Background of Early Modern Rights Discussion: Rights of Property and Subsistence", in Jill Kraye · Risto Saarinen, eds., *Moral Philosophy on the Threshold of Modernity* (Dordrecht, 2005). 기근과 역병에 대한 정책에서의 사회 질서의 우선순위에 대해서는 예컨대 Michael Braddick, *State Formation in Early Modern England, c. 1550~1700* (Cambridge, 2000), chap. 3을 보라. 'ateliers de charité'와 같은 혁명 전 프랑스의 후기 국가 정책에 대해서는 Olwen H. Hufton, *The Poor of Eighteenth-Century France, 1750~1789* (Oxford, 1974), chap. 6을 보라.

7) David Bell, *The Cult of the Nation in France: Inventing Nationalism, 1600~1800* (Cambridge, Mass., 2001). 26, Keith Baker와 특히 Marcel Gauchet의 사상을 따름.

8) James Scott, *The Moral Economy of the Peasant: Rebellion and Subsistence in Southeast Asia* (New Haven, 1976), 176, 181, 184, 40.

9) E. P. Thompson, "The Moral Economy of the English Crowd in the Eighteenth Century", *Past & Present* 50 (February 1971): 76~136을 보라. 일찍이 칼 폴라니가 *The Great Transformation* (London, 1944)에서 시장 사회의 부상에 대해 서술했다면, 톰프슨의 훌륭한 재구성은 관련 논증의 분출과 관련 있었다. 특히 R. B. Rose, "Eighteenth-Century Price Riots and Public Policy in England", *International Review of Social History* 6, no. 2 (1961): 277~292를 보라.

10) Jean-Jacques Rousseau, *The Social Contract and Other Later Political Writings*, ed. Victor Gourevitch (Cambridge, 1997), 78, 54.

11) 관련 맥락을 위해서는 다음을 보라. Steve Pincus, *The Heart of the Declaration: The Founders' Case for an Activist Government* (New Haven, 2016); Paul Cheney, *Revolutionary Commerce: Globalization and the French Monarchy* (Cambridge, Mass., 2010); John Shovlin, *The Political Economy of Virtue: Luxury, Patriotism, and*

the Origins of the French Revolution (Ithaca, 2007).

12) 페인과 "미국 대중의 도덕 경제"에 대해서는 Eric Foner, *Tom Paine and Revolutionary America* (New York, 1976), chap. 5를 보라. 프랑스 혁명기의 콩도르세와 페인에 대해서는, 충분성과 평등 간의 구분을 결여하고 있기는 하지만, Gareth Stedman-Jones, *An End to Poverty? A Historical Debate* (New York, 2004), chap. 1을 보라. 1791년 헌법에 대해서는, 1793~1794년의 명백한 중요성에도 불구하고 자코뱅주의와 혁명 후기보다는 중농주의의 역할 및 혁명 초기를 강조한 Dan Edelstein, *On the Spirit of Rights*(출간 예정)를 보라.

13) R. C. Cobb, *The Police and the people: French Popular Protest, 1989~1820* (Oxford, 1970), 251, 253~284; Albert Soboul, *Les Sans-culottes parisiens en l'An II: Mouvement populaire et gouvernement révolutionnaire* (Paris, 1958), part 2, chap. 2. William H. Sewell, Jr., "The Sans-Culottes Rhetorics of Subsistence", in Keith Michael Baker, ed., *The French Revolution and the Creation of Modern Political Culture*, 4 vols. (Oxford, 1987~1994) 참조. 가격 조정에 관해서는 특히 R. B. Rose, "18th Century Price Riots, the French Revolution, and the Jacobin Maximum", *International Review of Social History* 4, no. 3 (1959): 432~455를 보라.

14) Palmer, *Twelve Who Ruled*, 226.

15) Jean-Pierre Gross, *Fair Shares for All: Jacobin Egalitarianism in Practice* (Cambridge, 1997), 126에 인용됨. 이 책은 자코뱅파의 평등주의와 20세기의 존 롤스의 평등주의를 매우 분명하게 연관 짓는다.

16) Harold J. Laski, *The Socialist Tradition in the French Revolution* (London, 1930), 35. 또한 다음을 참조하라. Alan Forrest, *The French Revolution and the Poor* (Oxford, 1981); Florence Gauthier, "De Mably à Robespierre: un programme économique égalitaire", *Annales historiques de la Révolution française* 57, no. 261 (July 1985): 265~289; P. M. Jones, "The 'Agrarian Law': Schemes for Land Redistribution during the French Revolution", *Past & Present* 133 (November 1991): 96~133; Isser Woloch, *The New Regime: Transformations of the French Civic Order, 1789~1820s* (New York, 1994), chaps. 6~8. 복지 정책의 대상이 되기 위한 여성들의 투쟁에 대해서는 Lisa DiCaprio, *The Origin of the Welfare State: Women, Work, and the French Revolution* (Urbana, 2007)을 보라.

17) Maurice Dommanget, "Les Égaux et la Constitution de 1793", in Dommanget et al., *Babeuf et les problèms du babouvisme* (Paris, 1963). 자코뱅파와 평등에 대해서는 (그리고 자코뱅파와 바뵈프와의 복잡한 관계에 대해서는) Isser Woloch, *Jacobin Legacy:*

The Democratic Movement under the Directory (Princeton, 1970), 특히 27~28, 32~38을 보라.

18) Gracchus Babeuf, "Manifeste des plébéiens", in *Pages choises de Babeuf*, ed. Maurice Dommanget (Paris, 1935), 261~262; Jean Dautry, "Le péssimisme économique de Babeuf et l'histoire des utopies", *Annales historiques de la Révolution française* 33, no. 164 (April 1961): 215~233; William H. Sewell, Jr., "Beyond 1793: Babeuf, Louis Blanc, and the Genealogy of 'Social Revolution.'" in Baker, ed., *The French Revolution*.

19) Thomas Paine, "Agrarian Justice", in *Political Writings*, ed. Bruce Kuklick (Cambridge, 2000), 332. 마크 필프가 썼듯이, 무엇보다 확실한 것은 페인이 "차등 원칙에 미치지 못한다"는 것이다. Mark Philp, *Paine* (Oxford, 1989), 91. 특히 엘리자베스 앤더슨을 위시한 최근의 페인 옹호자들은 그의 충분주의(불평등이 모두의 이익을 돋보이게 할 것이라는 생각과는 거리가 먼)를 왜곡하며, 또한 원시적 전체주의자라는 바뵈프에 대한 오래된 냉전 시대의 비난을 받아들인다. 후자의 모든 한계를 감안하더라도, 이 비난은 바뵈프 덕분에 자코뱅파의 국가에서 나올 수 있었던 평등주의적 주장이 미래의 복지국가에서 중대한 것으로 입증되었음을 보지 못하게 한다. Elizabeth Anderson, "Thomas Paine's Agrarian Justice and the Origins of Social Insurance", in Eric Schliesser, ed., *Ten Neglected Classics of Philosophy* (Oxford, 2017); "Common Property: How Social Insurance Became Confused with Socialism", *Boston Review*, July/August, 2016. 또한 Robert Lamb, *Thomas Paine and the Idea of Human Rights* (Cambridge, 2015), chap. 4를 보라. 앤더슨은 시장 사회 내에서 사회 보장이 갖는 장점을 내세우면서, 그런 보호들의 확대가 사회주의에 의해 촉진되었다는 것 또한 무시한다. 페인이 자코뱅파와 자칭 자코뱅파의 계승자들에게 자극받은 대로 썼고, 자유주의 복지국가가 소련(및 파시스트) 복지국가의 존재 속에서 출현했는데 말이다.

20) Anton Menger, *The Right to the Whole Produce of Labour: The Origin and Development of the Theory of Labour's Claim to the Whole Product of Industry*, trans. M. E. Tanner (London, 1899).

21) Adam Smith, *An Inquiry into the Causes of the Wealth of Nations*, ed. Edwin Cannan (Chicago, 1976), 88; Thomas Malthus, *An Essay on the Principle of Population*, 2nd ed. (London, 1803), 531. 또한 Dennis Rasmussen, "Adam Smith on What is Wrong with Economic Inequality", *American Political Science Review* 110, no. 2 (2016): 342~352를 보라. Holly Case, "The 'Social Question', 1820~1920", *Modern Intellectual History* 13, no. 3. (2016): 747~775 참조.

22) Menger, *The Right*, 13; Victor Considérant, *Théorie du droit de propriété et du droit au travail* (Paris, 1848); Beecher, *Victor Considérant and the Rise and Fall of French Romantic Socialism* (Berkeley, 2001), 143; Émile Girardin, ed., *Le droit au travail au Luxembourg et à l'Assemblée Nationale*, 2 vols. (Paris, 1849)의 콩시데랑 인용; 비스마르크의 "금언"이 불러일으킨 논의의 급증을 다룬 Friedrich Johannes Haun, *Das Recht auf Arbeit: ein Beitrag zur Geshichte, Theorie, und praktischen Lösung* (Berlin, 1889), 45의 비스마르크 인용. 나중의 연구들로는 다음을 보라. Jacques Bénet, *Le capitalisme libéral et le droit au travail*, 2 vols. (Neuchâtel, 1949); Max Bentele, *Das Recht auf Arbeit in rechtsdogmatischer und ideengeschichtlicher Betrachtung* (Zurich, 1949); J. M. van de Ven, "The Right to Work as a Human Right", *Howard Law Journal* 11, no. 2 (1965): 397~412.

23) Menger, *The Right*, 160, 9. 멩거가 생각하기에 바뵈프는 평등한 분배의 결과에 대한 확신을 거의 주지 못했다. 그의 진짜 원칙은 충분성에 대한 것이었다. Ibid., 63~64. 스티븐 룩스에 따르면, "평등은 사회주의의 핵심 목표"이지만 "사회주의자들은 일반적으로 사회주의를 떠받치는 내용이나 가치에 대해 줄곧 그리 명쾌하지 않았다." Steven Lukes, "Socialism and Equality", in *Essays in Social Theory* (London, 1977), 202~213n.

24) Jean-Jacques Pillot, *Ni Châteaux ni chaumères, ou État de la question sociale en 1840* (Paris, 1840), rpt. in Gian Mario Bravo, ed., *Les socialistes avant Marx*, 3 vols. (Paris, 1980), 2: 247. 같은 해에 그는 모든 긴축이나 단순한 충분성을 배격하기 위하여 *Histoire des égaux, ou moyens d'établir l'égalité absolue parmi les hommes* (Paris, 1840), 특히 20~21을 출간했다.

25) Friedrich Engels·Karl Kautsky, "Juristen-Sozialismus", *Die neue Zeit* 2 (1887): 491~508.

26) Rosanvallon, *The Society of Equals*, chap. 3.

27) R. H. Tawney, *Equality*, 4th ed. (London, 1952), 246; Seebohm Rowntree, *The Human Needs of Labour* (London, 1937); Dana Simmons, *Vital Minimum: Need, Science, and Politics in Modern France* (Chicago, 2015).

28) T. H. Marshall, "Citizenship and Social Class", *Citizenship and Social Class and Other Essays* (Cambridge, 1950), 26.

29) Michael Stolleis, "Einführung in die Geschichte des Sozialrechts", in Stolleis, ed., *Quellen zur Geschichte des Sozialrechts* (Göttingen, 1976); Stolleis, *History of Social Law in Germany*, trans. Thomas Dunlap (Berlin, 2014); Kevin Repp, *Reformers, Critics, and the Paths of German Modernity: Anti-Politics and the Search*

for Alternatives, 1890~1914 (Cambridge, Mass., 2000); Larry Frohman, *Poor Relief and Welfare in Germany from the Reformation to World War I* (Cambridge, 2008), chaps. 6~7.

30) Menger, *The Right*, 6, 그리고 맹거의 계획에 대해서는 177; J. A. Hobson, *The Social Problem: Life and Work* (London, 1901), 89. Morris Ginsberg, "The Growth of Social Responsibility", Ginsberg, ed., *Law and Opinion in England in the 20th Century* (London, 1959) 참조.

31) 이를 전반적으로 다룬 책은 없지만, 다음을 보라. M. C. Curthoys, *Labour, Legislation, and the Law: The Trade Union Legislation of the 1870s* (Oxford, 2004); Maurice Deffrennes, *La coalition ouvrière et le droit de grève: Étude historique* (Paris, 1903). 비교적 큰 프랑스 국민국가의 공무원과 파업권에 대해서는 H. S. Jones, *The French State in Question: Public Law and Political Argument in the Third Republic* (Cambridge, 1993)을 보라.

32) Eric J. Hobsbawm, "Labour and Human Rights", *Workers: Worlds of Labour* (New York, 1984), 312.

33) Margaret Cole, *The Story of Fabian Socialism* (Stanford, 1961), 331에 인용된 페이비언 비어트리스 웹; R. H. Tawney, *Equality*, rev. ed. (London, 1931), 291, 46. 우나 매코맥은 반대 의견서에 대한 연구에서, 당시의 마셜의 설명에 대해, "20세기의 일은 (…) 보통 사람의 사회권을 요구하고 보장하는 것이었다. 여기에다가 나는 이 요구가 20세기의 첫 10년 내에 완전하고 명백하게 공표되었고 지지를 구했다고 덧붙이겠다"라고 썼다. Una Cormack, *The Welfare State: The Royal Commission on the Poor Laws, 1905~1909* (London, 1953), 9. 또한 Ben Jackson, *Equality and the British Left: A Study in Progressive Political Thought, 1900~1964* (Manchester, 2007)의 훌륭한 연구를 보라.

34) Robert E. Goodin, *Reasons for Welfare: The Political Theory of the Welfare State* (Princeton, 1988), 51. 최소한의 재분배적 평등주의에 대해서는 다음을 보라. Hannu Uusitalo, "Redistribution and Equality in the Welfare State", *European Sociological Review* 1, no. 2 (September 1985): 163~176; Gøsta Esping-Andersen과 Frank Myles, "Economic Inequality and the Welfare State", in Wiemer Salverda et al., eds., *Oxford Handbook of Economic Inequality* (Oxford, 2011).

35) Weimar Constitution (1919), Art. 162; Živojin Perić, "Les dispositions sociales et économiques dans la Constitution yougoslave", *Revue du droit public* 33, no. 3 (1926): 494~495; Boris Mirkine-Guetzévitch, "Les nouvelles tendances du Droit constitutionnel", *Revue du Droit public et de la science politique* 45, no. 1 (1928),

44; A. I. Svōlos, *Le Travail dans les Constitutions contemporaines* (Paris, 1939).

36) 엄청나게 많은 문헌들 중에서 먼저 다음을 보라. Peter Baldwin, *The Politics of Social Solidarity: Class Bases of the European Welfare State 1875~1975* (Cambridge, 1990); Asa Briggs, "The Welfare State in Historical Perspective", *European Journal of Sociology* 2, no. 2 (1961): 221~258; François Ewald, *L'État-providence* (Paris, 1990); Gøsta Esping-Andersen, *The Three Worlds of Welfare Capitalism* (Princeton, 1990); Aigun Hu와 Patrick Manning, "The Global Social Insurance Movement since the 1880s", *Journal of Global History* 5, no. 1 (2010): 125~148; Francis Sejersted, *The Age of Social Democracy: Norway and Sweden in the Twentieth Century*, trans. Richard Daly (Princeton, 2011).

37) V. I. Lenin, *State and Revolution* (New York, 1992), 84; Richard Stites, *Revolutionary Dreams: Utopian Vision and Experimental Life in the Russian Revolution* (Oxford, 1989), 124와 chap. 6 전반.

38) Francesco Cassata, *Il fascismo razionale: Carrado Gini fa scienza e politica* (Rome, 2006); Jean-Guy Prévost, *A Total Science: Statistics in Liberal and Fascist Italy* (Montreal, 2009).

39) Karl Dietrich Bracher, *The German Dictatorship*, trans. Jean Steinberg (New York, 1970), 10의 괴벨스 인용; Young-Sun Hong, *Welfare, Modernity, and the Weimar State, 1919~1933* (Princeton, 1998); Götz Aly, *Hitler's Beneficiaries: Plunder, Racial War, and the Nazi Welfare State*, trans. Jefferson Chase (New York, 2005), 13과 30의 히틀러 인용; 경제 자립과 복지 재정에 대해서는 Adam Tooze, *The Wages of Destruction: The Making and Breaking of the Nazi Economy* (New York, 2006) 참조.

40) 복지의 전례 없는 자비로움이 아니라 곳곳에서 나타나는 복지의 배제적 성격이 최근 몇십 년간 학문의 주된 주제가 되어왔다. 몇몇 고전적인 출발점은 다음과 같다. Gunnar Broberg · Nils Roll-Hansen, eds., *Eugenics and the Welfare State: Norway, Sweden, Denmark, and Finland* (East Lansing, 2005); Ira Katznelson, *When Affirmative Action Was White* (New York, 2005); Susan Pedersen, *Family, Dependence, and the Origins of the Welfare State: Britain and France, 1914~1945* (Cambridge, 1993).

41) John Rawls, *A Theory of Justice* (Cambridge, Mass., 1971); Ben Jackson, "Property-Owning Democracy: A Short History", in Martin O'Neill · Thad Williamson, eds., *Property-Owning Democracy: Rawls and Beyond* (Chichester, 2012).

42) Daniel T. Rodgers, *Age of Fracture* (Cambridge, Mass., 2011), 특히 182~190.

43) Frank I. Michelman, "In Pursuit of Constitutional Welfare Rights: One View of Rawls' Theory of Justice", *University of Pennsylvania Law Review* 121, no. 5 (May 1973), 982. 그의 더 광범위한 계획의 시초로서는 다음을 보라. Michelman, "On Protecting the Poor through the Fourteenth Amendment", *Harvard Law Review* 83, no. 1 (1969): 7~59, 특히 "평등의 매력"과 대조되는 충분성의 중요성(적어도 헌법적 목적에서의)과 롤스에 대해서는 14~15.

2. 국민 복지와 세계인권선언

1) T. H. Marshall, "Citizenship and Social Class", *Citizenship and Social Class and Other Essays* (Cambridge, 1950), 31~32(Patrick Colquhoun's *A Treatise on Indigence* [London, 1806] 인용), 47~48.

2) 마셜의 사회적 시민권 기획의 문화주의적이고 국가주의적인 전제들을 제대로 강조하고 있는 Julia Moses, "Social Citizenship and Social Rights in the Age of Extremes: T. H. Marshall's Social Philosophy in the *Longue Durée*", *Modern Intellectual History* (출간 예정)도 보라. 마셜의 복지국가의 발생에 대해서는 Susan Pedersen, *Family, Dependence, and the Origins of the Welfare State: Britain and France, 1914~1945* (Cambridge, 1993), 특히 5~7, 336~354를 보라. Laura L. Frader, *Breadwinners and Citizens: Gender and the Making of the French Social Model* (Durham, 2008) 참조.

3) 미국에서, 그리고 아마 다른 곳들에서도 연합의 권리로서의 "사회권"의 초기 개념이 사용되었지만(또한 남용되었지만), 이는 사회권 범주가 20세기에 모든 곳에서 분배적 용어로 재정의되면서 밀려났다. 남북전쟁 이후의 사회권에 대해서는 예컨대 Richard A. Primus, *The American Language of Rights* (Cambridge, 1999), chap. 4를 보라.

4) 이 점에서, 최근 세계인권선언을 칭송해온 국제주의적 제일주의적 신념을 전복시키는 데 주로 초점을 둔 나의 이전의 세계인권선언에 대한 설명조차 세계인권선언에 대한 가장 큰 왜곡을 뒤집고자 했음에도 왜곡을 제대로 깨뜨리지 못했다. 세계인권선언의 주된 소명은 무엇보다 국제 거버넌스를 개혁하는 것이라는 왜곡 말이다. Samuel Moyn, *The Last Utopia: Human Rights in History* (Cambridge, Mass., 2010), chap. 2를 보라. 그리고 잠정적 수정으로서는 Moyn, "The Universal Declaration of Human Rights in the History of Cosmopolitanism", *Critical Inquiry* 40, no. 4 (2014): 365~384를 보라. 나는, 현존하는 문헌들이 "마법적으로 변화를 일으키는 국제주의"를 파고드느라 세계인권선언이 단지 세계를 위해서만이 아니라 국가주의적이라 할 일련의 프로젝트를 위해서도 만들어졌다는 것을 보지 못한다는(적어도 1940년대에) 롤런드 버크의 말에 동의한다. Roland Burke, "The Internationalism of Human Rights", in Glenda Sluga · Patricia Clavin, eds.,

Internationalism: A Twentieth-Century History (Cambridge, 2017), 287.

5) Pedro Ramos Pinto, "Housing and Citizenship: Building Social Rights in Twentieth-Century Portugal", *Contemporary European History* 18, no. 2 (2009): 199~215.

6) 1945년 오스트리아는 유명한 법학자 한스 켈젠이 1920년 초안을 작성한 헌법을 부활시켰는데, 이 헌법에는 헌법적 권리의 목록이 없었고 지금도 없다. Wolfgang Abendroth, "Zum Begriff des demokratischen und sozialen Rechtsstaates im Grundgesetz des Bundesrepublik Deutschlands", Alfred Herrmann, ed., *Aus Politik und Geschichte: Festschrift zum 70. Geburtstag von Ludwig Bergstässer* (Düsseldorf, 1954); Peter C. Caldwell, "Is a 'Social Rechstaat' Possible? The Weimar Roots of a Bonn Controversy", Caldwell·William E. Scheuerman, eds., *From Liberal Democracy to Fascism* (Boston, 2000).

7) Boris Mirkine-Guetzévitch, "Quelques problèmes de la mise en oeuvre de la Déclaration universelle des droits de l'homme", *Recueil des cours de l'Académie de droit international* 83 (1953): 284; Jacques Maritain, *Les droits de l'homme et la loi naturelle* (New York, 1942); Emmanuel Mounier, "Faut-il réviser la Déclaration des droits?", *Esprit* 1, 5~7 (December 1944, April~June 1945), 마지막 호의 마지막 본문이 *Les certitudes difficiles* (Paris, 1951)에 재수록됨; Léon Blum, *A l'échelle humaine* (Paris, 1945), Mirkine-Guetzévitch, "Quelques problèmes", 291에서 인용. 제2차 세계대전 후의 복지국가의 발전에 가장 중요했던 것은, 사회권이 어디에나 있던 시점인 1944년 3월에 레지스탕스전국위원회가 발표한 행동 계획이었다. Henri Mitchel·Boris Mirkine-Guetzévitch, eds., *Les Idées politiques et sociales de la Résistance: Documents clandestines (1940~1944)* (Paris, 1954); Claire Andrieu, *Le Programme commun de la Résistance: Des idées dans la guerre* (Paris, 1984).

8) Marshall, "Citizenship and Social Class", 70. 마셜이 사회권 개념을 사용한 것에 대한 가장 그럴듯한 설명은, 마셜이 시민권이 중세부터 어떻게 발전해왔는지를 스케치할 때 이전의 "권리"의 진보에 대한 명망 있는 법사학자 F. W. 메이틀랜드의 앞선 설명과 연계함으로써 케임브리지 지역 전통에 편입되고 싶어했다는 것이다. "케임브리지의 지적 문화에 뿌리를 둔 마셜의 사회학은 무엇보다 메이틀랜드의 역사관의 확장이다." A. H. Halsey, "T. H. Marshall: Past and Present 1893~1981", *Sociology* 19, no. 1 (1984), 4. 철학자 마이클 오크숏이 직접적으로 지적했듯이, 마셜의 시작은 진지한 역사라기보다는 추론적 역사였다. Michael Oakeshott, review, *Cambridge Journal* 4, no. 10 (1951), 629.

9) Robert A. Feldmesser, "Toward the Classless Society?", in Reinhard Bendix

·Seymour Martin Lipset, eds., *Class, Status, and Power: Social Stratification in Comparative Perspective*, 2nd ed. (New York, 1960).

10) 다양한 문헌 중, Pitirim Sorokin, *The Basic Trends of Our Times* (New Haven, 1964). 중국에 대해서는 Nara Dillon, *Radical Inequalities: China's Revolutionary Welfare State in Comparative Perspective* (Cambridge, Mass., 2015).

11) Mark Roodhouse, *Black Market Britain: 1939~1955* (Oxford, 2013), 127; William A. Robson, *The Welfare State* (London, 1957), 6; R. H. Tawney, *Equality*, 4th ed. (London, 1951) 252. 노동의 권력에 대해서는 예컨대 다음을 보라. Elizabeth Durbin, *New Jerusalems: The Labour Party and the Economics of Democratic Socialism* (London, 1985); Martin Francis, *Ideas and Policies under Labour, 1945~1951* (Manchester, 1997); Jim Tomlinson, *Democratic Socialism and Economic Policy: The Attlee Years, 1945~1951* (Cambridge, 1997), 특히 chap. 12.

12) Daniel Sassoon, *One Hundred Years of Socialism: The West European Left in the Twentieth Century* (New York, 1997), chaps. 5~6; Pius XI, *Quadragesimo Anno* (1931), §58; James Chappel, *Catholic Modern: The Challenge of Totalitarianism and the Remaking of the Church* (Cambridge, Mass., 2018).

13) Julius Stone, *The Atlantic Charter: New Worlds for Old* (Sydney, 1943), 169, 172.

14) Karl Polanyi, *The Great Transformation* (New York, 1944), 254~256.

15) Georges Gurvitch, *La Déclaration des droits sociaux* (New York, 1944); 영어판은 *The Bill of Social Rights* (New York, 1946).

16) Georges Gurvitch, "Rousseau et la Déclaration des droits: L'idée des droits inaliénables dans la doctrine politique de J.-J. Rousseau" (1918); "L'idée des droits inaliénables de l'homme dans la doctrine politique des XVIIIe et XVIIe siècles" (1922), in Georges Gurvitch, *Écrits russes*, trnas. Cécile Rol·Mikhaïl Antonov (Paris, 2006) 를 보라. 또한 Georges Gurvitch, "The Problem of Social Law", *Ethics* 52, no. 1 (1941): 26을 보라. 프랑스 사회학에서 귀르비치가 차지하는 위상에 대해서는 예컨대 다음을 보라. Georges Balandier, *Gurvitch*, trans. Margaret Thompson (New York, 1975); Johan Heilbron, *French Sociology* (Ithaca, 2015), 131~135.

17) Gurvitch, La Déclaration, 40; 영어판으로는 30; Hersch Lauterpacht, *An International Bill of Rights* (1945; new ed., Oxford, 2013), 163.

18) Gurvitch, "The Problem of Social Law", 18. 이 책의 사회권 분석은 이데올로기적이고 경제학적이다. 이와 근본적으로 다른, 권리의 사회화가 삶에 대한 영향력을 나타

낸다는 "생명정치적" 설명에 대해서는 다음을 보라. François Ewald, *L'État-providence* (Paris, 1986); Pheng Cheah, "Second Generation Human Rights as Biopolitical Rights", in Costas Douzinas · Conor Gearty, eds., *The Meaning(s) of Human Rights* (Cambridge, 2014), 215~232.

19) 30년 뒤 발전을 돌아보며 마셜은, 자신이 정책 입안의 재량권을 배제하는 단순한 법적 자격으로서의 복지를 의미하지 않았다고 언급했다. 복지는 모종의 책무였지만, 청구 가능한 어떤 권리를 발생시키지 않을 수도 있었다. 마셜은 "청구인들의 '권리'가 법적일 뿐만 아니라 사회적이기도 하고 또 그래야만 하기 때문에" 법적 접근은 "보다 넓은 개념이 아니라 보다 좁은 개념에서의 청구인들의 권리"를 유발한다는 취지의 한 복지위원회를 언급하면서, "'사회적'이라는 그 축복받은 단어가 논증의 모든 균열을 덮는다"고 풍자적으로 말했다. T. H. Marshall, "Afterthought in 'The Rights to Welfare'", *The Right to Welfare and Other Essays* (London, 1980), 96.

20) Gurvitch, *La Déclaration*, 44, 82; *The Bill*, 33, 66. Mark B. Smith, "Social Rights in the Soviet Dictatorship: The Constitutional Right to Welfare from Stain to Brezhnev", *Humanity* 3, no. 3 (2012): 385~405; Karen M. Tani, "Welfare and Rights before the Revolution: Rights as a Language of the State", *Yale Law Journal* 122, no. 2 (2012): 314~383; Tani, *States of Dependency: Welfare, Rights, and American Governance, 1935~1972* (Cambridge, 2016).

21) Gurvitch, *La Déclaration*, 87, 106, 94~95; *The Bill*, 70~71, 85, 75.

22) Mirkine-Guetzévitch, "Quelques problèmes", 290. 스위스 경제학자 프랑수아 샬레도 비슷한 시각의 분석을 내놓았다. François Schaller, *De la charité privée aux droits économiques et sociaux du citoyen* (Neuchâtel, 1950).

23) John Somerville, "Comparison of Soviet and Western Democratic Principles", in UNESCO, *Human Rights: Comments and Interpretation* (New York, 1948), 특히 152.

24) 세계인권선언의 탄생에 대한 정통적인 역사서 중 가장 나은 것은 Johannes Morsink, *The Universal Declaration of Human Rights: Origins, Drafting, and Intent* (Philadelphia, 1999), 특히 사회권에 대한 chaps. 5~6.

25) William A. Schabas, ed., *The Universal Declaration of Human Rights: The Travaux Préparatoires*, 3 vols. (Cambridge, 2013), 1: 134, 195; John N. Hazard, "The Soviet Union and a World Bill of Rights", *Columbia Law Review* 47, no. 7 (1947): 1095~1117. 논의에서 가장 열성적으로 공산주의의 목소리를 낸 유고슬라비아 대표 블라디 슬라브 리브니카르는 미국노동총동맹의 선언이 "특정한 원칙을 영원한 것"으로 취급한다고

비판적으로 지적했다. 전쟁 전에는 독일의 유명한 사회민주주의자였고 이 회의에서는 미국 노동총동맹의 대표였던 토니 센더는 이에 "개인의 자유라는 발상은 현대에도 통한다"고 답했다. 추측건대, 리브니카르는 "사회적 이상은 사회와 개인의 이해관계가 일치하는 데 근거한다"고 주장했다는 점에서 사유 재산을 염두에 두고 있었을 것이다.

26) 다음을 보라. Universal Declaration, Arts. 17, 23(4): the materials in Schabas, ed., *The Universal Declaration of Human Rights*, 1: 969~999, 1003~1006; Tonia Novitz, *International and European Protection of the Rights to Strike* (New York, 2004), 특히 chap. 5.

27) 아직 갈 길이 멀긴 하지만, 다음을 보라. John Tobin, *The Right to Health in International Law* (Oxford, 2012), chap. 1; Larry Frohman, "The Right to Health and Social Citizenship in Germany, 1848~1918", in Anne Hardy et al., eds., *Health and Citizenship: Political Cultures of Health in Britain, the Netherlands, and Germany* (London, 2014), 123~140; Adam Gaffney, *To Heal Humankind: The Right to Health in History* (New York, 2017).

28) Harold J. Laski, "The Crisis in Our Civilization", *Foreign Affairs* 26, no. 1 (1947), 36.

29) UNESCO, *Human Rights*.

30) Emmanuel Levinas, "Existentialisme et antisémitisme", *Les Cahiers de l'Alliance Israélite Universelle* 14~15 (1947): 2~3. 세계인권선언과 이 논문집이 수렴 또는 "불완전하게 이론화된 합의"를 보여주었다고 믿는 입장의 좋은 예로는 Cass R. Sunstein, "Rights of Passage", *The New Republic*, February 25, 2002를 보라. 논문집에 대해서는 Mark Goodale, ed., *Letters to the Contrary: A Curated History of the UNESCO Human Rights Survey*, pref. Samuel Moyn (Stanford, 2018)을 보라. 여기서는 학자들 사이에서의 권리 중심의 수렴보다는 권리에 대한 의구심과 관련된 구데일의 유사한 분석을 볼 수 있다.

31) Herbert A. Deane, *The Political Ideas of Harold J. Laski* (New York, 1955), 48~52; Harold J. Laski, "Democracy in War Time", in G. D. H. Cole et al., *Victory or Vested Interest?* (London, 1942), 38; Harold J. Laski, "Toward a Universal Declaration of Human Rights", *Human Rights*, 78.

32) Harold J. Laski, *Reflections on the Revolution of Our Time* (London, 1943), chap. 8, "Freedom in a Planned Democracy"; Harold J. Laski, *Faith, Reason and Civilisation: An Essay in Historical Analysis* (London, 1944), 196, 79; Harold J. Laski, *Liberty in the Modern State*, new ed. (London, 1948), 175~176.

33) John Lewis, "On Human Rights", UNESCO, *Human Rights*, 56.

34) Laski, "Toward a Universal Declaration", 82.

35) E. H. Carr, "Rights and Obligations", *Times Literary Supplement*, November 11, 1949. 이것은 Carr, *From Napoleon to Stalin, and Other Essays* (London, 1980)에도 수록되었다.

36) Ibid.

37) Ibid. E. H. Carr, *The New Society* (London, 1951) 참조.

38) Ibid.

39) Marshall, "Citizenship and Social Class", 62, 75; W. G. Runciman, "Why Social Inequalities Are Generated by Social Rights", in Martin Bulmer·Anthony M. Rees, eds., *Citizenship Today: The Contemporary Relevance of T. H. Marshall* (London, 1986).

3. 프랭클린 루스벨트의 제2권리장전

1) Franklin D. Roosevelt, "State of the Union Message to Congress", January 11, 1944.

2) James T. Sparrow, *Warfare State: World War II Americans and the Age of Big Government* (New York, 2011); Elizabeth Borgwardt, *A New Deal for the World: America's Vision for Human Rights* (Cambridge, Mass., 2007).

3) Cass R. Sunstein, *The Second Bill of Rights: FDR's Unfinished Revolution and Why We Need It More Than Ever* (New York, 2004), 86.

4) Ira Katznelson, *Fear Itself: The New Deal and the Making of Our Time* (New York, 2013); Alice Kessler-Harris, *In Pursuit of Equity: Women, Men, and the Quest for Economic Citizenship in the Twentieth Century* (Oxford, 2001).

5) 에밀리 자킨은 교육권과 노동권 모두가 19세기 초반과 후반의 미국 연방헌법까지 거슬러 올라가 등장한다고 설득력 있게 논증한다. Zackin, *Looking for Rights in All the Wrong Places: Why State Constitutions Contain America's Positive Rights* (Princeton, 2013).

6) 물론, 미국에서 사회주의가 지속되지 못한 이유를 다루는 것은 Werner Sombart, *Warum gibt es in den Vereinigten Staaten keinen Sozialismus?* (Tübingen, 1906)에서부터 시작된 진부한 이야기다. 미국의 기원을 이상화하고 개혁에 대한 국제적 비교를 배격하는 최근의 가치 있는 연구로는 Ganesh Sitaraman, *The Crisis of the Middle-Class Constitution: Why Economic Inequality Threatens Our Republic* (New York, 2017)이 있다.

7) Franklin D. Roosevelt, "Commonwealth Club Address", September 23, 1932.

8) Jeffrey A. Engel, ed., *The Four Freedoms: Franklin D. Roosevelt and the Evolution of an American Idea* (New York, 2016)에 담긴 생각을 보라.

9) Katznelson, *Fear Itself*, 231; Gary Gerstle, *American Crucible: Race and Nation in the Twentieth Century*, new ed. (Princeton, 2017), chap. 4. 이에 견줄 가장 유명한 설명으로는 Wolfgang Schivelbusch, *Three New Deals: Reflections on Roosevelt's America, Mussolini's Italy, and Hitler's Germany, 1933~1939* (New York, 2006)를 보라. 더 광범위하게는 Kiran Klaus Patel, *The New Deal: A Global History* (Princeton, 2016)를 보라.

10) 미국산업부흥법이 사라짐과 함께 계획은 이미 논외의 것이 되었다는 주장으로는 Ellis W. Hawley, *The New Deal and the Problem of Monopoly: A Study in Economic Ambivalence* (Princeton, 1966), 특히 chap. 9를 보라.

11) Barry D. Karl, *The Uneasy State: The United States from 1915 to 1945* (Chicago, 1983), 166. 또한 다음을 보라. William E. Forbath, "The New Deal Constitution in Exile", *Duke Law Journal* 51, no. 1 (2001): 165~222; Forbath · Joseph Fishkin, "The Anti-Oligarchy Constitution", *Boston University Law Journal* 94 (2014): 669~698. 또한 *Texas Law Review* 94 no. 7 (2016) 특별호에서 검토되고 비판받은, 출간 예정인 동명의 책을 보라. 나는, 헌법이 흔히 최저치(더 광범위한 분배의 목표들은 아니고)를 공식화하는 곳이 되어왔다는 이유에서 헌법에 대한 이야기를 피하고 충분성과 평등의 대조에 규범적으로 초점을 맞춘다는 점에서 전적으로 다르다.

12) John G. Winant, "The Social Security Act", *Vital Speeches of the Day*, May 4, 1936; Winant, "Labor and Economic Society", *Annals of the American Academy of Political and Social Science* 184 (1936), 100; Winant, "The Price of Responsible Citizenship", *American Labor Legislation Review* 31 (1941), 5.

13) Winant, "The Pursuit of Happiness in the Economic and Social Worlds", *International Conciliation* 24, no. 422 (1946), 283.

14) 완전 고용의 필요성의 성장에 대해서는 Alan Brinkley, *The End of Reform: New Deal Liberalism in Recession and War* (New York, 1995), chap. 10을 보라.

15) Lewis L. Lorwin, *Postwar Plans of the United Nations* (New York, 1943), 292. 뉴딜 정책을 다루는 대표적인 최근의 역사가가 주의시키는 것처럼, "미국자원기획청의 중요성이 과대평가되어서는 안 된다. 미국자원기획청은 계획을 했다기보다는 정보를 모으고 제안을 함으로써 계획을 요구했다." Katznelson, *Fear Itself*, 375. Ben Zdencanovic, "The Man with the Plan: William Beveridge, Transatlantic Postwar Planning, and the

Idea of an American Welfare State during World War II", Harvard Graduate Student Conference on International History, March 2016.

16) Brinkley, *The End of Reform*, 247; Barry D. Karl, *Charles E. Merriam and the Study of Politics* (Chicago, 1974); Hawley, *The New Deal*, 169. (정확히 사회권이 탄생한 시점인) 후기 뉴딜 정책에 대한 브링클리의 뛰어난 연구와 미국자원기획청에 대한 그의 전례 없는 관심은 나의 설명 전반에 영향을 미치고 있다. 또한 Brinkley, "The National Resources Planning Board and the Reconstruction of Planning", in Robert Fishman, ed., *The American Planning Tradition* (Washington, DC, 2000)을 보라.

17) Charles E. Merriam, *The New Democracy and the New Despotism* (New York, 1939), 205.

18) Charles E. Merriam Papers, Regenstein Library, University of Chicago, Box 238, Folder 7과 Box 220, Folder 6의 일련의 논문 참조. 제2권리장전에 대한 제안이 나온 시점이 더 이전인 1939년 8월까지 거슬러 올라간다는 증거가 있다. Patrick Reagan, *Designing a New America: The Origins of New Deal Planning, 1890~1943* (Amherst, 1999), 218~219를 보라. 또한 그를 따르는 Sunstein, *The Second Bill of Rights*, 86을 보라. Charles E. Merriam, *On the Agenda of Democracy* (Cambridge, Mass., 1941), 99, 101, 107.

19) 기본적 생존 이상의 "양질의" 최저치에 대한 필요성을 특히 분명하게 밝힌 것은 National Resources Planning Board, *Security, Work, and Relief Policies* (Washington, D.C., 1942), 449다. 권리장전에 대해 밝힌 것은 NRPB, *National Resources Development Report for 1943* (Washington, D.C., 1942), 3이다. 그것의 수용에 대해서는 예컨대 다음을 보라. "New Bill of Rights Is Urged for Peace", *New York Times*, November 15, 1942; "Planning Board Calls for New 'Bill of Rights'", *New York Herald Tribune*, November 15, 1942; "Congress Gets FDR Social 'Rights' Plan", *Atlanta Constitution*, January 14, 1943.

20) "A New Bill of Rights", *The Nation*, March 20, 1943; Arthur MacMahon in "A New Bill of Rights", *Frontiers of Democracy*, May 15, 1942.

21) Charles E. Merriam, "Physics and Politics" (시카고대학에서 1947년 4/5월 6회에 걸쳐 이루어진 '찰스 R. 월그린 재단' 강의), Lecture 5, 8; Merriam, *The New Democracy*, 260~261.

22) "Fatuous", *Wall Street Journal*, January 16, 1942; "A Totalitarian Plan", *Wall Street Journal*, March 12, 1943; "Cradle to Grave to Pigeonhole", *Time*, March 22, 1943; "Promised Land", *Newsweek*, March 22, 1943. 주들의 역할에 대해서는 Karen

Tani, *States of Dependency: Welfare, Rights, and American Governance, 1935~1972* (Cambridge, 2016)를 보라.

23) Henry B. Wallace, "Our Second Chance" (외교정책협회Foreign Policy Association 연설, April 8, 1941), rpt. in Wallace, *The Century of the Common Man*, ed. Russell Lord (New York, 1943), 6; Wallace, *Democracy Reborn*, ed. Lord (New York, 1944), 177. Wallace, "The Price of Free World Victory" (자유세계연합Free World Association 연설, May 8, 1942), in *The Century of the Common Man*, 18~19; *Democracy Reborn*, 193. 이 연설은 "인지도 없음"과는 거리가 멀었다. Borgwardt, *A New Deal for the World*, 157.

24) 예컨대 다음을 보라. "Wallace Denies He Favors U.S. as World Milkman", *Chicago Tribune*, December 11, 1942; John Murton Blum, ed., *The Price of Vision: The Diary of Henry A. Wallace 1942~1946* (Boston, 1973), 363; John C. Culver·John Hyde, *American Dreamer: A Life of Henry A. Wallace* (New York, 2000), 347.

25) Hanne Hagtvedt Vik, "Taming the States: The American Law Institute and the 'Statement of Essential Human Rights'", *Journal of Global History* 7, no. 3 (2012): 461~482. 또한 1940년대의 미국 혹은 더 넓게는 "서구"의 사회권에 대한 관심을 잘 (하지만 어쩌면 오히려 근시안적으로) 드러내 보여준 문헌은 Jack Donnelly·Daniel Whelan, "The West, Economic and Social Rights, and the Global Human Rights Regime: Setting the Record Straight", *Human Rights Quarterly* 29, no. 4 (2007): 908~949를 비롯해 아주 많다.

26) Karl, *Charles E. Merriam*, 278~279; Marion Clawson, *New Deal Planning: The National Resources Planning Board* (Baltimore, 1981), 227. 전후에 와그너법의 희망이 맞은 운명에 대해서는 다음을 보라. Nelson Liechtenstein, "From Corporatism to Collective Bargaining: Organized Labor and the Eclipse of Social Democracy in the Postwar Era", in Steve Fraser·Gary Gerstle, eds., *The Rise and Fall of the New Deal Order, 1930~1980* (Princeton, 1989); Reuel Schiller, "From Group Rights to Individual Liberties: Post-War Labor Law, Liberalism, and the Waning of Union Strength", *Berkeley Journal of Employment and Labor Law* 20, no. 1 (1999): 1~73.

27) "Assails End of 'Rights'", *New York Times*, July 19, 1936. 다음을 보라. James Holt, "The New Deal and the American Anti-Statist Tradition", in John Braeman et al., eds., *The New Deal* (Columbus, 1975); Kim Philips-Fein, *Invisible Hands: The Making of the Conservative Movement from the New Deal to Reagan* (New York, 2009), chaps. 1~2. 전시 경제에 대해서는 Mark R. Wilson, *Destructive Creation:*

American Business and the Winning of World War II (Philadelphia, 2016)를 보라.

28) Karl, *The Uneasy State*, 215; Angus Burgin, *The Great Persuasion: Reinventing Free Markets since the Depression* (Cambridge, Mass., 2012), 87~89; Charles E. Merriam, review of *The Road to Serfdom*, *American Journal of Sociology* 50, no. 3 (1944), 234; 하이에크와 메리엄의 라디오 토론 기록문, NBC Network, April 22, 1945, Merriam papers, Box 284, Folder 18.

29) 소비주의에 대해서는 다음을 보라. Victoria de Grazia, *Irresistible Empire: America's Advance through Twentieth-Century Europe* (Cambridge, Mass., 2005), 특히 "양질의 삶의 기준"이라는 말의 소비주의적 암시를 다룬 chap. 2; Kathleen G. Donohue, *Freedom from Want: American Liberalism and the Idea of the Consumer* (Baltimore, 2003), chaps 6~7; James T. Sparrow, "Freedom to Want: The Federal Government and Politicized Consumption in World War II", in Kevin M. Kruse·Stephen Tuck, eds., *Fog of War: The Second World War and the Civil Rights Movement* (New York, 2012).

30) 루스벨트의 연설문 작성자였던 새뮤얼 로젠먼은 보장 계획을 연설의 "논란의 핵심"으로 인식했다. Samuel I. Rosenman, *Working with Roosevelt* (New York, 1952), 419, 그리고 제2권리장전이 어떻게 연설에서 부활했는지에 대해서는 427~428. Congress of Industrial Organizations Political Action Committee, *People's Program for 1944* (New York, 1944); Dwight Macdonald, *Henry Wallace: The Man and the Myth* (New York, 1948), 68.

31) 이러한 암시는 다음 문헌들에서 볼 수 있다. Jefferson Cowie, *The Great Exception: The New Deal and the Limits of American Politics* (Princeton, 2016); Steve Fraser, *The Age of Acquiescence: The Life and Death of American Resistance to Organized Wealth and Power* (New York, 2015).

4. 제국 이후의 복지 세계화

1) Sumner Welles, "A Great Vision", *The World of the Four Freedoms* (New York, 1943), 72, 74.

2) Harold J. Laski, "The Crisis in Our Civilization", *Foreign Affairs* 26, no. 1 (1947) 43; Silvio Pons, *The Global Revolution: A History of International Communism 1917~1991*, trans. Alan Cameron (Oxford, 2014), chap. 4.

3) Richard Whatmore, "Liberty, War, and Empire: Overcoming the Rich State-Poor State Problem, 1789~1815", in Béla Kapossy et al., eds., *Commerce and Peace in*

the Enlightenment (Cambridge, 2017).

4) Thomas Paine, "Address to the People of France" (September 1792), Robert Lamb, *Thomas Paine and the Idea of Human Rights* (Cambridge, 2015), 157에서 인용; Anacharsis Cloots, 1793년 4월의 연설, Sophie Wahnich, *L'impossible citoyen: L'étranger dans le discours de la Révolution française* (Paris, 1997), 194에서 인용.

5) Franz Borkenau, *Socialism, National or International?* (London, 1942)의 훌륭하지만 등한시된 이데올로기적 설명을 보라. 제도와 정치의 문제들에 대한 더 자세한 내용은 Pons, *The Global Revolution*, 155~166, 231~243을 보라. 사회주의 인터내셔널의 1951년 프랑크푸르트 선언에 대해서는 Pradib Bose, Social Democracy in Practice: Socialist International (1951~2001) (Delhi, 2005), Appendix A를 보라. 또한 Talbot C. Imlay, "Socialist Internationalism after 1914", in Glenda Sluga · Patricia Clavin, eds., *Internationalisms: A Twentieth-Century History* (Cambridge, 2017)를 보라.

6) Eric Helleiner, "Back to the Future? The Social Protection Floor of Bretton Woods", *Global Social Policy* 14, no. 3 (2013): 298~318; James Robert Martin, "Experts of the World Economy: European Stabilization and the Origins of International Economic Organization, 1916~1951" (Ph. D. diss., Harvard University, 2016), 특히 chap. 7 참조.

7) E. H. Carr, *Nationalism and After* (London, 1945), 20, 47~48, 65.

8) Or Rosenboim, *The Emergence of Globalism: Competing Visions of World Order in Britain and the United States, 1939~1950* (Princeton, 2017); Georges Gurvitch, *La Déclaration des droits sociaux* (New York, 1944), 특히 122; 영어판은 *The Declaration of Social Rights* (New York, 1946), 97; 귀르비치의 자신의 우선 사항에 대한 회고적 언급으로는 Georges Gurvitch, "Mon itinéraire intellectual ou l'exclu de la horde", *L'Homme et la société* 1, no. 1 (1966), 8; Charles E. Merriam, "The Content of an International Bill of Rights", *Annuals of The American Academy of Political and Social Science* 243 (January 1946): 11~17; Merriam, "A World Bill of Human Rights", *Social Service Review* 21, no. 4 (1947): 437~445.

9) H. E. Evatt, "Economic Rights in the United Nations Charter", *Annals of the American Academy of Political and Social Science* 243 (January 1946), 5; Herman Finer, *The United Nations Economic and Social Council* (Boston, 1946). 라틴아메리카에 계속 개입해온 미국의 역사를 고려할 때, 1917년의 멕시코 사례 이후 라틴아메리카와 다른 국가들이 "주권-사회권 복합체"를 중심으로 결집한 데 반해 미국은 "개입-개인의 권리"라는 사고 체계를 대표했다고 주장하는 것은 그럴듯해 보일 수 있다. 문제는 이것이 모

든 곳에서의(분명 미국에서는 한계가 있지만) 국민 복지 이념의 성공과, 그것을 초월하기를 바라는 사람들의 모든 곳에서의 실패를 과소평가한다는 것이다. Greg Grandin, "The Liberal Tradition in the Americas: Rights, Sovereignty, and the Origins of Liberal Multilateralism", *American Historical Review* 117, no. 1 (2012): 68~91.

10) 이 문단들은 주로 Antony Alcock, *History of the International Labor Organization* (London, 1971)의 사실적인 설명에 의존하고 있는데, 최근의 문헌들은 늘 넘쳐났던 "내부자의 역사"와 거리를 두고 있다 해도 변명이나 홍보의 성격을 띠고 있기 때문이다. Jasmien Van Daele, "Writing ILO Histories: A State of the Art", in Van Daele et al., eds., *ILO Histories: Essays on the International Labour Organization and Its Impact in the Twentieth Century* (Bern, 2007) 참조.

11) 다음을 보라. Bruno Cabanes, *The Great War and the Origins of Humanitarianism, 1918~1924* (Cambridge, 2014). chap. 2; Guy Fiti Sinclair, *To Reform the World: International Organizations and the Making of Modern States* (Oxford, 2017), part 1; 식민지 현장에 대해서는 Susan Zimmerman, "'Special Circumstances' in Geneva: The ILO and the World of Non-Metropolitan Labour in the Interwar Years", in Van Daele et al., eds., *ILO Histories*; J. P. Daughton, "ILO Expertise and Colonial Violence in the Inter Years", in Sandrine Kott·Joëlle Droux, *Globalizing Social Rights: The International Labour Organization and Beyond* (New York, 2013). 상드린 코트는 국제노동기구의 "영향력이 부족하다고 이야기되는 것이 국제노동기구의 활동이 그리 가시적이지 않음을 가장 명확하게 설명해준다"고 말하지만, 기준 설정이 중요할 만한 국가들에서 영향력을 발휘한다고 주장하는 것이 더 타당해 보인다. Kott, "Constructing a European Social Model: The Fight for Social Insurance in the Interwar Period", in Van Daele et al., eds., *ILO Histories*, 174; 같은 지면에 수록된 Jeremy Seekings, "The ILO and Welfare Reform in South Africa, Latin America, and the Caribbean, 1919~1950."

12) Harold Karan Jacobson, "The USSR and the ILO", *International Organization* 14, no. 3 (1960): 402~428. "국제노동기구의 상황은 좋지 않았다. (…) 국제노동기구가 다시 시작할 수 있는 명백한 방법은 회의를 개최하는 것이었다." Alcock, *History of the International Labour Organization*, 161. 국제노동기구는 1944년의 필라델피아 선언 이전에는 1941년에 한 차례 회의를 열었다. 다음을 참조하라. Sandrine Kott, "Fighting the War or Preparing for Peace? The ILO during the Second World War", *Journal of Modern European History* 12 (2014): 359~376; Alain Supiot, *The Spirit of Philadelphia: Social Justice vs. the Total Market*, trans. Saskia Brown (London, 2012).

13) "Roosevelt Hails ILO Declaration", *New York Times*, May 18, 1944. 국제노동기구는 초창기에 1960년대의 인권의 맥락에서 의제를 추구하는 데 진정 헌신했지만, 나중에는 욕구를 권리로 전환하지 않고 기본 욕구 혁명을 선도했다. 다음을 참조하라. Nicolas Valticos, "The International Labour Organization (ILO)", in Karel Vasak, ed., *The International Dimensions of Human Rights*, 2 vols. (Westport 1982); Daniel Roger Maul, "The 'Morse Years': The ILO's 1948~1970", in Van Daele, et al., eds., *ILO Histories*, 391 ("국제노동기구의 인권 기구로의 전환은 자연스럽게 이루어지지 않았다"). 영국의 국제법학자이자, 오랫동안 국제노동기구 소속이었고 궁극적으로 1970년대 초반에 국제노동기구를 이끌었던 인물인(또한 미국법률협회 기본권 프로젝트의 사회권 전문가이자 필라델피아 선언의 공동 집필자) 윌프레드 젱크스가 국제법에서의 사회권의 위상을 위해 지속적으로 목소리를 낸 것은 사실이다. 예컨대 젱크스의 다음 저작들을 보라. C. Wilfred Jenks, "The Five Economic and Social Rights", *Annals of the American Academy of Political and Social Science* 243 (January 1946): 40~46; *Human Rights and International Labour Standards* (London, 1960); "The Corpus Juris of Social Justice", in *Law, Freedom and Welfare* (London, 1963); *Social Justice in the Law of Nations: The ILO Impact after Fifty Years* (Oxford, 1970).

14) Marco Duranti, *The Constructive Human Rights Revolution: European Identity, Transnational Politics, and the Origins of the European Convention* (Oxford, 2016), 특히 chap. 8.

15) 다음을 보라. D. J. Harris, *The European Social Charter* (Charlottesville, 1984); A. Glenn Mower, Jr., *International Cooperation for Social Justice: Global and Regional Protection of Economic/Social Rights* (Westport, 1986), part 2.

16) *Statement of Policy on Colonial Development and Welfare* (London, 1940); W. K. Hancock, *Empire in a Changing World* (London, 1943), chap. 10; L. P. Mair, *Welfare in the British Colonies* (London, 1944); Andreas Eckert, "Exportschlager Wohlfahrt-staat? Europäische Sozialstaatlichkeit und Kolonialismus in Afrika nach dem Zweiten Weltkrieg", *Geschichte und Gesellschaft* 32 (2006): 467~488.

17) Stuart Ward, "The European Provenance of Decolonization", *Past & Present* 230 (2016): 227~260; Frantz Fanon, *Toward the African Revolution (Political Essays)*, trans. Haakon Chevalier (New York, 1967), 87~88.

18) 노동법과 정치에 대해서는 Frederick Cooper, *Decolonization and African Society: The Labor Question in French and Britain Africa* (Cambridge, 1986)를 보라. 연방주의에 대해서는 Samuel Moyn, "Fantasies of Federalism", *Dissent* 62, no. 1 (2015):

145~151을 보라.

19) Paul E. Sigmund. *The Political Ideologies of Developing Nations* (New York, 1963), 11; Sugata Bose, "Instruments and Idioms of Colonial and National Development: India's Historical Experience in Comparative Perspective", in Frederick Cooper·Randall Packard, eds., *International Development and the Social Sciences: Essays on the History and Politics of Knowledge* (Berkeley, 1997); Kenneth A. Kaunda, *Humanism in Zambia and Guide to its Implementation* (Lusaka, 1968), 3.

20) A. Fenner Brockway, *African Socialism: A Background Book* (London, 1963), 64; Julius K. Nyerere, *Man and Development* (London, 1974), 25.

21) Brockway, *African Socialism*, 98~99; Kaunda, *Humanism in Zambia*, 36; Julian Go, "Modeling States and Sovereignty: Postcolonial Constitutions in Asia and Africa", in Christopher J. Lee, ed., *Making a World after Empire: The Bandung Moment and Its Political Alternatives* (Athens, Ohio, 2010), 특히 130. 탈식민지 국가의 입헌주의에 대한 생각에서는 전반적으로 권리가 중심적 위치를 차지하지 못한다는 것은 B. O. Nwabueze, *Constitutionalism in the Emergent States* (Rutherford, N.J., 1973)에 권리가 완전히 빠져 있다는 것을 통해서 짐작할 수 있다.

22) Brockway, *African Socialism*, 98; Sigmund, *Political Ideologies*, 226; Léopold Senghor, "African-Style Socialism", in William H. Friedland·Carl G. Rosberg, Jr., eds., *African Socialism* (Stanford, 1964), 264; Rupert Emerson, *From Empire to Nation: The Rise to Self-Assertion of Asian and African Peoples* (Cambridge, Mass., 1960), 184.

23) Julius K. Nyerere, *Nyerere on Socialism* (Dar es Salaam, 1969), 19; Julius K. Nyerere, *Ujamaa: Essays on Socialism* (Dar es Salaam, 1968), 110; Priya Lal, *African Socialism in Postcolonial Tanzania: Between the Village and the World* (Cambridge, 2015), 특히 chap. 1. James Scott, *Seeing Like a State: How Certain Schemes to Improve the Human Condition Have Failed* (New Haven, 1998), chap. 7 참조.

24) 예컨대 다음을 보라. Harry G. Johnson, "The Ideology of Economic Policy in the New States", in Johnson. ed., *Economic Nationalism in Old and New States* (Chicago, 1967); Mamadou Dia, *The African Nations and World Solidarity*, trans. Mercer Cook (New York, 1961), 13; Léopold Sédar Senghor, *On African Socialism*, trans. Mercer Cook (New York, 1964), 133.

25) Dia, *African Nations*, 27; Daniel Roger Maul, "The International Labour Organization and the Globalization of Rights, 1944~1970", in Stefan-Ludwig

Hoffmann, ed., *Human Rights in the Twentieth Century* (Cambridge, 2011); Maul, *Human Rights, Development, and Decolonization: The International Labour Organization (ILO) 1940~1970* (Basingstoke, 2012).

26) 이집트에서 나온 뮈르달 강연집은 Gunnar Myrdal, *Development and Under-Development: A Note on the Mechanism of National and International Economic Equality* (Cairo, 1956). 영국에서 나온 *Rich Lands and Poor*의 초판은 *Economic Theory and Under-Developed Regions* (London, 1957)라는 제목으로 되어 있었지만, 나는 미국판 *The Rich and Poor: The Road to World Prosperity* (New York, 1958)를 인용했다.

27) Gunnar Myrdal, *An International Economy: Problems and Prospects* (New York, 1956), 321. 뮈르달의 초기 노력에 대해서는 Nils Gilman, "The Myrdal's Eugenicist Roots", *Humanity* 8, no. 1 (2017): 133~143을 보라.

28) Gunnar Myrdal, *Beyond the Welfare State: Economic Planning in the Welfare States and Its International Implications* (New Haven, 1960). Alfred Marshall, *Industry and Trade: A Study of Industrial Technique and Business Organizations, and of Their Influences on the Conditions of Various Classes and Nations* (London, 1919), 4~5, Myrdal, *International*, 366n과 Myrdal, *Rich Lands*, 126에서 인용. Myrdal, *International*, 322.

29) 뮈르달은 1950년대 초에 경제·사회권에 대한 짧은 글을 썼으나 그 글이 뮈르달의 사상에 영향을 미친 것은 아니었다. Alva Myrdal, "A Scientific Approach to International Welfare", in Myrdal et al., *America's Role in International Social Welfare* (New York, 1955), 3, 5; Myrdal, *International*, 323 (강조 문구는 원문 그대로).

30) Myrdal, *International*, 324 (강조 문구는 원문 그대로).

31) 예컨대 다음을 보라. Robert Lakachman, "From Welfare State to Welfare World", *New York Herald Tribune*, August 14, 1960; Edwin G. Nourse, "Beyond the Welfare State, Myrdal Sees Welfare World", *Washington Post*, May 29, 1960. Myrdal, *Development*, 18~78. 이 문헌은 Myrdal, *Rich Lands*, chaps. 3~8로 확장되었다.

32) Jamie Martin, "Gunnar Myrdal and the Failed Promises of the Postwar International Economic Settlement", *Humanity* 8, no. 1 (2017): 167~173 참조.

33) 북반구-남반구 격차에 대해 처음으로 일반적으로 다룬 문헌으로는 다음을 보라. Barbara Ward, *The Rich Nations and the Poor Nations* (New York, 1962); Gunnar Myrdal, "The Equality Issue in World Development", *Swedish Journal of Economics* 77, no. 4 (December 1975): 413~432. Gunnar Myrdal, *The Challenge of World Poverty: A*

World Anti-Poverty Program in Outline (New York, 1970).

34) Myrdal, *Rich Lands*, 125~127, 64, 127, 129, 8; John Kenneth Galbraith, "Unto Everyone that Hath Shall Be Given", *New York Times*, January 26, 1958; Kwame Nkrumah, *Neo-Colonialism: The Last Stage of Imperialism* (New York, 1966), xix; Isaac Nakhimovsky, "An International Dilemma: The Postwar Utopianism of Gunnar Myrdal's Beyond the Welfare State", *Humanity* 8, no. 1 (2017): 185~194; Simon Reid-Henry, "From Welfare State to Global Poverty", *Humanity* 8, no. 1 (2017): 207~226.

35) Steven L. B. Jensen, *The Making of International Human Rights: The 1960s, Decolonization, and the Reconstruction of Global Values* (Cambridge, 2015), 특히 chaps. 3~4. 단, 여기서 젠슨은 국내적으로든 국제적으로든 더 광범위한 반식민주의 이념이나 실천을 통해 유엔의 신생국 관련 의제들의 일관성을 가늠해보려는 노력을 하지 않으며, 뒤이은 전 지구적 인권 혁명에 대한 유엔의 관련을 굉장히 과대평가한다.

36) 이 문단은 내가 철회할 리 없는 이전의 연구 내용들을 반복하고 있다. Samuel Moyn, *The Last Utopia: Human Rights in History* (Cambridge, Mass., 2010), chap. 3; Moyn, "Imperialism, Self-Determination, and the Rise of Human Rights", in Akira Iriye et al., eds., *The Human Rights Revolution: An International History* (Oxford, 2011).

37) 두 규약 모두에서 다루어지지 않았고 세계인권선언 자체에 매우 단편적으로 나왔던 재산권과 관련해서는 William A. Schabas, "The Omission of the Right to Property in the International Covenants", *Hague Yearbook of International Law* 4 (1991): 135~170을 보라. 결사의 자유에 대한 국제노동기구 협약 제87호가 그 자체로 파업권을 보호하는지에 대한 논란과 관련해서는 Ben Saul et al., *The International Covenant on Economic, Social, and Cultural Rights* (Oxford, 2014), 577을 보라. Ruth Ben-Israel, *International Labour Standards: The Case of Freedom to Strike* (Dordrecht, 1986); Craven, *International Covenant*; John Tobin, *The Right to Health in International Law* (Oxford, 2012), chaps. 1, 4.

38) International Covenant for Economic, Social, and Cultural Rights (ICESCR) (1966), Art. 2. Adom Getachew, *Worldmaking after Empire: The Rise and Fall of Self-Determination* (Princeton, 출간 예정) 참조.

39) 사실 제11조는 더 나아가, 국제 협력을 "필수적"인 것으로 다루면서도 빈국에 대한 부국의 책무에 관해 더 큰 합의는 드러내지 않는데, 특히 말미에서 "자유로운 동의"에 입각한 국제 원조라는 조건을 달고 있다는 점에서 그렇다. Maschood A. Baderin·Robert McCorquodale, "The International Covenant on Economic, Social, and Cultural

Rights: Forty Years of Development", in Baderin·McCorquodale, eds., *Economic, Social, and Cultural Rights in Action* (Oxford, 2007), 5~6. 멕시코 외교관은 Matthew C. R. Craven, *The International Covenant on Economic, Social, Cultural Rights: A Perspective on Its Development* (Oxford, 1995), 144n에 인용되어 있다. ICESCR, Arts 11(2)과 1. 그 국제적 분배에 관한 조약을 둘러싼 논의들은 Ben Saul, *The International Covenant on Economic, Social, and Cultural Rights: Travaux Préparatoires, 1948~1965*, 2 vols. (Oxford, 2016), 1:410, 2:2151, 2185, 특히 2193과 2200을 보라. Philip Alston·Gerald Quinn, "'The Nature and Scope of States Parties' Obligations under the International Covenant on Economic, Social, and Cultural Rights", *Human Rights Quarterly* 9, no. 2 (May 1987): 156~229 참조. 기근에 대해서는 Craven, *The International*, 297~301을 보라.

40) Ronald Burke, "Some Rights Are More Equal Than Others: The Third World and the Transformation of Economic and Social Rights", *Humanity* 3, no. 3 (2012): 427~448.

41) Jeffrey James Byrne, *Mecca of Revolution: Algeria, Decolonization, and the Third World Order* (Oxford, 2016). George McTurnan Kahin, *The Asian-African Conference: Bandung, Indonesia, April 1955* (Ithaca, 1956). 연속성의 주장으로는 다음을 보라. Lee, ed., *Making a World after Empire*; Helen E. S. Nesadurai, "Bandung and the Political Economy of North-South Relations: Sowing the Seeds for Re-visioning International Society", in See Seng Tan·Amitav Acharya, eds., *Bandung Revisited: The Legacy of the 1955 Asian-African Conference for International Order* (Singapore, 2008); Vijay Prashad, *The Darker Nations: A People's History of the Third World* (New York, 2001). 복잡성과 관련해서는 다음을 보라. Robert Vitalis, "The Midnight Ride of Kwame Nkrumah and Other Fables of Bandung (Ban-doong)", *Humanity* 4, no. 2 (2013): 261~288; Umut Özsu, "'Let Us First of All Have Unity Among Us': Bandung, International Las, and the Empty Politics of Solidarity", in Luis Eslava et al., eds., *Bandung, the Global South, and International Law: Critical Pasts and Pending Futures* (Cambridge, 2017). 천연자원에 대한 영구적 주권의 부상에 대해서는, Christopher R. W. Dietrich, *Oil Revolution: Anti-Colonial Elites, Sovereign Rights, and the Economic Culture of Decolonization* (Cambridge, 2017)을 보라.

42) Raúl Prebisch, *Towards a New Trade Policy for Development: Report by the Secretary-General of the United Nations Conference on Trade and Development* (New York, 1964); Edgar J. Dosman, *The Life and Times of Raúl Prebisch, 1901~1986*

(Kingston, 2008); Getachew, Worldmaking after Empire, chap. 4.

43) Paul VI, *Populorum Progressio,* March 26, 1967, §§ 3, 8. 4년 뒤 세계주교대의 원회의는 "세계 정의" 선언을 발의했다. Joseph Gremillion, ed., *The Gospel of Peace and Justice: Catholic Social Teaching since John* (Maryknoll, 1976).

44) *What Now: Another Development (The 1975 Dag Hammerskjöld Report)* (New York, 1975), 6; Charles Alexanderrowicz, "The Charter of Economic Rights and Duties of States", *Millennium* 4, no. 1 (1975), 72, rpt. in *The Law of Nation in Global History,* ed. David Armitage·Jennifer Pitts (Oxford, 2017), 411. 배경에 대해 서는 다음을 보라. Michael Zammit Cutajar, *UNCTAD and the South-North Dialogue* (Oxford, 1985); Branislav Gosovic, *UNCTAD, Conflict and Compromise: The Third World's Quest for and Equitable World Economic Order through the United Nations* (Leiden, 1972); Kathryn Sikkink, "Development Ideas in Latin America: Paradigm Shift and the Economic Commission for Latin America", in Cooper·Packard, eds., *International Development.*

45) 상호의존성에 대해서는 Victor McFarland, "The New International Economic Order, Interdependence, and Globalization", *Humanity* 6, no. 1 (2015): 217~234를 보라. 가장 충실한 학문적 설명은 당연히 알제리 법학자의 저작인 Mohamed Bedjaoui, *Toward a New International Economic Order* (New York, 1979)이다. Umut Özsu, "'In the Interests of Mankind as a Whole': Mohamed Bedjaoui's New International Economic Order", *Humanity* 6, no. 1 (2015): 129~144 참조.

46) Nils Gilman, "The New International Economic Order: A Reintroduction", *Humanity* 6, no. 1 (2015), 4에 인용된 니에레레; B. V. A. Röling, "The History and the Sociological Approach for the NIEO and the Third World", in *North-South Dialogue: A New International Economic Order* (Thessaloniki, 1982), 194. 마르크스주의적 비판 에 대해서는 Samir Amin, "Self-Reliance and the New International Economic Order", *Monthly Review* 29, no. 3 (1977): 1~21을 보라.

47) Declaration on the Establishment of a New International Economic Order, UN Gen. Ass. Res. 3201 (S-VI), May 1, 1974; Charter on the Economic Rights and Duties of States, UN Gen. Ass. Res. 3281 (XXIX), December 12, 1974. 실마리가 되 는 일련의 기록으로는 Karl P. Sauvant, ed., *The Collected Documents of the Group of 77,* 6 vols. (Dobbs Ferry, 1981~)를 보라. 현대의 다양한 평가에 대해서는 다음을 보라. Branislav Gorovic·John Gerald Ruggie, "Origins and Evolution of the Concept", *International Social Science Journal* 28, no. 4 (1976): 639~646; Jagdish N. Bhagwati,

ed., *The New International Economic Order: The North-South Debate* (Cambridge, Mass., 1977); Karl P. Sauvant·Hajo Hasenpflug, *The New International Economic Order: Confrontation or Cooperation between North and South?* (Boulder, 1977); 다음 10년간 훨씬 더 큰 반향을 불러일으킨 선도적인 문헌인 Roger D. Hansen, *Beyond the North-South Stalemate* (New York, 1979). 헌장의 비준에 대해서는 다음을 보라. Roméo Flores Caballero et al., *Justice économique international: Contributions à l'étude de la Charte des droits et des devoirs économiques des États* (Paris, 1976); Robert F. Meagher, *An International Redistribution of Wealth and Power: A Study of the Charter of Economic Rights and Duties of States* (New York, 1979). 특히 도움이 되는 해석은 Vanessa Ogle, "State Rights against Private Capital: The 'New International Economic Order' and the Struggle over Aid, Trade, and Foreign Investment, 1962~1981", *Humanity* 5, no. 2 (2014): 211~234이다. Stephen Krasner, *Structural Conflict: The Third World against Global Liberalism* (Berkeley, 1985) 참조.

48) 가장 영향력 있는 분석으로는 Raymond Vernon, *Sovereignty at Bay* (New York, 1971); Richard J. Barnet·Ronald E. Mueller, *Global Reach: The Power of the Multinational Corporations* (New York, 1974)가 있다. 대응에 대해서는 예컨대 George W. Ball et al., *Global Companies: The Political Economy of World Business* (Englewood Cliffs, 1975)를 보라.

49) Julius Nyerere, "Third World Negotiating Strategy", *Third World Quarterly* 1, no. 2 (1979): 22; Antonio Cassese·Edmond Jouvé, eds., *Pour un droit des peoples: Essais ser la Déclaration d'Alger* (Paris, 1978); Alternative Approaches and Ways and Means within the United Nations System for Improving the Effective Enjoyment of Human Rights and Fundamental Freedoms, UN Gen. Ass. Res. 32/130, December 16, 1977.

50) 이 구절과 관련해서는 Mark Mazower, *Governing the World: The History of and Idea* (New York, 2012), chap. 12를 보라. 신자유주의적 반론에 대해서는 다음을 보라. Jennifer Bair, "Taking Aim at the New International Economic Order", in Philip Mirowski·Dieter Plehwe, eds., *The Road from Mont Pelerin: The Making of the Neoliberal Thought Collective* (Cambridge, Mass., 2009); Quinn Slobodian, *Globalists: The End of Empire and the Birth of Neoliberalism* (Cambridge, Mass., 2018); Daniel J. Sargent, "North/South: The United States Responds to the New International Economic Order", *Humanity* 6, no. 1. (2015): 201~216; Sargent, *A Superpower Transformed: The Remaking of American Foreign Relations in the 1970s* (Oxford,

2015); Giuliano Garavini, *After Empires: European Integration, Decolonization, and the Challenge from the Global South, 1957~1986*, trans. Richard Nybakken (Oxford, 2012).

5장 기본 욕구와 인권

1) Paul Streeton, "Basic Needs and Human Rights", *World Development* 8, no. 2 (1980), 107; Paul Streeton, "Gunnar Myrdal", *World Development* 18, no. 7 (1990), 1035.

2) 이 문단과 다음 문단은 Samuel Moyn, *The Last Utopia: Human Rights in History* (Cambridge, Mass., 2010)를 요약한 것이다.

3) James Loeffler, *Rooted Cosmopolitans: Jews and Human Rights in the Twentieth Century* (New Haven, 2018), chap. 9에 인용된 피터 베넨슨.

4) Laura M. Weinrib, *The Taming of Free Speech: America's Civil Liberties Compromise* (Cambridge, Mass., 2016); 애리에 나이어와의 인터뷰, *Quellen zur Geschichte der Menschenrechte*, www.geschichte-menschenrechte.de/personen/aryeh-neier/; Aryeh Neier, "Economic and Social Rights: A Critiques", *Human Rights Brief* 12, no. 2 (2006): 1~3.

5) 라틴아메리카에 대해서는 Patrick William Kelly, *Sovereign Emergencies: Latin America and the Making of Global Human Rights Politics* (Cambridge, 2018)를 보라.

6) Salar Mohandesi, "From Anti-Imperialism to Human Rights: The Vietnam War, Internationalism, and the Radical Left in the Long 1960s" (Ph. D. diss., University of Pennsylvania, 2017), chap. 5; Jorge González-Jácome, "The Emergence of Revolutionary and Democratic Human Rights Activism in Columbia between 1974 and 1980", *Human Rights Quarterly*, 출간 예정; Mark Engler, "Towards the 'Rights of the Poor': Human Rights in Liberation Theology", *Journal of Religious Ethics* 28, no. 3 (2000): 339~365.

7) Jiří Hájek, "The Human Rights Movement and Social Progress", in Václav Havel et al., *The Power of the Powerless: Citizens against the State in East-Central Europe*, ed. John Keane (London, 1985), 136, 140. 토미노바에 대해서는 이 책의 서론을 보라.

8) *The Book of Lech Wałęsa* (New York, 1982), 88; "The 21 Demands", in Lawrence, Weschler, *Solidarity: Poland in the Season of Its Passion* (New York, 1982), 209~211. 자유노조에 대한 더 폭넓은 내용은 David Ost, *Solidarity and the Politics of*

Anti-Politics: Opposition and Reform in Poland since 1968 (Philadelphia, 1990)을 보라.

9) Orlando Letelier·Michael Moffitt, *The International Economic Order* (Washington, D.C., 1977); Paul Adler, "'The Basis of a New Internationalism?': The Institute for Policy Studies and North–South Politics from the NIEO to Neoliberalism", *Diplomatic History* 41, no. 4 (2017): 665~693.

10) 현재 개발을 다룬 역사서는 엄청나게 많지만 대부분은 1970년대 초반에 머물러 있다. 개괄적 설명으로는 Joseph M. Hodge, "Writing the History of Development", *Humanity* 6, no. 3 (2015): 429~463 및 *Humanity* 7, no. 1 (2016): 125~174를 보라.

11) 피어슨 보고서에 대한 반응과 관련해서는 Barbara Ward et al., eds., *The Widening Gap: Development in the 1970s* (New York, 1971)를 보라. 또한 널리 알려진 Edgar Owens·Robert Shaw, *Development Reconsidered: Bridging the Gap between Government and People* (Lexington, Mass., 1972)을 보라.

12) Mahbub ul Haq, *The Strategy of Economic Planning: A Case Study of Pakistan* (Cambridge, 1963); Mahbub ul Haq, "System Is to Blame for the 22 Wealthy Families", *Times*(London), March 22, 1973; Peter Hazelhurst, "The Funny Coincidence of Mrs. Gandhi and a Pakistani Economist", *Times* (London), April 12, 1972; Mahbub ul Haq, "Mrs. Gandhi's Speech", *Times* (London), April 26, 1972.

13) Mahbub ul Haq, "Employment in the 1970's: A New Perspective", *International Development Review* 4 (1971), rpt. in *The Poverty Curtain: Choices for the Third World* (New York, 1976), 35.

14) Mahbub ul Haq, "The Third World Crisis", *Washington Post*, April 30, 1972, rpt. "Crisis in Development Strategies", *World Development* 1, no. 7 (1973): 29 및 *The Poverty Curtain*, 40.

15) Haq, "Crisis", 30, *Poverty Curtain*, 43 및 chap. 4, 국제적인 노력에 대해서는 74~75. GNP의 우세에 대해서는 Dirk Philipsen, *The Little Big Number: How GDP Came to Rule the World and What to Do about It* (Princeton, 2015)을 보라.

16) Seebohm Rowntree, *The Human Needs of Labour* (London, 1937). 예컨대 다음을 보라. Agnes Heller, *The Theory of Need in Marx* (New York, 1976); Michael Ignatieff, *The Needs of Strangers* (New York, 1984). 판트에 대해서는 다음을 보라. A. Vaidyanathan, C. R. Rao·T. N. Srinivasan·J. N. Bhagwati, "Pitambar Pant: An Appreciation", *Economic and Political Weekly*, April 28, 1973; "Pitambar Pant", T. N. Srinivasan·P. K. Bardhan, eds., *Poverty and Income Distribution in India* (Calcutta,

1974).

17) R. H. Green, "Basic Human Needs: Concept or Slogan, Synthesis or Smokescreen?", *Institute for Development Studies Bulletin* 9, no. 4 (1978): 7~11; Mahbub ul Haq, "Foreword", in Paul Streeten et al., *First Things First: Meeting Basic Human Needs in the Developing Countries* (Oxford, 1981), ix. 후기 제국으로 부터 1960년대로의 이행에 대해서는 다음을 보라. Daniel Roger Maul, *Human Rights, Development and Decolonization: The International Labour Organization, 1940~70* (New York, 2012), chap. 7; Sandrine Kott, "The Forced Labor Issue Between Human and Social Rights, 1947~1957", *Humanity* 3, no. 3 (2012): 321~335.

18) Tripartite World Conference in Employment, Income Distribution and Social Progress and the International Division of Labour, *Employment, Growth, and Basic Needs: A One-World Problem* (Geneva, 1976), 33을 보라. 국제노동기구의 "약진"을 이룬 공적에 대한 다양한 서술은 Thomas G. Weiss et al., eds., *UN Voices: The Struggle for Development and Social Justice* (Bloomington, 2005), 239~245를 보라.

19) "Declaration of Cocoyoc", *International Organization* 29, no. 3 (1975), 896; Amílcar Herrera, *Catastrophe or New Society? A Latin American World Model* (Ottawa, 1976), 특히 103. 바릴로치의 발상은 특히 유엔훈련조사연구소 및 아르헨티나 출신의 아이비리그 경제학자인 그라시엘라 치칠니스키와 연관되어 있었다. D. P Ghai, "What Is a Basic Needs Approach All About?", in Ghai et al., *The Basic Needs Approach to Development: Some Issues Regarding Concepts and Methodology* (Geneva, 1977)를 보라. 더 최근 것으로는 Gilbert Rist, *The History of Development: From Western Origins to Global Faith*, 3rd ed. (London, 2008), 162~169를 보라. 치칠니스키에 대해서는 Chichilnisky, "Development Patterns and the International Order", *Journal of International Affairs* 31, no. 1 (1977): 275~304 및 유엔훈련조사연구소와 미래주의를 다룬 시빌 뒤오투아의 곧 출간될 논문을 보라.

20) 내부 역사에 대해서는 다음을 보라. Devesh Kapur et al., *The World Bank: Its First Half Century*, vol. 1, *History* (Washington D.C., 1997), chaps. 5~6; Patrick Allan Sharma, *Robert McNamara's Other War: The World Bank and International Development* (Philadelphia, 2017), chap. 3, 특히 67.

21) Robert S. McNamara, *The McNamara Years at the World Bank: Major Policy Addresses, 1968~81* (Baltimore, 1981), 277, 445~446, 472.

22) Ibid., 177, 165, 240.

23) Rob Konkel, "The Monetization of Global Poverty: The Concept of Poverty

in World Bank History, 1944~90", *Journal of Global History* 9, no. 2 (2014): 276~300;
Sharma, *McNamara's Other War*, chaps. 7~8.

24) Philip Alston, "Human Rights and Basic Needs: A Critical Assessment",
Revue des droits de l'homme 12, no. 1~2 (1979): 23. 1976년에야 한 대표적인 국제법학자
가 "권리의 기초로서의 욕구라는 발상"을 이야기했으나, 인권을 언급하지는 않았다. Oscar
Schachter, "The Evolving International Law of Development", *Columbia Journal of
Transnational Law* 15 (1976), 10.

25) Paul Streeten · Shahid Javed Burki, "Basic Needs: Some Issues", *World
Development Review* 6, no. 3 (1978), 413; Paul Streeten, "Basic Needs: Some Unsettled
Questions", *World Development* 12, no. 9 (1984), 978. 또한 다음을 보라. Paul Streeten,
"Economic and Social Rights in the Developing Countries", *Revue européene
des sciences sociales* 10, no. 26 (1972): 21~38, rpt. in Streeten, *The Frontiers of
Development Studies* (New York, 1972); Paul Streeten, "The Distinctive Features of a
Basic Needs Approach to Development", *International Development Review* 19, no. 3
(1977): 8~16; Paul Streeten, "Basic needs: Premises and Problems", *Journal of Policy
Modeling* 1 (1979): 136~146. 이 시기에 나온 스트리튼의 다양한 논문은 Streeten et al.,
*First Things First*에 담겨 세계은행에서 출판되었다.

26) Streeten, "Basic Needs and Human Rights", 111; Frances Stewart, "Basic
Needs Strategies, Human Rights, and the Right to Development", *Human Rights
Quarterly* 11, no. 3 (1989): 350; R. H. Green, "Basic Human Rights/Needs: Some
Problems of Categorical Translation and Unification", *International Commission of
Jurists Review* 27 (1981), 58. 또한 스튜어트의 세계은행 이후의 저작인 *Basic Needs in
Developing Countries* (Baltimore, 1985)를 보라.

27) Alston, "Human Rights and Basic Needs", 28~29, 43, 39; Johan Galtung ·
Anders Helge Wirak, "Human Rights, Human Rights, and Theories of Development",
in Galtung · R. G. Cant, eds., *Indicators of Social and Economic Change and Their
Applications* (Paris, 1976); Galtung · Wirak, "Human Needs and Human Rights—A
Theoretical Approach", *Bulletin of Peace Proposals* 8 (1977): 251~258.

28) Amartya Sen, *Choice of Techniques: An Aspect of the Theory of Planned
Economic Development* (London, 1960); Amartya Sen, *On Economic Inequality*
(Oxford, 1973), chap. 4; Timothy Shenk, *Maurice Dobb: Political Economist* (New
York, 2013), 172~174, 180.

29) Amartya Sen, *Poverty and Famines: An Essay on Entitlement and*

Deprivation (Cambridge, 1981), 7, 13n. 센이 자격에의 접근을 처음 제시한 것에 대해서는 Amartya Sen, "Famines as Failures of Exchange Entitlements", *Economic and Political Weekly* 11, no. 31/33 (1976): 1273~1280을 보라. 센의 다른 국제노동기구 연구에 대해서는 Amartya Sen, *Employment, Technology, and Development* (Oxford, 1975)를 보라.

30) 빈곤(혹은 일반적으로 충분성)과 불평등의 분석적인 구별에 대한 Sen, *Poverty and Famines*, 10 및 14~17. Richard Cooper cited in Amartya Sen, "Ethical Issues in Income Distribution: National and International", in Sven Grassman · Erik Lundberg, eds., *The World Economic Order: Past and Prospects* (New York, 1981), 477에 인용된 리처드 쿠퍼. 센이 일찍이 빈곤과 불평등을 연관시킨 것에 대해서는 *On Economic Equality*에 더하여 Amartya Sen, "Poverty, Inequality, and Unemployment: Some Conceptual Issues in Measurement", *Economic and Political Weekly* 8, no. 31/33 (1973): 1457~1464, rpt. in Srivasan · Bardhan, eds., *Poverty and Income Distribution in India*를 보라.

31) Deepak Lal, "Distribution and Development: A Review Article", *World Development* 4, no. 9 (1976): 727, 736: 732 참조.

32) Aspen Institute Program on International Affairs, *The Planetary Bargain: Proposals for a New International Economic Order to Meet Human Needs* (New York, 1975), 16~17.

33) Declaration of the Conference of Ministers for Foreign Affairs, Belgrade, July 25~30, 1978, in *The Collected Documents of the Non-Aligned Movement, 1961~1982* (Baghdad, 1982), 321. 첫 번째 인용은 Commission on Human Rights, Summary Record of the 1489th Meeting, February 21, 1979, UN Doc. E/CN.4/A/SR.1489, para. 29. 두 번째 인용은 Alston, "Human Rights and Basic Needs", 26~27. Altaf Gauhar, "What Is Wrong with Basic Needs?", *Third World Quarterly* 4, no. 3 (1982), xxii.

34) UNESCO, Expert Meeting on Human Rights, Basic Needs, and the Establishment of a New International Economic Order, Paris, June 19~23, 1978, UN Doc. SS.78/Conf.630/12; Johan Galtung, "The New International Economic Order and the Basic Needs Approach", *Alternatives* 4 (1978~1979). 462~463.

35) Mahbub ul Haq, "Inequities of the Old Economic Order", Overseas Development Council Development Paper No. 22 (1976), rpt. in Charles K. Wilber, ed., *The Political Economy of Development and Underdevelopment*, 2nd ed.

(New York, 1979), 184; Mahbub ul Haq, "Development and Interdependence", *Development Dialogue* 1 (1974), 7; Stephen S. Rosenfeld, "On Inequality among Nations", *Washington Post*, October 22, 1976.

36) Mahbub ul Haq, "Towards a new Planetary Bargain", remarks in Richard N. Gardner, ed., *New Structures for Economic Interdependence* (Rensselaerville, 1975), 20; Mahbub ul Haq, "Basic Needs and the New International Economic Order", in Khadija Haq, ed., *Dialogue for a New Order* (New York, 1980), 235~236.

37) Haq, *Poverty Curtain*, 149, 184~185; Third World Forum, *Proposals for a New International Economic Order* (Mexico City, 1975); Mahbub ul Haq, "The Third World Forum: Intellectual Self-Reliance", *International Development Review* 1 (1975): 8~11; Streeten, "Basic Needs: Premises and Promises", 143. 탈식민지 국가들의 운명은 그 국가들 자신의 손에 달려 있다는 유감스러운 결론에 대해서는 Mahbub ul Haq, "Beyond the Slogan of South-South Cooperation", *World Development* 8, no. 10 (1980): 743~751을 보라. 북반구가 바뀌기까지 남반구가 기다려서는 안 된다는 필요성을 역설하는 비슷한 결론으로는 자메이카의 경제학자 W. 아서 루이스의 영향력 있는 프린스턴대학 '엘리엇 제인웨이 강연'인 W. Arthur Lewis, *The Evolution of the International Economic Order* (Princeton, 1978)를 보라. 또한 화해적인 입장으로는 다음을 보라. R. H. Green·Hans W. Singer, "Toward a Rational and Equitable New International Economic Order: A Case for Negotiated Structural Changes", *World Development* 3, no. 6 (1975): 427~444; Paul Streeten, "The Dynamics of the New Poor Power", in G. K. Helleiner, *A World Divided: The Less Developed Countries in the International Economy* (Cambridge, 1976). 이는 항상 스트리튼의 관심사였다. 다음을 보라. Paul Streeten, "Basic Needs and the New International Economic Order", in T. E. Barker et al., eds., *Perspectives on Economic Development: Essays in the Honour of W. Arthur Lewis* (Lanham, Md., 1982); Paul Streeten, "Approaches to a New International Economic Order", *World Development* 10, no. 1 (1982): 1~17. 그리고 하크는 1980년대에도 계속 신 국제경제질서 의제를 지지했는데, 예를 들면 University of Texas colloquy with Walt Rostow recorded in Roger C. Hansen, ed., *The "Global Negotiation" and Beyond: Toward North-South Accommodation in the 1980s* (Austin, 1981), 특히 53~56을 보라.

38) Daniel Patrick Moynihan, "The United States in Opposition", *Commentary*, March 1975. Upendra Baxi, "The New International Economic Order, Basic Needs, and Rights: Notes toward Development of the Right to Development", *Indian*

Journal of International Law 23, no. 2 (1983): 25~45, Alston, "Basic Needs and Human Rights", 51.

39) 다음을 보라. Daniel J. Sargent, *A Superpower Transformed: The Remaking of American Foreign Policy in the 1970s* (Oxford, 2016), chap. 6, 특히 178~179; Danny M. Leipziger, "The Basic Human Needs Approach and North-South Relations", in Edwin P. Reubens, ed., *The Challenge of the New International Economic Order* (Boulder, 1981), 260.

40) Rolf H. Sartorius·Vernon W. Ruttan, "The Sources of the Basic Human Needs Mandate", *Journal of Developing Areas* 23, no. 3 (1989), 351; Jimmy Carter, "Commencement Address at the University of Notre Dame", *Public Papers of the Presidents of the United States: Jimmy Carter (1977)*, 2 vols. (Washington, D.C., 1977), 1: 961; Cyrus R. Vance, "Human Rights Policy (April 30, 1977)", *Department of State Bulletin* 77, no. 1978 (May 34, 1977), 505; Warren Christopher, "Human Rights: Principle and Realism", *Department of State Bulletin* 77, no. 1992 (August 29, 1977), 269; "Secretary Vance Attends Ministerial Conference of the Organization for Economic Cooperation and Development", *Department of State Bulletin* 77, no. 1987 (July 25, 1977): 105~109; Sandy Vogelgesang, *American Dream, Global Nightmare: The Dilemma of U. S. Human Rights Policy* (New York, 1980), 184.

41) Patricia Weiss Fagen, *The Links between Human Rights and Basic Needs* (Washington D.C., 1978) 4; Peter Weiss, "Human Rights and Vital Needs", in John S. Friedman, ed., *First Harvest: The Institute for Policy Studies, 1963~1983* (New York, 1983), 37; Richard A. Falk, "Responding to Severe Violations", in Jorge I. Domínguez et al., *Enhancing Global Human Rights* (New York, 1979), 225.

42) "Secretary Vance Attends", 108; Jimmy Carter, "Ask President Carter", *Public Papers*, 1:313, Michael Franczak, "American Foreign Policy in the North-South Dialogue, 1971~1982" (Ph. D. diss., Boston College, 2018), chap. 5에서 인용. 또한 Robert K. Olson, *U. S. Foreign Policy and the New International Economic Order: Negotiation Global Problems, 1974~1981* (Boulder, 1981)을 보라.

43) Jan Tinbergen, ed., *Reshaping the International Economic Order: A Report to the Club of Rome* (New York, 1976); Willy Brandt et al., *North/South: A Programme of Survival* (London, 1981); Giuliano Garavini, *After Empires: European Integration, Decolonization, and the Challenge from the Global South 1957~1986* (Oxford, 2012), 235~240; Cranford Pratt, "From Pearson to Brandt: Evolving Conceptions Concerning

International Development", *International Journal* 35, no. 4 (1980): 623~645; R. H. Green, "Brandt on an End to Poverty and Hunger", *Third World Quarterly* 3, no. 1 (1981): 96~103; Susan Strange, "Reactions to Brandt: Popular Acclaim and Academic Attack", *International Studies Quarterly* 25, no. 2 (1981): 328~342; Nigel Harris, *The End of The Third World: Newly Industrializing Countries and the End of an Ideology* (London, 1986), 7. 하크가 틴베르헌의 보고서에 참여하기는 했으나, 개인 발언을 통해서는 "인간의 경제적 해방"은 "빈곤의 최악의 형태를 제거하는 것"에 우선순위를 둠을 의미한다고 분명히 밝혔음을 기억하자(321).

6장 전 지구적 윤리, 평등에서 최저 생활까지

1) Robert Amdur, "Global Distributive Justice: A Review Essay", *Journal of International Affairs* 31, no. 1 (1977), 81.

2) John Rawls, *A Theory of Justice* (Cambridge, Mass., 1971), 7~8, 115, 336, 378~379를 보라. 롤스는 본질적으로 제임스 브라이얼리의 국제법 교과서에 크게 의존했다. 그러나 안타깝게도 하버드대학에 소장된 롤스의 장서들에서는 빠져 있다.

3) Onora O'Neill, "In a Starving World, What's the Moral Minimum?", *Hastings Center Report* 11, no. 6 (1981), 42. Papers of John Rawls, Harvard University Archives, Box 34, Folders 5~14, Lectures on the Law of Nations, 1967~69. 특히 양심적 병역 거부와 관련된 자세한 내용은 Katrina Forrester, "Citizenship, War, and the Origins of International Ethics in American Political Philosophy, 1960~1975", *Historical Journal* 57, no. 3 (2014): 773~801을 보라. Brian Barry, "The Strange Death of Political Philosophy", *Government and Opposition* 15 (1980): 284~285. 더 자세한 내용은 Katrina Forrester, *Reinventing Morality: A History of American Political Thought since the 1950s* (Princeton, 출간 예정)의 관련 장을 보라.

4) Peter Singer, "Famine, Affluence, and Morality", *Philosophy and Public Affairs* 1, no. 3 (1972), 231.

5) 19세기 공리주의에 대해서는 예컨대 Eric Stokes, *The English Utilitarians and India* (Oxford, 1959)를 보라. 싱어의 박애주의 맥락에 대해서는 다음을 보라. Tehila Sasson, *We Are the World: The End of Empire and the Turn to Market Humanitarianism* (출간 예정); Sasson·James Vernon, "Practicing the British Way of Famine: Technologies of Relief, 1770~1985", *European History Review* 22, no. 6 (2015): 860~872.

6) Singer, "Famine", 243.

7) 나는 훌륭한 연구인 Christian Gerlach, "Die Welternährungskrise 1972~1975", *Geschichte und Gesellschaft* 31, no. 4 (2005): 546~585를 따르고 있다. 또한 Gerlach, "Famine Responses in the World Food Crisis 1972~5 and the World Food Conference of 1974", *European Review of History* 22, no. 6 (2015): 929~939를 보라. 현대의 논의에 대한 지적은 다음을 보라. Geoffrey Barraclough, "The Great World Crisis", *New York Review of Books*, January 23, 1975; Herbert Marx, ed., *The World Food Crisis* (New York, 1975); Sayed Marei, ed., *The World Food Crisis* (London, 1976, 1978).

8) Paul Ehrlich, *The Population Bomb* (New York, 1968). 마르크스를 다룬 오닐의 글은 당시 남편이었던 경제학자 에드워드 넬과 공동 집필한 것이다. Edward · Onora Nell, "On Justice under Socialism", *Dissent* 19, no. 3 (1972): 483~491.

9) 싱어에 대해서, 그리고 책무가 "권리 개념의 여지가 조금이라도 있는 기괴하지 않은 도덕 이론이라면 당연히 도출할 결과"라는 주장에 대해서는 Onora Nell, "Lifeboat Earth", *Philosophy and Public Affairs* 4, no. 3 (1975), 273, 279n을 보라. 또한 마르크스주의에 의존한 문헌의 인용에 대해서는 앞의 글 283n을 보라. 더 나아가, 인구 통제 차원에 대한 가장 이른 연구와 관련해서는 훌륭한 논문 Hester van Hensbergen, "Famine, Morality, and Modern Moral Philosophy, c. 1967~1980" (출간 예정)을 보라. 아래에서 논의되는 슈의 저작은 인구 폭발과 인구 관리 주장에 대한 궁극적 회의론의 좋은 증거다.

10) Henry Shue, "Food, Population, and Wealth: Toward Principles of Global Justice" (1976년 9월 미국정치학협회American Political Science Association 연례 회의에서 발표된 논문); Thomas Nagel, "Poverty and Food: Why Charity is Not Enough", in Peter G. Brown · Henry Shue, eds., *Food Policy: The Responsibility of the United States in the Life and Death Choices* (New York, 1977), 54.

11) Charles R. Beitz, "Justice and International Relations", *Philosophy and Public Affairs* 4, no. 4 (1975): 360~389; Beitz, *Political Theory and International Relations* (Princeton, 1979). 그 책의 발생에 대한 비츠 자신의 언급은 "Reflections", *Review of International Studies* 41 (2005): 409~423을 보라. Samuel Scheffler, "The Idea of Global Justice: A Progress Report", *Harvard Review of Philosophy* 20 (2014), 18. Anthony Simon Laden, "The House That Jack Built: Thirty Years of Reading Rawls", *Ethics* 113, no. 2 (2003): 267~290; Chris Brown, "The House That Chuck Built: Twenty-Five Years of Reading Charles Beitz", *Review of International Studies* 31, no. 2 (2005), 371~379. Henry Shue, "The Geography of Justice: Beitz's Critique of Skepticism and Statism", *Ethics* 92, no. 4 (1982), 710.

12) Charles R. Beitz, "Hail Hunt Terrell", *The Colgate Scene* 27, no. 1 (1998);

Charles R. Beitz·Theodore Herman, eds., *Peace and War* (San Francisco, 1973); Charles R. Beitz·Michael Washburn, *Creating the Future: A Guide to Living and Working for Social Change* (New York, 1974), 392~395, 408.

13) Beitz·Washburn, *Creating*, 3; Beitz·Herman, eds., *Peace and War*, xi; Beitz, "Justice", 362. 포크는 비츠의 모험이 "[포크 자신의] 세계 질서의 관점에서 롤스의 틀을 비판하는 것"이라고 즉각 주장했다. Richard A. Falk, "The Domains of Law and Justice", *International Journal* 33, no. 1 (Winter 1975/1976), 12n.

14) Barbara Ward, "The Fat Years and the Lean", *The Economist*, November 2, 1974. 워드의 가장 유명한 저서는 *The Rich Nations and the Poor Nations* (New York, 1962)다. 지속 가능성의 기원에서의 워드의 역할에 대해서는 Stephen Macekura, *Of Limits and Growth: The Rise of Global Sustainable Development in the Twentieth Century* (Cambridge, 2015)를 보라.

15) 내가 아는 네 가지 대응이 있지만, 모두 간략한 논의나 지나가는 언급의 성격이었다. Brian Barry, *The Liberal Theory of Justice: A Critical Examination of the Principal Doctrines in "A Theory of Justice" by John Rawls* (Oxford, 1973), 128~133; Seyom Brown, *New Forces in World Politics* (Washington, 1974), 206; Peter Danielson, "Theories, Intuitions, and the Problem of World-Wide Distributive Justice", *Philosophy of the Social Sciences* 3 (1973): 331~340; Thomas M. Scanlon, Jr., "Rawls' Theory of Justice", *University of Pennsylvania Law Review* 121, no. 5 (1973): 1020~1069 at 1066~1067. 또한 Lars O. Ericsson et al., eds., *Justice, Social and Global* (Stockholm, 1980)의 논문들을 보라.

16) Beitz, "Justice", 376, 383. 비츠는 롤스의 "국제 정의에 대한 이론이 칸트가 『영구 평화론』의 확정 조항에서 제안한 바와 놀랍도록 닮았다"고 쓰고서 롤스의 이론을 비판했다. Ibid., 366.

17) Beitz, "Reflections", 417; *Collected Documents of the Non-Aligned Countries 1961~1982* (Baghdad, 1982), 152; Robert W. Tucker, "A New International Order?", *Commentary*, February 1975; "Egalitarianism and International Politics", *Commentary*, September 1975, rpt. in Tucker, *The Inequality of Nations* (New York, 1977), 52~53, 56; Henry Steele Commager, "Declaration of Interdependence", rpt. in Harlan Cleveland, *The Third Try at World Order* (New York, 1976), 107~109; Henry Kissinger, "The Challenge of Interdependence", *Department of State Bulletin*, May 6, 1974. "상호의존성"을 가장 잘 다룬 문헌은 Victor McFarland, "The New International Economic Order, Interdependence, and Globalization", *Humanity* 6, no. 1 (2015):

217~233. 또한 상호의존성은 국제관계에서의 어떤 새로운 운동의 중심 원칙이 되었다. 상호의존성은 리처드 쿠퍼에 의해 처음 촉발되었으나 로버트 키오헤인과 조지프 나이를 통해 결실을 맺은, 세계 질서에 대한 고전적인 실재론적 설명보다 경제적 상호 관계에 훨씬 더 핵심적인 위치를 부여한 것이었다. 이러한 학문적 전개는 비츠의 개입에서도 유사하게 중요했다. 다음과 같은 정치학의 고전적 문헌들을 보라. Richard N. Cooper, *The Economics of Interdependence: Economic Policy in the Atlantic Community* (New York, 1968). 쿠퍼는 이를 "Economic Interdependence and Foreign Policy in the Seventies", *World Politics* 24, no. 2 (1972): 159~181에서 전 지구적 차원으로 확장했다. 또한 Robert O. Keohane · Joseph S. Nye Jr., eds., *Transnational Relations and World Politics* (Cambridge, Mass., 1972). 또한 Keohane · Nye, *Power and Interdependence: World Politics in Transition* (Boston, 1977). 이 책은 "우리는 상호 의존의 시대에 살고 있다"(3)라는 유명한 문장으로 시작된다. 비츠는 이후 관계의 존재나 강도에 의존하는 전 지구적 사회 계약으로의 경로를 포기하는 것에 대해 언급했다. 그러한 관계가 실현 가능하다면 단순히 가설적인 당사자들의 도덕적 힘에 의해 세계적 협상이 요구될 수 있기 때문이었다. 다음을 참조하라. Charles E. Beitz, "Cosmopolitan Ideals and National Sentiment", *Journal of Philosophy* 80, no. 10 (1983), 595; Beitz, "Reflections", 421.

18) Beitz, "Justice", 371, 371n.

19) Ibid., 373, 375, 375n (종속 이론 인용), 385. 싱어에 대한 언급은 Charles R. Beitz, "Bounded Morality: Justice and the State in World Politics", *International Organization* 33, no. 3 (1979), 418을 보라.

20) Beitz, "Justice", 360; Beitz, *Political Theory*, 126. 사실 이번 장은 Moyn, *The Last Utopia: Human Rights and History* (Cambridge, Mass., 2010) 214~216에 담긴, 철학과 인권 혁명의 관계에 대한 간략한 설명을 확장한 것이다.

21) Beitz, "Justice", 387.

22) Beitz, *Political Theory*, 99, 64, 104, 102. 이에 비해 리처드 포크(비츠는 포크의 세미나를 통해서 자신의 프로젝트에 착수하게 되었다)는 당대의 신 국제경제질서로 정점에 올랐던 자결권 주장에 적극적으로 동의했다. 예를 들어 Falk, "La Déclaration d'Alger et la lutte pour les droits de l'homme", Antonio Cassese · Edmund Jouvé, eds., *Pour un droit des peuples* (Paris, 1978)을 보라.

23) Arthur Schlesinger Jr., "Human Rights: How Far, How Fast?", *Wall Street Journal*, March 4, 1977. "평등주의"가 "종속"의 대안으로서 의도된 이론적 틀이라는 더 명확한 입증에 대해서는 비츠의 더 인기 있는 논문인 "Global Egalitarianism", *Dissent* 26, no. 1 (1979): 61~64를 보라.

24) Beitz, *Political Theory*, 119, 120. 급진적 경제학과 관련해서는 Beitz, "Justice", 375n과 Beitz, *Political Theory*, 150n 사이의 미묘한 차이를 참조하라. 또한 116~119를 참조하라. 기업에 대해서는 Beitz, "Justice", 373, 373n과 Beitz, *Political Theory*, 145, 특히 145nn을 비교하라. 보다 관대하게 말하자면, 헨리 슈는 (비츠의 주장이 경험적 근거에서 수정된 것임을 언급하지 않고) 비츠의 주장이 "미니멀리즘적"인 것으로서 좌파적 "세계체제론, 종속 이론, 혹은 국가들 사이의 경제적 연관이 비츠가 주장하는 것보다 훨씬 더 강력하다고(그리고 더 해롭다고) 주장하는 탄탄한 다른 많은 이론"에 의존하는 것을 전략적으로 피하고 있으며, 비츠가 "주류 미국 학계의 성과 전반에 의존한다"고 해석했다. Shue, "The Geography of Justice", 717~718.

25) Tucker, *The Inequality of Nations*, 139.

26) Ibid., 64, 117; Beitz, "Bounded Morality", 409.

27) Beitz, "Bounded Morality", 409; Beitz, *Political Theory*, 182~183.

28) 전체 상황에 대한 풍부하고 균형 잡힌 논의는 Beitz, "Global Egalitarianism", 68, 64~67. 마붑 울 하크와 같은 다른 많은 이처럼 비츠는 탈식민지 국가들의 자생적 변화를 이끌어내는 것이 유일한 희망이라고 결론 내렸다. Beitz, *Political Theory*, 172~175; "Bounded Morality", 423, 419, 이는 W. Arthur Lewis, *The Evolution of the International Economic Order* (Princeton, 1978)에 큰 영향을 받았다.

29) Charles R. Beitz·Robert E. Goodin, "Introduction: Basic Rights and Beyond", Beitz·Goodin, eds., *Global Basic Rights* (New York, 2009), 1; Henry Shue, *Basic Rights: Subsistence, Affluence, and U. S. Foreign Policy* (Princeton, 1980).

30) Henry Shue, "Preface", in *Fighting Hurt: Rule and Exception on Torture and War* (Oxford, 2016), vi. 이 글에서 또한 슈는, 당시에는 교수가 아니었던 마이클 월저가 전쟁 토론회에서 4학년 동기들에게 승리하는 것을 보며 정치 이론에 입문하겠다는 생각을 품었다고 회상한다. Brown·Shue, eds., *Food Policy*; Brown·Douglas MacLean, eds., *Human Rights and U. S. Foreign Policy: Principles and Applications* (Lexington, Mass., 1979). 현대문제아카데미에 대해서는 Mary McGarry, "Center to Help Solve Issues", *Columbus Dispatch*, February 10, 1974를 보라. 브라운의 직책에 대해서는 "Academy Appoints Nine Fellows", *Columbus Courier-Journal*, January 29, 1976를 보라.

31) 연구소의 설립에 대해서는 다음을 보라. "Notes and News", *Journal of Philosophy* 73, no., 19 (1976): 768; Patricia Weiss Fagen, *The Links between Human Rights and Basic Needs* (Washington, D.C., 1978): 1~11. 또한 개인적 교류를 참고했다.

32) Henry Shue, "Liberty and Self-Respect", *Ethics* 85, no. 3 (1975): 195~203;

Shue, "Justice, Rationality, and Desire: On the Logical Structure of Justice as Fairness", *Southern Journal of Philosophy* 13 (1975~1976): 89~97.

33) Albert Camus, *The Plague*, trans. Stuart Gilbert (New York, 1948), 308. Shue, *Basic Rights*, xi (그리고 카뮈 인용은 v, 173~174).

34) Shue, *Basic Rights*, chap. 2; Shue, "Rights in the Light of Duties", in Brown · MacLean, eds., *Human Rights and U. S. Foreign Policy*.

35) Shue, *Basic Rights*, 25, 192n; Shue, "Torture", *Philosophy and Public Affairs* 7, no. 2 (1978): 124~143; Onora O'Neill, *Faces of Hunger: An Essay on Poverty, Justice, and Development* (London, 1986), 114~115 (이 책은 1970년대의 토론에 대한 오늘의 답변으로 생각된다). 이전 시대에는 인권 내에서의 시민적·정치적 권리의 우선성을 명쾌하게 방어하려 든 사람이 거의 없었고, 예외적인 경우가 (비츠, 슈, 그 밖의 사람들에게 눈부셨던) Maurice Cranston, *Human Rights To-day* (London, 1955, 1962)였다. 이 책은 미국에서 *What Are Human Rights?* (New York, 1963)로 출판되었고, 나중에는 이 제목하에 대폭 수정되었다. 컬럼비아대학의 철학자 찰스 프랭클도 인권 혁명의 한가운데서 Frankel, *Human Rights and Foreign Policy* (New York, 1978), 36~49로 공명했다. 그러나 이런 식으로 우선순위를 매긴 것이 롤스가 스스로의 용어로써 지지한 자유주의 감수성과 잘 맞은 것은 사실이다. 1980년의 자유의 우선성에 대한 슈의 반론은 앞서 인용된 그의 1975년 *Ethics* 평론에 나온 주의 깊은 재구축과 비교되어야 한다. 특정 사례들(롤스는 분명 탈식민지 국가들을 염두에 두고 있었다)에서 개발이 용인하에 우선시되는 것에 대한 단서로는 Rawls, *A Theory of Justice*, 247~248, 62~63을 보라.

36) Shue, *Basic Rights*, ix.

37) Henry Shue, "Lukács: Notes on His Originality", *Journal of the History of Ideas* 34, no. 4 (1973): 645~650. James Scott, *The Moral Economy of the Peasant: Rebellion and Subsistence in Southeast Asia* (New Haven, 1976), 40, Shue, *Basic Rights*, 28, 207~208n에서 인용(강조는 필자의 의도); 사회권에 대해서는 Scott, *Moral Economy*, 184; 스콧과 함께 예일대학 정치학과에서 강의한 중국 전문가이자 슈의 배우자인 비비언 슈가 연결 고리였다. 슈는 또한 Benedict J. Kerkvliet, *The Hulk Rebellion: A Study of Peasant Revolt in the Philippines* (Berkeley, 1977), 252~255의 중요성을 기록했고, 소작농들의 "생존할 권리에 대한 깊은 믿음"을 증명하기 위해 여기서 한 구절을 인용했다(*Basic Rights*, 184n). 여기서 흥미로운 점은, 미국의 도움으로 1940년대에 무자비하게 파괴된 공산주의 혁명에 대한 검토 어느 부분에서 슈가 설득력을 느꼈는가 하는 것이다. 비츠와 유사하게 슈 또한 다국적 기업의 유해한 영향을 다룬 문헌들이 등장하고 있음을 전적으로 의식하고 있었다(*Basic Rights*, 188n).

38) Shue, "Food, Population, and Wealth", 14, 7. Charles R. Beitz, "Human Rights And Social Justice", in Peter G. Brown·Douglas MacLean, eds., *Human Rights and U. S. Foreign Policy* (Lexington, Mass., 1979).

39) Shue, *Basic Rights*, 128; Shue, "The Geography of Justice", 719. 기본적 최저치가 없어 익사하는 사람들이라는 이미지는 부지불식간에 스콧에게서 왔으며, 스콧은 이를 R. H. Tawney, *Land and Labor in China* (1932; Boston, 1966), 77에서 얻었다. 슈는 이러한 고찰을 통해서, 사람들은 생존 수단을 제공하지 못하는 사회 계약(지역적인 것이든 전 지구적이든)에 임하기보다는 생존 수단을 폭력으로 쟁취할 권리가 충분히 있다고 추정했다. 슈는 "모든 사람이 적절한 최저치를 가지게 될 만큼 가용 재산을 재분배하지 않는 제도 체계에 효과적으로 반대하기 위해서 노력하는 것보다는(적어도 성공할 가능성이 있는 곳에서), 자신보다 상황이 나은 이들은 계속해서 상황이 더 나을 것이지만 최소한 약간이나마 자신의 재산을 늘려야 한다는 전제하에 자신의 재산이 무한히 낮을 수 있다는 것에 동의하는 편이 분명 더 합리적이다"라고 생각했다(129). 답은 명확하지 않았다. 스스로의 최저 생활을 위해 (그리고 그 한계를 넘은 평등한 사회 관계를 위해) 협상에 들어갈 수도 있고, 최저 생활 없이는 어떤 합의도 일구지 못할 수도 있다.

40) Shue, *Basic Rights*, chap. 6, 174. 제한의 필요성에 대해서는 James S. Fishkin, *The Limits of Obligation* (New Haven, 1982); Fishkin, "The Boundaries of Justice", *Journal of Conflict Resolution* 27, no. 2 (1983): 355~375; Shue, "The Burdens of Justice", *Journal of Philosophy* 80 no. 10 (1983): 600~608.

41) Shue, *Basic Rights*, chap. 7.

42) James W. Nickel·Lizbeth L. Hasse, "Book Review", *California Law Review* 69 (1981): 1569~1586. 1980년대 들어서의 슈의 미국 정부 지향의 예로는 다음을 보라. United States Senate, Committee on Foreign Relations, *Perceptions: Relations between the United States and the Soviet Union* (Washington D.C., 1979), 410~413; Shue, "In the American Tradition, Rights Remain Unalienable", *The Center Magazine* 17, no. 4 (January 1984): 6~34.

43) Shue, *Basic Rights*, 63~64, 192n.

44) Beitz, "Justice", 389.

7장 신자유주의 소용돌이 속의 인권

1) Orlando Letelier, "The Chicago Boys in Chile: Economic Freedom's Awful Role", *The Nation*, August 28, 1976.

2) Naomi Klein, "Forty Years Ago, This Chilean Exile Warned Us About the

Shock Doctrine, Then He Was Assassinated ", *The Nation*, October 10, 2016; Naomi Klein, *The Shock Doctrine: The Rise of Disaster Capitalism* (New York, 2007), 146~147; Susan Marks, "Four Human Rights Myths", in David Kinley et al., eds., *Human Rights: Old Problems, New Possibilities* (Cheltenham, 2013), 226.

3) Joe Wills, "The World Turned Upside Down? Neo-Liberalism, Socioeconomic Rights, and Hegemony", *Leiden Journal of International Law* 27, no. 1 (2014): 11~35; Jessica Whyte, "Human Rights and the Collateral Damage of Neoliberalism", *Theory & Event* 20, no. 1 (2017): 137~157. 내가 삶의 한 형태로서의 신자유주의, 특히 미셸 푸코나 마르셀 고셰의 정신을 따르는 개인적인 자기 창조의 한 방식으로서의 신자유주의에 연연하지 않으며, 새로운 정치 운동이자 법적 프로젝트로서의 인권과 분배적 열망·성과 사이의 관계에 대한 논의를 전개하고자 한다는 것을 짚고 넘어가야겠다. 그렇더라도 이는 약속일 뿐이다. 1970년대의 분열 이래의 인권과 신자유주의의 관계에 대한 인과구조적이지만 마르크스주의적이지 않은 접근으로 Marcel Gauchet, *L'avènement de la démocratie*, vol. 4, *Le nouveau monde* (Paris, 2017), 특히 chap. 9를 보라. 또한 Zachary Manfredi, "An Unlikely Resonance? Subjects of Human Rights and Subjects of Human Capital Reconsidered ", in Ben Golder·Daniel McLoughlin, eds., *The Politics of Legality in a Neoliberal Age* (New York, 2018)를 보라.

4) F. A. Hayek, *The Road to Serfdom* (New York, 2001), 124~125, 89. 나는 Angus Burgin, *The Great Persuasion: Reinventing Free Markets since the Great Depression* (Cambridge, Mass., 2012), 특히 chaps. 2~3을 따른다. 또한 Serge Audier, *Néo-libéralismes: une archéologie intelletuelle* (Paris, 2012)을 보라. 그리고 특히 도움이 되는 다음 두 분석을 보라. Raymond Plant, *The Neo-liberal State* (Oxford, 2009); David Kotz, *The Rise and Fall of Neoliberal Capitalism* (Cambridge, Mass., 2015).

5) Carl J. Friedrich, "The Political Thought of Neo-Liberalism", *American Political Science Review* 49, no. 2 (1955): 509~525; Ralf Ptak, *Von Ordoliberalismus zur Sozialen Markwirtschaft: Stationenen des Neoliberalismus in Deutschland* (Opladen, 2004), 특히 chap. 4; Michael Moffitt, "Chicago Economics in Chile", *Challenge* 20, no. 4 (1977): 34~43; Glen Biglaiser, "The Internationalization of Chicago's Economics in Latin America", *Economic Development and Social Change* 50, no. 2 (2002): 269~286.

6) Mary Nolan, "Human Rights and Market Fundamentalism in the Long 1970s", Norbert Frei·Annette Weinke, eds., *Toward a New Moral World Order? Menschenrechtpolitik und Völkerrecht seit 1945* (Göttingen, 2013), 172; Robert

Chitester, interview with Friedrich A. Hayek, at the University of California-Los Angeles (1978), www.hayek.ufm.edu/index.php?title=Bob_Chitester_part_ I&p=video1&b=930&e=1037.

7) Judith A. Teichman, *The Politics of Freeing Markets in Latin America: Chile, Argentina, and Mexico* (Chapel Hill, 2001).

8) 동독은 사회권이라는 말을 통해 국내적·국제적 정당화를 모색하는 데 특히 노력을 기울였는데, 이는 부분적으로는 동독이 체제 역사 속에서 일찍이 사회주의를 채택했기 때문이었다. Paul Betts, "Socialism, Social Rights, and Human Rights: The Case of East Germany", *Humanity* 3, no. 3 (2012): 407~426; Ned Richardson-Little, "Dictatorship and Dissent: Human Rights in East Germany in the 1970s", in Jan Eckel·Samuel Moyn, eds., *The Breakthrough: Human Rights in the 1970s* (Philadelphia, 2014).

9) Benjamin Nathans, "The Disenchantment of Socialism: Soviet Dissidents, Human Rights, and the New Global Morality", in Eckel·Moyn, eds., *The Breakthrough*. 조해나 복맨 같은 사람들은 권력을 잡은 사회주의자들이 스스로 신자유주의 정책을 고안해낸 것이라고 강조하려 하지만, 정말로 중요한 것은 이데올로기적 전환이다. Johanna Bockman, *Markets in the Name of Socialism: The Left-Wing Origins of Neoliberalism* (Stanford, 2011).

10) Václav Havel, "Power of the Powerless", *Open Letters: Selected Writings, 1965~1990*, trans. Pawl Wilson (New York, 1991), 161.

11) Jean-Yves Potel, *Scènes de grèves en Pologne* (Paris, 1981), chap. 6; 미흐니크에 대해서는 David Ost, *The Defeat of Solidarity: Anger and Politics in Postcommunist Europe* (Ithaca, 1985), 41을 보라.

12) James Krapfl, *Revolution with a Human Face: Politics, Culture, and Community in Czechoslovakia, 1989~1992* (Ithaca, 2013), 97.

13) 무시당한 노동 계급에 대한 오스트의 훌륭한 책도 많은 관심을 받을 가치가 있지만, Robert Brier, *A Contested Icon: Poland's Solidarity Movement and the Global Politics of Human Rights* (출간 예정)를 보라. 그 지역 노동조합들에 대해서는 Stephen Crowley·David Ost, eds., *Workers after Workers' States: Labor and Politics in Postcommunist Eastern Europe* (Lanham, Md., 2001)을 보라.

14) Paul Dragos Aligica·Anthony J. Evans, eds., *The Neoliberal Revolution in Eastern Europe* (Cheltenham, 2009); Bojan Bulgarič, "Neoliberalism, Post-communism, and the Law", *Annual Review of Law and Social Science* 12 (2016): 313~326; Venelin I. Ganev, "The 'Triumph of Neoliberalism' Reconsidered: Critical

Remarks on Ideas-Centered Analyses of Political and Economic Change in Post-Communism", *East European Politics and Society* 19, no. 3 (2005): 343~378.

15) Philipp Ther, *Europe since 1989: A History*, trans. Charlotte Hughes-Kreutzmüller (Princeton, 2016), chap. 5. 훨씬 나중에(1981) 등장한 아프리카 대륙의 지역적 인권 헌장은 잘 알려진 개발의 자유를 포함하여 기본 지급과 정의로운 국제 질서 모두를 요구하는 등, 분배를 보다 철저하게 부각했다.

16) Nicholas Ellison, *Egalitarian Thought and Labour Politics: Retreating Visions* (London, 1994); C. A. R. Crosland, *The Future of Socialism*, new ed. (New York, 1963), 78.

17) 불가리아와 스페인을 비교하는 Cornel Ban, *Ruling Ideas: How Global Neoliberalism Goes Local* (Oxford, 2016); Mark Dawson, *The Governance of EU Fundamental Rights* (Cambridge, 2017), chap. 5; Margot E. Salomon, "Of Austerity, Human Rights, and International Institutes", *European Law Journal* 21, no. 4 (2015): 521~545. 이에 반해서, 유럽회의 후원하에 유럽인권협약을 보완하기 위한 것인 1961년의 유럽사회헌장은 대단한 중요성을 갖지 못했다. 헌장을 감독하는 유럽사회권위원회가 긴축 시기에 헌장의 원칙 위반을 발견했다는 것(심각한 결과는 없었다 해도)은 당연히 언급해야 하겠지만 말이다. Colm O'Cinneide, "Austerity and the Faded Dream of a Social Europe", in Aoife Nolan, ed., *Economic and Social Rights after the Global Financial Crisis* (Cambridge, 2014)를 보라.

18) Devesh Kapur et al., *The World Bank: Its First Half Century*, vol 1, *History* (Washington, D.C., 1997), chap. 7, 특히 333~339; James Gathii, "Human Rights, the World Bank, and the Washington Consensus, 1949~1999", *Proceedings of the Annual Meeting of the American Society of International Law* 94 (2000): 144~146; Mac Darrow, *Between Light and Shadow: The World Bank, the International Monetary Fund, and International Human Rights Law* (Portland, 2003); Sara Joseph, *Blame it on the WTO?: A Human Rights Critique* (Oxford, 2011); Andrew Lang, *World Trade Law after Neoliberalism: Reimagining the Global Economic Order* (Oxford, 2011).

19) 인간개발지수의 기원에 대해서는 Craig N. Murphy, *The United Nations Development Programme: A Better Way?* (Cambridge, 2006), chap. 9를 보라. 개발의 목표에 대해서는 Philip Alston, "Ships Passing in the Night: The Current State of the Human Rights and Development Debate Seen through the Lens of the Millennium Development Goals", *Human Rights Quarterly* 7, no. 3 (2005): 755~829의 영향력 있는 설명을 보라. 지속가능개발목표 10은 "국가들 내의, 국가들 간의 불평등을 줄일 것"을 요

구하는 것이지만, 당시에는 대체로 모든 열망을 수용하는 희망 사항의 목록 같은 것이었고, 각 항목이 비슷한 관심을 받게 된다는 의미는 아니었다. 다음을 보라. Edward Anderson, "Equality as a Global Goal", *Ethics and International Affairs*, 30, no. 2 (2016): 189~200; Center for Economic and Social Rights, *From Disparity to Dignity: Tackling Economic Inequality through the Sustainable Development Goals* (New York, 2016); Kate Donald, "Tackling Inequality: The Potential of the Sustainable Development Goals", *Open Global Rights*, March 2, 2017.

20) Ernst-Ulrich Petersmann, "Time for a United Nations 'Global Compact' for Integrating Human Rights in the Law of Worldwide Organizations: Lessons from European Integration", *European Journal of International Law* 13, no. 2 (2002), 629; Petersmann, "Human Rights and International Trade Law: Defining and Connecting the Two Fields", in Thomas Cottier et al., eds., *Human Rights and International Trade* (Oxford, 2006). 올스턴은 페터스만의 목표가 "국제 인권을 하이재킹hijack하기, 또는 더 적절하게는 하이에크Hayek화하기"라는 유명한 주장을 폈다. Alston, "Resisting the Merger and Acquisition of Human Rights by Trade Law: A Reply to Petersmann", *European Journal of International Law* 13, no. 4 (2002), 816. World Bank, *Development and Human Rights: The Role of the World Bank* (Washington, D.C., 1999).

21) Philip Alston, "Human Rights and the New International Development Strategy", *Bulletin of Peace Proposals* 3 (1979): 281~290; Amartya Sen, *Development as Freedom* (New York, 1999); Pascal Lamy, Director-General, World Trade Organization, "Humanising Globalisation" (address in Santiago, Chile, Jan. 30, 2006), www.wto.org/english/news_e/sppl_e/spp116_e.htm; Report of the Special Rapporteur on Extreme Poverty and Human Rights on the World Bank and Human Rights, UN Doc. A/70/274, August 4, 2015. 또한 다음을 보라. Alston·Mary Robinson, eds., *Human Rights and Development: Towards Mutual Reinforcement* (Oxford, 2005); Galit Sarfaty, *Values in in Translation: Human Rights in the Culture of the World Bank* (Stanford, 2012). 일각에서는 버락 오바마와 민주당 소속 차관보 마이클 포즈너가 제시한 인권과 노동 정책을 경제·사회권에 다시 헌신하는 것으로 여겼다. Michael Posner, "The Four Freedoms Turns Seventy", address at the American Society for International Law, March 24, 2011, www.humanrights.gov/assistant-secretary-michael-h.posner-the-four-freedoms-turn-70.

22) Daniel J. Whelan, *Indivisible Human Rights: A History* (Philadelphia, 2010). Rhoda E. Howard, "The Full-Belly Thesis: Should Economic Rights Take Priority

over Civil and Political Rights? (Evidence from Sub-Saharan Africa)", *Human Rights Quarterly* 5, no. 4 (1983): 467~490. 경제·사회권에 대한 관심의 급증은 1990년대까지도 인권 정치 같은 것은 존재하지 않았다는 스테펀 러드윅 호프만의 주장을 정당화했다. Stefan-Ludwig Hoffmann, "Human Rights and History", *Past & Present* 232 (2016): 279~310. Manfred Nowak, *Human Rights of Global Capitalism: The Limits of Privatization* (Philadelphia, 2017).

23) Pascal McDougall, "Keynes, Sen, and Hayek: Competing Approaches to International Labor Law in the ILO and the WTO, 1994~2008", *Northwestern Journal of Human Rights* 16, no. 1 (2017): 32~90.

24) Jennifer Bair, "Corporations at the United Nations: Echoes of the New International Economic Order?", *Humanity* 6, no. 1 (2015): 159~171; Guiding Principles on Business and Human Rights, Human Rights Council Res. 17/4, June 16, 2011; John Gerald Ruggie, *Just Business: Multinational Corporations and Human Rights* (New York, 2013).

25) David Kinley, *Civilising Globalisation: Human Rights and the Global Economy* (Cambridge, 2009); Eduardo Silva, *Challenging Neoliberalism in Latin America* (Cambridge, 2009); Tomer Broude, "From Seattle to Occupy: The Shifting Focus of Global Protest", in Daniel Drache · Lesley A. Jacobs, eds., *Linking Trade and Human Rights: New Policy Space in Hard Economic Times* (Cambridge, 2014).

26) Irene Khan, *The Unheard Truth: Poverty and Human Rights* (New York, 2009); Kenneth Roth, "Defending Economic, Social, and Cultural Rights: Practical Issues Faced by an International Human Rights Organization", *Human Rights Quarterly* 26, no. 1 (2004): 63~73; Daniel P. L. Chong, *Freedom from Poverty: NGOs and Human Rights Praxis* (Philadelphia, 2010).

27) Committee for Economic, Social, and Cultural Rights, General Comment No. 3: The Nature of State Parties' Obligations (1990), para. 14; Catarina de Albuquerque, "Chronicle of an Announced Birth: The Coming into Life of the Optional Protocol to the International Covenant on Economic, Social, and Cultural Rights", *Human Rights Quarterly* 32, no. 1 (2010): 144~178; Margot E. Salomon · Ian Seiderman, "Human Rights Norms for a Globalized World: The Maastricht Principles on Extraterritorial Obligations of States in the Area of Economic, Social, and Cultural Rights", *Global Policy* 3, no. 4 (2012): 458~462; International Committee on Human Rights, *Duties Sans Frontières: Human Rights and Global Social Justice* (Versoix,

2003); Mark Gibney, "Establishing a Social and Economic Order for the Realization of Human Rights", in Minkler, ed., *The State*; Malcolm Langford et al., eds., *Global Justice, State Duties: The Extraterritorial Scope of Economic, Social, and Cultural Rights in International Law* (Cambridge, 2013).

28) Philip Alston·Katarina Tomaševski, eds., *The Right to Food* (Utrecht, 1984); Susan Randolph·Shareen Hertel, "The Right to Food: A Global Perspective", in Lanse Minkler, ed., *The State of Economic and Social Human Rights: A Global Overview* (Cambridge, 2013).

29) Jonathan Mann et al., "Health and Human Rights", *Health and Human Rights* 1, no. 1 (1994): 6~23; Audrey Chapman, *Global Health, Human Rights, and the Challenge of Neoliberal Policies* (Cambridge, 2016); Audrey Chapman·Salil Benegal, "Globalization and the Right to Health", in Minkler, ed., *The State*; Amy Kapczynski, "The Right to Medicine in an Age of Neoliberalism", *Humanity* (출간 예정); Paul Farmer, *Pathologies of Power: Health, Human Rights, and the New War on the Poor* (Berkeley, 2003), 특히 chap. 9; Farmer, "Rich World, Poor World: Medical Ethics and Global Inequality", in *Farmer, Partner to the Poor: a Paul Farmer Reader*, ed. Haun Saussy (Berkeley, 2010); Alicia Ely Yamin, *Power, Suffering, and the Struggle for Dignity: Human Rights Frameworks for Health and Why They Matter* (Philadelphia, 2016).

30) Cass R. Sunstein, "Against Positive Rights", *East European Constitutional Review* 2 (1993): 35~38; Ran Hirschl, *Towards Juristocracy: The Origins and Consequences of the New Constitutionalism* (Cambridge, Mass., 2004).

31) Ralph K. Winter, Jr., "Poverty, Economic Inequality, and the Equal Protection Clause", *Supreme Court Review* 1972 (1972): 41~102; William E. Forbath, "Not So Simple Justice: Frank Michelman on Social Rights, 1969~Present", *Tulsa Law Review* 39 (2004): 597~639. 남아프리카에 대해서는 Mohsen al Attar·Ciaron Murnane, "The Place of Capitalism in Pursuit of Human Rights in Globalized Relationships of States", in Jeffery F. Addicott et al., eds., *Globalization, International Law, and Human Rights* (Oxford, 2011), 특히 218~220.

32) 사회권의 사법 집행에 대한 문헌은 급속히 누구라도 도전해볼 만한 일이 되었고, 대니얼 브링크스, 샌드라 프레드먼, 세자르 로드리게스 가라비토, 바룬 가우리, 제프 킹, 폴 오코넬, 브라이언 레이, 캐서린 영과 같은 학자들이 특히 귀중한 저작을 남겼다.

33) Ingrid Lejiten, "The German Right to an Existenzminimum, Human Dignity,

and the Possibility of Minimum Core Socioeconomic Rights Protection", *German Law Journal* 16, no. 1 (2015): 23~38; András Sájo, "How the Rule of Law Killed Hungarian Welfare Reform", *East European Constitutional Review* 5, no. 1 (1996): 31~40; Wojciech Sadurski, *Rights before Courts: A Study of Constitutional Courts in Postcommunist States of Eastern Europe*, 2nd ed. (Dordrecht, 2008), chap. 7, 특히 노동권에 대해서는 274~281; Paul O'Connell, "Let Them Eat Cake? Socio-Economic Rights in an Age of Austerity", in Aoife Nolan et al., eds., *Human Rights and Public Finance: Budgets and the Promotion of Economic and Social Rights* (Oxford, 2013); Nolan, ed., *Economic and Social Rights*; Aoife Nolan, "Not Fit for Purpose? Human Rights in Times of Financial and Economic Crisis", *European Human Rights Law Review* 2015, no. 4 (2015): 358~369.

34) David Landau, "The Reality of Social Rights Enforcement", *Harvard International law Journal* 53, no. 1 (2012): 401~459. 또한 Helena Alviar Garciá, "Distribution of Resources Led by Courts: A Few Words of Caution", in Alviar et al., ed., *Social and Economic Rights in Theory and Practice* (New York, 2015)를 보라. 랜도가 기록하고 있듯이, 한번 부여된 경제권은 "퇴보"의 대상이 될 수 없다는 가정의 중요성은 중산층이 이득을 보는 데 유리한 방향으로 기울었다. 남반구에서의 사회권에 대한 가장 낙관주의적인 설명은 일반적으로 Javier A. Couso, "The Changing Role of Law and Courts in Latin America: From an Obstacle to Social Change to a Tool of Social Equity", in Roberto Gargarella et al., eds., *Courts and Social Transformation in New Democracies: An Institutional Voice for the Poor?* (New York, 2006); Lucie E. White · Jeremy Perelman, eds., *Stones of Hope: How African Activists Reclaim Human Rights to Challenge Global Poverty* (Stanford, 2011); Sakiko Fukuda Parr et al., *Fulfilling Social and Economic Rights* (Oxford, 2015).

35) 경제권에 대한 좌파의 정치적 개척에 대해서는 Ellen Meiskins Wood, "Getting What's Coming to Us: Capitalism and Human Rights", *Against the Current* 24, no. 2 (2009): 28~32를 보라. 사법적 개척에 대해서는 Paul O' Connell, "The Death of Socioeconomic Rights", *Modern Law Review* 74, no. 4 (2011): 532~554를 보라.

36) Nancy MacLean, *Freedom Is Not Enough: The Opening of the American Workplace* (Cambridge, Mass., 2008); Nancy Fraser, *Fortunes of Feminism: From State-Managed Capitalism to Neoliberal Crisis* (New York, 2013); Melinda Cooper, *Family Values: Between Neoliberalism and the New Social Conservatism* (New York, 2017). Yascha Mounk, *The Age of Responsibility: Luck, Choice, and the Welfare State*

(Cambridge, Mass., 2017)는 여성을 언급하지는 않으나 매우 관계가 깊다. 최근 몇 년간, 조세 정책을 바꿀 어떤 인권 기획을 이야기하는 몇몇 의견이 있었지만 성과는 없었다. 다음을 보라. Radhika Balakrishnan et al., *Maximum Available Resources and Human Rights* (New Brunswick, N.J., 2011), 특히 3~4; Paul Beckett, *Tax Havens and Human Rights* (New York, 2017).

37) 장기적 서술로는 Arvonne S. Fraser, "Becoming Human: The Origins and Development of Women's Human Rights", in Marjorie Agosín, ed., *Women, Gender, and Human Rights: A Global Perspective* (New Brunswick, N.J., 2002)를 보라. 베티 프리댄은 Jocelyn Olcutt, "Globalizing Sisterhood: International Women's Year and the Politics of Representation", Niall Ferguson et al., eds., *The Shock of the Global: The 1970s in Perspective* (Cambridge, Mass., 2010), 281~282에서 인용되었다. 또한 다음을 보라. Roland Burke, "Competing for the Last Utopia? The NIEO, Human Rights, and the World Conference for the International Women's Year, Mexico City, June 1975", *Humanity* 6, no. 1 (2015): 47~61; Jocelyn Olcutt, *International Women's Year: The Greatest Consciousness-Raising Event in History* (Oxford, 2017); 멕시코시티에서 있었던 일에 대한 공산주의적 대응으로서 Celia Donert, "Whose Utopia? Gender, Ideology, and Human Rights at the 1975 World Congress of Women in East Berlin", in Eckel · Moyn, eds., *The Breakthrough*.

38) Jean H. Quataert, "The Gendering of Human Rights in the International Systems of Law in the Twentieth Century", in Michael Adas, ed., *Essays on Global and Comparative History* (Washington, D.C., 2006); Convention for the Elimination of All Forms of Discrimination against Women (1978), art. 2(f).

39) Elora Halim Chowdhury, *Transnationalism Reversed: Women Organizing against Gendered Violence in Bangladesh* (Albany, 2011); Catherine A. MacKinnon, *Are Women Human? And Other International Dialogues* (Cambridge, Mass., 2006).

40) Alice M. Miller, "Sexuality, Violence against Women, and Human Rights: Women Make Demands and Ladies Get Protection", *Health and Human Rights* 7, no. 2 (2004): 16~47; Elizabeth Bernstein, "The Sexual Politics of the 'New Abolitionism'", *Differences* 18, no. 3 (2007): 128~151; Felicity Schaeffer-Grabiel, "Sex Trafficking as the 'New Slave Trade'?", *Sexualities* 13, no. 2 (2010): 153~160.

41) Ester Boserup, *Women's Role in Economic Development* (New York, 1970); Devaki Jain, *Women, Development, and the UN: A Sixty Year Quest for Equality and Justice* (Bloomington, 2005); Joanne Meyerowitz, *From Modernization to*

Microcredit: How Women Became the Deserving Poor (출간 예정), chap. 3.

42) Miller, "Sexuality", 40~41.

43) 그 꼬리표에 대해서는 David Harvey, *A Brief History of Neoliberalism* (Oxford, 2005), chap. 5를 보라. 중국이 동유럽 사회주의에서 벗어나는 것에 신자유주의자들이 미친 영향에 대해서는 Julian Gewirtz, *Unlikely Partners: Chinese Reformers, Western Economists, and the Making of Global China* (Cambridge, Mass., 2017)를 보라.

44) 중국의 성과에 대한 경험적이고 규범적인 회의주의로는 Margot E. Salomon, "Why Should It Matter That Others Have More? Poverty, Inequality, and the Potential of International Human Rights Law", *Review of International Studies* 37, no. 5 (2011): 2137~2155를 보라.

45) 테오 반 보번은 Jean Quataert, *Advocating Dignity: Human Rights Mobilizations in Global Politics* (Philadelphia, 2009), 188에서 인용되었다.

46) Jack Donnelly, "The 'Right to Development': How Not to Link Human Rights and Development", in Claude E. Welch, Jr. · Ronald I. Meltzer, eds., *Human Rights and Development in Africa* (Albany, 1984), 268. 기원들에 대해서는 Daniel J. Whelan, "'Under the Aegis of Man': The Rights to Development and the Origins of the New International Economic Order", *Humanity* 6, no. 1 (2015): 93~108을 보라. 보다 적극적인 해석으로는 Margot E. Salomon, "From the NIEO to Now and the Unfinishable Story of Economic Justice", *International and Comparative Law Quarterly* 13, no. 1 (2013): 31~54를 보라.

47) Preliminary Report in the Realization of Economic, Social and Cultural Rights (제목은 "The New International Order and the Promotion of Human Rights"); UN Doc. E/CN.4/Sub.2/1989/19, June 28, 1989와 Final Report, UN Doc. E/CN.4/Sub.2/1992/16; Julia Dehm, "Righting Inequality: Human Rights Responses to Economic Inequality within the United Nations" (출간 예정).

48) Report of the Special Rapporteur in Extreme Poverty and Human Rights, UN Doc. A/HRC/29/31, May 27, 2015. 2017년 올스턴은 갑자기 인기를 끌게 된 보편적 기본소득의 이상에 대한 보고서를 썼다.

49) Ibid., paras. 2, 12, 54. 매우 유사한 주류 사상을 Manfred Nowak, *Menschenrechte: Eine Antwort auf die wachsende ökonomische Ungleichheit* (Vienna, 2015)에서 찾아볼 수 있다. 이와 더불어 올스턴과 (필자를 포함한) 다른 학자들이 참여한 경제 불평등과 인권에 대한 *Open Global Rights* 포럼을 참고하라. 기존의 근거들로부터 분배의 평등에 대한 더 과감한 권리들을 이끌어내는 일이 시급하다는 주장으로는

Gillian MacNaughton, "Beyond a Minimum Threshold: The Right to Social Equality",
in Minkler, ed., *The State*를 보라.

50) Angus Deaton, *The Great Escape: Health, Wealth, and the Origins of Inequality* (Princeton, 2013), chap. 6; Branko Milanovic, *Global Inequality: A New Approach for the Age of Globalization* (New York, 2016).

51) Dani Rodrik, "Is Global Inequality the Enemy of National Inequality?" (January 2017), https://drodrik.scholar.harvard.edu/publications/global-equality-enemy-national-equality.

결론: 크로이소스의 세계

1) Herodotus, *Histories*, Book 1.

2) Derek Parfit, "Equality of Priority?", in Matthew Clayton · Andrew Williams, eds., *The Ideal of Equality* (London, 2000).

3) Pierre Rosanvallon, *The Society of Equals*, trans. Arthur Goldhammer (Cambridge, Mass., 2013), 174.

충분하지 않다:
불평등한 세계를 넘어서는 인권

초판 인쇄	2022년 1월 19일
초판 발행	2022년 2월 11일

지은이	새뮤얼 모인
옮긴이	김대근
펴낸이	강성민
편집장	이은혜
책임편집	한선예
마케팅	정민호 이숙재 김도윤 한민아 정진아 이가을 우상욱 박지영 정유선
브랜딩	함유지 함근아 김희숙 정승민
제작	강신은 김동욱 임현식

펴낸곳	(주)글항아리	출판등록 2009년 1월 19일 제406-2009-000002호

주소	10881 경기도 파주시 회동길 210
전자우편	bookpot@hanmail.net
전화번호	031-955-2696(마케팅) 031-955-2670(편집부)
팩스	031-955-2557

ISBN	978-89-6735-985-0 03340

잘못된 책은 구입하신 서점에서 교환해드립니다.
기타 교환 문의 031-955-2661, 3580

geulhangari.com